Continentia Verlag

Swami Vivekananda

Meine Botschaft an das Abendland

Buchreihe „Universum im Inneren", Buch Nr. 2

Continentia Verlag

Buchreihe: „Universum im Inneren", Buch Nr. 2

Ausgewählte Vorträge von Swami Vivekananda, herausgegeben und aus dem Englischen übertragen von Andreas Sternowski.

Wir bedanken uns beim Advaita Ashrama (www.advaitaashrama.org) für die Zustimmung, einzelne Texte aus der 9-bändigen Ausgabe „The Complete Works of Swami Vivekananda" zu benutzen.

1. Auflage, 2022

Herausgegeben vom Continentia Verlag GmbH,
Oberloquitz 44, 07330 Probstzella, Deutschland;
E-Mail-Adresse: info@continentia-verlag.org.

Druck: Books on Demand GmbH, Norderstedt, Deutschland
Printed in Germany

ISBN: 978-3-910500-00-6

Inhalt

Vorwort von Swami Atmarupananda

Als Antwort auf eine Frage, die ihm im Dezember 1894 auf einem öffentlichen Forum gestellt wurde, sagte Swami Vivekananda: „Ich habe eine Botschaft an den Westen, wie Buddha eine Botschaft an den Osten hatte."[1] Swami Vivekananda war ein profunder Kenner der Geschichte und des Buddhismus und war sich daher der Bedeutung seiner Worte voll bewusst. Buddhas Botschaft verbreitete sich über weite Teile Asiens, vom östlichen Mittelmeerraum bis nach Japan, und mit ihrer Ausbreitung ging eine goldene Periode der kulturellen Entwicklung einher.

Man muss also annehmen, dass dies entweder ein klassisches Beispiel für orientalische Übertreibung oder die Offenbarung eines tiefen Sendungsbewusstseins war. Eine nüchterne Betrachtung seines Lebens zeigt, dass es Letzteres war. Ja, er war zu Übertreibungen fähig, um Wirkung zu erzielen, aber er war sich seiner Mission und ihrer historischen Bedeutung völlig sicher und immer bewusst. Man kann an der objektiven Gültigkeit seines Sendungsbewusstseins zweifeln, aber man kann nicht bezweifeln, dass er es hatte. Die Geschichte – die Zeit – wird seine Gültigkeit bestätigen oder verneinen.

Angebracht sind nun zwei Fragen: Was sah er als seine Aufgabe an? Und: Ist sie für uns wichtig?

Der Swami sah, dass die vorherrschenden Paradigmen, die die Welt regierten – Ost und West, Nord und Süd gleichermaßen – am Ende ihrer Nützlichkeit angelangt waren. In gewisser Weise wurden sie sogar destruktiv. Eine neue Sichtweise, ja ein neues Fundament war für die künftige Zivilisation erforderlich. Denn er erkannte, dass jede Zivilisation die Manifestation einer Idee ist, ein komplexes Ganzes von miteinander verbundenen Ideen. Dieses neue Fundament muss unendliche Variationen zulassen, so vielfältig wie das Leben selbst sein und dennoch eine Vision der Harmonie inmitten dieser Variationen bieten. Sie muss so einfach sein, dass ein Kind sie verstehen kann, und doch tiefgründig genug für den höchsten Geist.

---

1   „Complete Works of Swami Vivekananda", Kalkutta, Advaita Ashrama, Mayavati Memorial Edition (im Folgenden CW), Bd. 5, S. 314

Ein Vorwort ist nicht der richtige Platz, um diese Vision auszudrücken; dieses Buch wird dem Leser seine Vision in Swamis eigenen Worten vorstellen. Aber lassen Sie uns auf den roten Faden hinweisen, der sich durch alles zieht, was der Swami lehrte.

Im Zentrum seiner Botschaft steht seine Vision von der Göttlichkeit eines jeden Wesens. Für die meisten von uns ist dies eine Idee, ein intellektueller Standpunkt, einer von vielen möglichen Standpunkten, und nicht gerade ein populärer dazu. Für ihn war es eine Erkenntnis, eine Tatsache aufgrund direkter Erfahrung, aus der sich eine Welt voller Bedeutung und Möglichkeiten ergab.

„Aber", wenden wir natürlich ein, „die Menschen tun so viele schreckliche Dinge, es gibt so viel Böses in der Welt." Der Swami würde niemals leugnen, dass Menschen schreckliche Dinge tun. Aber er sah, dass solche Taten nicht einem der menschlichen Natur innewohnenden Bösen entspringen, sondern der Unwissenheit über die eigene wahre Natur, der Unwissenheit über die Natur der Welt und der anderen Wesen, einer Unwissenheit, die zwar zu schrecklichem Leid für viele führen kann, aber dennoch Unwissenheit ist. Der Mörder tötet, weil er denkt, dass es gerechtfertigt ist, vielleicht weil es das Leiden beseitigt oder Glück bringt oder vielleicht weil die Person es „verdient" hat. Keine dieser Rechtfertigungen ist wahr – und das ist ein Ergebnis der Unwissenheit. Wenn der Geist und das Herz gereinigt sind, können wir die angeborene Göttlichkeit in uns selbst und in anderen sogar unmittelbar wahrnehmen.

Ja, man kann diese letzte Aussage bezweifeln, aber solchen Zweifeln steht die Erfahrung vieler Weiser – Frauen und Männer – durch die Jahrhunderte hindurch entgegen, in Ost und West. Sie bildet das Fundament der Vedanta-Philosophie, die der Swami lehrte. Sie ist die Erkenntnis hinter seiner Aussage: „‚Glückselig, die reinen Herzens sind, denn sie werden *Gott* schauen.' Dieser Satz allein würde die Menschheit retten, wenn alle Bücher und Propheten verloren gingen ... Seht alles als das Selbst und liebt alles; verwerft alle Vorstellungen vom Getrenntsein."[2]

Wenn wir beginnen, diese innere Realität wahrzunehmen, fühlen wir uns in Harmonie mit allem, und wir finden in unserer Betrach-

---

2 „Inspirierte Gespräche", 6. August 1895, enthalten in CW, Bd. 7, S. 103. Der Swami zitiert die Worte Jesu, die in Matthäus 5:8 zu finden sind.

tung sogar Platz für die Übel des menschlichen Lebens: Nichts schockiert uns, nicht weil es uns gleichgültig wäre, sondern weil alles seinen Platz findet und weil wir etwas hinter dem Drama des Lebens sehen. Wir sehen die Unermesslichkeit des Ozeans und nicht nur die Wellen an der Oberfläche des Lebens.

Daraus ergibt sich ein Gedanke, den er oft lehrte: die Anbetung des „sichtbaren Gottes". Warum, so fragte er, sollten wir Tempel und Kirchen bauen und Bilder und Altäre für die Anbetung errichten, wenn der lebendige Gott immer vor unseren Augen ist? Die Welt selbst und jeder in ihr ist das, was er den „lebendigen Gott" nannte. Wenn ich mit einem durch Meditation gereinigten Geist nach innen schaue, finde ich den Kern meines Wesens leuchtend und unendlich. Wenn ich meine Augen öffne und nach außen schaue, sehe ich dieselbe transzendente Wirklichkeit, die in allem wohnt. Und so wird meine Haltung gegenüber der Welt zunächst von Respekt und dann von Anbetung geprägt.

Aus dieser Erkenntnis unserer göttlichen Natur ergibt sich auch seine Lehre, dass „der Mensch niemals vom Irrtum zur Wahrheit fortschreitet, sondern von Wahrheit zu Wahrheit, von geringerer Wahrheit zu höherer Wahrheit".[3] Dies ist eine bemerkenswerte Aussage. Jeder schaut auf dieselbe Wahrheit, aber wir sehen sie auf unsere eigene, kleine, begrenzte Weise. Ich mag kein Marxist sein, aber ich kann viel von Karl Marx lernen, weil er auf dieselbe Realität wie ich blickte und versuchte, sie zu verstehen. Ich mag kein Freudianer sein, aber ich kann viel von Sigmund Freud lernen, denn er hat die menschliche Natur untersucht und beschrieben, was er gesehen hat. Jede Sichtweise ist wahr, soweit sie reicht; sie reicht nur nicht weit genug. Was wir wollen, ist die Wahrheit an sich, ungefärbt durch meine Begrenztheit. Das erreicht man, indem man den Geist von Vorurteilen und Voreingenommenheit befreit und die Wahrheit in sich selbst findet. Das, so versichert uns Swami Vivekananda, kann getan werden. Und dann sehen wir alles voller Wahrheit, voller Weisheit, erleuchtet von einer Weisheit, die befreit von allen begrenzten Ansichten ist, die alle begrenzten Ansichten am richtigen Platz sieht – denn sie alle sind begrenzte Ansichten derselben herrlichen Wirklichkeit. Und wir sind das. Wir brauchen nur zu sehen,

---

3   CW, Bd. 2, S. 365

was verborgen zu sein scheint. Wenn wir es finden, erkennen wir, dass wir unsere Augen verdeckt und uns zu sehen geweigert haben.

Mögen die hier veröffentlichten Worte von Swami Vivekananda uns eine neue Welt voller Bedeutung und Möglichkeiten eröffnen. Denn das war seine Mission.

Swami Atmarupananda ist ein US-Amerikaner und seit 1969 Mönch des Ramakrishna-Mönchsordens. Seit 2022 leitet er das „Centre Védantique Ramakrishna" in der Nähe von Paris.

Anmerkungen des Herausgebers

Wenn Sie die einzelnen Texte des Buches lesen, vergessen Sie nicht, dass es Vorträge waren.[1] Das bedeutet, dass sie gesprochen und nicht geschrieben wurden. Gesprochene Sprache hat ihre Unzulänglichkeiten, besonders wenn sie aufgeschrieben wird und die Worte alleine ohne das Gesicht, die Betonung und die Gesten des Sprechers auskommen müssen. Außerdem sind sie Teile von Vortragsreihen, und manchmal muss sich der Leser den Kontext dazudenken. In gewissem Sinne sind sie Puzzlesteine, die in diesem Buch zu einem neuen Gesamtbild zusammengesetzt wurden. Dieses neue Gesamtbild soll die Frage beantworten, was wir als Mitglieder der abendländischen Kultur im 21. Jahrhundert von diesen besonderen Menschen lernen können: als Einzelne, aber auch als Gesellschaft.

Swami Vivekananda kam zu uns in den Westen mit einer Mission. Die Weisen Indiens haben über Jahrtausende den Menschen unter dem geistigen und spirituellen Gesichtspunkt erforscht und dabei grundsätzliche Wahrheiten entdeckt, die der gesamten Menschheit helfen können, als Individuen und als Gesellschaft ein friedvolles und glückliches Leben zu führen. Er wollte diese Wahrheiten nicht für sich behalten. Er spürte, dass der im Materialismus und im Hedonismus versinkende westliche Mensch eine Alternative brauchen wird, dass er sich bald auf die Suche begeben wird und deswegen Wegweiser braucht.

Es wird uns heute zunehmend bewusst, dass der westliche Materialismus und Hedonismus auch eine zivilisatorische Dimension haben. Sie haben uns zu einer Lebensweise und Wirtschaft geführt, die das Leben auf unserem Planeten und unsere Kultur bedrohen. Deswegen brauchen wir ein neues Verständnis der Welt, des Zwecks des Lebens und eine neue Vision einer besseren Gesellschaft. Das Wirken von Swami Vivekananda im Westen war von einer solchen Vision getragen, und ich denke, dass wir diese Vision brauchen. Wir sollten ihm zuhören, jetzt mehr noch als vor 120 Jahren.

---

1   Die Liste der in diesem Buch benutzten Texte der Ausgabe „The Complete Works of Swami Vivekananda" befindet sich auf der Seite 370.

Wenn Sie noch nichts von Swami Vivekananda oder von seinem *Guru* Ramakrishna Paramahamsa wissen, empfehle ich Ihnen, die Lektüre des Buches mit dem letzten Kapitel „*Sri* Ramakrishna – die Verkörperung der Religion" zu beginnen. Das wird Ihnen helfen, den richtigen Zugang zu den Erklärungen des Autors und zu seiner Botschaft zu finden.

Meine andere Empfehlung betrifft die Sanskritwörter. Die Philosophie wurde in Indien anders betrieben als im Westen: grundsätzlicher, aber gleichzeitig auch praktischer. Sie führte daher zu anderen Erkenntnissen. Deswegen kommt sie mit den Begriffen der englischen Sprache nicht immer aus, und es blieb dem Sprecher nichts anderes übrig, als einige Sanskritworte zu benutzen. Bei der Herausgabe dieses Buches haben wir uns bemüht, diese Worte zu erklären, ihre Bedeutung zu verdeutlichen. Der interessierte Leser findet diese Erläuterungen am Schluss des Buches, und wenn er die Bedeutung der Worte des Autors weiter untersuchen möchte, kann er auf die Information in den Fußnoten zurückgreifen. Wenn diese Begriffe zum ersten Mal im Buch benutzt werden, sind sie kursiv gesetzt. Lesen Sie die entsprechende Erläuterung dazu am Ende des Buches – es wird Ihnen helfen, den Gedanken des Autors zu folgen.

Und noch eine abschließende Information. Bei der Übersetzung haben wir das Genus der Sanskritworte von dieser Sprache übernommen. Es ist in Sanskrit genauso wichtig wie in Deutsch (anders als in Englisch), und was liegt näher, als es dabei zu belassen. Es ist schon von Bedeutung, dass das Absolute, das Reine *Bewusstsein*, die Ursache des Universums (brahman) von grammatischem Geschlecht neutral oder dass die Schöpfung (māyā) weiblich ist. Ganz zum Schluss haben wir dem interessierten Leser auch einige Hinweise zur Aussprache der Wörter in Sanskrit gegeben.

Die wahre Natur des Menschen

(Eine Einleitung in eigenen Worten von Swami Vivekananda)

Groß ist die Verbissenheit, mit der der Mensch an den Sinnen festhält. Und doch, wie substanziell er die äußere Welt, in der er lebt und sich bewegt, auch finden mag, es kommt eine Zeit im Leben von Individuen und Völkern, in der sie unwillkürlich fragen: „Ist das alles wirklich?" Für den Menschen, der nie Zeit findet, die Glaubwürdigkeit seiner Sinne zu hinterfragen, der jeden Augenblick mit irgendeiner Art von Sinnesgenuss beschäftigt ist – auch für ihn kommt der Tod, und auch er ist gezwungen zu fragen: „Ist das wirklich?" Die Religion beginnt mit dieser Frage und endet mit ihrer Beantwortung. Selbst in der fernen Vergangenheit, wo die aufgezeichnete Geschichte uns nicht weiterhelfen kann, im geheimnisvollen Licht der Mythologie, im dämmrigen Zwielicht der Zivilisation, finden wir, dass dieselbe Frage gestellt wurde: „Was wird aus alledem? Was ist wirklich?"

Eine der poetischsten der *Upanishaden*, die Katha Upanishad, beginnt mit der Frage: „Wenn ein Mensch stirbt, gibt es einen Streit. Eine Partei erklärt, dass er für immer gegangen ist, die andere besteht darauf, dass er noch lebt. Was ist wahr?" Unterschiedliche Antworten sind gegeben worden. Die Metaphysik, Philosophie und Religion sind in der Tat mit verschiedenen Antworten auf diese Frage gefüllt.

Gleichzeitig hat man versucht, diese Frage zu verdrängen, der Unruhe des *Geistes*[1], der fragt: „Was ist jenseits? Was ist wirklich?", ein Ende zu setzen. Aber solange es den Tod gibt, werden sich all diese Verdrängungsversuche immer als erfolglos erweisen. Wir können davon reden, dass wir nichts Jenseitiges sehen, und all unsere Hoffnungen und Bestrebungen auf den gegenwärtigen Augenblick

---

1 Mit Geist ist stets die Gesamtheit der geistigen Fähigkeiten des Menschen gemeint, in Sanskrit: Antahkarana [antaḥkaraṇa]; s. *Organe des Geistes* in Erläuterungen.

Alle Fußnoten im Buch sowie die Erläuterungen am Buchende stammen vom Herausgeber.

beschränkt halten, und wir mögen uns anstrengen, an nichts zu denken, was über die Welt der Sinne hinausgeht. Und alles um uns herum trägt womöglich dazu bei, in diesen engen Grenzen zu bleiben. Die ganze Welt mag sich vereinen, um uns daran zu hindern, unseren Horizont über die Gegenwart hinaus zu erweitern. Doch solange es den Tod gibt, muss immer wieder die Frage kommen: „Ist der Tod das Ende all dieser Dinge, an die wir uns klammern, als wären sie die realsten aller Realitäten, die substanziellsten aller Substanzen?" Und die Welt verschwindet auf einmal und ist weg. Wenn man am Rande eines Abgrunds steht, hinter dem die unendliche, klaffende Schlucht liegt, muss jeder noch so abgehärtete Geist zurückschrecken und fragen: „Ist das wirklich?" Die Hoffnungen eines ganzen Lebens, die nach und nach mit der ganzen Energie unseres großen Geistes aufgebaut wurden, verschwinden in einer Sekunde. „Waren sie real?" Diese Frage muss beantwortet werden. Die Zeit mindert niemals ihre Kraft; im Gegenteil, sie verstärkt sie noch.

Dann gibt es den Wunsch, glücklich zu sein. Wir rennen hinter allem her, was uns glücklich machen könnte; wir verfolgen unsere verrückte Karriere in der äußeren Welt der Sinne. Wenn Sie einen jungen Mann fragen, dessen Leben erfolgreich ist, wird er erklären, dass es real ist; und er glaubt wirklich daran. Wenn derselbe Mann alt wird und feststellt, dass ihm das Glück immer wieder entgleitet, wird er vielleicht erklären, dass es sein Schicksal ist. Schließlich stellt er fest, dass seine Wünsche nicht erfüllt werden können. Wohin auch immer er geht, trifft er auf eine hartnäckige Mauer, die er nicht durchdringen kann. Jede Aktivität in der Welt der Sinne führt zu einer Reaktion. Alles ist vergänglich. Vergnügen, Elend, Luxus, Reichtum, Macht und Armut, sogar das Leben selbst, sind alle vergänglich.

Zwei Haltungen bleiben der Menschheit. Die eine ist, mit den Nihilisten zu glauben, dass alles nichts ist, dass wir nichts wissen, dass wir niemals etwas wissen können, weder über die Zukunft noch über die Vergangenheit – nicht einmal über die Gegenwart. Denn man muss einsehen, dass derjenige, der die Vergangenheit und die Zukunft leugnet, aber an der Gegenwart festhalten will, einfach ein Wahnsinniger ist. Genauso gut könnte er feststellen, dass es das Kind gibt, aber den Vater und die Mutter leugnen. Das wäre genauso logisch. Wer die Vergangenheit und die Zukunft leugnet, muss zwangsläufig auch die Gegenwart leugnen. Das ist die eine Haltung: die der Nihilisten. Ich habe noch nie einen Menschen gesehen, der auch nur eine Minute lang wirklich ein Nihilist sein könnte. Reden ist sehr einfach.

Dann gibt es die andere Haltung: doch nach einer Erklärung, nach dem Wirklichen in der Welt zu suchen; zu versuchen, inmitten dieser sich ewig verändernden und flüchtigen Welt zu entdecken, was wirklich ist. Gibt es in diesem Körper, der eine Ansammlung von Molekülen der Materie ist, irgendetwas, das real ist? Diese Suche begleitet die gesamte Geschichte des menschlichen Geistes. In den allerältesten Zeiten finden wir oft Lichtblicke, die in den Verstand der Menschen kamen. Wir finden, dass der Mensch schon damals einen Schritt über diesen Körper hinausging und etwas fand, das nicht dieser äußere Körper ist, das ihm zwar sehr ähnlich, aber viel vollständiger, viel vollkommener ist und das bleibt, selbst wenn dieser Körper sich auflöst. Wir lesen in den Hymnen des Rig-Veda, die an den Gott des Feuers gerichtet sind, der einen toten Körper verbrennt: „Trage ihn, oh Feuer, sanft in deinen Armen, gib ihm einen vollkommenen Körper, einen hellen Körper, trage ihn dorthin, wo die Väter leben, wo es kein Leid mehr gibt, wo es keinen Tod mehr gibt." Die gleiche Idee finden Sie in jeder Religion.

Und es kommt noch eine weitere Idee hinzu. Es ist eine bedeutsame Tatsache, dass alle Religionen, ohne eine einzige Ausnahme, behaupten, dass der Mensch eine Degeneration dessen ist, was er mal war, ob sie dies in mythologische Worte kleiden oder in die klare Sprache der Philosophie oder in die schönen Ausdrücke der Poesie. Dies ist die eine Erkenntnis, die aus jeder Schrift und aus jeder Mythologie hervorgeht, dass der Mensch, so wie er ist, eine Degeneration dessen ist, was er war. Dies ist der Kern der Wahrheit in der Geschichte von Adams Fall in der jüdischen Schrift.

Dies wird immer wieder in den Schriften der Hindus wiederholt: der Traum von einer Periode, die sie das Zeitalter der Wahrheit nennen, als kein Mensch starb, es sei denn, er wollte sterben, als er seinen Körper so lange behalten konnte, wie er wollte, und sein Geist war rein und stark. Es gab kein Böses und kein Elend; und das gegenwärtige Zeitalter ist eine Verderbnis dieses Zustands der Vollkommenheit. Parallel dazu finden wir überall die Geschichte der Sintflut.

Diese Geschichte selbst ist ein Beweis dafür, dass das gegenwärtige Zeitalter von jeder Religion als eine Verderbnis eines früheren Zeitalters angesehen wird. Alles wurde schlechter und schlechter, bis die Sintflut einen großen Teil der Menschheit hinwegfegte und Platz für eine neue aufsteigende Entwicklung machte. Der Mensch geht langsam wieder aufwärts, um diesen frühen Zustand der Reinheit zu erreichen.

Sie alle kennen die Geschichte der Sintflut aus dem Alten Testament. Die gleiche Geschichte war bei den alten Babyloniern, den Ägyptern, den Chinesen und den Hindus geläufig. Manu, ein großer alter Weiser, betete am Ufer des Ganges, als eine kleine Elritze zu ihm kam und ihn um Schutz bat, und er legte sie in einen Topf mit Wasser, den er vor sich hatte. „Was willst du?", fragte Manu. Die kleine Elritze erklärte, sie werde von einem größeren Fisch verfolgt und wolle Schutz. Manu trug den kleinen Fisch zu seinem Haus. Am Morgen war er so groß wie der Topf geworden und sagte: „Ich kann nicht länger in diesem Topf leben." Manu setzte ihn in ein Becken und am nächsten Tag war er so groß wie das Becken und erklärte, er könne dort nicht mehr leben. Also musste Manu ihn zu einem Fluss bringen, und am nächsten Morgen füllte der Fisch den Fluss. Da setzte Manu ihn in den Ozean, und der Fisch erklärte: „Manu, ich bin der Schöpfer des Universums. Ich habe diese Form angenommen, um zu kommen und dich zu warnen, dass ich die Welt überfluten werde. Baue eine Arche und setze in sie ein Paar von jeder Tierart und lass deine Familie in die Arche gehen. Es wird mein Horn aus dem Wasser herausragen. Befestige die Arche daran, und wenn die Sintflut nachlässt, komm heraus und bevölkere die Erde." So wurde die Welt überschwemmt, und Manu rettete seine eigene Familie und zwei von jeder Tierart und Samen von jeder Pflanze. Als die Sintflut nachließ, kam er heraus und bevölkerte die Welt. Und wir werden alle „Mensch" genannt, weil wir die Nachkommenschaft von Manu sind.

Nun, die menschliche Sprache ist der Versuch, die Wahrheit auszudrücken, die es im Inneren bereits gibt. Ich bin fest davon überzeugt, dass ein Baby, dessen Sprache aus unverständlichen Lauten besteht, versucht, die höchste Philosophie auszudrücken, nur hat das Baby dafür weder die Organe noch die Mittel. Der Unterschied zwischen der Sprache der größten Philosophen und den Äußerungen von Säuglingen ist einer des Grades und nicht der Art. Was Sie als die korrekte, systematische, mathematische Sprache der Gegenwart bezeichnen und die verschwommenen, mystischen, mythologischen Sprachen der Urzeit, unterscheidet sich nur im Grad. Hinter ihnen allen steckt eine große Idee, die sozusagen darum kämpft, sich auszudrücken. Oft stecken hinter diesen alten Mythologien Schätze der Wahrheit, und oft, so leid es mir tut, steckt hinter den feinen, polierten Phrasen der Modernen völliger Schrott.

Wir brauchen also etwas nicht über Bord zu werfen, weil es in Mythologie gekleidet ist, weil es nicht in die Vorstellungen von Herrn So-und-so oder Frau So-und-so der modernen Zeit passt. Wenn die Leute über die Religion lachen, weil die meisten Religionen erklären, dass die Menschen an Mythologien glauben müssen, die von diesem und jenem Propheten gelehrt wurden, dann sollten sie umso mehr über diese Modernen lachen. In der modernen Zeit wird jemand, der einen Moses oder einen Buddha oder einen Christus zitiert, ausgelacht. Aber nennen Sie den Namen eines Huxley, eines Tyndall oder eines Darwin, und es wird ohne Salz geschluckt. „Huxley hat es gesagt", das genügt vielen. In der Tat sind wir frei von Aberglauben! Das war ein religiöser Aberglaube und dies ist ein wissenschaftlicher Aberglaube. Allerdings kamen in und durch jenen Aberglauben lebensspendende Ideen von Spiritualität, und in und durch diesen modernen Aberglauben kommen Lust und Gier. Jener Aberglaube war die Anbetung Gottes, und dieser Aberglaube ist die Anbetung des schnöden Gewinns, des Ruhms oder der Macht. Das ist der Unterschied.

Um auf die Mythologie zurückzukommen: Hinter all diesen Geschichten finden wir eine Idee, die über allem steht – dass der Mensch eine Degeneration dessen ist, was er war. In die heutige Zeit kommend, scheint die moderne Forschung diese Position absolut zu widerlegen. Evolutionstheoretiker scheinen dieser Behauptung völlig zu widersprechen. Ihnen zufolge ist der Mensch die Evolution des Weichtieres, und deshalb kann das, was die Mythologie behauptet, nicht wahr sein. In Indien gibt es jedoch eine Mythologie, die in der Lage ist, diese beiden Positionen miteinander zu vereinbaren. Die indische Mythologie hat eine Theorie der Zyklen, die besagt, dass alles Fortschreiten in Form von Wellen erfolgt. Jede Welle wird von einem Fall begleitet und dieser von einem Anstieg im nächsten Moment, dieser von einem Fall im nächsten und wieder einem Anstieg. Die Bewegung erfolgt in Zyklen.

Sicherlich ist es auch auf dem Boden der modernen Forschung richtig, dass der Mensch nicht einfach eine Evolution sein kann. Der moderne Naturwissenschaftler wird Ihnen sagen, dass man aus einer Maschine nur so viel Energie herausholen kann, wie man vorher hineingesteckt hat. Etwas kann nicht aus dem Nichts erzeugt werden. Wenn der Mensch eine Evolution der Schnecke ist, dann war der vollkommene Mensch – der Buddha-Mensch, der Christus-Mensch – in der Schnecke enthalten. Wenn das nicht so ist, woher kommen dann diese gigantischen Persönlichkeiten? Etwas kann nicht aus dem Nichts kommen. So sind wir in der Lage, die heiligen Schriften mit dem modernen Wissen in Einklang zu bringen. Diese Energie, die sich langsam durch verschiedene Stufen manifestiert, bis sie zum vollkommenen Menschen wird, kann nicht aus dem Nichts kommen. Sie hat irgendwo existiert, und wenn die Weichtiere oder das Protoplasma der erste Punkt sind, zu dem man sie zurückverfolgen kann, dann muss dieses Protoplasma auf die eine oder andere Weise diese Energie enthalten haben.

Es gibt eine große Diskussion darüber, ob die Ansammlung von Stoffen, die wir den Körper nennen, die Ursache für die Manifestation der Kraft ist, die wir Seele, das Denken usw. nennen, oder ob es das Denken ist, das diesen Körper manifestiert. Die Weltreligionen vertreten natürlich die Ansicht, dass die Kraft, die wir Gedanken nennen, den Körper manifestiert und nicht umgekehrt. Es gibt Schulen des modernen Denkens, die behaupten, dass das, was wir Gedanken nennen, einfach das Ergebnis der Anordnung der Teile der Maschine ist, die wir Körper nennen. Diese Auffassung lässt die Frage unbeantwortet – ich meine die Auffassung, dass die Seele oder die Gedankenmasse, oder wie auch immer man diese Energie nennen mag, das Ergebnis dieser Maschine, der chemischen und physikalischen Kombinationen der Materie, die den Körper und das Gehirn ausmachen, ist. Was bildet den Körper? Welche Kraft verbindet die Moleküle zu der Körperform? Welche Kraft ist es, die Material aus der Masse der uns umgebenden Materie aufnimmt und meinen

Körper auf eine Weise formt, einen anderen Körper auf eine andere Weise und so weiter? Was macht diese unendlichen Unterschiede?

Zu sagen, dass die Kraft, die Seele genannt wird, das Ergebnis der Kombinationen der Moleküle des Körpers ist, zäumt das Pferd von hinten auf. Wie sind die Kombinationen entstanden? Wo war die Kraft, sie zu bewirken? Wenn man wiederum sagt, dass irgendeine andere Kraft die Ursache dieser Kombinationen war und die Seele das Ergebnis dieser Materie ist, dann ist das genauso wenig eine Antwort, als wenn man sagt, dass die Seele – die eine bestimmte Masse von Materie zum Körper kombinierte – selbst das Ergebnis dieser Kombinationen ist. Man sollte diejenige Theorie nehmen, die die meisten Tatsachen erklärt, wenn nicht sogar alle, und zwar ohne anderen bestehenden Theorien zu widersprechen. Es ist viel logischer zu sagen, dass die Kraft, die aus der Materie den Körper bildet, die gleiche ist, die sich durch diesen Körper manifestiert.

Zu sagen, dass die Gedankenkraft, die sich im Körper manifestiert, das Ergebnis der Anordnung der Moleküle ist und keine eigenständige Existenz hat, hat daher keinen Sinn. Genauso wenig kann sich Kraft aus der Materie entwickeln. Vielmehr lässt sich zeigen, dass das, was wir Materie nennen, überhaupt nicht existiert. Es ist nur ein bestimmter Zustand dieser Kraft. Festigkeit, Härte oder jeder andere Zustand der Materie kann als Folge von Bewegung nachgewiesen werden. Die Steigerung der Wirbelbewegung beispielsweise, die den Fluiden verliehen wird, gibt ihnen die Kraft von Festkörpern. Eine Luftmasse in Wirbelbewegung, wie in einem Tornado, wirkt massiv und bricht oder durchschneidet durch ihre Wirkung Festkörper. Ein Faden eines Spinnennetzes, wenn es mit fast unendlicher Geschwindigkeit bewegt werden könnte, wäre so stark wie eine Eisenkette und würde durch eine Eiche schneiden. So betrachtet, wäre es einfacher zu beweisen, dass das, was wir feste Materie nennen, nicht existiert. Aber das Gegenteil kann nicht bewiesen werden.

Was ist diese Kraft, die sich durch den Körper manifestiert? Es ist für uns alle offensichtlich: Was auch immer diese Kraft sein mag, sie nimmt sozusagen Teilchen auf und manipuliert Formen aus ihnen heraus: den menschlichen Körper. Niemand sonst kommt hierher, um Körper für Sie und mich zu formen. Ich habe noch nie jemanden gesehen, der für mich Nahrung zu sich nimmt. Ich muss die Nahrung assimilieren und Blut und Knochen und alles andere aus ihr herstellen. Was ist diese geheimnisvolle Kraft?

Vorstellungen über die Zukunft und über die Vergangenheit erschrecken viele. Für andere scheinen sie reine Spekulation. Betrachten wir also das Thema in der Gegenwart. Was ist diese Kraft, die gerade durch uns wirkt? Wir wissen, dass in alten Zeiten in allen alten Schriften diese Kraft, diese Manifestation der Kraft, für eine helle Substanz gehalten wurde, die die Form dieses Körpers hat und die auch nach dem Zerfall dieses Körpers erhalten bleibt. Später jedoch finden wir eine höher entwickelte Vorstellung, dass dieser helle Körper nicht diese Kraft darstellt. Alles, was Form hat, muss das Ergebnis von Kombinationen von Teilen sein und benötigt etwas anderes dahinter, um es zu aktivieren. Wenn dieser Körper etwas benötigt, das nicht er ist, um ihn zu manipulieren, benötigt der helle Körper genauso etwas anderes als sich selbst, um ihn zu manipulieren. Und so wurde dieses Etwas die Seele genannt, der *Atman* in Sanskrit.

Es war der Atman, der durch den hellen Körper sozusagen auf den grobstofflichen Körper außen wirkte. Der helle Körper wird als das Gefäß des Geistes betrachtet, und der Atman ist jenseits davon. Er ist nicht einmal der Geist – er betätigt den Geist und durch den Geist den Körper. Sie haben einen Atman, ich habe einen anderen. Jeder von uns hat einen separaten Atman und einen separaten feinen Körper und durch diesen wirken wir auf den groben äußeren Körper. Dann wurden Fragen über diesen Atman gestellt, über seine Natur. Was ist er, diese Seele des Menschen, die weder der Körper noch der Geist ist? Es folgten ausführliche Diskussionen. Spekulationen wurden angestellt, verschiedene Schattierungen von philosophischen Untersuchungen entstanden. Ich werde versuchen, Ihnen einige der Schlussfolgerungen, die über diesen Atman erreicht wurden, vorzustellen.

Die verschiedenen Philosophien scheinen darin übereinzustimmen, dass dieser Atman, was auch immer er sein mag, weder Form noch Gestalt hat. Und das, was weder Form noch Gestalt hat, muss omnipräsent sein. Die Zeit beginnt mit dem Geist, auch der Raum ist im Geist. Kausalität kann nicht ohne Zeit auskommen. Ohne die Idee der Abfolge kann es die Idee der Kausalität nicht geben. Zeit, Raum und Kausalität sind also im Geist und da dieser Atman jenseits des Geistes und formlos ist, muss er jenseits von Zeit, Raum und Kausalität sein. Wenn er nun jenseits von Zeit, Raum und Kausalität ist, muss er unendlich sein.

Dann kommt die höchste Spekulation in unserer Philosophie. Das Unendliche kann es nicht zweifach geben. Wenn die Seele unendlich ist, kann es nur eine Seele geben, und alle Vorstellungen von verschiedenen Seelen – Sie haben eine Seele und ich habe eine andere und so weiter – sind nicht richtig. Der Wirkliche Mensch ist also eins und unendlich: eine omnipräsente Seele. Und der scheinbare Mensch ist nur eine Begrenzung dieses Wirklichen Menschen. In diesem Sinne sind die Mythologien wahr, dass der scheinbare Mensch, wie groß er auch sein mag, nur ein schwacher Widerschein des Wirklichen Menschen ist, der dahinter existiert. Der Wirkliche Mensch, die Seele, ist jenseits von Ursache und Wirkung, nicht durch Zeit und Raum gebunden und muss daher frei sein. Er war nie unfrei und kann nicht unfrei werden. Der scheinbare Mensch, die Reflexion, ist aber durch Zeit, Raum und Kausalität begrenzt und daher gebunden. Oder in der Sprache einiger unserer Philosophen: Er scheint gebunden zu sein, ist es aber in Wirklichkeit nicht.

Die Realität unserer Seelen ist diese Allgegenwart, diese spirituelle Natur, diese Ewigkeit. Die Seele ist ewig, daher gibt es keine Frage von Geburt und Tod. Einmal wurden einige Kinder in der Schule geprüft. Der Lehrer stellte ihnen ziemlich schwierige Fragen, und unter ihnen war diese eine: „Warum fällt die Erde nicht?" Er wollte Antworten über die Gravitation hervorrufen. Die meisten der Schüler konnten gar nicht antworten. Einige wenige antworteten, dass es an der Gravitation oder so läge. Ein aufgewecktes kleines Mädchen antwortete aber mit einer Gegenfrage: „Wohin sollte sie fallen?" Die Frage ist unsinnig. Wohin sollte die Erde fallen? Für die Erde gibt es kein Fallen oder Steigen. Im unendlichen Raum gibt es kein Oben oder Unten; das gibt es nur im Relativen. Wo ist das Gehen oder Kommen für das Ewige? Woher soll es kommen und wohin soll es gehen?

Wenn die Menschen also aufhören, an die Vergangenheit oder Zukunft zu denken, wenn sie die Idee des Körpers aufgeben, weil der

Körper kommt und geht und begrenzt ist, dann sind sie zu einem Ideal aufgestiegen. Der Körper ist nicht der Wirkliche Mensch; auch der Geist nicht, denn der Geist wächst und schwindet. Es ist allein das dahinterliegende absolute Bewusstsein, das ewig leben kann. Der Körper und der Geist verändern sich ständig und sind in Wirklichkeit nur Namen für eine Reihe von veränderlichen Phänomenen, wie Flüsse, deren Wasser sich in einem ständigen Zustand des Fließens befinden und doch den Anschein eines ungebrochenen Stroms erwecken. Jedes Teilchen in diesem Körper verändert sich kontinuierlich. Niemand hat den gleichen Körper über mehrere Minuten hinweg, und doch halten wir ihn für denselben Körper. So ist es auch mit dem Geist: Einen Moment ist er glücklich, einen anderen unglücklich, einen Moment stark, einen anderen schwach – ein sich ständig verändernder Strudel. Das kann nicht die Seele sein, die unendlich ist. Veränderung kann es nur im Bereich des Begrenzten geben. Zu sagen, dass sich das Unendliche in irgendeiner Weise verändert, ist absurd; das kann nicht sein.

Sie können sich bewegen und ich kann mich bewegen – als begrenzte Körper. Jedes Teilchen in diesem Universum ist ständig in Bewegung, aber wenn man die Schöpfung als Ganzes betrachtet, kann sie sich nicht bewegen, kann sie sich nicht verändern. Bewegung ist immer etwas Relatives. Ich bewege mich in Bezug zu etwas anderem. Jedes Teilchen kann sich in Bezug zu jedem anderen Teilchen verändern. Aber wenn wir die ganze Schöpfung als Einheit nehmen, in Bezug zu was kann sie sich bewegen? Es gibt nichts außer ihr. Diese unendliche Einheit ist also unveränderlich, unbeweglich, absolut, und das ist der Wirkliche Mensch.

Die Wirklichkeit, unsere Realität, besteht also im Universellen und nicht im Begrenzten. Es ist ein althergebrachter Trugschluss (so behaglich er auch sein mag) zu denken, dass wir kleine, begrenzte Wesen sind, die sich ständig verändern. Die Menschen erschrecken, wenn man ihnen sagt, dass sie Universelles Sein sind, überall präsent; wenn man ihnen erklärt, dass sie durch alles wirken, mit jedem Fuß gehen, aus jedem Mund sprechen, durch jedes Herz fühlen. Die Menschen sind erschrocken, wenn man ihnen das sagt. Sie werden immer wieder fragen, ob sie nicht ihre Individualität behalten können. Was ist Individualität? Ich würde sie gerne sehen. Ein Baby hat keinen Schnurrbart. Wenn es zu einem Mann heranwächst, hat es vielleicht einen und einen Bart dazu. Seine Individualität ginge verloren, wenn sie im Körper wäre. Wenn ich ein Auge oder eine meiner Hände verlöre, würde meine Individualität verloren gehen, wenn sie im Körper wäre. Ein Trunkenbold sollte das Trinken nicht aufgeben, weil er seine Individualität verlieren würde. Ein Dieb sollte nicht ein guter Mensch werden, weil er dadurch seine Individualität verlieren würde. Kein Mensch dürfte aus Angst davor seine Gewohnheiten ändern. Es gibt keine Individualität außer im Unendlichen. Das ist der einzige Zustand, der sich nicht verändert. Alles andere befindet sich in einem ständigen Wandel.

Die Individualität kann genauso wenig im Gedächtnis sein. Angenommen, ich vergesse aufgrund eines Schlags auf den Kopf alles über meine Vergangenheit. Dann habe ich alle Individualität verloren; ich bin weg. Ich erinnere mich nicht an die zwei oder drei ersten Jahre meiner Kindheit, und wenn Erinnerung und Existenz eins sind, dann ist alles, was ich vergesse, weg. Den Teil meines Lebens, an den ich mich nicht erinnere, habe ich nicht gelebt. Menschen haben eine sehr enge Vorstellung von Individualität.

Wir sind noch keine Individuen. Wir streben erst nach Individualität, und sie ist das Unendliche, die wahre Natur des Menschen. Er allein lebt, dessen Leben im ganzen Universum ist, und je mehr wir unser Leben auf begrenzte Dinge konzentrieren, desto schneller gehen wir dem Tod entgegen. Wir leben nur in den Momenten, wenn unser Leben im Universum ist, in anderen. Dieses kleine Leben zu leben ist der Tod, einfach der Tod, und daher kommt die Angst vor dem Sterben. Der Mensch kann die Angst vor dem Tod nur überwinden, wenn er erkennt, dass er, solange es in diesem Universum Leben gibt, lebt. Wenn er sagen kann: „Ich bin in allem, in jedem, ich bin in allem Leben, ich bin das Universum", dann allein kommt der Zustand der Furchtlosigkeit.

Bei sich ständig verändernden Dingen von Unsterblichkeit zu sprechen, ist absurd. Ein alter Sanskrit-Philosoph[2] sagt: Es ist nur die Seele, die das Individuum ist, denn sie ist unendlich. Das Unendliche kann nicht geteilt werden. Das Unendliche kann nicht in

---

2 Der Sprecher meint wahrscheinlich Adi Shankara, auch *Shankaracharya* genannt.

Stücke gebrochen werden. Es ist dieselbe eine, ungeteilte Einheit für immer, und das ist der individuelle Mensch, der Wirkliche Mensch. Der scheinbare Mensch ist lediglich ein Kampf, diese Individualität, die jenseits ist, auszudrücken, zu manifestieren. Die Evolution ist nicht in der Seele. Diese Veränderungen (die Bösen werden gut, das Tier wird zum Menschen – nehmen Sie sie, wie Sie wollen) sind nicht in der Seele. Sie sind die Evolution der Natur[3] und Manifestation des Geistes.

Angenommen, es gibt ein Tuch, das Sie vor mir verbirgt, in dem sich ein kleines Loch befindet, durch das ich einige der Gesichter vor mir sehen kann, nur ein paar Gesichter. Nehmen wir nun an, das Loch wird immer größer und größer, und so offenbart sich mir immer mehr von der Szene. Und wenn schließlich das ganze Tuch verschwunden ist, stehe ich Ihnen allen gegenüber. Sie haben sich überhaupt nicht verändert. Es war das Loch, das sich entwickelt hat, und Sie haben sich nach und nach manifestiert. So ist es auch mit der Seele – sie erlangt keine Vollkommenheit. Wir sind bereits frei und vollkommen.

Was sollen all diese Ideen von Religion und Gott und der Suche nach dem Jenseits? Warum sucht der Mensch nach einem Gott? Warum will der Mensch – in jeder Nation, in jedem Stadium der Gesellschaft – irgendwo ein vollkommenes Ideal finden, entweder im Menschen, in Gott oder anderswo? Weil diese Idee in ihm ist. Es war sein eigenes Herz, das schlug, und er wusste es nicht; er verwechselte es mit etwas Äußerem. Es ist Gott in Ihrem eigenen Selbst, der Sie antreibt, nach Ihm zu suchen, Ihn zu erkennen. Nach langem Suchen hier und da, in Tempeln und Kirchen, auf Erden und im Himmel, kehren Sie endlich, den Kreis schließend, von wo aus Sie begonnen haben, zu Ihrer eigenen Seele zurück und finden, dass Er, nach dem Sie in der ganzen Welt gesucht haben, für den Sie in Kirchen und Tempeln geweint und gebetet haben, auf den Sie als das Mysterium aller Mysterien, verhüllt in den Wolken, geblickt haben, Ihnen am nächsten ist, Ihr eigenes Selbst ist, die Wirklichkeit Ihres Lebens, Ihres Körpers und Ihrer Seele. Es ist Ihre ureigene Natur. Machen Sie

---

3 Das Wort „Natur" hat im Deutschen, wie auch im Englischen, mehrere Bedeutungen. Sanskrit besitzt für diese einzelnen Bedeutungen verschiedene Worte. Die nachfolgende Metapher bezieht sich auf *Maya* und *Prakriti* (s. auch Erläuterungen am Ende des Buches).

es geltend, manifestieren Sie es! Sie sollen nicht rein werden, Sie sind bereits rein. Sie sollen nicht perfekt sein, das sind Sie schon. Die Natur ist wie ein Tuch, das die dahinterliegende Wirklichkeit verbirgt. Jeder gute Gedanke, den Sie denken oder nach dem Sie handeln, zerreißt sozusagen diesen Schleier, und die Reinheit, die Unendlichkeit, der Gott dahinter manifestiert sich mehr und mehr.

Das ist die ganze Geschichte des Menschen. Feiner und feiner wird der Schleier. Immer mehr von dem Licht dahinter scheint hervor, denn es ist seine Natur zu leuchten. Man kann dieses Licht nicht kennen – vergeblich versuchen wir, es zu ergründen. Wäre es ergründbar, so wäre es nicht, was es ist, denn es ist das ewige Subjekt. Und Wissen ist immer eine Begrenzung, Wissen ist objektivierend. Es ist Ihr eigenes Selbst: das ewige Subjekt von allem, der ewige Zeuge in diesem Universum. Wissen ist sozusagen eine niedrigere Stufe dieses Selbst, eine Degeneration. Wir sind bereits dieses ewige Subjekt, wie also sollen wir es ergründen. Dieses ewige Selbst ist die wahre Natur eines jeden Menschen, und er ringt darum, es auf unterschiedliche Art und Weise auszudrücken. Warum gibt es sonst so viele ethische Normen? Wo ist die Erklärung für die ganze Ethik?

Ein Gedanke, ausgedrückt in verschiedenen Formen, sticht als Kern aller ethischen Systeme hervor, nämlich anderen Gutes zu tun. Das zentrale Motiv der Ethik überall auf der Welt ist die Nächstenliebe gegenüber den Menschen und die Nächstenliebe gegenüber allen Tieren. Es sind nur verschiedene Ausdrücke jener ewigen Wahrheit: „Ich bin das Universum; dieses Universum ist eins." Wo liegt sonst der Grund? Warum sollte ich meinen Mitmenschen Gutes tun? Warum sollte ich zu den anderen gut sein? Was bewegt mich dazu? Es ist die Sympathie, das Gefühl, dass alles gleich ist. Die härtesten Herzen empfinden manchmal Mitgefühl für andere Wesen. Selbst der Mensch, der erschreckt, wenn man ihm sagt, dass diese vermeintliche Individualität in Wirklichkeit eine Täuschung ist, dass es schändlich ist, sich an diese scheinbare Individualität klammern zu wollen, eben dieser Mensch wird Ihnen sagen, dass die äußerste Selbstentäußerung das Zentrum aller Moral ist. Und was ist vollkommene Selbstentäußerung? Es bedeutet die Verneinung dieses scheinbaren Selbst, den Verzicht auf alle Selbstsucht.

Diese Vorstellung von „Ich und Mein" – Ahamkara und Mamata[4] – ist das Ergebnis eines alten Aberglaubens, und in dem Maße, in dem das, was wir heute für das Selbst halten, dahinschwindet, wird das wirkliche Selbst offenbar. Dies ist die wahre Selbstentäußerung, der Mittelpunkt, die Basis, der Kern aller moralischen Lehren. Ob der Mensch es weiß oder nicht, die ganze Welt geht langsam darauf zu und praktiziert es mehr oder weniger. Nur die große Mehrheit der Menschen tut es unbewusst. Lasst sie es bewusst tun. Lasst sie das Opfer bringen, wissend, dass dieses „Ich und Mein" nicht das wahre Selbst ist, sondern nur eine Beschränkung. Nur ein Blick auf jene unendliche Wirklichkeit, die dahinterliegt, nur ein Funke jenes unendlichen Feuers, das das Allumfassende darstellt, repräsentiert den gegenwärtigen Menschen – das Unendliche ist seine wahre Natur.

Was ist der Nutzen, die Wirkung, das Ergebnis dieses Wissens? In der heutigen Zeit wollen wir alles am Nutzen messen – daran, wie viele Pfund, Schillinge und Pence es darstellt. Welches Recht hat ein Mensch zu verlangen, dass die Wahrheit nach dem Maßstab des Nutzens oder des Geldes beurteilt wird? Angenommen, es gäbe keinen Nutzen, wäre es dann weniger wahr? Nutzen ist nicht der Beweis für Wahrheit. Dennoch gibt es den höchsten Nutzen in diesem Wissen. Glück, so sehen wir, ist das, wonach jeder sucht, aber die Mehrheit sucht es in Dingen, die flüchtig und nicht real sind. Kein Glück wurde jemals in der Welt der Sinne gefunden. Es gab noch nie einen Menschen, der sein Glück in den Sinnen oder im sinnlichen Genuss fand. Glück wird nur in der Seele erfahren. Daher ist der höchste Nutzen für die Menschheit, das Glück in der Seele zu finden.

Der nächste Punkt ist, dass Unwissenheit die große Mutter allen Elends ist, und zu denken, dass das Unendliche weint und klagt, dass Es endlich ist, ist eine fundamentale Unwissenheit. Es ist die Quelle aller Unwissenheit, wenn wir – die unsterbliche, die ewig reine, die vollkommene Seele – denken, dass wir kleine Geister sind, dass wir diese kleinen Körper sind. Diese Ignoranz ist die Mutter aller Selbstsucht. Sobald ich denke, dass ich ein kleiner Körper bin,

---

4 Sanskrit, [ahaṃkāra]: Vorstellung von der eigenen Individualität, Selbstbewusstsein (s. auch *„Ich-Bewusstsein"* in Erläuterungen); [mamatā]: Besitzdenken, Eigeninteresse, Egoismus.

will ich ihn bewahren, beschützen, schön halten – auf Kosten anderer Körper. In diesem Moment werden „ich" und „die anderen" getrennt. Sobald diese Idee des Getrenntseins kommt, öffnet sich die Tür zu allem Unheil und sie führt zu allem Elend. Dies ist also der Nutzen: Wenn nur ein kleiner Teil der heute lebenden Menschen die Idee der Selbstsucht, der Enge und der Kleinheit ablegen könnte, würde diese Erde morgen ein Paradies werden. Mit Maschinen und mit Fortschritt des materiellen Wissens allein wird sie es nie werden. Diese vergrößern bisher nur das Elend, so wie Öl, das auf das Feuer gegossen wird, die Flamme nur noch mehr anfacht. Ohne das Wissen über die Seele ist alles materielle Wissen nur ein Hinzufügen von Brennstoff zum Feuer, nur ein weiteres Instrument in die Hände des selbstsüchtigen Menschen, um zu nehmen, was anderen gehört, um vom Leben anderer zu leben, anstatt mit dem ichbezogenen Leben aufzuhören und für alle zu leben.

„Ist es praktikabel?" ist eine andere Frage. Kann es in der modernen Gesellschaft praktiziert werden? Die Wahrheit huldigt keiner Gesellschaft, weder der alten noch der modernen. Die Gesellschaft muss der Wahrheit huldigen oder sie wird sterben. Gesellschaften sollten nach der Wahrheit geformt werden, und die Wahrheit braucht sich nicht an die Gesellschaft anzupassen. Wenn eine so edle Wahrheit wie Selbstlosigkeit in der Gesellschaft nicht praktiziert werden kann, ist es besser für den Menschen, die Gesellschaft aufzugeben und in den Wald zu gehen. Er ist der kühne Mensch.

Es gibt zwei Arten von Mut. Die eine ist der Mut, sich den Kanonen zu stellen. Die andere ist der Mut der spirituellen Überzeugung. Ein Herrscher[5], der in Indien einmarschierte, wurde von seinem Lehrer angewiesen, einige der Weisen dort zu finden. Nachdem er lange nach einem gesucht hatte, fand er einen sehr alten Mann, der auf einem Steinblock saß. Der König sprach ein wenig mit ihm und war von seiner Weisheit sehr beeindruckt. Er bat den Weisen, mit ihm in sein Reich zu gehen. „Nein", sagte der Weise, „ich bin mit meinem Wald hier ganz zufrieden." Der Herrscher sagte: „Ich werde dir Geld, Stellung und Reichtum geben. Ich bin der Kaiser der Welt." „Nein", antwortete der Mann, „diese Dinge interessie-

---

5 Gemeint ist Alexander der Große.

ren mich nicht." Der Herrscher erwiderte: „Wenn du nicht mitgehst, werde ich dich töten." Der Mann lächelte gelassen und sagte: „Das ist das Dümmste, was du je gesagt hast, König. Du kannst mich nicht töten. Mich kann die Sonne nicht austrocknen, das Feuer nicht verbrennen, das Schwert nicht töten, denn ich bin die ungeborene, die unsterbliche, die ewig lebende, allmächtige, allgegenwärtige Seele." Dies ist spirituelle Kühnheit, während die andere Art der Mut eines Löwen oder eines Tigers ist.

In der Meuterei gegen Ihre[6] Ostindien-Kompanie von 1857 gab es einen Swami, eine sehr große Seele, die von einem mohammedanischen Mann durch Stiche schwer verletzt wurde. Die hinduistischen Meuterer fingen den Mann, brachten ihn zu dem Swami und boten ihm an, ihn zu töten. Aber der Swami blickte ruhig auf, sagte „Mein Bruder, du bist Er, du bist Er!" und starb. Dies ist ein weiteres Beispiel. Was nützt es, von der Stärke Ihrer Muskeln zu sprechen, von der Überlegenheit Ihrer westlichen Institutionen, wenn Sie Ihre Gesellschaft nicht mit der Wahrheit in Einklang bringen können, wenn Sie keine Gesellschaft aufbauen können, in die die höchste Wahrheit hineinpasst? Was nützt Ihnen dieses prahlerische Gerede über Ihre Größe und Erhabenheit, wenn Sie sich hinstellen und sagen: „Dieser andere Mut ist nicht praktisch." Sind nur Pfunde, Schillinge und Pence praktisch? Wenn Sie jetzt Nein antworten, warum rühmen Sie sich dann Ihrer Gesellschaft? Diejenige Gesellschaft ist die größte, in der die höchsten Wahrheiten praktisch werden. Das ist meine Meinung. Und wenn die Gesellschaft nicht fit für die höchsten Wahrheiten ist, machen Sie sie so – je früher, desto besser.

Steht auf, Männer und Frauen, in diesem Geist, wagt es, an die Wahrheit zu glauben, wagt es, die Wahrheit zu praktizieren! Die Welt braucht ein paar Hundert mutige Männer und Frauen. Übt diese Kühnheit, die es wagt, die Wahrheit zu kennen, die es wagt, die Wahrheit im Leben zu zeigen, die nicht vor dem Tod zittert, nein, die den Tod begrüßt, die den Menschen wissen lässt, dass er Seele ist, dass ihn im ganzen Universum nichts töten kann. Dann werdet ihr frei sein. Dann werdet ihr ihre wahre Seele erkennen.

---

6 Swami Vivekananda sprach diese Worte in London.

„Über diesen Atman sollst du erst hören, dann nachdenken und dann meditieren."[7] Es gibt eine starke Tendenz in der modernen Zeit, zu viel von den Taten zu reden und das Denken zu verwerfen. Tun ist sehr gut, aber es kommt vom Denken. Kleine Ausdrücke von Energie durch die Muskeln werden Arbeit genannt. Aber ohne Denken gibt es keine Arbeit. Füllen Sie also das Gehirn mit großen Gedanken, höchsten Idealen, stellen Sie sie Tag und Nacht vor sich hin, dann werden daraus große Taten entstehen. Sprechen Sie nicht von Unreinheit, sondern sagen Sie, dass wir rein sind. Wir haben uns in diesen Gedanken hypnotisiert, dass wir klein sind, dass wir geboren und dass wir sterben werden – hypnotisiert in einen ständigen Zustand der Angst.

Es gibt eine Geschichte über eine Löwin, die trächtig war. Sie ging auf der Suche nach Beute umher und als sie eine Schafherde sah, sprang sie. Dabei starb sie und ein kleiner Löwenjunge wurde geboren, mutterlos. Er wurde von den Schafen aufgenommen. Sie zogen ihn auf; er wuchs mit ihnen auf, fraß Gras und blökte wie die Schafe. Und obwohl er mit der Zeit ein großer, ausgewachsener Löwe wurde, dachte er, er sei ein Schaf. Eines Tages kam ein anderer Löwe auf der Suche nach Beute und stellte mit Erstaunen fest, dass sich inmitten dieser Schafherde ein Löwe befand, der wie ein Schaf floh, als sich die Gefahr näherte. Er versuchte, sich dem Schafslöwen zu nähern, um ihm zu sagen, dass er kein Schaf, sondern ein Löwe sei, aber das arme Tier floh, wenn es den Löwen sah. Dieser witterte jedoch seine Chance und fand den Schafslöwen eines Tages schlafend. Er näherte sich ihm und sagte: „Du bist ein Löwe." „Ich bin ein Schaf", schrie der andere Löwe und wollte das Gegenteil nicht glauben, sondern blökte. Der Löwe zerrte ihn zum Ufer eines Sees und sagte: „Schau her, hier ist mein Spiegelbild und hier deins." Der andere Löwe begann zu vergleichen. Er schaute auf den Löwen und dann auf sein eigenes Spiegelbild und auf einmal verstand er, dass er ein Löwe war. Er brüllte – das Blöken war weg.

Wir sind Löwen, wir sind Seelen, rein, unendlich und perfekt. Die Macht des Universums ist in uns. „Warum weinen, mein Freund? Für dich gibt es weder Geburt noch Tod. Warum weinst du? Es gibt

---

7 Der Sprecher bezieht sich auf die drei Stufen im Prozess der Verwirklichung der Wahrheit in *Advaita Vedanta* (Sravana, Manana and Nididhyasana).

für dich weder Krankheit noch Elend, sondern du bist wie der unendliche Himmel: Wolken in verschiedenen Farben kommen über ihn, spielen einen Moment lang und verschwinden dann. Aber der Himmel ist immer der gleiche, ewig blau."

Warum gibt es dann die Bosheit? Da war ein Baumstumpf, und in der Dunkelheit kam ein Dieb dorthin und dachte: „Das ist ein Polizist." Ein junger Mann, der auf seine Geliebte wartete, sah den Baumstumpf und glaubte, es sei seine Geliebte. Ein Kind, dem man Gespenstergeschichten erzählt hatte, hielt ihn für einen Geist und begann zu schreien. Aber die ganze Zeit über war es der Stumpf eines Baumes. Wir sehen die Welt so, wie wir sind. Angenommen, ein Baby liegt in einem Zimmer mit einem Beutel Gold auf dem Tisch und ein Dieb kommt und stiehlt das Gold. Würde das Baby denken, dass es gestohlen wird? Das, was wir innen haben, sehen wir außen. Das Baby hat keinen Dieb drinnen und sieht keinen Dieb draußen. So ist es mit allem Wissen.

Reden Sie nicht von der Schlechtigkeit der Welt und all ihren Sünden. Weinen Sie stattdessen, dass Sie unfrei sind, weil Sie die Schlechtigkeit immer noch sehen. Wenn Sie der Welt helfen wollen, verurteilen Sie sie nicht. Schwächen Sie sie nicht noch mehr. Denn was ist die Sünde und was ist das Elend, was ist das alles, wenn nicht die Folgen der Schwäche? Die Welt wird jeden Tag durch solche Lehren schwächer und schwächer gemacht. Die Menschen werden von Kindheit an gelehrt, dass sie schwach und Sünder sind. Bringen Sie ihnen lieber bei, dass sie glorreiche Kinder der Unsterblichkeit sind – selbst diejenigen, bei denen diese Ausprägung am schwächsten ist.

Lassen Sie von klein auf positive, starke, hilfreiche Gedanken in Ihre Gehirne einfließen. Öffnen Sie sich für diese Gedanken und nicht für schwächende und lähmende. Sagen Sie zu Ihrem eigenen Geist: „Ich bin Er, ich bin Er."[8] Lassen Sie es Tag und Nacht in Ihrem Geist wie ein Lied erklingen und im Angesicht des Todes erklären Sie: „Ich bin Er." Das ist die Wahrheit: Die unendliche Kraft der Welt gehört Ihnen. Vertreiben Sie den Aberglauben, der Ihren *Verstand* verdeckt hat. Seien wir mutig. Erkennen Sie die Wahrheit und praktizieren Sie die Wahrheit. Das Ziel mag weit entfernt sein, aber

---

8   Vgl. Erläuterungen: *Tat tvam asi.*

wachen Sie jetzt auf, erheben Sie sich und halten Sie nicht an, bis Sie das Ziel erreicht haben.

Teil 1

Das Universum

Das Ende der Philosophie

Hier stehen wir, und unsere Augen blicken manchmal meilenweit nach vorn. Der Mensch tut das, seit er zu denken begann. Er schaut immer nach vorne, schaut immer weiter. Er will wissen, wohin er geht, selbst nach der Auflösung seines Körpers. Es wurden verschiedene Theorien aufgestellt, ein System nach dem anderen wurde entwickelt, um Erklärungen zu finden. Einige wurden verworfen, während andere akzeptiert wurden, und so wird es weitergehen, solange der Mensch hier ist, solange der Mensch denkt. In jedem dieser Systeme steckt etwas Wahrheit, aber auch viel, was nicht wahr ist. Ich werde versuchen, Ihnen die Summe und die Essenz, das Ergebnis der Untersuchungen, die in dieser Richtung in Indien gemacht wurden, zu präsentieren. Ich werde mich bemühen, die verschiedenen Gedanken zu diesem Thema, wie sie im Laufe der Zeit unter den indischen Philosophen entstanden sind, zu harmonisieren. Ich werde versuchen, die Psychologen und die Metaphysiker in Einklang zu bringen und dort, wo möglich, die Verbindung zum Denken der modernen Wissenschaftler herzustellen.

Genesis

Das zentrale Thema der *Vedanta*-Philosophie ist die Suche nach der Einheit. Der hinduistische Geist kümmert sich nicht um das Besondere; er ist immer auf der Suche nach dem Allgemeinen, ja, dem Universellen. „Was ist das, durch dessen Kenntnis alles andere bekannt wird?"[9] Das ist das Hauptthema. „So wie durch die Kenntnis eines Klumpens Lehm alles, was aus Lehm ist, bekannt ist, was ist das, durch dessen Kenntnis das ganze Universum erkannt werden kann?"[10] Das ist die eigentliche Suche.

---

9 Diese Frage wird zum Anfang der Mundaka Upanishad, einer der ältesten erhaltenen Schriften Indiens, gestellt. Diese scheinbar einfache Frage führt zu einer Antwort, die die gesamte Upanishad füllt. Die gleiche Frage wird in der Chandogya Upanishad (im 6. Kapitel) gestellt.

10 Es ist ein Verweis auf das 6. Kapitel der Chandogya Upanishad. Die Antwort auf diese Frage führt dort zu der Verkündung „Du bist Das" (tat

Den Hindu-Philosophen zufolge kann das gesamte Universum auf ein einziges Element zurückgeführt werden, das sie *Akasha* nennen. Alles, was wir um uns herum sehen, fühlen, berühren, schmecken, ist einfach eine differenzierte Manifestation dieses Akasha. Es ist alles durchdringend und sehr fein. Alles, was wir fest, flüssig oder gasförmig nennen, alle Gestalten, Formen oder Körper, die Erde, Sonne, Mond und Sterne, alles besteht aus diesem Akasha.

Welche Kraft ist es, die auf dieses Akasha einwirkt und dieses Universum daraus erzeugt? Zusammen mit Akasha existiert eine universelle Kraft. Alles, was im Universum Energie ist und sich als Kraft oder Anziehung – ja, sogar als Gedanke – manifestiert, ist nur eine besondere Manifestation dieser einen Energie, die die Hindus *Prana* nennen. Dieser Prana, der auf Akasha wirkt, erschafft das gesamte Universum. Zu Beginn eines Zyklus schläft dieser Prana sozusagen im unendlichen Ozean von Akasha – er ist unbewegt. Dann entsteht in diesem Ozean von Akasha durch das Wirken dieses Pranas Bewegung, und wenn dieser Prana sich zu bewegen, zu schwingen beginnt, entstehen aus diesem Ozean die verschiedenen Sternensysteme, Sonnen, Monde, die Erde, Menschen, Tiere, Pflanzen und all die Manifestationen der verschiedenen Kräfte und Phänomene. Jede Manifestation von Energie ist demnach dieser Prana. Jede materielle Manifestation ist dieses Akasha.

Wenn der Zyklus endet, wird alles, was wir fest nennen, in die nächste Form zerfließen, die nächstfeinere oder die flüssige Form. Diese wird in die gasförmige übergehen und diese in feinere und gleichmäßigere Wärmeschwingungen, und alles wird sich zurück in das ursprüngliche Akasha auflösen. Und was wir jetzt Anziehung, Abstoßung und Bewegung nennen, wird sich langsam in den ursprünglichen Prana auflösen. Dann heißt es, dass dieser Prana eine Zeit lang schläft, um wieder aufzutauchen und all diese Formen hervorzubringen. Und wenn diese Schöpfungsperiode zu Ende geht, wird das Ganze wieder abklingen. Dieser Schöpfungsprozess geht so hinunter und wieder hinauf, er oszilliert vorwärts und rückwärts. In der Sprache der modernen Wissenschaft ausgedrückt wird der Prana während einer Periode statisch und während der anderen Periode dynamisch. Zu einer Zeit wird er potenziell, und in der

---

tvam asi).

nächsten Periode wird er aktiv. Diese Veränderung vollzieht sich seit Ewigkeiten.

Diese Erklärung ist jedoch unvollständig. So viel weiß auch die moderne Physik. Darüber hinaus kann die naturwissenschaftliche Forschung jedoch nicht gehen. Aber die Untersuchung hört damit nicht auf. Wir haben noch nicht das eine gefunden, durch dessen Kenntnis alles andere bekannt wird. Wir haben das gesamte Universum in zwei Komponenten aufgelöst: in das, was man Materie und Energie nennt oder was die alten Philosophen Indiens Akasha und Prana nannten. Der nächste Schritt besteht darin, dieses Akasha und diesen Prana in ihren Ursprung aufzulösen. Beide können in die noch höhere Einheit aufgelöst werden, die man als den universellen Geist bezeichnen kann. Aus dieser kosmischen Gedankenenergie, dem *Mahat*, der universell existierenden Gedankenkraft, sind diese beiden hervorgegangen. Der Gedanke ist eine noch feinere Manifestation des Seins als Akasha oder Prana. Es ist der kosmische Gedanke, der sich in diese beiden aufspaltet. Am Anfang existierte der universelle Gedanke, und dieser manifestierte, veränderte und entwickelte sich in Akasha und Prana, und durch die Kombination dieser beiden wurde das ganze Universum hervorgebracht.

Kommen wir nun zur Psychologie. Ich schaue Sie an. Die äußeren Sinneseindrücke werden mir von den Augen vermittelt und von den Sinnesnerven an das Gehirn weitergeleitet. Die Augen sind nicht die Sehorgane. Sie sind nur die äußeren Instrumente, denn wenn das eigentliche Organ dahinter, das die Reize an das Gehirn weiterleitet, zerstört ist, kann ich zwar zwanzig Augen haben, aber ich werde Sie nicht sehen. Das Bild auf der Netzhaut mag noch so vollständig sein, ich werde Sie nicht sehen. Das Organ ist also etwas anderes als seine Instrumente. Hinter den Instrumenten, den Augen, muss es das Sehorgan geben. So ist es mit allen Sinneseindrücken. Die Nase ist nicht der Geruchssinn; sie ist nur das Instrument, und hinter ihr ist das Organ. Bei jedem Sinn, den wir haben, gibt es im physischen Körper das äußere Instrument. Dahinter, in demselben physischen Körper, gibt es das Organ. Doch auch diese Organe reichen noch nicht aus.

Angenommen, ich spreche zu Ihnen und Sie hören mir konzentriert zu. Nun geschieht etwas, sagen wir, eine Glocke läutet – Sie werden vielleicht das Läuten der Glocke nicht hören. Die Schwingungen dieses Tons gelangten an Ihr Ohr, trafen auf das Trommelfell und der Reiz wurde durch den Nerv in das Gehirn weitergeleitet. Wenn der ganze Prozess bis zur Weiterleitung des Impulses an das Gehirn vollständig wäre, warum haben Sie dann das Läuten nicht gehört? Es fehlte etwas anderes: Der Geist war nicht mit dem Organ verbunden. Wenn der Geist, und genauer sein *Denk- und Empfindungsorgan*[11], sich vom Sinnesorgan abkoppelt, kann das Sinnesorgan ihm jede Nachricht bringen, aber der Geist wird sie nicht empfangen. Nur wenn der Geist sich mit dem Organ verbindet, kann er die Nachricht empfangen.

Doch selbst das ist noch nicht alles. Die Instrumente mögen die Reize von außen bringen, die Organe mögen sie nach innen tragen, das Denk- und Empfindungsorgan mag sich mit dem Sinnesorgan verbinden, und doch ist die Wahrnehmung nicht vollständig. Ein weiterer Faktor ist notwendig: Es muss eine Reaktion im Inneren geben. Mit dieser Reaktion kommt die Erkenntnis. Das, was draußen ist, sendet sozusagen den Strom der Nachrichten in mein Gehirn. Mein Denk- und Empfindungsorgan nimmt sie auf und präsentiert sie dem Verstand[12], der sie in Beziehung zu den zuvor empfangenen Eindrücken setzt und einen Strom der Reaktion sendet, und erst mit dieser Reaktion ist die Wahrnehmung vollständig. Hier kommt also der Wille ins Spiel. Der Zustand des Geistes, der reagiert, wird Buddhi, der Verstand, genannt.

Aber auch das macht das Ganze nicht vollständig. Es ist noch ein weiterer Schritt erforderlich. Nehmen wir an, hier ist eine Lochkamera und dort ist ein Tuch, und ich versuche, ein Bild auf dieses Tuch zu werfen. Was muss ich tun? Ich muss die diversen Lichtstrahlen durch die Kamera leiten, damit sie auf das Tuch fallen und sich dort gruppieren. Es braucht etwas, das sich nicht bewegt, auf das das Bild geworfen wird. Ich kann kein Bild auf etwas erzeugen, das sich bewegt. Dieses Etwas muss unbeweglich sein, denn die Lichtstrahlen, die ich darauf werfe, bewegen sich, und diese sich bewegenden Lichtstrahlen müssen auf etwas Unbeweglichem gesammelt, vereinigt, koordiniert und vervollständigt werden. Ähnlich verhält

---

11 Sanskrit: manas; s. auch „Denk- und Empfindungsorgan" unter den Erläuterungen am Ende des Buches.

12 Buddhi in Sanskrit; s. auch Erläuterungen am Ende des Buches.

es sich mit den Wahrnehmungen, die unsere Organe nach innen tragen und dem Denk- und Empfindungsorgan präsentieren und die das Denk- und Empfindungsorgan seinerseits dem Verstand präsentiert. Dieser Prozess wird nicht vollständig sein, wenn es nicht etwas Dauerhaftes im Hintergrund gibt, auf dem das Bild sozusagen geformt werden kann, auf dem wir all die verschiedenen Eindrücke vereinigen können. Was ist es, das dem sich wandelnden Ganzen unseres Wesens eine Einheit verleiht? Was ist es, das die Identität des sich Bewegenden von Augenblick zu Augenblick aufrechterhält? Was ist es, auf dem all unsere verschiedenen Eindrücke zusammengefügt werden, auf dem die Wahrnehmungen sozusagen zusammenkommen, sich niederlassen und ein einheitliches Ganzes bilden? Wir haben festgestellt, dass es zu diesem Zweck etwas geben muss, und wir sehen auch, dass dieses Etwas im Verhältnis zu Körper und Geist unbeweglich sein muss. Das Tuch, auf das die Kamera das Bild wirft, ist relativ zu den Lichtstrahlen unbeweglich, sonst gäbe es kein Bild. Anders ausgedrückt: Der Wahrnehmende muss ein Individuum sein. Dieses Etwas, auf das der Geist all diese Bilder malt, dieses Etwas, auf das unsere Empfindungen, getragen vom Denk- und Empfindungsorgan und Verstand, platziert, gruppiert und zu einer Einheit geformt werden, ist das, was man die Seele des Menschen nennt.

Wir haben gesehen, dass es der universelle kosmische Geist ist, der sich in Akasha und Prana aufspaltet, und jenseits des Geistes haben wir die Seele gefunden. Im Individuum ist es die Seele des Menschen. Im Universum wiederum, hinter dem universellen Geist, existiert eine Seele, die Gott genannt wird. So wie sich in diesem Universum, im Kosmos, der universelle Geist zu Akasha und Prana entwickelt, können wir erkennen, dass sich die universelle Seele selbst zum Geist entwickelt.

Ist es wirklich so mit dem einzelnen Menschen? Ist sein Geist der Schöpfer seines Körpers und seine Seele der Schöpfer seines Geistes? Das heißt, sind sein Körper, sein Geist und seine Seele drei verschiedene Existenzen oder sind sie drei in einer? Sind sie nicht verschiedene Existenzzustände desselben einheitlichen Wesens? Wir werden nach und nach versuchen, eine Antwort auf diese Frage zu finden. Der erste Erkenntnisschritt, den wir nun gemacht haben, ist dieser:

Hier ist dieser äußere Körper, hinter diesem äußeren Körper sind die Sinnesorgane, das Denk- und Empfindungsorgan, der Verstand, und dahinter ist die Seele.

Die naheliegende Feststellung war, dass die Seele vom Körper und vom Geist getrennt ist. An diesem Punkt trennen sich die Meinungen in der religiösen Welt, und der Ausgangspunkt ist dieser: Alle religiösen Anschauungen, die im Allgemeinen unter dem Namen Dualismus zusammengefasst werden, gehen davon aus, dass diese Seele „qualifiziert" ist, dass sie verschiedene Qualitäten besitzt, dass die Gefühle von Genuss, Freude und Schmerz wirklich der Seele zuzuordnen sind. Die Nichtdualisten leugnen, dass die Seele solche Qualitäten besitzt; sie sagen, sie sei „nichtqualifiziert"[13].

Dualismus

Lassen Sie mich zunächst die Dualisten aufgreifen und versuchen, Ihnen ihre Position in Bezug auf die Seele und deren Bestimmung darzulegen; dann das System, das ihnen widerspricht. Und schließlich wollen wir versuchen, die Harmonie zu finden, die uns der Nichtdualismus bringen wird.

Diese Seele des Menschen muss unsterblich sein, weil sie von Geist und Körper getrennt ist, weil sie nicht aus Akasha und Prana besteht. Und warum? Was verstehen wir unter Sterblichkeit? Zersetzung. Und das ist nur für Dinge möglich, die das Ergebnis einer Zusammensetzung sind. Alles, was aus zwei oder mehreren Bestandteilen besteht, muss zerfallen. Allein das, was nicht das Ergebnis einer Zusammensetzung ist, kann sich niemals zersetzen und kann daher nie-

---

13 Das war auch der Ausgangspunkt der Unterscheidung zwischen zwei traditionellen indischen Philosophieschulen des Nichtdualismus: dem Advaita Vedanta und dem *Vishishtadvaita* [viśiṣṭādvaita] (dem Qualifizierten Nichtdualismus), das Gott Attribute (oder „Qualitäten") zuschreibt. Für Advaita Vedanta existieren die Manifestationen des Einen, des Reinen Bewusstseins, in letztendlicher Wirklichkeit nicht. Für Vishishtadvaita sind sie real und permanent. Weil Gott im Vishishtadvaita durch seine Attribute für die meisten Menschen zugänglich wird, gibt es auch eine mit dem Vishishtadvaita verbundene Religionsschule. Aus dem Advaita Vedanta ist im Gegensatz nie eine Religion im herkömmlichen Sinne entstanden.

mals sterben. Es ist unsterblich. Es existiert schon seit Ewigkeiten; es wurde nie geschaffen.

Jeder Gegenstand der Schöpfung ist einfach eine Zusammensetzung – niemand hat je gesehen, dass etwas aus dem Nichts entstanden ist. Alles, was wir von der Schöpfung wissen, ist die Kombination von bereits existierenden Dingen zu neueren Formen. Da dies so ist, muss diese Seele des Menschen, da sie nicht zusammengesetzt ist, schon immer existiert haben, und sie wird auch immer existieren. Wenn dieser Körper abfällt, lebt die Seele weiter. Die Vedantins sagen, wenn dieser Körper sich auflöst, kehren die Lebenskräfte des Menschen zu seinem Geist zurück, und der Geist löst sich sozusagen in Prana auf, und dieses Prana geht in die Seele des Menschen ein, und die Seele des Menschen kommt heraus, gleichsam bekleidet mit dem, was sie den feinen Körper nennen, den Mentalkörper oder spirituellen Körper, wie man es auch nennen mag. In diesem Körper befinden sich die *Samskaras* des Menschen. Was sind Samskaras? Dieser Geist ist wie ein See, und jeder Gedanke ist wie eine Welle auf diesem See. So wie die Wellen im See aufsteigen und dann wieder abfallen und verschwinden, so steigen diese Gedankenwellen im Geist ständig auf und verschwinden dann wieder, aber sie verschwinden nicht für immer. Sie werden feiner und feiner, sind jedoch alle da, bereit, zu einem anderen Zeitpunkt wieder aufzutauchen, wenn man sie dazu aufruft. Das *Gedächtnis*[14] ruft einfach einige der Gedanken zurück in die Wellenform, die in den feineren Zustand der Existenz übergegangen sind. So ist alles, was wir gedacht haben, jede Handlung, die wir getan haben, im Geist gespeichert. Es ist alles dort in feiner Form, und wenn ein Mensch stirbt, befindet sich die Summe dieser Eindrücke im Geist, der mit diesem feinen Material als Medium arbeitet. Die Seele, die sozusagen mit diesen Eindrücken und mit dem feinstofflichen Körper bekleidet ist, geht hinaus. Das Schicksal der Seele ist das Ergebnis der verschiedenen Kräfte, die durch all die verschiedenen Eindrücke repräsentiert werden. Die Hindus meinen, dass es drei verschiedene Ziele für die Seele gibt.

Diejenigen, die sehr spirituell sind, folgen, wenn sie sterben, den Sonnenstrahlen und erreichen das, was Sonnensphäre genannt wird, durch die sie das erreichen, was Mondsphäre genannt wird, und durch die sie das erreichen, was Blitzsphäre genannt wird, und

---

14 *Chitta* in Sanskrit; s. auch Erläuterungen am Ende des Buches.

dort treffen sie mit einer anderen Seele zusammen, die bereits gesegnet ist, und sie führt den Neuankömmling zur höchsten aller Sphären, die Brahmaloka genannt wird, die Sphäre von Brahma[15]. Dort erlangen diese Seelen Allwissenheit und Allmacht, werden fast so mächtig und allwissend wie Gott selbst; und sie verbleiben dort nach Ansicht der Dualisten für immer oder werden nach Ansicht der Nichtdualisten am Ende des Zyklus eins mit dem Universellen. Die nächste Klasse von Menschen, die aus selbstsüchtigen Motiven gute Werke getan haben, werden, wenn sie sterben, durch die Ergebnisse ihrer guten Werke in die sogenannte Mondsphäre getragen, wo es verschiedene Himmel gibt, und dort erhalten sie schöne Körper, die Körper von Göttern. Sie werden also zu Göttern und leben dort und genießen den Segen des Himmels für eine lange Zeit. Nachdem diese Zeit beendet ist, lastet das alte *Karma* wieder auf ihnen, und so fallen sie wieder auf die Erde zurück: Sie kommen durch die Sphären der Luft und der Wolken und all diese verschiedenen Regionen herunter und erreichen schließlich die Erde mit den Regentropfen. Dort auf der Erde heften sie sich an irgendein Getreide, das schließlich von einem Menschen gegessen wird, der in der Lage ist, sie mit Material zu versorgen, um einen neuen Körper zu erschaffen. Die letzte Klasse, nämlich die Bösen, werden nach ihrem Tod zu Geistern oder Dämonen und leben irgendwo in der Mitte zwischen der Mondsphäre und dieser Erde. Einige versuchen, die Menschheit zu stören, andere sind freundlich; und nachdem sie dort einige Zeit gelebt haben, fallen auch sie auf die Erde zurück und werden zu Tieren. Nachdem sie einige Zeit in einem Tierkörper gelebt haben, werden sie freigelassen, kehren zurück und werden wieder zu Menschen und erhalten so eine weitere Chance, ihre Erlösung zu erreichen.

Wir sehen also, dass diejenigen, die der Vollkommenheit nah sind, in denen nur noch sehr wenig Unreinheit verbleibt, durch die Strahlen der Sonne zum Brahmaloka gehen. Die von mittlerer Sorte, die hier etwas Gutes getan haben mit der Idee, in den Himmel zu kommen, gehen zu den Himmeln in der Mondsphäre und erhalten dort Gottkörper; aber sie müssen wieder Menschen werden und bekommen so eine weitere Chance, vollkommen zu werden. Diejenigen, die sehr böse sind, werden zu Geistern und Dämonen, und dann müssen sie vielleicht zu Tieren werden. Danach werden sie wieder

---

15 Gemeint ist die Gottheit Brahmā, nicht *Brahman*, das Absolute.

Menschen und bekommen eine weitere Chance, sich zu vervollkommnen. Diese Erde wird Karma-Bhumi genannt, die Sphäre des Karmas. Hier allein macht der Mensch sein gutes oder schlechtes Karma. Wenn ein Mensch in den Himmel kommen will und zu diesem Zweck gute Werke tut, wird er gut und sammelt im Himmel kein schlechtes Karma an. Er genießt nur die Wirkungen der guten Werke, die er auf Erden getan hat, und wenn dieses gute Karma erschöpft ist, kommt über ihn die Kraft all des schlechten Karmas, das er vorher im irdischen Leben angesammelt hatte, und das bringt ihn wieder auf diese Erde herunter. In gleicher Weise verbleiben diejenigen, die zu Geistern werden, in diesem Zustand, ohne neues Karma zu erzeugen, sondern sie erleiden die üblen Folgen ihrer vergangenen Missetaten und bleiben später eine Zeit lang in einem tierischen Körper, ohne neues Karma zu verursachen. Nach Ablauf dieser Zeit werden auch sie wieder zu Menschen. Die Zustände von Belohnung und Bestrafung aufgrund von gutem und schlechtem Karma sind frei von der Kraft, neues Karma zu erzeugen; sie müssen nur genossen oder erlitten werden. Wenn es ein außerordentlich gutes oder ein außerordentlich schlechtes Karma gibt, trägt es sehr bald Früchte. Wenn zum Beispiel ein Mensch sein ganzes Leben lang viele böse Dinge getan hat, aber eine sehr gute Tat vollbringt, wird das Ergebnis dieser guten Tat sofort sichtbar, aber wenn dieses Ergebnis eingetreten ist, müssen auch alle anderen bösen Taten ihre Früchte bringen. Alle Menschen, die bestimmte gute und große Taten vollbringen, aber deren Leben im Allgemeinen nicht richtig war, werden zu Göttern; und nachdem sie einige Zeit in Gottkörpern gelebt und die Kräfte der Götter genossen haben, müssen sie wieder Menschen werden. Wenn die Kraft der guten Taten auf diese Weise beendet ist, kommt das alte Böse hoch, um verarbeitet zu werden. Diejenigen, die außerordentlich böse Handlungen begehen, müssen Geister- und Teufelskörper anlegen, und wenn die Wirkung dieser bösen Handlungen erschöpft ist, macht das wenige gute Handeln, das mit ihnen verbunden bleibt, sie wieder zu Menschen. Der Weg zum Brahmaloka, von dem es keinen Fall und keine Rückkehr mehr gibt, wird Devayana genannt, das heißt der Weg zu Gott. Der Weg zum Himmel ist als Pitriyana bekannt, das heißt der Weg zu den Vätern.

Der Mensch ist nach der Vedanta-Philosophie das großartigste Wesen, das es im Universum gibt, und diese Welt des Karmas ist der beste Platz darin, denn nur hier hat er die großartige Gelegenheit, vollkommen zu werden. Engel oder Götter, wie auch immer man sie nennen mag, müssen Menschen werden, wenn sie vollkommen werden wollen. Dieses menschliche Leben ist das große Zentrum, die einzigartige Lage und die wunderbare Chance.

Wir kommen nun zurück zu dem Hauptaspekt der Philosophie. Es gibt Buddhisten, die die ganze Theorie der Seele, die ich soeben dargelegt habe, ablehnen. „Was nützt es", sagt der Buddhist, „etwas als Substrat, als Hintergrund dieses Körpers und Geistes anzunehmen? Warum nicht einfach zulassen, dass die Gedanken ablaufen? Warum eine dritte Substanz jenseits dieses Organismus aus Geist und Körper annehmen, eine dritte Substanz, die Seele genannt wird? Wozu ist sie gut? Ist dieser Organismus nicht ausreichend, um sich selbst zu erklären? Warum ein neues, drittes Etwas?" Diese Argumente sind sehr stark. Diese Argumentation ist sehr überzeugend. Soweit die Untersuchung außen stattfindet, sehen wir, dass dieser Organismus eine ausreichende Erklärung für sich selbst ist – zumindest sehen ihn viele von uns in diesem Licht. Warum muss es dann eine Seele als Substrat geben, als etwas, das weder Geist noch Körper ist, sondern als Hintergrund für Geist und Körper steht? Lass es nur Geist und Körper geben. Körper ist die Bezeichnung für einen Strom von Materie, der sich ständig verändert. Geist ist der Name für einen Strom von Bewusstsein oder Gedanken, der sich ständig verändert.

Und wie entsteht die scheinbare Einheit zwischen diesen beiden? Diese Einheit existiert nicht wirklich, könnte man sagen. Nehmen Sie zum Beispiel eine brennende Fackel und wirbeln Sie sie schnell vor sich herum: Sie sehen einen Kreis aus Feuer. Der Kreis existiert nicht wirklich, aber weil sich die Fackel ständig bewegt, entsteht der Eindruck eines Kreises. So gibt es in diesem Leben keine Einheit; es ist eine Masse von Materie, die ständig herunterrauscht. Sie können die Gesamtheit dieser Materie eine Einheit nennen, aber mehr nicht. So ist es auch mit dem Geist: Jeder Gedanke ist von jedem anderen Gedanken getrennt. Es ist nur der rauschende Strom, der die Illusion der Einheit hinterlässt. Eine dritte Substanz ist nicht nötig. Dieses universelle Phänomen von Körper und Geist ist alles, was wirklich ist – es braucht nicht etwas dahinter.

Sie werden feststellen, dass dieser alte buddhistische Gedanke in der Neuzeit von bestimmten religiösen Richtungen und Denkschulen aufgegriffen wurde, und alle behaupten, er sei neu – ihre eigene Erfindung. Dies war der zentrale Gedanke der meisten buddhistischen Philosophien, dass diese Welt sich selbst genügt, dass man nach keinem Hintergrund fragen muss. Alles, was existiert, ist dieses mit den Sinnen erfahrbare Universum: Was nützt es, an etwas zu denken, das dieses Universum unterstützt? Alles ist das Aggregat von Eigenschaften. Warum sollte es eine hypothetische Substanz geben, der sie innewohnen sollten? Die Idee dieser Substanz entsteht durch den schnellen Austausch von Eigenschaften, nicht durch etwas Unveränderliches, das hinter ihnen existiert. Wir sehen, wie wunderbar einige dieser Argumente sind, und sie appellieren leicht an die gewöhnliche Erfahrung der Menschheit. In der Tat nicht einer von einer Million kann an etwas anderes denken als an die Welt der Phänomene. Für die große Mehrheit der Menschen scheint die Natur nur eine sich verändernde, wirbelnde, sich verbindende, sich vermischende Masse von Veränderungen zu sein. Nur wenige von uns haben jemals einen Blick auf das ruhige Meer dahinter geworfen. Für uns ist es immer von Wellen gepeitscht – dieses Universum erscheint uns nur als eine wirbelnde Masse von Wellen.

Und so finden wir diese beiden Meinungen vor. Die eine besagt, dass hinter Körper und Geist etwas steht, das eine unveränderliche und unbewegliche Substanz ist, und die andere, dass es so etwas wie Unbeweglichkeit oder Unveränderlichkeit im Universum nicht gibt: Es ist alles Veränderung und nichts als Veränderung. Die Lösung dieses Konflikts findet sich in der nächsten Stufe des Denkens, nämlich in der nichtdualistischen.

Nichtdualismus

Der Nichtdualismus besagt, dass die Dualisten recht haben, wenn sie einen unveränderlichen Hintergrund hinter allem finden. Wir können uns keine Veränderung vorstellen, ohne dass es etwas Unveränderliches gibt. Wir können uns etwas, das veränderlich ist, nur vorstellen, indem wir etwas kennen, das weniger veränderlich ist, und auch das muss im Vergleich zu etwas anderem, das weniger veränderlich ist, veränderlicher erscheinen, und so weiter und so fort, bis wir zugeben müssen, dass es etwas geben muss, das sich überhaupt nicht verändert. Die gesamte Manifestation des Universums muss sich in einem Zustand der Nichtmanifestation befunden haben, sozusagen ruhig und still, im Gleichgewicht der gegensätzlichen Kräfte, als keine Kraft wirkte; denn Kraft wirkt, wenn eine Störung des Gleichgewichts eintritt. Das Universum bewegt sich ständig weiter, um irgendwann wieder zu diesem Gleichgewicht zurückzukehren. Wenn wir uns einer Tatsache sicher sind, dann dieser.

Wenn die Dualisten behaupten, dass es ein Etwas gibt, das sich nicht verändert, haben sie vollkommen recht. Aber ihre Schlussfolgerung, dass dieses zugrunde liegende Etwas, was weder der Körper noch der Geist ist, von den beiden getrennt ist, ist falsch. Wenn die Buddhisten sagen, dass das ganze Universum eine Masse von Veränderungen ist, haben sie vollkommen recht. Solange ich vom Universum getrennt bin, solange ich zurücktrete und alles vor mir betrachte, solange es zwei Dinge gibt – den Betrachter und das, worauf ich schaue –, wird es immer so aussehen, als sei das ganze Universum ein einziger Wandel, eine kontinuierliche Veränderung. Aber in Wirklichkeit gibt es in diesem Universum sowohl Veränderung als auch Unveränderlichkeit. Es ist nicht so, dass die Seele, der Geist und der Körper drei getrennte Existenzen sind, denn dieser Organismus, der aus diesen drei besteht, ist wirklich eins. Es ist ein und dasselbe Ding, das als Körper, als Geist und als etwas jenseits von Körper und Geist erscheint, aber es ist nicht gleichzeitig all dies. Wer den Körper sieht, sieht nicht einmal den Geist, wer den Geist sieht, sieht nicht das, was er Seele nennt, und wer die Seele sieht, für den sind Körper und Geist verschwunden. Ein Seil wird für eine Schlange gehalten. Wer das Seil als Schlange sieht, für den ist das Seil verschwunden, und wenn die Täuschung aufhört und er das Seil sieht, hat sich die Schlange aufgelöst.

Es gibt also nur eine allumfassende Existenz, und diese erscheint als mannigfaltig. Dieses Selbst oder diese Seele oder diese Substanz ist alles, was im Universum existiert. In der Sprache des Nichtdualismus erscheint das Brahman (dieses Selbst oder diese Substanz oder Seele) mannigfaltig durch die Zufügung von Namen und Formen. Betrachten Sie die Wellen im Meer. Keine einzige Welle ist wirklich etwas anderes als das Meer. Und was lässt die Welle unterschiedlich erscheinen? Name und Form – die Form der Welle und der Name, den wir ihr geben: „Welle". Das ist es, was sie vom Meer unterscheidet. Wenn Name und Form verschwinden, ist alles das ein Meer. Niemand kann dann einen wirklichen Unterschied zwischen der Welle und dem Meer machen. Das ganze Universum ist also die eine Einheit der Existenz. Name und Form haben all diese Unterschiede geschaffen. So wie die Sonne auf Millionen von Wassertropfen scheint und auf jedem ein vollkommenes Abbild der Sonne zu sehen ist, so erscheint die eine Seele, das eine Selbst, die eine Existenz im Universum, die sich auf all diesen zahlreichen „Tropfen" mit unterschiedlichen Namen und Formen widerspiegelt, als verschieden. Aber in Wirklichkeit ist es eine Existenz. Es gibt weder ein „Ich" noch ein „Du"; es ist alles ein und dasselbe. Es ist entweder alles „ich" oder alles „du". Diese Idee der Dualität, der zwei Dinge, ist völlig falsch, und das ganze Universum, wie wir es gewöhnlich wahrnehmen, ist das Ergebnis dieses falschen Bewusstseins. Wenn die Erkenntnis kommt und der Mensch feststellt, dass es nicht zwei, sondern eins gibt, dann stellt er fest, dass er selbst dieses Universum ist. „Ich bin es, der dieses Universum ist, so wie es jetzt existiert, eine kontinuierliche Masse von Veränderungen. Und ich bin es, der jenseits aller Veränderungen ist, jenseits aller Eigenschaften, der ewig Vollkommene, der ewig Gesegnete."

Es gibt also nur einen Atman, ein Selbst, ewig rein, ewig vollkommen, unveränderlich, unverändert. Es hat sich nie verändert. All diese Verwandlungen im Universum sind nur Erscheinungen dieses einen Selbst. Auf diesem Selbst haben Namen und Formen all diese Träume gemalt. Es ist die Form, die die Welle vom Meer unterscheidet. Und wenn die Welle abebbt, bleibt dann die Form? Nein, sie wird verschwinden. Die Existenz der Welle war völlig abhängig von der Existenz des Meeres, aber die Existenz des Meeres war nicht abhängig von der Existenz der Welle. Die Form bleibt so lange bestehen, wie die Welle besteht, aber sobald die Welle sie verlässt, verschwindet die Form – sie kann nicht bleiben.

Diese Namen und Formen sind das Ergebnis dessen, was Maya genannt wird. Es ist diese Maya, die Individuen schafft, die einen anders erscheinen lässt als den anderen. Doch sie hat keine Existenz. Von Maya kann man nicht sagen, dass sie existiert. Von einer Form kann man nicht sagen, dass sie existiert, denn sie hängt von der Existenz einer anderen Sache ab. Man kann aber auch nicht sagen, dass sie nicht existiert, da sie all diese Unterschiede macht. Nach der Advaita-Philosophie entsteht diese Maya oder Unwissenheit – oder Name und Form oder, wie es in Europa genannt wurde, Zeit, Raum und Kausalität – aus dieser einen unendlichen Existenz, und sie führt uns die Mannigfaltigkeit des Universums vor. Dem Wesen nach ist dieses Universum eins.

Solange man denkt, dass es zwei ultimative Realitäten gibt, irrt man. Dieser Irrtum dauert an, bis man erkennt, dass es nur eine gibt. Das wird uns jeden Tag bewiesen: auf der physischen Ebene, auf der mentalen Ebene und auch auf der spirituellen Ebene. Heute ist bewiesen worden, dass Sie und ich, die Sonne, der Mond und die Sterne nur unterschiedliche Namen verschiedener Punkte in ein und demselben Ozean der Materie sind und dass diese Materie sich ständig in ihrer Zusammensetzung verändert. Ein Energieteilchen, das vor einigen Monaten in der Sonne war, kann jetzt im Menschen sein, morgen in einem Tier, übermorgen in einer Pflanze. Es ist ein ständiges Kommen und Gehen. Es ist alles eine ununterbrochene, unendliche Masse von Materie, die nur durch Namen und Formen unterschieden wird. Ein Punkt heißt Sonne, ein anderer Mond, ein anderer Stern, ein anderer Mensch, ein anderer Tier, ein anderer Pflanze und so weiter. Und alle diese Namen sind fiktiv; sie sind nicht wirklich real, denn das Ganze ist eine sich ständig verändernde Masse von Materie.

Von einem anderen Standpunkt aus betrachtet ist dasselbe Universum ein Ozean von Gedanken, in dem jeder von uns ein Punkt ist, den wir einen bestimmten Geist (mit seinen vier Organen) nennen. Sie sind ein solcher Geist, ich bin ein solcher Geist, jeder ist ein solcher Geist. Und dasselbe Universum, vom Standpunkt des Wissens aus betrachtet, wenn die Augen von Täuschungen befreit sind, wenn der Geist rein geworden ist, erscheint als das ungebrochene Absolute Sein, das immer Reine, das Unveränderliche, das Unsterbliche.

Was wird dann aus der ganzen dreifachen Eschatologie des Dualisten, dass ein Mensch, wenn er stirbt, in den Himmel kommt oder in diese oder jene Sphäre, und dass die Bösen zu Geistern werden und zu Tieren und so weiter? Keiner kommt und keiner geht, sagt der Nichtdualist. Wie kannst du kommen und gehen? Du bist unendlich. Wo ist der Ort, an den du gehen kannst? In einer Schule wurde eine Reihe von kleinen Kindern abgefragt. Der Lehrer hatte den Schülern leichtfertig alle Arten von schwierigen Fragen gestellt, darunter: „Warum fällt die Erde nicht?" Seine Absicht war es, diesen Kindern die Idee der Gravitation oder eine andere komplizierte wissenschaftliche Wahrheit zu entlocken. Die meisten von ihnen konnten die Frage nicht einmal verstehen und gaben daher alle möglichen falschen Antworten. Aber ein aufgewecktes kleines Mädchen antwortete mit einer anderen Frage: „Wo soll sie hinfallen?" Die Frage des Lehrers war unsinnig. Im Universum gibt es kein Oben und Unten – diese Ideen sind relativ. Genauso verhält es sich mit der Seele. Schon die Frage nach Geburt und Tod ist in Bezug auf die Seele völliger Unsinn. Wer geht und wer kommt? Wo sind Sie nicht? Wo ist der Himmel, in dem Sie nicht schon sind? Omnipräsent ist das Selbst des Menschen. Wohin soll es gehen? Wohin soll es nicht gehen? Es ist überall. All diese kindischen Träume und Illusionen von Geburt und Tod, von Himmeln und höheren Himmeln und niederen Welten verschwinden für den Vollkommenen sofort. Für die fast Vollkommenen verschwinden sie, nachdem sie ihnen in verschiedenen Szenerien bis hin zu Brahmaloka gezeigt wurden. Für die Unwissenden dauern sie an.

Wie kommt es, dass die ganze Welt daran glaubt, dass man in den Himmel kommt, dass man stirbt und geboren wird? Ich studiere ein Buch. Seite um Seite wird gelesen und umgeblättert. Eine weitere Seite kommt und wird umgeblättert. Wer verändert sich? Wer kommt und geht? Nicht ich, sondern das Buch. Diese ganze Welt ist ein Buch vor der Seele: Ein Kapitel nach dem anderen wird gelesen und umgeschlagen, und hin und wieder eröffnet sich eine neue Szene. Diese wird gelesen und umgeblättert. Danach kommt die nächste, aber die Seele ist immer dieselbe – ewig. Es ist die Natur, die Welt, die sich verändert, nicht die Seele des Menschen. Diese ändert sich nie. Geburt und Tod sind in der Natur, nicht in uns. Doch die Unwissenden lassen sich täuschen. So wie wir getäuscht denken, dass sich die Sonne bewegt und nicht die Erde, so denken wir auch, dass wir sterben und nicht die Natur. Dies alles sind also Halluzinationen. Genauso wie es eine Halluzination ist, wenn wir denken, dass sich die Felder bewegen und nicht der Eisenbahnzug, so ist es auch mit der Halluzination von Geburt und Tod.

Der menschliche Geist erschafft den Rahmen, den Kontext, in dem er das Existierende als die Erde, als die Sonne, den Mond, die Sterne sieht, und alle, deren Geist sich in demselben Rahmen befindet, sehen die gleichen Dinge. Zwischen Ihnen und mir können sich Millionen von Wesen auf verschiedenen Ebenen der Existenz befinden. Sie werden uns niemals sehen und wir sie auch nicht; wir sehen nur diejenigen, die sich im gleichen Rahmen, auf der gleichen Ebene wie wir befinden. Es ist wie bei Musikinstrumenten, deren Vibrationen die gleiche Frequenz aufweisen – sie reagieren nur auf diese Vibration. Wenn die Schwingungsfrequenz, die wir „Menschenfrequenz" nennen, verändert würde, würde man hier keine Menschen mehr sehen. Das ganze „Menschen-Universum" würde verschwinden, und stattdessen würden andere Szenerien vor uns erscheinen, vielleicht Götter und das Götter-Universum oder vielleicht (für die bösen Menschen) Teufel und die teuflische Welt. Aber sie alle wären nur verschiedene Ansichten des einen Universums. Es ist dieses Universum, das von der menschlichen Ebene aus als die Erde, die Sonne, der Mond, die Sterne und all diese Dinge gesehen wird. Dasselbe Universum kann von der Ebene der Bosheit aus gesehen als ein Ort der Bestrafung erscheinen. Und genau dieses Universum wird von denen, die es als Himmel sehen wollen, als Himmel angesehen. Diejenigen, die davon geträumt haben, zu einem Gott zu gehen, der auf einem Thron sitzt, und dort ihr Leben lang zu stehen und Ihn zu preisen, werden, wenn sie sterben, einfach eine Vision dessen sehen, was sie in ihrem Geist haben. Dieses Universum wird sich einfach in einen riesigen Himmel verwandeln, in dem alle möglichen geflügelten Wesen herumfliegen und ein Gott auf einem Thron sitzt. Diese Himmel sind alle von den Menschen selbst geschaffen.

Was der Dualist sagt, ist also wahr, erklärt der Advaitin, aber es ist alles nur seine eigene Schöpfung. Diese Sphären und Teufel und Götter und Reinkarnationen und Transmigrationen sind alles Mythologie. So ist auch dieses menschliche Leben. Der große Fehler, den die Menschen immer wieder begehen, ist zu glauben, dass dieses Leben allein wahr ist. Sie verstehen es gut genug, wenn andere Dinge als Mythologien bezeichnet werden, aber sie sind nie bereit, dasselbe von ihrer eigenen Position zuzugeben. Das Ganze, so wie es uns erscheint, ist reine Mythologie, und die größte aller Unwahrheiten ist, dass wir Körper sind, die wir nie waren und auch nicht sein können. Es ist die größte aller Täuschungen, dass wir nur Menschen sind: Wir sind der Gott des Universums. Wenn wir Gott verehren, beten wir immer nur unser eigenes verborgenes Selbst an. Die schlimmste Lüge, die Sie sich selbst einreden können, ist, dass Sie als Sünder oder böser Mensch geboren wurden. Nur derjenige ist ein Sünder, der in einem anderen Menschen einen Sünder sieht. Angenommen, hier ist ein Baby, und Sie legen einen Beutel mit Gold auf den Tisch. Angenommen, ein Räuber kommt und nimmt das Gold weg. Für das Baby würde es keinen Unterschied machen. Wo es keinen Räuber drinnen gibt, gibt es auch keinen Räuber draußen. Für Sünder und böse Menschen ist draußen das Böse, aber nicht für gute Menschen. So sehen die Bösen dieses Universum als eine Hölle, und die teilweise Guten sehen es als Himmel, während die vollkommenen Wesen es als Gott selbst erkennen.

Dann allein fällt der Schleier von den Augen, und der Mensch, geläutert und gereinigt, findet seine Wahrnehmung vollständig verändert. Die bösen Träume, die ihn seit Millionen von Jahren gequält haben, verschwinden, und er, der sich entweder als Mensch, als Gott oder als Dämon sah, der sich in den Niederungen, in den Höhen, auf der Erde, im Himmel usw. wähnte, stellt fest, dass er in Wirklichkeit omnipräsent ist. Er begreift, dass alle Zeit in ihm ist und er nicht in der Zeit, dass alle Himmel in ihm sind und er in keinem Himmel ist und dass alle Götter, die die Menschen je verehrt haben, in ihm sind, er aber keiner dieser Götter ist. Er war der Erzeuger von Göttern und Dämonen, von Menschen und Pflanzen und Tieren und Steinen. Die wahre Natur des Menschen erschließt sich ihm nun als höher als der Himmel, vollkommener als dieses unser Universum, unendlicher als die unendliche Zeit, allgegenwärtiger als der allgegenwärtige Raum. Nur so wird der Mensch furchtlos – er wird frei. Dann hören alle Täuschungen auf, alles Elend verschwindet, alle Ängste haben für immer ein Ende. Die Geburt verschwindet, und mit ihr auch der Tod; die Schmerzen vergehen, und mit ihnen auch die Freuden; die Erde löst sich auf, und mit ihr auch der Himmel; der Körper weicht, und mit ihm auch der Geist. Für diesen Menschen verschwindet gleichsam das ganze Universum. Die Suche, die Wanderung, der fortwährende Kampf der Kräfte hören für immer auf, und das, was sich als Kraft und Materie, als Ringen der Natur, als Natur selbst, als Himmel und Erde und Pflanzen und Tiere und Menschen und

Engel manifestierte, all das verwandelt sich in ein einziges unendliches, unzerbrechliches, unveränderliches Sein, und der wissende Mensch stellt fest, dass er eins mit diesem Sein ist. „So wie Wolken verschiedener Farben vor den Himmel kommen, einen Augenblick dort bleiben und dann verschwinden", so kommen vor die Seele all diese Visionen von Erden und Himmeln, vom Mond und den Göttern, von Freuden und Schmerzen. Aber dann vergehen sie alle und lassen den einen unendlichen, blauen, unveränderlichen Himmel zurück. Der Himmel verändert sich nie, es sind die Wolken, die sich verändern. Es ist ein Irrtum zu glauben, dass sich der Himmel ändert. Der wahre Mensch ist die eine Einheit des Seins.

Jenseits von Philosophie und Religion

Nun stellen sich zwei Fragen. Die erste lautet: „Ist es möglich, dies zu erfahren? Bis jetzt ist es eine Theorie, eine Philosophie, aber ist es möglich, dies zu verwirklichen?" Es ist möglich. Es gibt Menschen, die jetzt in dieser Welt leben, für die die Täuschung für immer verschwunden ist. Sterben sie nach einer solchen Verwirklichung? Nicht so schnell, wie man meinen könnte. Zwei Räder, die durch eine Achse verbunden sind, drehen sich gemeinsam. Wenn ich mit einer Axt die Achse durchtrenne und eines der Räder ergreife, bleibt das Rad, das ich ergriffen habe, stehen, aber auf dem anderen Rad lastet sein früherer Schwung, sodass es ein wenig weiterläuft und dann herunterfällt. Das reine und vollkommene Wesen, die Seele, ist das eine Rad, und diese äußere Halluzination von Körper und Geist ist das andere Rad, verbunden durch die Achse der Handlung, des Karmas. Wissen ist die Axt, die die Verbindung zwischen den beiden durchtrennt, und das Rad der Seele wird anhalten. Es wird aufhören zu denken, dass es kommt und geht, lebt und stirbt, dass es Natur ist und Bedürfnisse und Wünsche hat. Es wird feststellen, dass es vollkommen und wunschlos ist. Aber auf das andere Rad, das des Körpers und des Geistes, wirkt der Schwung vergangener Taten. Und so wird der Mensch eine Zeit lang leben, bis dieser Schwung vergangenen Karmas erschöpft, abgearbeitet ist, und dann fallen der Körper und der Geist, und die Seele wird frei. Es gibt kein Hinaufgehen in den Himmel und kein Zurückkommen mehr, nicht einmal ein Hinaufgehen in den Brahmaloka oder in eine andere der höchsten Sphären, denn woher soll er kommen oder wohin soll er gehen? Der Mensch, der in diesem Leben diesen Zustand erreicht hat, für den sich, zumindest für eine Minute, die gewöhnliche Sicht der Welt verändert hat und die Realität sichtbar geworden ist, wird als befreit zu Lebzeiten bezeichnet. Dies ist das Ziel des Vedantins: die Freiheit während der Lebzeit zu erlangen.

Einmal war ich in Westindien in der Wüste an der Küste des Indischen Ozeans unterwegs. Tagelang wanderte ich zu Fuß durch die Wüste, und zu meinem Erstaunen sah ich wunderschöne Seen mit Bäumen ringsum, deren Schatten auf dem Kopf standen und vibrierten. „Wie wundervoll es aussieht, und sie nennen dies ein Wüstenland!", sagte ich bei mir. Fast einen Monat lang ging ich damals und sah jeden Tag diese wunderbaren Seen, Bäume und Pflanzen. Eines Tages war ich sehr durstig, also machte ich mich auf den Weg zu einem dieser klaren, schönen Seen, um etwas Wasser zu trinken, und als ich mich ihm näherte, war er verschwunden. Und wie ein Blitz schoss es mir durch den Kopf: „Das ist die Fata Morgana, von der ich so oft gelesen habe", und ich verstand, dass ich die ganze Zeit, jeden Tag, die Fata Morgana gesehen hatte, ohne es zu wissen. Am nächsten Morgen nahm ich meinen Marsch auf. Der See war wieder da, aber mit ihm kam auch der Gedanke, dass es sich um eine Fata Morgana handelte und nicht um einen echten See. So ist es auch mit diesem Universum. Wir alle sind in dieser Fata Morgana der Welt unterwegs, Tag für Tag, Monat für Monat, Jahr für Jahr, ohne zu wissen, dass es eine Fata Morgana ist. Eines Tages wird sie sich auflösen, sie wird jedoch wieder zurückkommen, denn der Körper muss unter der Wirkung des vergangenen Karmas bleiben, und deswegen wird die Fata Morgana zurückkommen. Diese Welt wird auf uns zurückkommen, solange wir durch Karma gebunden sind. Männer, Frauen, Tiere, Pflanzen, unsere Anhaftungen und Pflichten, alles wird auf uns zurückkommen, aber nicht mit der gleichen Kraft. Unter dem Einfluss des neuen Wissens wird die Kraft des Karmas gebrochen, sein Gift wird verloren gehen. Das Karma wird transformiert, denn mit ihm wird der Gedanke kommen, dass wir es jetzt kennen – wir können jetzt klar zwischen der Realität und der Fata Morgana unterscheiden. Diese Welt wird dann nicht mehr dieselbe sein wie vorher.

Hier besteht jedoch eine Gefahr. In jedem Land gibt es Menschen, die diese Philosophie aufgreifen und sagen: „Ich stehe jenseits von Tugend und Laster. Deshalb bin ich an keine moralischen Gesetze gebunden. Ich kann tun, was ich will." Auch in diesem Land gibt es derzeit viele Narren, die sagen: „Ich bin an nichts gebunden. Ich bin Gott selbst. Lass mich tun, was ich will." Das ist nicht richtig, obwohl es wahr ist, dass die Seele jenseits aller Gesetze steht, seien es physikalische, geistige oder moralische. Innerhalb der Gesetze ist die Knechtschaft, jenseits der Gesetze ist die Freiheit. Es ist auch wahr, dass die Freiheit zur Natur der Seele gehört, sie ist ihr Geburtsrecht. Wenn diese wahre Freiheit der Seele durch die Schleier der Materie scheint, nimmt sie die Form der scheinbaren Freiheit des Menschen an. Wir spüren in jedem Augenblick unseres Lebens, dass wir frei sind. Wir können nicht einen Augenblick leben, sprechen oder atmen, ohne das Gefühl zu haben, dass wir frei sind. Und trotzdem führt unser Denkprozess den Beweis, dass wir wie Maschinen und nicht frei sind. Was ist nun wahr? Ist die Idee der Freiheit eine Täuschung? Und so halten die einen die Idee der Freiheit für eine Illusion und die anderen sagen, die Idee der Unfreiheit sei eine Einbildung. Wie kommt das?

Der Mensch ist in Wirklichkeit frei. Der wirkliche Mensch kann nicht anders als frei sein. Erst wenn er in die Welt der Maya kommt, in die Welt der Namen und Formen, wird er eingeschränkt. Der „freie Wille" ist eine Fehlbezeichnung. Der Wille kann niemals frei sein. Wie könnte er? Erst wenn der wirkliche Mensch gebunden ist, entsteht sein Wille, und nicht vorher. Der Wille des Menschen ist zwar gebunden, aber das, was die Grundlage für diesen Willen ist, ist ewig frei. So bleibt uns auch in dem Zustand der Gebundenheit, den wir Menschen- oder Götterleben nennen, auf Erden oder im Himmel, die Erinnerung an die Freiheit, die uns nach göttlichem Recht zusteht. Bewusst oder unbewusst ringen wir alle um sie. Wenn ein Mensch seine eigene Freiheit erlangt hat, wie kann er dann durch irgendein Gesetz gebunden sein? Kein Gesetz in diesem Universum kann ihn binden, denn dieses Universum selbst ist seins. Er ist das ganze Universum. Man kann sagen, dass er das ganze Universum ist oder dass es für ihn kein Universum gibt – es ist ein und dasselbe. Wie kann er dann all diese kleinen Ideen über das Geschlecht und über das Vaterland haben? Wie kann er sagen: Ich bin ein Mann, ich bin eine Frau, ich bin ein Kind? Sind das nicht alles falsche Vorstellungen? Er weiß, dass sie es sind. Wie kann er sagen, dass dies die Rechte des Mannes sind und diese anderen die Rechte der Frau? Niemand hat Rechte. Niemand existiert getrennt. Es gibt weder Mann noch Frau; die Seele ist geschlechtslos, ewig rein. Für einen solchen Menschen ist es schlicht eine Lüge zu sagen, dass er ein Mann oder eine Frau ist, oder zu sagen, dass er zu diesem oder jenem Land gehöre. Die ganze Welt ist sein Land. Das ganze Universum ist seins, denn er hat sich mit ihm als seinem Körper bekleidet. Und doch gibt es Personen in dieser Welt, die bereit sind, diese Lehren zu vertreten und gleichzeitig Dinge zu tun, die wir als schmutzig bezeichnen würden. Und wenn wir sie fragen, warum sie das tun, sagen sie uns, dass wir uns täuschen und dass sie nichts falsch machen können. Was ist der Test, nach dem man sie beurteilen soll? Der Test ist hier.

Obwohl sowohl das Böse als auch das Gute Zustände der Seele unter bestimmten Bedingungen, ihre Manifestationen sind, ist das Böse die äußerste Hülle und das Gute die nächstliegende Hülle des wahren Menschen, des Selbst. Und wenn ein Mensch die Schicht des Bösen nicht durchbricht, kann er die Schicht des Guten nicht erreichen, und wenn er nicht beide Schichten, die des Guten und die des Bösen, durchquert hat, kann er das Selbst nicht erreichen. Was bleibt an demjenigen, der das Selbst erreicht hat, haften? Ein wenig Karma, ein wenig von dem Schwung vergangener Leben, aber es ist alles guter Schwung. Aber solange der schlechte Impuls nicht vollständig aufgearbeitet ist und die Unreinheiten der Vergangenheit nicht vollständig verbrannt sind, ist es für niemanden möglich, die Wahrheit zu sehen und zu verwirklichen. Was also dem Menschen, der das Selbst erreicht und die Wahrheit erkannt hat, anhaftet, ist der Überrest der guten Prägungen des vergangenen Lebens, der gute Schwung. Selbst wenn er im Körper lebt und unaufhörlich arbeitet, arbeitet er nur, um Gutes zu tun: Seine Lippen sprechen nur Segen zu allen; seine Hände tun nur gute Werke; sein Geist kann nur gute Gedanken denken; seine Gegenwart ist ein Segen, wo immer er hingeht. Er ist ein lebender Segen. Ein solcher Mensch wird durch seine bloße Anwesenheit selbst die bösesten Menschen in Heilige verwandeln. Selbst wenn er nicht spricht, wird seine Gegenwart ein Segen für die Menschheit sein. Können solche Menschen etwas Böses tun, können sie böse Taten begehen?

Sie müssen also verstehen, dass zwischen der Verwirklichung und dem bloßen Reden ein gewaltiger Unterschied besteht. Jeder Narr kann reden. Sogar Papageien reden. Reden ist eine Sache, Verwirklichung eine andere. Philosophien und Doktrinen und Argumente und Bücher und Theorien und Kirchen und Konfessionen und all diese Dinge sind auf ihre Weise gut; aber wenn die Verwirklichung kommt, sind diese Dinge überflüssig. Landkarten etwa sind nützlich, aber wenn man das Land selbst sieht und dann noch einmal auf die Karten schaut, was für einen großen Unterschied stellt man fest! Diejenigen, die die Wahrheit verwirklicht haben, bedürfen weder der Erklärungen der Logik noch andere Gymnastik des Intellekts, um die Wahrheit zu verstehen. Für sie ist sie der Kern ihres Lebens, sie ist konkret, mehr als greifbar. Sie ist, wie die Weisen des Vedanta sagten, „wie eine Frucht in deiner Hand" – du kannst aufstehen und sagen, sie ist hier.

Diejenigen, die die Wahrheit verwirklicht haben, werden also aufstehen und sagen: „Hier ist das Selbst". Sie mögen mit ihnen jahrelang streiten, sie werden nur lächeln. Sie werden das alles als Kindergeschwätz betrachten, und sie werden das Kind weiter plappern lassen. Sie haben die Wahrheit erfahren und sind erfüllt. Angenommen, Sie haben ein Land gesehen, und jemand kommt zu Ihnen und versucht mit Ihnen zu streiten, dass dieses Land nie existiert hat. Er kann endlos argumentieren, aber Sie werden nur denken, dass der Mann für ein Irrenhaus taugt. Eine verwirklichte Person sagt also: „All das Gerede der Welt über ihre kleinen Religionen ist nur Geschwätz. Die Verwirklichung ist die Seele, die eigentliche Essenz der Religion."

Religion kann verwirklicht werden. Sind Sie bereit? Wollen Sie es? Wenn Sie es wollen, werden Sie die Verwirklichung erlangen, und erst dann werden Sie wirklich religiös sein. Bis Sie die Verwirklichung erlangt haben, gibt es keinen Unterschied zwischen Ihnen und den Atheisten. Die Atheisten sind wenigstens aufrichtig, aber der Mensch, der sagt, dass er an die Religion glaubt, und nie versucht, sie zu verwirklichen, ist es nicht.

Die nächste Frage ist, was nach der Verwirklichung kommt. Angenommen, wir haben diese Einheit des Universums wahrgenommen und wissen, dass wir dieses eine unendliche Wesen sind, und angenommen, wir haben wahrgenommen, dass dieses Selbst die einzige

Existenz ist und dass es dasselbe Selbst ist, das sich in all diesen verschiedenen phänomenalen Formen manifestiert, was wird danach aus uns? Sollen wir untätig werden, uns in eine Ecke setzen und dort vergehen?

„Was nützt das der Welt?" – diese alte Frage! Erstens: Warum sollte das der Welt Gutes tun? Gibt es dafür irgendeinen Grund? Welches Recht hat jemand, die Frage zu stellen: „Was wird es der Welt nützen?" Was ist damit gemeint? Ein Baby mag Süßigkeiten. Angenommen, Sie führen Untersuchungen zu einem Thema der Elektrizität durch, und das Baby fragt Sie: „Wird das Bonbons bringen?" „Nein", antworten Sie. „Wozu soll das dann gut sein?", sagt das Baby. Genauso stehen diejenigen auf und fragen: „Was wird das Gutes in der Welt bewirken? Wird es uns Geld geben?" „Nein." „Was ist dann gut daran?" Das ist es, was die Menschen mit dem Guten für die Welt meinen. Und doch tut die religiöse Verwirklichung der Welt nur Gutes.

Menschen haben Angst, dass alle Quellen der Liebe versiegen, alles im Leben dahinschwindet und alles, was sie liebgewonnen haben, für sie in diesem und im nächsten Leben verloren geht, wenn sie die Verwirklichung erreichen, wenn sie erfahren, dass es nur eins gibt. Sie denken nie daran, dass diejenigen, die am wenigsten an ihre eigene Individualität gedacht haben, die größten Arbeiter in der Welt gewesen sind. Dann allein liebt der Mensch, wenn er feststellt, dass der Gegenstand seiner Liebe nicht irgendein niedriges, kleines, sterbliches Ding ist. Dann allein liebt der Mensch, wenn er erkennt, dass der Gegenstand seiner Liebe nicht ein Erdklumpen, sondern Gott selbst ist. Die Frau wird den Mann umso mehr lieben, je mehr sie denkt, dass der Mann Gott selbst ist. Der Mann wird seine Frau umso mehr lieben, wenn er weiß, dass seine Frau Gott selbst ist. Die Mutter wird die Kinder umso mehr lieben, wenn sie denkt, dass die Kinder Gott selbst sind. Der Mensch wird seinen größten Feind lieben, wenn er weiß, dass genau dieser Feind Gott selbst ist. Er wird einen heiligen Menschen lieben, weil der weiß, dass der heilige Mensch Gott selbst ist, und er wird auch den unheiligsten Menschen lieben, weil er weiß, dass hinter seiner Unheiligkeit Er, der Herr, ist. Ein Mensch wird imstande sein, die Welt aus den Angeln zu heben, wenn sein kleines Ich tot ist und Gott an dessen Stelle steht.

Das ganze Universum wird für einen solchen Menschen verwandelt werden. Alles, was schmerzhaft und elend ist, wird weichen, und alle Kämpfe verschwinden für immer. Anstatt ein Gefängnis zu sein, in dem wir uns jeden Tag abmühen und kämpfen und um einen Bissen Brot wetteifern, wird dieses Universum für ihn ein Spielplatz sein. Wunderschön wird dieses Universum dann sein! Ein solcher Mensch allein hat das Recht, aufzustehen und zu sagen: „Wie schön ist diese Welt! Wie gut ist diese Welt!"

Das ist das große Glück für die Welt, das sich aus einer solchen Erkenntnis ergibt. Wenn die gesamte Menschheit heute nur ein wenig von dieser großen Wahrheit erkennt, wird sich das Aussehen der ganzen Welt verändern. An die Stelle von Kampf und Streit, an die Stelle einer Welt mit Reibereien und Auseinandersetzungen wird eine Herrschaft des Friedens treten. Diese ungehörige und brutale Hast, die uns zwingt, allen anderen voraus zu sein, wird dann aus der Welt verschwinden. Mit ihr verschwindet aller Kampf und aller Hass und alle Eifersucht, und alles Böse wird für immer weg sein. Götter werden dann auf dieser Erde leben. Diese Erde wird zum Himmel werden, und welches Übel kann es geben, wenn Götter mit Göttern spielen, wenn Götter mit Göttern arbeiten und Götter Götter lieben?

Das ist der große Nutzen der Verwirklichung Gottes. Alles, was Sie heute in der Gesellschaft beobachten, wird dann verändert, verwandelt sein. Sie werden den Menschen nicht mehr als böse betrachten, und das ist der erste große Gewinn. Sie werden nicht mehr dastehen und spöttisch einen Blick auf einen armen Mann oder eine arme Frau werfen, die einen Fehler gemacht haben. Sie, meine Damen, werden nicht mehr mit Verachtung auf die arme Frau herabblicken, die nachts auf die Straße geht, denn Sie werden sogar in ihr Gott selbst sehen. Sie werden nicht mehr an Eifersucht und Bestrafung denken. Das alles wird verschwinden, und die Liebe, das große Ideal der Liebe, wird so mächtig sein, dass keine Peitsche und kein Strick nötig sein werden, um die Menschheit auf den rechten Weg zu führen.

Wenn ein Millionstel der Männer und Frauen, die in dieser Welt leben, sich einfach hinsetzt und für ein paar Minuten wiederholt: „Ihr seid alle Gott, oh ihr Menschen und oh ihr Tiere und Lebewesen, ihr seid alle die Manifestationen des einen lebendigen Göttlichen", wird sich die ganze Welt in einer halben Stunde verändern. Anstatt riesige Bomben des Hasses in jede Ecke zu werfen, anstatt Ströme von Eifersucht und bösen Gedanken zu erzeugen, werden die Menschen in jedem Land denken, dass dies alles Gott ist. Gott ist alles, was man sieht und fühlt. Wie kann man das Böse sehen, wenn das Böse nicht in einem selbst ist? Wie kann man jemanden als Dieb bezeichnen, wenn der Dieb nicht in der Mitte des eigenen Herzens sitzt? Wie kann man einen Mörder sehen, wenn man nicht selbst der Mörder ist? Seien Sie gut, und das Böse wird für Sie verschwinden. Das ganze Universum wird sich dadurch verändern.

Dies ist der größte Gewinn für die Gesellschaft. Dies ist der große Gewinn für jeden Menschen. Diese Gedanken wurden in alten Zeiten in Indien von einzelnen Menschen erdacht und ausgearbeitet. Aus verschiedenen Gründen, wie der Exklusivität der Lehrer und der fremden Eroberung, konnten sich diese Gedanken nicht verbreiten. Dennoch sind sie große Wahrheiten, und wo immer sie gewirkt haben, ist der Mensch göttlich geworden. Mein ganzes Leben hat sich durch die Berührung eines dieser göttlichen Menschen verändert, über den ich am nächsten Sonntag zu Ihnen sprechen werde.

Die Zeit wird kommen, in der diese Gedanken über die ganze Welt verbreitet werden. Anstatt in Klöstern zu leben, anstatt auf Bücher der Philosophie beschränkt zu sein, die nur von den Gelehrten studiert werden, anstatt der ausschließliche Besitz von einer Religion und einigen wenigen Gelehrten zu sein, werden sie über die ganze Welt verstreut werden, sodass sie das gemeinsame Eigentum der Heiligen und der Sünder, der Männer und Frauen und Kinder, der Gelehrten und der Unwissenden werden können. Diese Gedanken werden die Atmosphäre der Welt durchdringen, und die Luft, die wir atmen, wird mit jeder ihrer Bewegungen sagen: „Du bist Das."[16] Und das ganze Universum mit seinen Myriaden von Sonnen und Monden wird mit allem, was spricht, mit einer Stimme sagen: „Du bist Das."

---

16   S. Tat tvam asi in den Erklärungen.

Die Essenz des Seins

Die eine Frage, die beim Verständnis der Advaita-Philosophie am schwierigsten zu begreifen ist und die immer wieder gestellt wird und die immer bleiben wird, ist: Wie ist das Unendliche, das Absolute, zum Endlichen geworden? Ich werde diese Frage nun aufgreifen und zur Veranschaulichung ein Bild verwenden.

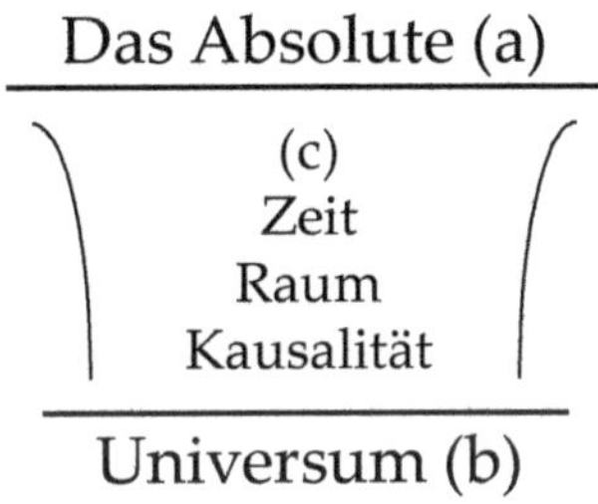

Hier ist das Absolute (a), und dies ist das Universum (b). Das Absolute ist das Universum geworden. Damit ist nicht nur die materielle Welt gemeint, sondern auch die geistige Welt, die spirituelle Welt, Himmel und Erde, eben alles, was existiert. Der Geist ist die Bezeichnung für eine Veränderung, der Körper die Bezeichnung für eine andere Veränderung und so weiter, und all diese Veränderungen bilden unser Universum. Dieses Absolute (a) wurde zum Universum (b), indem Es durch Zeit, Raum und Kausalität (c) kam. Dies ist die zentrale Idee des Advaita. Zeit, Raum und Kausalität sind wie ein Glas, durch das man das Absolute sieht, und wenn man Es von der unteren Seite her betrachtet, erscheint Es als das Universum. Daraus können wir sofort ableiten, dass es im Absoluten weder Zeit noch Raum noch Kausalität gibt. Die Kategorie der Zeit kann dort nicht existieren, da es keinen Geist, keine Gedanken gibt. Die Kategorie des Raums kann es nicht geben, da es keine äußere Veränderung gibt. Was wir Bewegung und Kausalität nennen, kann nicht existieren, wenn es nur das Eine gibt. Wir müssen dies verstehen und uns einprägen, dass das, was wir Kausalität nennen, erst nach der Degenerierung des Absoluten, wenn man das so sagen darf, in das Phänomenale beginnt und nicht vorher; dass unser Wille, unsere Wünsche und all diese Dinge immer erst danach kommen.

Ich denke, dass die Philosophie Schopenhauers in ihrer Interpretation des Vedanta einen Fehler macht, denn sie versucht, den Willen zu verabsolutieren. Schopenhauer lässt den Willen an die Stelle des Absoluten treten. Aber das Absolute kann nicht als Wille dargestellt werden, denn der Wille ist etwas Veränderliches und Phänomenales, und oberhalb der Linie, die über Zeit, Raum und Kausalität gezogen wird, gibt es keine Veränderung, keine Bewegung. Erst unterhalb der Linie beginnen die äußere Bewegung und die innere Bewegung, die man Denken nennt. Auf der anderen Seite dieser Linie kann es keinen Willen geben, und der Wille kann daher nicht die Ursache dieses Universums sein. Wenn wir näher herantreten, sehen wir an unserem eigenen Körper, dass der Wille nicht die Ursache jeder Bewegung ist. Ich bewege diesen Stuhl; mein Wille ist die Ursache dieser Bewegung, und dieser Wille manifestiert sich als Muskelbewegung am anderen Ende. Aber dieselbe Kraft, die den Stuhl bewegt, bewegt auch das Herz, die Lunge und so weiter, jedoch nicht durch den Willen. Da die Kraft dieselbe ist, wird sie erst dann zum Willen, wenn sie auf die bewusste Ebene aufsteigt, und sie als Willen zu bezeichnen, bevor sie auf diese Ebene aufgestiegen ist, ist eine falsche Bezeichnung. Dies stiftet eine Menge Verwirrung in Schopenhauers Philosophie.

Ein Stein fällt, und wir fragen: Warum? Diese Frage ist nur möglich, wenn man davon ausgeht, dass nichts ohne Ursache geschieht. Ich bitte Sie, sich das klar vor Augen zu führen, denn wenn wir fragen, warum etwas geschieht, gehen wir davon aus, dass alles, was geschieht, einen Grund haben muss, das heißt, dass ihm etwas anderes vorausgegangen sein muss, das als Ursache fungierte. Diesen Vorrang und diese Abfolge nennen wir das Gesetz der Kausalität. Es besagt, dass alles im Universum Ursache und Wirkung zugleich ist. Alles ist die Ursache für bestimmte Dinge, die darauf folgen, und ist selbst die Wirkung von etwas anderem, das vorausgegangen ist. Dies wird als das Gesetz der Kausalität bezeichnet und ist eine notwendige Bedingung für unser gesamtes Denken. Wir glauben, dass jedes Teilchen im Universum, was auch immer es sein mag, auf diese Weise in Beziehung zu jedem anderen Teilchen steht. Es hat viele Diskussionen darüber gegeben, wie diese Idee entstanden ist. In Europa gab es intuitive Philosophen, die glaubten, dass sie dem Menschen eigen ist. Andere glaubten, dass sie aus der Erfahrung stammt, aber die Sache ist nie geklärt worden. Wir werden später sehen, was der Vedanta darüber zu sagen hat. Doch zunächst müssen wir verstehen, dass die Frage nach dem „Warum" voraussetzt, dass allem um uns herum bestimmte Dinge vorausgegangen sind und bestimmte andere Dinge folgen werden.

Die andere Überzeugung, die mit dieser Frage zusammenhängt, ist, dass nichts im Universum unabhängig ist, dass alles von etwas außerhalb seiner selbst beeinflusst wird. Interdependenz ist das Gesetz des gesamten Universums. Welchen Fehler also begehen wir, wenn wir fragen, was das Absolute verursacht hat! Um diese Frage zu stellen, müssen wir annehmen, dass auch das Absolute durch etwas gebunden ist, dass Es von etwas abhängig ist; und indem wir diese Annahme machen, ziehen wir das Absolute auf die Ebene des Universums herunter. Denn im Absoluten gibt es weder Zeit noch Raum noch Kausalität; Es ist eins. Das, was aus sich selbst heraus existiert, kann keine Ursache haben. Das, was frei ist, kann keine Ursache haben, sonst wäre es nicht frei, sondern gebunden. Das, was relativ ist, kann nicht frei sein. Wir sehen also, dass die Frage, warum das Unendliche zum Endlichen wurde, eine unmögliche ist, denn sie ist ein Widerspruch in sich.

Wenn wir von diesen Feinheiten zu unserer gewöhnlichen Logik, zum gesunden Menschenverstand kommen, können wir die Frage, wie das Absolute zum Relativen geworden ist, von einer anderen Seite aus sehen. Angenommen, wir wüssten die Antwort, würde das Absolute absolut bleiben? Es wäre relativ geworden. Was ist mit Wissen in der Auffassung des gesunden Menschenverstands gemeint? Wir wissen nur etwas, das durch unseren Geist eingegrenzt wurde, und wenn es jenseits unseres Geistes liegt, ist es kein Wissen. Wenn nun das Absolute durch den Verstand begrenzt wird, ist es nicht mehr absolut; es ist endlich geworden. Alles, was durch den menschlichen Verstand begrenzt ist, wird endlich. Das Absolute zu kennen, ist daher wiederum ein Widerspruch in sich. Aus diesem Grund wurde diese Frage nie beantwortet, denn wenn sie beantwortet würde, gäbe es kein Absolutes mehr. Ein Gott, den man kennt, ist nicht mehr Gott; Er ist endlich geworden wie einer von uns. Man kann Ihn nicht kennen. Er bleibt stets unbekannt.

Das Advaita sagt uns, dass Gott mehr ist, als man wissen kann. Das ist eine großartige Erkenntnis, die es zu gewinnen gilt. Sie sollen nicht mit der Vorstellung nach Hause gehen, dass Gott in dem Sinne jenseits menschlicher Erkenntnis ist, wie die Agnostiker es sagen. Hier zum Beispiel ist ein Stuhl – das ist uns bekannt. Aber was jenseits des Weltraumes ist oder ob es dort Menschen gibt oder nicht, ist wohl jenseits menschlicher Erkenntnis. Aber Gott ist weder bekannt noch unbekannt in diesem Sinne. Er ist etwas, das noch höher ist als das Bekannte. Das ist gemeint, wenn das Advaita sagt, dass Gott unbekannt und unerkennbar ist. Der Ausdruck wird nicht in dem Sinne verwendet, in dem man sagen würde, dass Antworten auf einige Fragen unbekannt und unerkennbar sind. Gott ist mehr als bekannt. Dieser Stuhl ist bekannt, aber Gott ist weit mehr als das, denn in und durch Ihn erkennen wir diesen Stuhl. Er ist der Zeuge, der ewige Zeuge allen Wissens. Was immer wir wissen, können wir nur in Ihm und durch Ihn wissen. Er ist die Essenz unseres eigenen Selbst. Er ist die Essenz dieses Ichs. Und wir können nichts wissen, außer in und durch dieses Ich. Alles, was man wissen kann, weiß man in und durch Brahman. Um den Stuhl zu erkennen, muss man ihn in und durch Gott erkennen. So ist Gott uns unendlich viel näher als der Stuhl und gleichzeitig unendlich viel höher. Weder bekannt noch unbekannt, sondern etwas, das unendlich viel höher ist als beides. Er ist unser Selbst. „Wer würde auch nur eine Sekunde leben, wer würde auch nur eine Sekunde in diesem Universum atmen, wenn der Gesegnete es nicht ausfüllen würde?" Denn in und durch Ihn atmen wir, in und durch Ihn existieren wir. Nicht, dass Er sich irgendwo befindet und mein Blut zirkulieren lässt. Gemeint ist, dass Er die Essenz von all dem ist und die Seele meiner Seele.

Man kann nicht sagen, dass man Ihn kennt – das wäre eine Herabwürdigung. Man kann nicht aus sich selbst herausgehen, also kann man Ihn nicht kennen. Wissen ist Objektivierung. In der Erinnerung objektivieren wir zum Beispiel viele Dinge und projizieren sie aus uns selbst heraus. Die ganze Erinnerung, all die Dinge, die wir gesehen haben und die wir kennen, sind in unserem Geist. Die Bilder, die Eindrücke all dieser Dinge sind in unserem Geist, und wenn wir versuchen, an sie zu denken, sie zu erkennen, dann ist der erste

Akt der Erkenntnis, sie nach außen zu projizieren. Das ist mit Gott nicht möglich, denn Er ist die Essenz unserer Seele. Wir können Ihn nicht außerhalb von uns projizieren. Hier ist eine der tiefgründigsten Passagen im Vedanta[17]: „Er, der die Essenz deiner Seele ist, Er ist die Wahrheit, Er ist das Selbst, *Das bist du*, oh Shvetaketu." Das ist gemeint mit „Du bist Gott". Man kann Ihn mit keiner anderen Bezeichnung beschreiben. Alle Versuche der Sprache, Ihn Vater oder Bruder oder unseren liebsten Freund zu nennen, sind Versuche, Gott zu objektivieren, was nicht möglich ist. Er ist das ewige Subjekt von allem. Ich bin das Subjekt dieses Stuhls; ich sehe den Stuhl. So ist Gott das ewige Subjekt meiner Seele. Wie kann man Gott – die Essenz unserer Seele, die Wirklichkeit von allem – objektivieren? Deshalb möchte ich wiederholen, dass Gott weder erkennbar noch unerkennbar ist, sondern etwas, das unendlich viel höher als beides ist. Er ist eins mit uns, und das, was eins mit uns ist, ist weder erkennbar noch unerkennbar – wie unser eigenes Selbst. Man kann sein eigenes Selbst nicht kennen; man kann es nicht herausnehmen und zu einem Gegenstand machen, den man betrachten kann, denn man ist es und kann sich nicht von ihm trennen. Es ist auch nicht unerkennbar, denn was ist besser bekannt als man selbst? Es ist wahrlich das Zentrum unseres Wissens. In genau demselben Sinne ist Gott weder unerkennbar noch erkennbar, sondern unendlich viel höher als beides, denn Er ist unser wahres Selbst.

Erstens sehen wir also, dass die Frage „Was hat das Absolute verursacht?" ein Widerspruch in sich ist. Und zweitens stellen wir fest, dass die Idee von Gott im Advaita die Einheit ist, und deshalb können wir Ihn nicht objektivieren, denn wir leben und bewegen uns immer in Ihm, ob wir es wissen oder nicht. Was auch immer wir tun, geschieht immer durch Ihn. Die Frage ist nun: Was sind Zeit, Raum und Kausalität? Advaita bedeutet Nichtdualität: Es gibt nicht zwei, sondern eins. Und doch stellen wir fest, dass sich das Absolute in der Welt als viele manifestiert – durch den Schleier von Zeit, Raum und Kausalität. Daher scheint es, dass es hier zwei gibt, das Absolute und Maya (als die Summe von Zeit, Raum und Kausalität). Und es

---

17 Gemeint ist Chandogya Upanishad, 6.8 bis 6.16. Shvetaketu ist eine Figur in dieser Upanishad und steht für den nach spiritueller Wahrheit suchenden Menschen.

erscheint uns sehr deutlich, dass es zwei gibt. Darauf antwortet der Advaitin, dass man nicht von zwei sprechen kann. Um zwei zu haben, bräuchten wir zwei absolut unabhängige Existenzen, die beide keine Ursache haben. Erstens kann man nicht sagen, dass Zeit, Raum und Kausalität unabhängige Existenzen sind. Die Zeit ist eine völlig abhängige Existenz; sie ändert sich mit jeder Änderung unseres Geistes. Manchmal stellt man sich im Traum vor, dass man mehrere Jahre gelebt hat, ein anderes Mal sind mehrere Monate wie eine Sekunde vergangen. Die Zeit ist also völlig abhängig vom Zustand des Geistes. Zweitens verschwindet die Vorstellung von Zeit mitunter ganz und gar. Wir können nicht sagen, was der Raum ist. Dennoch ist er da, undefinierbar, und kann nicht getrennt von etwas anderem existieren. Das Gleiche gilt für die Kausalität.

Die eine besondere Eigenschaft, die wir bei Zeit, Raum und Kausalität vorfinden, ist, dass sie nicht getrennt von anderen Dingen existieren können. Versuchen Sie, sich den Raum ohne Farbe, Grenzen oder irgendeine Verbindung zu den Dingen um ihn herum vorzustellen – einfach einen abstrakten Raum. Das können Sie nicht. Sie müssen sich den Raum zwischen zwei Begrenzungen oder zwischen drei Objekten vorstellen. Er muss mit einem Objekt verbunden sein, um überhaupt zu existieren. Genauso verhält es sich mit der Zeit: Man kann sich keine abstrakte Zeit vorstellen, sondern man muss zwei Ereignisse nehmen, von denen das eine vorausgeht und das andere folgt, und die beiden Ereignisse durch die Idee der Abfolge miteinander verbinden. Die Zeit hängt von zwei Ereignissen ab, so wie der Raum auf äußere Objekte bezogen werden muss. Und die Idee der Kausalität ist untrennbar mit Zeit und Raum verbunden. Das ist das Eigentümliche an ihnen, dass sie keine unabhängige Existenz haben. Sie haben nicht einmal die Existenz, die der Stuhl oder die Wand haben. Sie sind wie Schatten um alles, etwas, was man nicht greifen kann. Sie haben keine wirkliche Existenz. Dennoch sind sie nicht nichtexistent, da sich durch sie alle Dinge als dieses Universum manifestieren.

So sehen wir erstens, dass die Kombination von Zeit, Raum und Kausalität weder existiert noch nicht existiert. Zweitens, dass sie manchmal verschwindet. Zur Veranschaulichung: Es gibt eine Welle auf dem Ozean. Die Welle ist sicherlich dasselbe wie der Ozean, und doch wissen wir, dass sie eine Welle ist und sich als solche vom

Ozean unterscheidet. Was macht diesen Unterschied aus? Der Name und die Form, das heißt die Idee im Geist und die Form. Können wir uns nun eine Wellenform als etwas vom Ozean Getrenntes vorstellen? Sicherlich nicht. Sie ist immer mit der Vorstellung des Ozeans verbunden. Wenn die Welle abebbt, verschwindet die Form im selben Moment, und doch war die Form keine Täuschung. Solange die Welle existierte, war die Form da, und man war gezwungen, die Form zu sehen. Das ist Maya.

Das gesamte Universum ist also sozusagen eine Form. Das Absolute ist ein Ozean, während Sie und ich, die Sonnen und Sterne und alles andere verschiedene Wellen dieses Ozeans sind. Und was unterscheidet die Wellen voneinander? Nur die Form, und diese Form ist Zeit, Raum und Kausalität, die alle völlig von der Welle abhängen. Sobald die Welle verschwindet, verschwinden sie. Sobald das Individuum die Maya aufgibt, verschwindet sie für es und es wird frei. Der ganze Kampf besteht darin, sich von diesem Festhalten an Zeit, Raum und Kausalität, die uns im Weg stehen, zu befreien. Was ist die Theorie der Evolution? Welches sind die beiden Faktoren? Eine enorme potenzielle Energie, die versucht, sich zu entfalten, und Umstände, die sie zurückhalten, ein Umfeld, das ihr nicht erlaubt, sich zu entfalten. Um sich gegen diese Umstände durchzusetzen, nimmt diese Energie immer wieder neue Körper an. Eine Amöbe bekommt im Kampf gegen die Umstände einen anderen Körper und überwindet einige Hindernisse, dann bekommt sie einen anderen Körper und so weiter, bis sie zum Menschen wird. Denken wir diesen Gedanken zu Ende: Es muss einen Zeitpunkt geben, an dem die Kraft auf dem Entwicklungsweg der Amöbe hin zum Menschen alle Hindernisse überwunden hat, die die Natur ihr in den Weg legen kann, und so aus all ihrer Umwelt entkommt.

Diese Idee wird in der vedantischen Metaphysik folgendermaßen ausgedrückt: Es gibt zwei Komponenten in jeder Handlung; die eine ist das Subjekt, die andere das Objekt, und das Ziel des Lebens ist es, das Subjekt zum Herrn über das Objekt zu machen. Ein Beispiel: Ich fühle mich unglücklich, weil mich ein Mann beschimpft. Mein Bestreben wird es sein, mich stark genug zu machen, um mein Umfeld zu bezwingen, sodass er mich beschimpfen kann und ich nichts fühle. Auf diese Weise versuchen wir alle zu siegen. Was ist mit Moral gemeint? Das Subjekt stark zu machen, indem man es auf das Absolute einstimmt, sodass die begrenzte äußere Welt nicht mehr die Kontrolle über uns hat. Weil die Welt der Natur endlich ist, schlussfolgert unsere Philosophie, dass es eine Zeit geben muss, in der wir alle Umgebungen erobert haben werden.

Hier gibt es noch etwas zu lernen. Woher wissen wir, dass die Natur endlich ist? Diese Frage kann man nur durch Metaphysik beantworten. Die Natur ist das Unendliche unter Einschränkungen. Deshalb ist sie endlich. Es muss also eine Zeit kommen, in der wir alle Umfelder erobert haben werden. Und wie sollen wir sie erobern? Wir können unmöglich alle objektiven Umfelder erobern. Das können wir nicht. Der kleine Fisch will vor seinen Feinden im Wasser fliehen. Wie kann er das tun? Indem er Flügel entwickelt und ein Vogel wird. Der Fisch hat nicht das Wasser oder die Luft verändert – die Veränderung lag in ihm selbst. Veränderung ist immer subjektiv. In der gesamten Evolution zeigt sich, dass die Eroberung der Natur durch die Veränderung des Subjekts erfolgt. Wenden Sie dies auf Religion und Moral an, und Sie werden feststellen, dass die Überwindung des Bösen allein durch die Veränderung des Subjekts erfolgt. Daraus bezieht das Advaita-System seine ganze Kraft: aus der subjektiven Seite des Menschen. Von Übel und Elend zu sprechen ist Unsinn, denn sie existieren nicht in der Außenwelt. Wenn ich gegen alle Wut immun bin, fühle ich mich nie wütend. Wenn ich gegen allen Hass gefeit bin, fühle ich auch keinen Hass.

Dies ist also der Prozess, mit dem man diese Eroberung erreicht: durch das Subjektive, durch die Vervollkommnung des Subjektiven. Ich darf die kühne Behauptung aufstellen, dass die einzige Religion, die mit der modernen Forschung übereinstimmt und sogar ein wenig weiter geht als diese, sowohl auf der physischen als auch auf der moralischen Ebene, die Advaita-Religion ist, und das ist der Grund, warum sie die modernen Wissenschaftler so sehr anspricht. Sie stellen fest, dass die alten dualistischen Theorien ihnen nicht genügen, dass sie ihre Anforderungen nicht erfüllen. Der Mensch muss nicht nur Glauben haben, sondern auch intellektuellen Glauben. Die Auffassung, die viele sogar am Ende des neunzehnten Jahrhunderts vertreten, dass eine solche Idee falsch sein muss, weil sie aus einer anderen Quelle als der eigenen, ererbten Religion stammt, zeigt die

Unvollkommenheit dieser Religion, und eine solche Auffassung muss aufgegeben werden. Ich meine nicht, dass dies nur in diesem Land der Fall ist, sondern in jedem Land, und nirgendwo mehr als in meinem eigenen. Es wurde nie zugelassen, dass dieses Advaita zu den Menschen kommt. Zuerst haben einige Mönche es in die Wälder gebracht, und so wurde es die „Waldphilosophie" genannt. Durch die Gnade des Herrn kam der Buddha und predigte es den Massen, und das ganze Volk wurde zu Buddhisten. Lange danach, als Atheisten und Agnostiker die Nation wieder zerstört hatten, fand man heraus, dass Advaita der einzige Weg war, Indien vor dem Materialismus zu retten.

Und so hat Advaita Indien zweimal vor dem Materialismus gerettet. Bevor der Buddha kam, hatte sich der Materialismus in einem furchtbaren Ausmaß ausgebreitet, und er war von einer höchst abscheulichen Art, nicht wie der heutige, sondern von einer weitaus schlimmeren Natur. Ich bin in gewissem Sinne ein Materialist, weil ich glaube, dass es nur das Eine gibt. Das ist es, was der Materialist Sie glauben lassen will, nur nennt er es Materie und ich nenne es Gott. Die Materialisten sagen, dass aus dieser Materie alle Hoffnung, alle Religion und alles andere hervorgegangen ist. Ich sage, dass all dies aus Brahman hervorgegangen ist. Aber der Materialismus, der vor Buddha vorherrschte, war jene grobe Art von Materialismus, der lehrte: „Esst, trinkt und amüsiert euch; es gibt keinen Gott, keine Seele und keinen Himmel; Religion ist eine Erfindung von bösen Priestern." Dieser Materialismus lehrte die Moral, dass man, solange man lebt, versuchen muss, angenehm zu leben; man soll gut essen, auch wenn man sich dafür Geld leihen muss, und sich nicht darum kümmern, es zurückzuzahlen. Das war dieser alte Materialismus, und diese Art von Philosophie verbreitete sich so sehr, dass sie sogar heute noch den Namen „populäre Philosophie" trägt. Buddha brachte den Vedanta ans Licht, gab ihn dem Volk und rettete Indien. Tausend Jahre nach seinem Tod herrschte wieder ein ähnlicher Zustand. Die Massen und verschiedene Völker waren zum Buddhismus konvertiert; natürlich waren die Lehren des Buddha mit der Zeit verkommen, denn die meisten Menschen waren völlig ungebildet. Der Buddhismus lehrte keinen Gott, keinen Herrscher des Universums, und so brachten die Massen allmählich ihre Götter, Teufel und Kobolde wieder hervor, und so wurde in Indien aus dem Buddhismus ein ungeheurer Mischmasch gemacht. Der Materialismus trat wieder in den Vordergrund und nahm bei den höheren Klassen die Form des Freibriefs und bei den unteren Klassen die des Aberglaubens an.

Dann erschien Shankaracharya und belebte noch einmal die Philosophie des Vedanta wieder. Er machte sie zu einer rationalistischen Philosophie. Die Ausführungen in den Upanischaden sind oft unverständlich. Buddha betonte die moralische Seite der Philosophie des Vedanta und Shankaracharya die intellektuelle. Er erarbeitete, rationalisierte und übergab der Menschheit das wunderbare, kohärente System des Advaita. In Europa herrscht heute der Materialismus. Man kann zwar für die Erlösung der modernen Skeptiker beten, sie geben aber nicht nach. Sie schwören auf die Vernunft. Die Erlösung von Europa hängt deswegen von einer rationalistischen Form der Religion ab und Advaita (Nichtdualität, Einheit, das Konzept eines nicht persönlichen Gottes) ist die einzige Religion, die bei Intellektuellen Zustimmung finden kann. Sie kommt auf, wann immer die Religion zu verschwinden scheint, und das ist der Grund, warum sie jetzt in Europa und in Amerika Fuß fasst.

Ich möchte im Zusammenhang mit dieser Philosophie noch eines sagen. In den altertümlichen Upanischaden finden wir erhabene Poesie. Ihre Autoren waren Dichter. Platon sagt, dass die Inspiration den Weg zu Menschen durch die Poesie findet, und es scheint, dass diese uralten *Rishis*, die Seher der Wahrheit, über den Rest der Menschheit aufstiegen, um uns diese Wahrheit durch Dichtung mitzuteilen. Sie predigten nicht, noch philosophierten sie; aus ihren Herzen kam Musik. In Buddha bekamen wir ein großes, universales Herz und unendliche Geduld – er machte Religion praktisch und brachte sie an jede Haustür. In Shankaracharya sahen wir gewaltige intellektuelle Kraft, die auf alles das grelle Licht der Vernunft warf. Heute brauchen wir die strahlende Sonne des Geistes verbunden mit dem Herz Buddhas, dem wunderschönen, grenzenlosen Herz der Liebe und Barmherzigkeit. Diese Vereinigung wird uns die höchste Philosophie geben. Die Wissenschaft und die Religion werden sich treffen und sich die Hand geben. Die Poesie und die Philosophie werden Freunde. Das wird die Religion der Zukunft und wenn sie ihre Gestalt angenommen hat, bleibt sie für alle Zeiten und alle Menschen.

Dieser Weg wird sich als tragbar für die moderne Wissenschaft erweisen, weil er sich ihr nähert. Wenn Naturwissenschaftler behaupten, dass alles Manifestation einer Urenergie sei, erinnert uns das nicht an den formlosen Gott, den uns die Upanischaden beschreiben? „So wie ein Feuer in das Universum eingeht, um sich in verschiedenen Formen zu manifestieren, so äußert sich auch die eine Seele in jeder einzelnen Seele; und trotzdem ist sie darüber hinaus unendlich mehr." (Katha Upanishad, 2.2.9) Sehen Sie nicht, wo sich die Wissenschaft hinbewegt? Die Hindus studierten den Geist, die Metaphysik und die Logik. Die westlichen Nationen begannen mit der externen Natur, kommen aber zu denselben Ergebnissen. Wir sahen, dass wir durch die Erforschung des Geistes zum Schluss zu der Großen Einheit, zu dem universalen Einen, der allem innewohnenden Seele, dem letztendlichen Wesen und der Realität von allem kamen; dem immer Freien, immer Glückseligen, immer Existierenden. Durch die Erforschung der Materie steuern wir auf dieselbe Einheit zu. Die Wissenschaft sagt uns heute, dass alle Dinge nur die Manifestation einer Energie sind, die die Summe von allem, was existiert, ist und dass der Trend der Menschheit zur Freiheit und nicht zur Unfreiheit geht. Warum sollte der Mensch moralisch sein? Weil die Moral der Weg zur Freiheit ist und die Unmoral zur Knechtschaft führt.

Eine weitere Besonderheit des Advaita-Systems ist, dass es von vornherein nicht destruktiv ist. Das Advaita hat die Kühnheit zu predigen: „Stört nicht den Glauben von irgendjemandem, auch nicht von denen, die aus Unwissenheit an niederen Formen der Anbetung festhalten." Genau das sagt es: Stört nicht, sondern helft jedem, höher und höher zu kommen; schließt die ganze Menschheit ein. Diese Philosophie verkündet einen Gott, der eine Gesamtsumme ist. Wenn Sie eine universelle Religion suchen, die für alle gelten kann, dann darf diese Religion nicht nur aus den Teilen bestehen, sondern sie muss immer deren Gesamtheit sein und alle Stufen der religiösen Entwicklung einschließen. Dieser Gedanke ist in keinem anderen religiösen System erkennbar. Sie alle sind Teile, die gleichermaßen darum kämpfen, das Ganze zu erreichen. Die Existenz dieser Teile dient nur diesem Zweck.

Daher hatte Advaita von Anfang an keinen Konflikt mit den verschiedenen indischen *Sekten*[18]. Es gibt auch heute noch Dualisten, und ihre Zahl ist bei Weitem die größte in Indien, weil der Dualismus weniger gebildete Gemüter auf natürliche Weise anspricht. Er ist eine sehr bequeme, natürliche und verständliche Erklärung des Universums. Aber mit diesen Dualisten hat Advaita keinen Streit. Der Dualist glaubt, dass Gott außerhalb des Universums ist, irgendwo im Himmel, und der Advaitin, dass Er seine eigene Seele ist und dass es eine Blasphemie wäre, Ihn etwas weiter Entferntes zu nennen. Jede Vorstellung von Trennung wäre für ihn schrecklich. Gott ist der Allernächste. Es gibt in keiner Sprache ein anderes Wort, um diese Nähe auszudrücken, als das Wort Einssein. Mit jeder anderen Idee ist der Advaitin nicht zufrieden, so wie der Dualist über das Konzept des Advaita schockiert ist und es für blasphemisch hält. Gleichzeitig weiß der Advaitin, dass diese anderen Ideen sein müssen, und hat daher keinen Streit mit dem Dualisten, der auf dem richtigen Weg ist. Der Dualist muss von seinem Standpunkt eine Vielzahl sehen. Das ist eine zwingende Notwendigkeit seines Standpunktes. Er soll die Vielzahl haben. Der Advaitin weiß, dass der Dualist, was auch immer seine Theorien sein mögen, auf dasselbe Ziel zusteuert wie er selbst. Darin unterscheidet er sich völlig vom Dualisten, der durch seinen Standpunkt zu glauben gezwungen ist, dass alle anderen Ansichten falsch sind.

Die Dualisten auf der ganzen Welt glauben naturgemäß an einen persönlichen Gott, der rein anthropomorph ist, der wie ein großer Machthaber in dieser Welt mit einigen zufrieden und mit anderen unzufrieden ist. Er ist willkürlich mit einigen Menschen oder Völkern zufrieden und überschüttet sie mit Segen. Natürlich kommt der Dualist zu dem Schluss, dass Gott Lieblinge hat, und er hofft, einer von ihnen zu sein. In fast jeder Religion findet man die Vorstellung: „Wir sind die Lieblinge unseres Gottes, und nur wenn du so glaubst wie wir, kannst du in Seine Gunst kommen." Einige Dualisten sind so engstirnig, dass sie darauf bestehen, dass nur die wenigen, die zur Gnade Gottes vorherbestimmt sind, gerettet werden können; der Rest mag sich noch so sehr anstrengen, aber er kann nicht angenom-

---

18   Zu Zeiten von Swami Vivekananda bedeutete das Wort „Sekte" einfach eine Glaubensrichtung oder Konfession und hatte nicht die heutige negative Konnotation.

men werden. Ich fordere Sie auf, mir eine dualistische Religion zu nennen, die nicht mehr oder weniger von dieser Ausschließlichkeit hat. Daher liegt es in der Natur der Sache, dass dualistische Religionen miteinander kämpfen und streiten müssen, und das haben sie auch immer getan. Wieder einmal gewinnen diese Dualisten die Gunst des Volkes, indem sie die Eitelkeit der Ungebildeten adressieren. Diese haben gerne das Gefühl, dass sie exklusive Privilegien genießen.

Der Dualist glaubt, dass man nicht moralisch sein kann, solange man nicht einen Gott mit einer Rute in der Hand hat, der bereit ist, einen zu bestrafen. Die unreflektierten Massen sind im Allgemeinen Dualisten, und weil sie, die armen Kerle, seit Tausenden von Jahren in jedem Land verfolgt worden sind, ist ihre Vorstellung von Erlösung die Freiheit von der Angst vor Strafe. Ich wurde von einem Geistlichen in Amerika gefragt: „Was! Ihr habt keinen Teufel in eurer Religion? Wie kann das sein?" Aber wir stellen fest, dass die besten und größten Menschen, die in der Welt geboren wurden, mit dieser hohen unpersönlichen Idee gearbeitet haben. Es ist der Mann, der sagte: „Ich und der Vater sind eins", dessen Macht auf Millionen Menschen herabgestiegen ist. Seit Tausenden von Jahren hat sie zum Guten gewirkt. Und wir wissen, dass derselbe Mann, weil er ein Nichtdualist war, barmherzig zu anderen war. Zu den Massen, die sich nichts Höheres als einen persönlichen Gott vorstellen konnten, sagte er: „Betet zu eurem Vater im Himmel." Zu anderen, die eine höhere Idee verstehen konnten, sagte er: „Ich bin der Weinstock, ihr seid die Reben"[19], aber zu seinen Jüngern, denen er sich vollständiger offenbarte, verkündete er die höchste Wahrheit: „Ich und der Vater sind eins."

Es war der große Buddha, der sich nie um die dualistischen Götter kümmerte und der als Atheist und Materialist bezeichnet wurde, der jedoch bereit war, seinen Körper für eine arme Ziege herzugeben. Dieser Mann setzte die höchsten moralischen Ideen in Gang, die ein Volk haben kann. Wann immer es einen Moralkodex gibt, ist er ein Lichtschein dieses Mannes. Wir können die großen Herzen der Welt nicht in enge Grenzen zwingen und sie dort halten, vor allem nicht

---

19   Johannes 15:5

in dieser Zeit der Menschheitsgeschichte, in der es einen Grad an intellektueller Entwicklung gibt, von dem man vor hundert Jahren noch nicht einmal zu träumen gewagt hätte, in der eine Welle wissenschaftlicher Erkenntnisse aufgekommen ist, von der vor fünfzig Jahren noch niemand geträumt hätte. Indem man versucht, die Menschen in enge Grenzen zu zwingen, degradiert man sie zu unreflektierten Massen, Tieren ähnlich. Man tötet ihr moralisches Leben.

Was wir jetzt brauchen, ist eine Verbindung des größten Herzens mit der höchsten Intellektualität, der unendlicher Liebe mit unendlichem Wissen. Der Vedantin gibt Gott keine anderen Attribute als diese drei: dass Er unendliche Existenz, unendliches Wissen und unendliche Glückseligkeit ist. Und er betrachtet diese drei als das Eine. Existenz ohne Wissen und Liebe kann nicht sein; Wissen ohne Liebe und Liebe ohne Wissen kann nicht sein. Was wir wollen, ist die Harmonie von Existenz, Wissen und unendlicher Glückseligkeit. Denn das ist unser Ziel. Wir wollen Harmonie, nicht einseitige Entwicklung. Es ist möglich, den Intellekt eines Shankara und das Herz eines Buddha zu haben. Ich hoffe, dass wir alle uns für diese gesegnete Kombination einsetzen.

Es ist alles Eins

Wir haben den metaphysischen Teil des Advaita fast abgeschlossen. Ein Punkt, der vielleicht am schwierigsten zu verstehen ist, fehlt noch. Wir haben bisher gesehen, dass nach der Advaita-Theorie alles, was wir um uns herum sehen, überhaupt das ganze Universum, die Evolution des einen Absoluten ist. Dieses wird in Sanskrit Brahman genannt. Das Absolute hat sich in die gesamte Natur verwandelt. Aber hier taucht eine Schwierigkeit auf. Wie ist es möglich, dass sich das Absolute verändert? Was hat das Absolute dazu gebracht, sich zu verändern? Seiner Definition nach ist das Absolute unveränderlich. Die Veränderung des Unveränderlichen wäre ein Widerspruch. Auf ähnliche Schwierigkeiten stoßen diejenigen, die an einen persönlichen Gott glauben. Wie ist zum Beispiel diese Schöpfung entstanden? Sie kann nicht aus dem Nichts entstanden sein. Das wäre ein Widerspruch: Etwas, das aus dem Nichts kommt, kann niemals sein. Die Wirkung ist die Ursache in anderer Form. Aus dem Samen wächst ein großer Baum; der Baum ist der Samen plus Luft und Wasser usw., die aufgenommen wurden. Und wenn es irgendeine Methode gäbe, die Menge der Luft und des Wassers zu prüfen, die für die Bildung des Baumkörpers erforderlich sind, würden wir feststellen, dass sie genau der Wirkung, in diesem Fall dem Baum, entspricht. Die moderne Wissenschaft hat zweifelsfrei bewiesen, dass es so ist, dass die Ursache die Wirkung in anderer Form ist. Die Anordnung der Teile der Ursache verändert sich und wird zur Wirkung. Wir müssen also die Schwierigkeit vermeiden, ein Universum ohne Ursache zu haben, und kommen zwangsläufig zu der Einsicht, dass Gott das Universum geworden ist.

Wir haben jedoch eine Schwierigkeit umgangen und sind in einer anderen gelandet. In jeder Theorie kommt die Idee von Gott durch die Vorstellung der Unveränderlichkeit. Wir haben über die Geschichte der Religionen gesprochen, wie die eine Idee, die wir bei der Suche nach Gott immer im Kopf haben, selbst in ihrer gröbsten Form, die Idee der Freiheit ist. Und die Idee der Freiheit und der Unveränderlichkeit ist ein und dieselbe. Es ist das Freie allein, das sich nie verändert, und das Unveränderliche allein, das frei ist. Denn die Veränderung wird durch etwas hervorgerufen, das außerhalb einer

Sache oder in ihr selbst liegt und das mächtiger ist als ihre Umgebung. Alles, was verändert werden kann, ist notwendigerweise an eine oder mehrere Ursachen gebunden, die nicht unveränderlich sein können. Angenommen, Gott ist zu diesem Universum geworden, dann ist Gott hier und hat sich verändert. Und nehmen wir an, das Unendliche ist zu diesem endlichen Universum geworden, dann ist es dem Unendlichen entnommen worden. Gott wäre das Unendliche minus dieses Universum. Ein veränderlicher Gott wäre kein Gott.

Um diesen Pantheismus zu vermeiden, gibt es eine sehr kühne Theorie des Vedanta. Sie besagt, dass das Universum, wie wir es kennen und denken, nicht existiert, dass das Unveränderliche sich nicht verändert hat, dass das gesamte Universum nur Schein und nicht Wirklichkeit ist, dass diese Vorstellung von Teilen, kleinen Wesen und Unterscheidungen nur scheinbar ist und nicht die Natur der Sache selbst. Gott hat sich in keiner Weise verändert und ist auch nicht zum Universum geworden. Wir sehen Gott als das Universum, weil wir nicht anders können, als durch Zeit, Raum und Kausalität zu schauen. Es sind Zeit, Raum und Kausalität, die diese Unterscheidung machen: Sie ist nur scheinbar, nicht wirklich. Dies ist in der Tat eine sehr gewagte Theorie.

Nun wollen wir diese Theorie ein wenig erklären. Sie bedeutet nicht Idealismus in dem Sinne, in dem er allgemein verstanden wird. Sie besagt nicht, dass dieses Universum nicht existiert – es existiert, aber es ist nicht das, wofür wir es halten. Um dies zu veranschaulichen, gibt es in der Advaita-Philosophie ein bekanntes Beispiel. In der Dunkelheit der Nacht wird ein Baumstumpf von einer abergläubischen Person als Geist angesehen, von einem Räuber als Polizist, von jemandem, der auf seinen Gefährten wartet, als Freund. In all diesen Fällen hat sich der Baumstumpf nicht verändert; es gab scheinbare Veränderungen, und diese Veränderungen fanden in den Köpfen derer statt, die ihn sahen. Vom subjektiven Standpunkt aus können wir es besser verstehen, wenn wir die Erkenntnisse der Psychologie einbeziehen. Es gibt etwas außerhalb von uns, dessen wahre Natur uns unbekannt ist und unerkennbar bleibt; nennen wir es x. Und es gibt etwas im Inneren, das uns ebenfalls unbekannt ist und unerkennbar bleibt; nennen wir es y. Das Erkennbare ist eine Kombination aus x und y, und daher muss alles, was wir kennen, zwei Bestandteile haben, das x außen und das y innen. Die Summe aus x und y ist das, was wir kennen. Jede Form im Universum ist also zum Teil unsere Schöpfung und zum Teil etwas außerhalb. Der Vedanta behauptet nun, dass dieses x und dieses y ein und dasselbe sind.

Zu einer ähnlichen Schlussfolgerung sind einige westliche Philosophen, insbesondere Herbert Spencer, und einige andere moderne Philosophen gelangt. Wenn gesagt wird, dass dieselbe Kraft, die sich in der Blume manifestiert, auch in meinem eigenen Bewusstsein aufsteigt, ist das genau die gleiche Idee, die der Vedantin verkündet, nämlich dass die Realität der äußeren Welt und die Realität der inneren Welt ein und dasselbe sind. Sogar die Ideen des Inneren und Äußeren existieren durch Abgrenzung und sind nicht in den Dingen selbst vorhanden. Wenn wir etwa einen anderen Sinn entwickelten, verändere sich die ganze Welt für uns, was zeigt, dass es das Subjekt ist, das das Objekt verändert. Wenn ich mich verändere, verändert sich die äußere Welt.

Die Theorie des Vedanta läuft also darauf hinaus, dass Sie und ich und alles im Universum dieses Absolute sind: nicht Teile, sondern das Ganze. Sie sind die Gesamtheit dieses Absoluten, und so sind auch alle anderen, denn die Idee eines Teils kann in dem Absoluten nicht entstehen. Diese Unterteilungen, diese Begrenzungen, sind nur scheinbar, nicht in der Sache selbst. Jeder ist vollständig und vollkommen, und niemand war je begrenzt, verkündet der Vedanta kühn. Wenn Sie glauben, eingeschränkt zu sein, werden Sie eingeschränkt bleiben. Wenn Sie wissen, dass Sie frei sind, sind Sie frei. Ziel und Zweck dieser Philosophie ist es also, uns wissen zu lassen, dass wir schon immer frei waren und für immer frei bleiben werden. Wir verändern uns nie, wir sterben nie, und wir werden nie geboren. Was sind dann all diese Veränderungen? Was ist diese Welt der Phänomene? Diese Welt ist eine scheinbare Welt, die durch Zeit, Raum und Kausalität beschränkt ist; sie ist das, was in Sanskrit *Vivarta-Vada* genannt wird: Evolution der natürlichen Welt und Manifestation des Absoluten. Das Absolute verändert sich nicht und entwickelt sich auch nicht fort. Auch in der kleinen Amöbe ist diese unendliche Vollkommenheit verborgen. Sie wird Amöbe genannt, weil sie von einer Amöbenform umhüllt ist, und von der Amöbe bis zum vollkommenen Menschen verändert sich nicht das, was im Inneren ist – das bleibt gleich, unveränderlich –, sondern die Veränderung geschieht in der Hülle.

Stellen Sie sich einen Vorhang vor, hinter dem es eine schöne Landschaft gibt. In dem Vorhang gibt es ein kleines Loch, durch das Sie nur einen winzigen Einblick in die Szenerie draußen erhaschen können. Nehmen wir an, dieses Loch wird größer und größer, sodass immer mehr von der Szenerie sichtbar wird, und wenn zum Schluss der Vorhang verschwunden ist, stehen Sie der gesamten Landschaft gegenüber. Diese Landschaft draußen ist die Seele, und der Vorhang zwischen uns und der Landschaft ist Maya: Zeit, Raum und Kausalität. Es gibt irgendwo ein kleines Loch, durch das wir nur einen kleinen Einblick in die Seele bekommen können. Wenn das Loch größer wird, sehen wir mehr und mehr, und wenn der Vorhang verschwunden ist, wissen wir, dass wir Seele sind. Die Veränderungen im Universum sind also nicht im Absoluten zu suchen, sondern in der Natur. Die Natur entwickelt sich mehr und mehr, bis das Absolute sich in ihr manifestiert. In jedem existiert Es, aber in einigen manifestiert sich Es mehr als in anderen.

Das ganze Universum ist in Wirklichkeit eins. Wenn man in Bezug auf die Seele sagt, dass jemand einem anderen überlegen ist, ist diese Aussage ohne Bedeutung. Wenn man von der Seele spricht, ist auch der Mensch dem Tier oder der Pflanze nicht überlegen: Das ganze Universum ist eins. Bei den Pflanzen ist das Hindernis für die Seelenmanifestation sehr groß, bei den Tieren etwas kleiner, beim Menschen noch kleiner, beim kultivierten, spirituellen Menschen noch kleiner und beim vollkommenen Menschen ist es gänzlich verschwunden. Alle unsere Kämpfe, Anstrengungen, Schmerzen, Freuden, Tränen und Lächeln, alles, was wir tun und denken, führt zu diesem Ziel – dem Vergrößern des Lochs, dem Zerreißen des Vorhangs, dem Dünnerwerden der Schichten, die sich zwischen der Erscheinung und der dahinterliegenden Wirklichkeit befinden.

Unsere Arbeit besteht also nicht darin, die Seele zu befreien, sondern die sie zudeckenden Verbände loszuwerden. Die Sonne wird von Wolkenschichten bedeckt, aber sie bleibt von ihnen unberührt. Die Arbeit des Windes besteht darin, die Wolken zu vertreiben, und je mehr die Wolken verschwinden, desto mehr kommt das Licht der

Sonne zum Vorschein. In der Seele gibt es keinerlei Veränderung – sie ist unendlich, absolut, ewig, sie ist Wissen, Glückseligkeit und Existenz. Auch kann es für die Seele weder Geburt noch Tod geben. Sterben und geboren werden, Reinkarnation und in den Himmel gehen kann es für die Seele nicht geben. Dies sind verschiedene Erscheinungsformen, verschiedene Trugbilder, verschiedene Träume. Wenn ein Mensch, der von dieser Welt träumt, in der Gegenwart von bösen Gedanken und bösen Taten träumt, wird nach einer gewissen Zeit der Gedanke an genau diesen Traum den nächsten Traum hervorrufen. Er wird träumen, dass er an einem schrecklichen Ort ist und gefoltert wird. Der Mensch, der gute Gedanken und gute Taten träumt, wird, nachdem diese Traumperiode vorüber ist, träumen, dass er an einem besseren Ort ist. Und so geht er von Traum zu Traum.

Aber es wird die Zeit kommen, in der der gesamte Traum verschwinden wird. Für jeden von uns muss eine Zeit kommen, in der sich das ganze Universum als bloßer Traum erweist, in der wir feststellen, dass die Seele unendlich viel besser ist als ihre Umgebung. Nachdem wir uns eines Tages durch das, was wir unsere Umgebung nennen, durchgekämpft haben, werden wir feststellen, dass diese Umgebung im Vergleich zur Kraft der Seele fast gleich null war. Es ist nur eine Frage der Zeit, und Zeit ist nichts im Unendlichen. Sie ist ein Tropfen im Ozean. Wir können es uns leisten, zu warten und gelassen zu sein.

Bewusst oder unbewusst steuert also das ganze Universum auf dieses Ziel zu. Der Mond kämpft darum, aus dem Anziehungsbereich anderer Körper herauszukommen, und er wird sich auf lange Sicht daraus lösen. Aber diejenigen, die bewusst nach der Befreiung streben, beschleunigen das Geschehen. Ein Vorteil dieser Theorie, den wir praktisch beobachten können, ist, dass die Idee einer wirklichen universellen Liebe nur unter diesem Gesichtspunkt möglich ist. Alle sind unsere Mitreisenden, unsere Mitläufer – alles Leben, Pflanzen, Tiere: nicht nur mein Bruder Mensch, sondern mein Bruder Tier und meine Schwester Pflanze; nicht nur mein Bruder der Gute, sondern mein Bruder der Böse, meine Schwester die Spirituelle und meine Schwester die Boshafte. Sie alle gehen zum selben Ziel. Alle sind in demselben Strom. Jeder eilt auf die unendliche Freiheit zu.

Wir können den Lauf nicht aufhalten. Niemand kann ihn aufhalten, niemand kann zurückgehen, wie sehr er es auch versuchen mag – er wird vorwärtsgetrieben, und am Ende wird er die Freiheit erlangen. Die Schöpfung ist der Kampf um die Freiheit, die das Zentrum unseres Seins ist und aus der wir sozusagen herausgeschleudert worden sind. Allein die Tatsache, dass Sie hier sind, zeigt, dass wir auf dieses Zentrum zugehen, und die Manifestation dieser Anziehung ist das, was wir Liebe nennen.

Es wurde die Frage gestellt: Woher kommt dieses Universum, worin verbleibt es, wohin geht es zurück? Und die Antwort lautet: Aus der Liebe kommt es, in der Liebe bleibt es, zur Liebe geht es zurück. Daraus können wir ableiten, dass es für niemanden einen Weg zurück gibt, ob man will oder nicht. Jeder muss zur Mitte gelangen, wie sehr er sich auch anstrengen mag, den Weg in die entgegengesetzte Richtung zu gehen. Doch wenn wir uns bewusst und wissentlich anstrengen, wird dies den Weg ebnen, den Kummer lindern und die Reise beschleunigen.

Eine weitere Schlussfolgerung, die wir daraus ziehen, ist, dass alles Wissen und alle Macht im Inneren und nicht außerhalb liegen. Was wir Welt nennen, ist ein spiegelndes Glas. Das ist der ganze Nutzen der äußeren Welt, und alles Wissen ist diese Spiegelung des Inneren auf dem Glas der Welt. Was wir Naturkräfte, Naturgeheimnisse nennen, ist alles im Inneren. Die äußere Welt ist nur eine Reihe von Veränderungen. Es gibt kein Wissen in der Natur; alles Wissen kommt von der menschlichen Seele. Der Mensch manifestiert das Wissen, das durch die Ewigkeit schon vorhanden ist; er entdeckt es in sich selbst. Jede und jeder ist die Verkörperung des Wissens, jede und jeder ist die Verkörperung der ewigen Glückseligkeit und des ewigen Seins.

... und deswegen sind alle gleich

Die ethische Folge ist dieselbe, wie wir bereits an anderer Stelle in Bezug auf die Gleichheit gesehen haben. Und doch bleibt die Idee des Privilegs der Fluch der Menschheit. Zwei Kräfte sind sozusagen ständig am Werk: Die eine schafft Kasten, die andere zerbricht sie, die eine schafft Privilegien, die andere beseitigt sie. Und immer wenn Privilegien abgebaut werden, kommt mehr und mehr Licht und Fortschritt in ein Volk. Diesen Kampf sehen wir überall um uns herum. Es gibt zunächst eine brutale Idee des Privilegs, das die Starken über die Schwachen stellt. Es gibt das Privileg des Reichtums. Wenn ein Mensch mehr Geld hat als die anderen, will er bevorzugt werden. Es gibt das noch subtilere und mächtigere Privileg des Intellekts: Weil der eine mehr weiß als der andere, beansprucht er mehr Privilegien. Und das letzte und schlimmste, weil höchst tyrannische, ist das Privileg der Spiritualität. Menschen, die meinen, mehr über Spiritualität, über Gott zu wissen, wollen über allen anderen stehen. Sie sagen: „Kommt und betet uns an, ihr gemeinen Herden. Wir sind die Gesandten Gottes, und ihr müsst uns anbeten." Niemand kann ein Vedantin sein und gleichzeitig irgendjemandem ein Privileg zugestehen, sei es geistig, körperlich oder spirituell; absolut kein Privileg für irgendjemanden. In jedem Menschen steckt die gleiche Kraft: In einem zeigt sie sich mehr, im anderen weniger. In jedem steckt die gleiche Fähigkeit. Was soll einen Anspruch auf Privilegien begründen?

Alles Wissen ist in jeder Seele, selbst in dem Unwissendsten. Er hat es noch nicht offenbart, aber vielleicht hatte er nicht die Gelegenheit dazu, vielleicht war die Umgebung nicht geeignet. Wenn er die Gelegenheit bekommt, wird er es enthüllen. Die Vorstellungen, dass ein Mensch einem anderen überlegen geboren wird oder dass zwischen zwei Nationen die eine überlegen und die andere minderwertig ist, haben im Vedanta keinen Platz. Setzen Sie die Menschen den gleichen Umständen aus und sehen Sie, ob nicht die gleiche Intelligenz zum Vorschein kommt. Davor hat niemand das Recht zu sagen, dass ein Volk einem anderen überlegen ist. Das Gleiche betrifft die Spiritualität. Es ist ein Privileg, der Menschheit zu dienen, denn das ist die Anbetung Gottes. Gott ist hier, in all diesen menschlichen Seelen. Er ist die Seele des Menschen. Welches Privileg können die Einzelnen für sich verlangen? Es gibt keine besonderen Gesandten Gottes, es hat sie nie gegeben und es kann sie auch nie geben. Alle Wesen, ob groß oder klein, sind gleichermaßen Ausdruck Gottes; der Unterschied liegt nur in der Ausdrucksform. Dieselbe ewige Botschaft, die uns allen und für immer gegeben wurde, kommt einfach nach und nach zum Vorschein. Diese ewige Botschaft ist in das Herz eines jeden Wesens geschrieben worden; sie ist bereits da, und alle ringen darum, sie auszudrücken. Einige bringen sie unter geeigneten Umständen ein wenig besser zum Ausdruck als andere, aber als ihr Träger sind sie alle eins. Welchen Anspruch auf Überlegenheit gibt es denn? Der unwissendste Mensch, das unwissendste Kind ist ein ebenso großer Botschafter Gottes wie jeder andere Mensch, der je existiert hat, und wie jeder, der noch kommen wird. Denn die unendliche Botschaft ist ein für alle Mal in das Herz eines jeden Lebewesens eingeprägt. Wo immer es ein Wesen gibt, enthält dieses Wesen die unendliche Botschaft des Allerhöchsten. Sie ist dort. Das ist es, was Advaita tut: Er baut all diese Privilegien ab. Das ist die härteste Arbeit von allen, und seltsamerweise ist sie in dem Land, in dem der Vedanta entstanden ist, weniger wirksam gewesen als irgendwo sonst. Wenn es ein Land der Privilegien gibt, dann ist es das Land, das diese Philosophie hervorgebracht hat: Privilegien für den spirituellen Menschen ebenso wie für den Menschen aufgrund seiner Geburt. Es gibt dort nicht so viele Privilegien wegen des Geldes (das ist einer der Vorteile, denke ich), aber Privilegien wegen der Geburt und der Spiritualität gibt es dort überall.

Einst wurde ein gigantischer Versuch unternommen, die vedische Ethik zu predigen, was auch für mehrere Hundert Jahre lang gelang, und wir wissen aus der Geschichte, dass diese Jahre die besten Zeiten dieser Nation waren. Ich meine den buddhistischen Versuch, alle Privilegien zu brechen. Einige der schönsten Bezeichnungen für Buddha, an die ich mich erinnere, lauten: „Du bist der Zertrümmerer der Kasten, der Zerstörer der Privilegien, der Prediger der Gleichheit für alle Wesen."

Buddha verkündete diese eine Idee der Gleichheit. Ihre Kraft ist allerdings in der Bruderschaft der Mönche bis zu einem gewissen Grad missverstanden worden, denn es wurden Hunderte Versuche unternommen, diese Bruderschaft zu einer Kirche mit Oberen und Unteren zu machen. Man kann aber keine Kirche begründen, wenn man den Menschen sagt, sie seien alle Götter. Eine der guten Auswirkungen des Vedanta war die Freiheit des religiösen Denkens, die Indien zu allen Zeiten seiner Geschichte genossen hat. Indien kann sich damit rühmen, dass es dort nie religiöse Verfolgung gab und dass dort den Menschen vollkommene Religionsfreiheit gewährt wird.

Diese praktische Seite der Vedanta-Moral ist heute so notwendig wie eh und je, vielleicht sogar notwendiger als je zuvor, denn all diese Ansprüche auf Privilegien haben sich mit der Erweiterung des Wissens enorm verstärkt. Die Idee von Gott und dem Teufel, oder Ahura Mazda und Ahriman[20], hat viel Poesie in sich: Der Unterschied zwischen Gott und dem Teufel besteht in nichts anderem als in Selbstlosigkeit und Selbstsucht. Der Teufel weiß so viel wie Gott, ist so mächtig wie Gott, nur hat er keine Heiligkeit – das macht ihn zum Teufel. Übertragen Sie nun diesen Gedanken auf die moderne Welt: Ein Übermaß an Wissen und Macht ohne Heiligkeit macht den Menschen zum Teufel. Ungeheure Macht wird durch die Herstellung von Maschinen und anderen Geräten erlangt, und es werden heute Privilegien beansprucht, wie sie in der Geschichte der Welt noch nie beansprucht wurden. Deshalb will der Vedanta dagegen antreten, diese Tyrannei über die Menschen brechen.

Diejenigen von Ihnen, die die *Gita* studiert haben, werden sich an die denkwürdigen Passagen erinnern: „Derjenige, der den gelehrten Brahmanen[21], die Kuh, den Elefanten, den Hund oder den Ausgestoßenen mit demselben Auge betrachtet, ist in der Tat ein Weiser." „Diejenigen, deren Geist in der Gleichheit der Betrachtung gefestigt ist, überwinden den Kreislauf von Geburt und Tod noch in diesem Leben. Sie besitzen die makellosen Eigenschaften Gottes und sind daher in der Absoluten Wahrheit verankert."[22] Diese Gleichheit für alle ist der Kern der vedantischen Moral. Wir haben gesehen, dass es die subjektive Welt ist, die das Objektive beherrscht. Ändere das Subjekt, und das Objekt wird sich zwangsläufig ändern; reinige dich selbst, und die Welt wird zwangsläufig gereinigt werden. Diese eine Sache muss heute mehr als je zuvor gelehrt werden. Wir beschäftigen uns immer mehr mit den anderen und immer weniger mit uns selbst. Die Welt wird sich ändern, wenn wir uns ändern; wenn wir rein sind, wird die Welt rein werden. Die Frage ist, warum ich das

---

20 Ahura Mazda ist der Name Gottes, Ahriman die Bezeichnung des Teufels im Zoroastrismus.

21 Die Brahmanen sind im indischen Kastensystem die Angehörigen der obersten Kaste. Im Hinduismus ist es Vorrecht und Pflicht der Brahmanen, religiöse Lehrer und Gelehrte zu sein. Ihre Lebensweise war früher von strenger Entbehrung und freiwilliger Armut geprägt.

22 Vgl. Bhagavad Gita 5-18 und 19; s. auch 6-9, 9-29.

Böse in den anderen sehe. Ich könnte das Böse nicht sehen, wenn ich nicht selbst böse wäre. Ich könnte mich nicht erbärmlich fühlen, wenn ich nicht schwach wäre. Dinge, die mich als Kind unglücklich gemacht haben, tun es jetzt nicht mehr. Das Subjekt hat sich geändert, also musste sich auch das Objekt ändern – so sagt es der Vedanta. Über all diese Dinge, die wir heute als Ursachen von Elend und Übel sehen, werden wir lachen, wenn wir den wunderbaren Zustand der Gleichheit, der Gleichartigkeit erreichen. Das ist es, was Vedanta als Befreiung bezeichnet. Ein Hinweis darauf, dass wir uns der Freiheit nähern, ist, dass wir mehr und mehr von dieser Gleichartigkeit und Gleichheit erreichen: In Elend und Glück das Gleiche, in Erfolg und Niederlage das Gleiche – ein solcher Geist nähert sich dem Zustand der Freiheit.

Der menschliche Geist ist nicht leicht zu bezwingen. In was für einem Zustand muss der Mensch sein, dessen Geist bei der geringsten Provokation oder Gefahr, bei jeder Kleinigkeit aufbebt! Was soll man da von Größe oder Spiritualität reden, wenn solche Änderungen über den Geist hereinbrechen? Deswegen muss dieser instabile Zustand des Geistes gewandelt werden. Wir müssen uns fragen, inwieweit wir uns von der äußeren Welt beeinflussen lassen wollen und inwieweit wir trotz aller äußeren Kräfte auf unseren eigenen Füßen stehen können. Wenn es uns gelungen ist, alle Kräfte der Welt daran zu hindern, uns aus dem Gleichgewicht zu bringen, dann allein haben wir die Freiheit erlangt und nicht vorher. Das ist die Erlösung. Es ist hier und nirgendwo sonst; es ist dieser Moment. Aus dieser Idee der Gleichartigkeit, aus dieser Quelle sind all die schönen Gedankenströme in die Welt geflossen, die so oft missverstanden und als widersprüchlich gesehen werden.

In jeder Nation finden wir zahlreiche tapfere und wunderbar spirituelle Seelen, die sich zur Meditation in Höhlen oder Wälder zurückziehen und ihre Verbindung mit der äußeren Welt abbrechen. Das ist die eine Idee. Auf der anderen Seite finden wir helle, erhabene Seelen, die in die Gesellschaft eintreten, um ihre Mitmenschen, die Armen, die Unglückseligen, zu erheben. Scheinbar sind diese beiden Methoden gegensätzlich. Der Mensch, der in einer Höhle getrennt von seinen Mitmenschen lebt, lächelt vielleicht verächtlich über diejenigen, die sich für die Erneuerung ihrer Mitmenschen einsetzen.

„Wie töricht", denkt er, „welche Arbeit gibt es dort?" Die Welt der Maya wird immer die Welt der Maya bleiben; sie kann nicht verändert werden." Und doch, wenn ich einen unserer Priester in Indien frage: „Glaubst du an Vedanta?", antwortet er: „Er ist meine Religion, das tue ich ganz sicher; er ist mein Leben." „Nun gut, glaubst du an die Gleichheit allen Lebens, an die Gleichheit von allem?" „Gewiss, das tue ich." Im nächsten Moment, als sich ein Mann aus einer niedrigen Kaste diesem Priester nähert, springt er auf andere Straßenseite, um dem Mann auszuweichen. „Warum springst du?" „Weil seine bloße Berührung mich verunreinigt hätte." „Aber du hast doch gerade gesagt, dass wir alle gleich sind, und du gibst zu, dass es keinen Unterschied zwischen den Seelen gibt." Er erwidert: „Oh, das ist theoretisch und gilt nur für Menschen, die in einer Familie leben. Vielleicht wenn ich in den Wald gehen würde, dann sähe ich alle als gleich an." Fragen Sie einen Ihrer großen Männer in England, von hoher Geburt und Reichtum, ob er als Christ an die Brüderlichkeit der Menschen glaubt, da alle von Gott abstammen. Er bejaht dies, aber in fünf Minuten sagt er etwas Abfälliges über die gemeine Herde. Diese Idee der Gleichartigkeit ist also seit mehreren Tausend Jahren nur eine Theorie geblieben und wurde nie in die Praxis umgesetzt. Alle verstehen sie, erklären sie für wahr, aber wenn man sie bittet, sie in die Praxis umzusetzen, sagen sie, das würde Millionen von Jahren dauern.

Es gab einen König, der eine große Anzahl von Höflingen hatte, und jeder dieser Höflinge sicherte zu, dass er bereit sei, sein Leben für seinen Herrn zu opfern, und dass er das als der aufrichtigste Mensch sage, der je geboren wurde. Im Laufe der Zeit kam ein *Sannyasin* zu diesem König. Der König sagte zu ihm, dass es nie einen König gegeben habe, der so viele aufrichtige Höflinge hatte wie er. Der Sannyasin lächelte und erklärte, er glaube das nicht. Der König bot dem Sannyasin an, es zu prüfen, wenn er wolle. So erklärte der Sannyasin, dass er eine große Opfergabe bringen würde, durch die die Herrschaft des Königs sehr lange dauern würde, unter der Bedingung, dass ein kleines Becken geschaffen würde, in das jeder der Höflinge in der Dunkelheit der Nacht einen Krug Milch gießen sollte. Der König lachte und fragte: „Das soll der Test sein?" Er rief seine Höflinge zu sich und sagte ihnen, was zu tun sei. Sie alle stimmten dem Vorschlag freudig zu und gingen zurück. Mitten in der Nacht kamen sie und leerten ihre Krüge in das Becken. Doch am Morgen war es nur mit Wasser gefüllt. Die Höflinge wurden versammelt und über die Angelegenheit befragt. Jeder von ihnen hatte gedacht, es gäbe so viele Krüge mit Milch, dass sein Wasser nicht entdeckt werden würde. Leider haben die meisten von uns die gleiche Einstellung, und wir tun unseren Teil der Arbeit in der Gesellschaft wie die Höflinge in der Geschichte.

Die Vorstellung von Gleichheit ist so ausgeprägt, sagt sich der Priester, dass mein kleines Privileg nicht auffallen wird. Das sagen sich auch unsere reichen Männer, das sagen sich die Tyrannen aller Länder. Es gibt mehr Hoffnung für die Tyrannisierten als für die Tyrannen. Für die Tyrannen wird es sehr lange dauern, bis sie die Freiheit erlangen; für die anderen weniger lange. Die Grausamkeit des Fuchses ist viel schlimmer als die Grausamkeit des Löwen. Der Löwe schlägt zu und ist danach für einige Zeit still, aber der Fuchs, der beharrlich versucht, seine Beute zu verfolgen, lässt keine Gelegenheit aus. Das Priesterhandwerk ist von Natur aus grausam und herzlos. Deshalb geht die Religion dort unter, wo das Priesterhandwerk aufsteigt. Der Vedanta sagt, dass wir die Idee des Privilegs aufgeben müssen – dann erst wird die Religion kommen. Davor gibt es überhaupt keine Religion.

Glauben Sie, was Christus sagt: „Verkaufe alles, was du hast, und gib es den Armen"? Das ist praktische Gleichheit. Wir sollen nicht versuchen, die Texte zu quälen, sondern die Wahrheit so nehmen, wie sie ist. Versuchen Sie nicht, die Schriften zu quälen. Ich habe das Argument gehört, dass dies nur der Handvoll Juden gepredigt wurde, die Jesus zuhörten. Das Gleiche würde auch für alles andere gelten. Foltern Sie keine Texte, sondern wagen Sie es, sich der Wahrheit zu stellen, wie sie ist. Selbst wenn wir es nicht schaffen, sie zu erreichen, lasst uns unsere Schwäche eingestehen, aber zerstören wir das Ideal nicht. Dann können wir hoffen, dass wir es eines Tages erreichen werden, und es anstreben. Da steht es: „Verkaufe alles, was du hast, und gib es den Armen, und folge mir nach."

So lasst uns alle Privilegien und alles, was in uns Privilegien hervorruft, mit Füßen treten und für jenes Wissen arbeiten, das der ganzen Menschheit das Gefühl der Gleichheit vermitteln wird. Sie glauben, dass Sie dem Mann auf der Straße überlegen sind, nur weil

Sie eine etwas geschliffenere Sprache sprechen. Vergessen Sie nicht, dass Sie, wenn Sie so denken, nicht in Richtung Freiheit gehen, sondern eine neue Kette für Ihre Füße schmieden. Und vor allem wehe Ihnen, wenn der Stolz der Spiritualität in Sie eindringt. Das ist die schrecklichste Fessel, die es je gab. Weder Reichtum noch die Fesseln des menschlichen Herzens können die Seele so sehr binden wie dieser Stolz. „Ich bin reiner als andere" ist die schrecklichste Vorstellung, die in das menschliche Herz eindringen kann. In welchem Sinne sind Sie rein? Gott in Ihnen ist Gott in allen. Wenn Sie das nicht erkannt haben, haben Sie nichts erkannt. Wie kann es da Unterschiede geben? Es ist alles eins. Jedes Wesen ist der Tempel des Allerhöchsten. Wenn Sie das erkennen können, ist es gut, wenn nicht, muss die Spiritualität noch zu Ihnen kommen.

Teil 2

Gott

Wie Gott aus der Religion hinauswuchs

Womit wir uns beschäftigen werden, ist der religiöse Gedanke, der Gedanke über die Seele und Gott und alles, was zur Religion gehört. Wir werden die *Samhitas*[23] betrachten. Das sind Sammlungen von Hymnen, die die älteste arische Literatur bilden, genau genommen die älteste Literatur der Welt. Es mag hier und da ein paar Bruchstücke von Literatur gegeben haben, die sogar noch älter sind, aber keine Bücher oder Literatur, die man so nennen könnte. An Sammelwerken ist dies das älteste, das die Welt hat, und hierin ist das früheste Gefühl der Arier[24] dargestellt, ihre Bestrebungen, Fragestellungen, die in ihren Sitten und Gebräuchen sichtbar wurden, und so weiter.

Ganz am Anfang finden wir eine sehr kuriose Idee. Diese Hymnen werden zum Lob verschiedener Götter gesungen: Devas, wie sie genannt werden, die Strahlenden. Es gibt eine ganze Reihe von ihnen. Einer heißt Indra, ein anderer Varuna, ein anderer Mitra, Parjanya und so weiter. Verschiedene mythologische und allegorische Figuren treten nacheinander vor uns auf. Zum Beispiel Indra, der Donnerer, der die Schlange erschlägt, die den Menschen den Regen vorenthalten hat. Er lässt seinen Blitz fliegen, die Schlange wird getötet, und der Regen fällt in Strömen. Die Menschen sind erfreut, und sie verehren Indra mit Opfergaben. Sie bereiten ein Opferfeuer, töten einige Tiere, braten ihr Fleisch auf Spießen und opfern dieses Fleisch Indra. Es gab eine beliebte Pflanze namens Soma. Was das für eine Pflanze war, weiß heute niemand mehr, sie ist völlig verschwunden, aber aus den Büchern erfahren wir, dass sie, wenn man sie zerdrückte, eine Art milchigen Saft produzierte, den man fermentierte. Man kann den Büchern entnehmen, dass dieser fermentierte Somasaft berauschend war. Diesen opferten sie ebenfalls Indra und den anderen Göttern, und sie tranken ihn auch selbst. Manchmal tranken sie ein wenig zu viel, und die Götter taten es auch. Indra wurde ge-

---

23   Es sind die ältesten Teile der Veden.

24   Arier ist eine der ältesten Bezeichnungen der Völker, die sich der antiken vedischen Kultur zugehörig fühlten und Sanskrit sprachen.

legentlich betrunken. Es gibt Passagen, die zeigen, dass Indra einmal so viel von diesem Somasaft trank, dass er unzusammenhängende Worte sprach.

So war es auch bei Varuna. Er ist ein weiterer Gott, sehr mächtig. Er beschützt seine Verehrer in der gleichen Weise, und sie preisen ihn ebenfalls mit ihrem Trankopfer von Soma. Es gibt außerdem einen Gott des Krieges und viele weitere. Aber eine verbreitete Vorstellung, die die Mythologien der Samhitas von den anderen Mythologien völlig unterscheidet, ist, dass mit jedem dieser Götter die Vorstellung einer Unendlichkeit einhergeht. Dieses Unendliche wird abstrahiert und manchmal als *Aditya* beschrieben. Dieses Attribut wird zu verschiedenen Zeiten verschiedenen Göttern sozusagen angehängt. Nehmen wir zum Beispiel Indra. In einigen Büchern findet man, dass Indra einen Körper hat, sehr stark ist, manchmal eine goldene Rüstung trägt, herabsteigt, mit seinen Verehrern lebt und isst, die Dämonen besiegt, mit den Schlangen kämpft und so weiter. Wiederum in einer anderen Hymne finden wir, dass Indra eine sehr hohe Bedeutung gegeben wird: Er ist allgegenwärtig und allmächtig und sieht in das Herz eines jeden Wesens. So auch bei Varuna. Dieser Varuna ist Gott der Luft und für das Wasser zuständig, genau wie Indra zuvor. Aber dann finden wir ihn plötzlich erhöht und hören, dass er allgegenwärtig, allmächtig und so weiter sei. Ich werde eine Passage über diesen Varuna in seiner höchsten Form vorlesen, und Sie werden verstehen, was ich meine. Sie ist in englische Poesie übersetzt worden, also ist es besser, wenn ich sie in dieser Form vorlese.

> Der mächtige, der hohe Herr späht unsere Taten aus, als ob er in der Nähe wäre;
>
> Die Götter wissen alles, was die Menschen tun, auch wenn diese ihre Taten zu verbergen suchen.
>
> Wer auch immer steht, wer auch immer geht, sich von Ort zu Ort schleicht
>
> oder sich in einer Hütte versteckt – die Götter wissen, was er tut.
>
> Wo immer sich zwei verschwören und glauben, sie seien ganz allein,

König Varuna ist immer da, ein Dritter, und ihre Pläne werden
kund.

Diese Erde ist sein, die weiten, grenzenlosen Himmel gehören
ihm;

Beide Meere ruhen in ihm, und doch ruht er in jenem kleinen
Teich.

Und auch wer jenseits des Himmels weit zu fliegen glaubt,

entflieht gleichwohl dem Griff des Königs Varuna nicht.

Seine himmlischen Kundschafter gleiten um die ganze Welt:

Ihre tausend Augen tasten alles ab und schweifen bis zu den
Winkeln der Welt.

Viele ähnliche Beispiele könnten wir über die anderen Götter an-
führen: Sie alle teilen, einer nach dem anderen, das gleiche Schicksal. Sie beginnen zuerst als Götter, und dann werden sie zu dieser
Idee eines Wesens erhoben, in dem das ganze Universum existiert,
das jedes Herz sieht, das der Herrscher des Universums ist. Im Fall
von Varuna kam noch eine andere Idee, der Keim einer Idee nur, die
zwar entstand, aber sofort durch den arischen Geist erstickt wurde, und das war die Idee der Angst. An einer anderen Stelle lesen
wir, dass die Menschen Angst hatten, gesündigt zu haben, und Varuna um Verzeihung baten. Diesen Ideen wurde aus Gründen, die
Sie später verstehen werden, nie erlaubt, auf indischem Boden zu
wachsen. Aber die Keime waren da: die Idee der Angst und die Idee
der Sünde.

Dies ist die Vorstellung, wie Sie alle wissen, von dem, was man
Monotheismus nennt. Dieser Monotheismus kam, wie wir sehen, zu
einer sehr frühen Zeit nach Indien. In den gesamten Samhitas, in
dem ersten und ältesten Teil der Veden, herrscht diese monotheistische Vorstellung vor, aber wir werden feststellen, dass sie sich für
die Rishis als nicht ausreichend erwies; sie warfen sie sozusagen als
eine sehr primitive Idee beiseite und gingen weiter. So denken wir
Hindus. Deswegen kann der Hindu bei der Lektüre von Büchern
und Kritiken über die Veden, die von Europäern geschrieben wurden, nicht anders als lächeln, denn er liest, dass die Schriften unserer

Autoren seit frühen Zeiten von einer weitergehenden Anschauung durchdrungen sind. Wer die Vorstellung, dass das höchste Gottesideal die Idee eines persönlichen Gottes ist, mit der Muttermilch aufgesogen hat, wagt es naturgemäß nicht, im Sinne dieser alten indischen Weisen zu denken, wenn er sieht, dass die monotheistische Idee, mit der der Samhita-Teil übersät ist, danach als nutzlos und der Philosophen und Denker nicht würdig erachtet wurde. Diese Weisen kämpften weiter hart um eine philosophischere und transzendentere Idee. Die monotheistische Vorstellung war für sie viel zu menschlich, obwohl sie ihr solche Beschreibungen gaben wie „Das ganze Universum ruht in Ihm"[25] und „Du bist der Hüter aller Herzen"[26].

Die Hindus, zu ihrem großen Verdienst sei es gesagt, waren kühn – sie waren kühne Denker. Ihre Ansichten waren so kühn, dass ein einzelner Funke ihrer Gedanken die sogenannten kühnen Denker des Westens erschreckt. Wohl ist von Professor Max Müller über diese Denker gesagt worden, dass sie in Höhen hinaufstiegen, wo nur ihre Lungen atmen konnten, wo die Lungen der anderen geplatzt wären. Diese mutigen Menschen folgten der Vernunft, wohin sie sie auch führte, koste es, was es wolle, und sie kümmerten sich nicht darum, wenn dabei ihr bester Aberglaube zertrümmert würde. Genauso wenig kümmerten sie sich darum, was die Gesellschaft von ihnen denken oder über sie reden würde; aber was sie für richtig und wahr hielten, das predigten sie, darüber sprachen sie.

Bevor wir auf all diese Spekulationen der alten vedischen Weisen eingehen, werden wir uns zunächst auf ein oder zwei sehr interessante Beispiele in den Veden beziehen. Die eigentümliche Tatsache, dass diese Götter einer nach dem anderen genommen, erhöht und sublimiert wurden, bis jeder die Proportionen des unendlichen persönlichen Gottes des Universums angenommen hatte, verlangt nach einer Erklärung. Professor Max Müller schafft dafür einen neuen Namen, da er es für eine Besonderheit der Hindus hält: Er nennt es „Henotheismus". Wir brauchen nicht weit zu gehen, um die Erklärung zu finden. Sie ist in den Veden enthalten. Ein paar Schritte von

---

25 Vgl. Bhagavad Gita 9-4.

26 Vgl. Bhagavad Gita 15-15 und Katha Upanishad 1.3.1.

der Stelle entfernt, an der wir die Erhebung und Sublimierung der Götter finden, finden wir auch die Erklärung.

Es stellt sich die Frage, wieso die hinduistischen Mythologien so einzigartig wurden, so verschieden von allen anderen. In den babylonischen oder griechischen Mythologien finden wir einen Gott, der sich nach oben kämpft, dort eine besondere Position einnimmt und dort bleibt, während die anderen Götter aussterben. Von allen Molochen wird Jehova der Oberste, und die anderen Moloche sind vergessen, für immer verloren; er ist der Gott der Götter. So kommt auch von allen griechischen Göttern Zeus an die Spitze und nimmt große Ausmaße an, wird der Gott des Universums, und alle anderen Götter werden zu minderen Engeln degradiert. Diese Tatsache wiederholte sich auch zu anderen Zeiten. Die Buddhisten und die *Jainas* erhoben einen ihrer Propheten zur Gottheit, und alle anderen Götter machten sie Buddha oder Jina untertan. Dies ist ein weltweiter Prozess. Aber hier finden wir sozusagen eine Ausnahme. Ein Gott wird gepriesen, und vorerst heißt es, dass alle anderen Götter seinen Befehlen gehorchen. Und dann wird gerade derjenige, von dem es heißt, er sei Varuna untertan, im nächsten Buch selbst in die höchste Position erhoben. Sie besetzen abwechselnd die Position des persönlichen Gottes.

Die Erklärung steht in dem Buch, und es ist eine großartige Erklärung, eine, die allen nachfolgenden Gedanken in Indien den Ton gegeben hat, und eine, die das Thema des religiösen Universums sein wird: „*Ekam Sad Vipra Bahudha Vadanti* – Das, was existiert, ist Eins; die Weisen nennen Es bei verschiedenen Namen."[27] In all diesen Fällen, wenn Hymnen über diese Götter geschrieben wurden, war das Wahrgenommene ein und dasselbe; es war der Wahrnehmende, der den Unterschied machte. Es war er, der Weise, der Dichter, der in verschiedenen Ausdrucksweisen und verschiedenen Worten das Loblied ein und desselben Wesens sang. Das, was existiert, ist Eins; die Weisen nennen Es bei verschiedenen Namen.

Dieser Vers hatte enorme Konsequenzen. Einige von Ihnen werden vielleicht überrascht sein, wenn sie hören, dass Indien das einzige Land ist, in dem es nie eine religiöse Verfolgung gegeben hat, in dem nie ein Mensch wegen seines religiösen Glaubens belästigt

---

27 Rig Veda 1.164.46 [ekaṃ sad viprā bahudhā vadanti]

wurde. Theisten oder Atheisten, Monisten, Dualisten, Monotheisten gab es dort, und sie lebten immer unbehelligt. Materialisten durften von den Stufen der brahmanischen Tempel aus gegen die Götter und gegen Gott selbst predigen. Sie zogen durch das ganze Land und predigten, dass die Idee von Gott ein bloßer Aberglaube sei und dass Götter und Veden und Religion einfach nur Irrglauben seien, die von den Priestern zu ihrem eigenen Vorteil erfunden wurden, und sie durften dies unbehelligt tun. Und so versuchte Buddha, wo immer er hinkam, alles Alte, das den Hindus heilig war, in den Staub zu reißen, und Buddha starb in hohem Alter. Das taten auch die Jainas, die über die Idee eines Gottes nur lachten. „Wie kann es sein, dass es einen Gott gibt?", fragten sie. „Es muss ein bloßer Aberglaube sein." Es gibt unzählige ähnliche Beispiele. Bevor die mohammedanische Welle nach Indien kam, wusste man nicht, was religiöse Verfolgung ist; die Hindus hatten sie nur als etwas von den Fremden an sich selbst ausgeübt erlebt. Und auch jetzt ist es eine offenkundige Tatsache, wie sehr Hindus geholfen haben, christliche Kirchen zu bauen, und wie groß die Bereitschaft ist, den Christen zu helfen. Es hat nie ein Blutvergießen gegeben.

Auch heterodoxe Religionen, die aus Indien herausgekommen sind, waren davon betroffen, zum Beispiel der Buddhismus. Der Buddhismus ist in mancher Hinsicht eine großartige Religion, aber den Buddhismus mit Vedanta zu verwechseln ist Unsinn. Jeder kann zum Beispiel genau den Unterschied ausmachen, der zwischen dem Christentum und der Heilsarmee besteht. Es gibt große und gute Elemente im Buddhismus, aber sie fielen in Hände, die nicht in der Lage waren, sie zu bewahren. Die Juwelen, die von den Philosophen kamen, fielen in die Hände des Pöbels, und der Pöbel hatte seine eigenen Vorstellungen. Diese Leute hatten viel Enthusiasmus und einige wunderbare Ideen, große und humanitäre Ideen, aber schließlich ist etwas anderes notwendig, um alles zu bewahren: das Nachdenken und der Intellekt. (Wo immer die schönsten humanitären Ideen in die Hände der Masse fallen, ist das erste Ergebnis, wie Sie feststellen werden, die Degradierung. Es sind das Lernen und der Intellekt, die die Dinge in Sicherheit halten.) Nun ging dieser Buddhismus als erste Missionsreligion in andere Länder, durchdrang die ganze zivilisierte Welt, so wie sie damals existierte, und nie wurde ein Tropfen Blut für diese Religion vergossen. Wir lesen, wie in China die buddhistischen Missionare verfolgt wurden und Tausende von zwei oder drei aufeinanderfolgenden Kaisern massakriert wurden, aber danach war das Glück den Buddhisten hold, und einer der Kaiser bot an, sich an den Verfolgern zu rächen, aber die Missionare lehnten ab. All das haben wir diesem einen Vers zu verdanken. Deshalb möchte ich, dass Sie sich ihn merken: „Den sie Indra, Mitra, Varuna nennen … Das, was existiert, ist Eins; die Weisen nennen es mit verschiedenen Namen."

Niemand weiß, wann dieser Vers geschrieben wurde: Es mag vor 8.000 Jahren gewesen sein (trotz allem, was moderne Gelehrte sagen mögen), es mag vor 9.000 Jahren gewesen sein. Nicht eine dieser religiösen Spekulationen ist modernen Datums, und sie sind heute so frisch, wie sie waren, als sie geschrieben wurden, oder besser gesagt frischer, denn zu diesem fernen Zeitpunkt war der Mensch nicht so zivilisiert, wie wir ihn jetzt kennen. Er hatte damals noch nicht gelernt, seinem Bruder die Kehle durchzuschneiden, weil dieser ein wenig anders dachte als er selbst. Er hatte die Welt nicht mit Blut überschwemmt, er wurde nicht zum Dämon für seinen eigenen Bruder. Er hat damals nicht im Namen der Menschlichkeit ganze Menschenmassen massakriert. Deshalb kommen diese Worte heute ganz frisch zu uns, als große anregende, lebensspendende Worte, viel frischer, als wenn sie geschrieben wurden: „Das, was existiert, ist Eins; die Weisen nennen Es bei verschiedenen Namen." Heute müssen wir noch lernen, dass alle Religionen, bei welchem Namen sie auch immer genannt werden, ob Hinduismus, Buddhismus, Islam oder Christentum, denselben Gott haben, und wer eine dieser Religionen verhöhnt, verhöhnt seinen eigenen Gott.

Das war die Lösung, zu der die Rishis kamen. Aber, wie gesagt, diese alte monotheistische Idee befriedigte den hinduistischen Geist nicht. Sie ging nicht weit genug, sie erklärte nicht die sichtbare Welt. Ein Herrscher der Welt erklärt nicht die Welt – ganz sicher nicht. Ein Herrscher des Universums erklärt nicht das Universum, und schon gar nicht ein externer Herrscher, einer außerhalb des Universums. Er mag ein moralischer Führer sein, die größte Macht im Universum, aber er bietet keine Erklärung des Universums. Und die wichtigste Frage, die sich als nächste stellt und die in den Veden die ihr gebührende Dimension annimmt, ist die Frage nach dem Universum: „Woher ist es gekommen? Wie ist es entstanden? Wie existiert es?"

Verschiedene Hymnen finden sich zu dieser Frage, die dort mit aller Kraft versucht, Form anzunehmen, und nirgends wird sie so poetisch, so wunderschön ausgedrückt wie in der folgenden Hymne: „Damals gab es weder etwas noch nichts, weder Luft noch Himmel noch irgendetwas. Was bedeckte alles? Wo ruhte alles, als es weder Tod noch Unsterblichkeit noch Wechsel zu Nacht und Tag gab?"[28] Durch die Übersetzung geht leider viel von der poetischen Schönheit verloren. „Damals war der Tod nicht, noch die Todeslosigkeit, noch der Wechsel zu Nacht und Tag." Schon der Klang des Sanskrits ist musikalisch. „Das existierte: der Atem, die Existenz Gottes, die sozusagen alles bedeckte; aber sie begann noch nicht, sich zu bewegen." Behalten Sie diese Idee in Erinnerung, dass dieses Etwas bewegungslos existierte, denn wir werden sehen, wie diese Idee nachher in der Kosmologie aufkeimt, wo nach der hinduistischen Metaphysik und Philosophie dieses ganze Universum eine Masse von Schwingungen, also sozusagen von Bewegungen ist. Und es gibt Perioden, in denen diese Schwingungen nachlassen, immer feiner werden und diese Masse von Schwingungen für einige Zeit in diesem Zustand bleibt. Das ist der Zustand, der in dieser Hymne beschrieben wird. Es existierte unbewegt, ohne Schwingung, und als die Schöpfung begann, begann es zu schwingen und all diese Schöpfung kam aus ihm heraus, aus diesem einen Atem: ruhig, selbsterhaltend, mit nichts anderem dahinter.

„Die Finsternis war zuerst da." Diejenigen von Ihnen, die jemals in Indien oder einem anderen tropischen Land gewesen sind und das Ausbrechen des Monsuns gesehen haben, werden die Erhabenheit dieser Worte verstehen. Ich erinnere mich an die Versuche von drei Dichtern, dies darzustellen. Milton sagt: „Kein Licht, sondern eher sichtbare Dunkelheit." Kalidasa sagt: „Dunkelheit, die mit einer Nadel durchstochen werden kann." Aber keiner kommt an diese vedische Beschreibung heran: „Finsternis, verborgen in Finsternis." Alles glüht und brutzelt, die ganze Schöpfung scheint zu verglühen, und das schon seit Tagen. Dann aber taucht eines Nachmittags in einer Ecke des Horizonts ein Wolkenfleck auf, und in weniger als einer halben Stunde hat er sich auf die ganze Erde ausgedehnt, bis sie mit

---

28 Dieses und die darauffolgenden Zitate stammen aus dem Rig Veda, 10.129.

einer Decke aus Wolken bedeckt ist, Wolke über Wolke. Und dann bricht eine gewaltige Regenflut aus.

Die Ursache der Schöpfung wird als Wille beschrieben. Das, was zuerst da war, wurde in einen Willen verwandelt, und dieser Wille begann sich als Wunsch zu manifestieren. Auch das sollen wir in Erinnerung behalten, denn wir werden sehen, dass der Wunsch als Ursache für alles, was wir haben, galt. Die Idee des Willens war der Grundstein sowohl des vedantischen als auch des buddhistischen Systems, und später drang sie in die deutsche Philosophie ein und bildet die Grundlage von Schopenhauers Philosophiesystem. Hier aber hören wir zum ersten Mal von ihr. „Nun entstand zuerst der Wunsch, der ursprüngliche Samen des Geistes. Die Weisen, in ihren Herzen durch Weisheit suchend, fanden das Bindeglied zwischen Existenz und Nichtexistenz." Nun kommt ein sehr eigenartiger Ausdruck. Der Dichter schließt mit den Worten: „Vielleicht weiß Gott es nicht einmal." Wir finden in dieser Hymne, abgesehen von ihren poetischen Qualitäten, dass dieses Fragen über das Universum große Ausmaße angenommen hat und dass der Verstand dieser Weisen zu einem Zustand fortgeschritten war, in dem alle Arten von gewöhnlichen Antworten sie nicht befriedigen konnten. Wir sehen, dass sie nicht einmal mit einem Herrscher in den Höhen zufrieden waren.

Es gibt verschiedene andere Hymnen, in denen ähnliche Ideen, wie das alles entstanden sei, aufkommen. Und so wie wir gesehen haben, dass die Rishis, als sie versuchten, einen Herrscher des Universums, einen persönlichen Gott zu finden, einen Deva nach dem anderen aufgriffen und ihn in diese Position erhoben, so werden wir auch sehen, dass sie in verschiedenen Hymnen die eine oder andere Idee aufgriffen und ins Unendliche erweiterten und für alles im Universum verantwortlich machten. Eine bestimmte Idee wurde als Grundlage genommen, auf der alles beruht und existiert, und aus dieser Grundlage wurde all das, was ist. Das passierte mit verschiedenen Ideen. Die vedischen Weisen versuchten diese Methode zum Beispiel mit dem Prana, dem Lebensprinzip. Sie erweiterten dieses Konzept, bis es universell und unendlich wurde: Prana – das Lebensprinzip, das alles unterstützt, nicht nur den menschlichen Körper – wurde auch zum Licht der Sonne und des Mondes, zu der Kraft, die alles bewegt, zur universellen Antriebsenergie. Einige dieser Versuche sind sehr schön, sehr poetisch. Einige, wie „Er bringt die Schönheit mit dem Morgen", sind wunderbar lyrisch in der Art, wie sie die Dinge darstellen. Der ursprüngliche Wunsch, über den wir als den Urkeim der Schöpfung gelesen haben, begann sich zu strecken, bis er zum universellen Gott wurde. Aber keine dieser Ideen überzeugte.

Auch hier wird die Idee sublimiert und schließlich zu einer Person abstrahiert: „Er allein existierte am Anfang. Er ist der eine Herr von allem, was existiert. Er trägt dieses Universum – Er, der der Ursprung der Seelen ist, Er, der der Ursprung der Stärke ist, den alle Götter verehren, dessen Schatten das Leben ist, dessen Schatten der Tod ist. Wen sonst sollen wir verehren? Er, dessen Herrlichkeit die Schneegipfel des Himalayas verkünden, dessen Pracht die Ozeane mit all ihren Wassern verkünden."[29] Und so geht es weiter, aber, wie ich Ihnen gerade sagte, befriedigte diese Idee die Rishis nicht. Und zum Schluss kamen sie zu einer sehr überraschenden Auffassung.

Der arische Verstand hatte lange nach einer Antwort auf die ultimative Frage im Außen gesucht. Die Rishis hinterfragten alles, was sie finden konnten, die Sonne, den Mond und die Sterne, und sie fanden auf diese Weise alles, was es dort zu finden gab. Die Natur konnte sie allenfalls von einem persönlichen Wesen lehren, das der Herrscher des Universums ist; weiter führte sie nicht. Kurzum, aus der äußeren Welt können wir nur die Idee eines Architekten gewinnen: das, was man die Designtheorie nennt. Es ist keine sehr logische Lösung, wie wir alle wissen. Sie hat etwas Kindisches an sich. Und doch ist es das wenige, was wir aus der äußeren Welt über Gott wissen können, dass diese Welt einen Baumeister braucht. Aber das ist keine Erklärung für das Universum. Damit waren die Baustoffe dieser Welt vor Ihm: Dieser Gott brauchte alle diese Baustoffe. Der schwerwiegendste Einwand ist, dass Er durch die Baustoffe begrenzt sein muss. Der Baumeister hätte kein Haus bauen können ohne die Baustoffe, aus denen es zusammengesetzt ist. Deshalb war Er durch die Materialien begrenzt; Er konnte nur das tun, was Ihm die Materialien ermöglichten. Deshalb ist der Gott, den uns die Designtheorie präsentiert, bestenfalls ein Architekt, und zwar ein limitierter Architekt des Universums. Er ist durch die Materialien gebunden und eingeschränkt. Er ist überhaupt nicht unabhängig. Diesen Gott hatten die Rishis schon gefunden, und viele andere Geister hätten

---

29 Vgl. Rig Veda 10.121.

sich darauf ausgeruht. In anderen Ländern geschah später dasselbe: Der menschliche Verstand konnte sich an dieser Stelle nicht ausruhen. Die denkenden, verstehenden Köpfe wollten weiter gehen. Nur die, die rückständig waren, hielten dort an und ließen ihre Gedanken nicht wachsen. Glücklicherweise waren diese Hindu-Weisen nicht auf den Kopf gefallen. Sie wollten eine Lösung finden, und nun stellen wir fest, dass sie dafür das Äußere für das Innere verließen.

Das Erste, was ihnen auffiel, war, dass wir die äußere Welt mit den Augen und den Sinnen wahrnehmen und mit ihnen nichts über die Religion herausfinden können. Die nächste Überlegung war daher, den Fehler zu finden, und dieser Fehler war sowohl physisch als auch moralisch, wie wir sehen werden. „Ihr wisst die Ursache dieses Universums nicht", sagt einer dieser Weisen. „Zwischen uns besteht ein gewaltiger Unterschied. Warum? Weil ihr über Sinnesdinge sprecht und mit Sinnesobjekten und mit den bloßen Zeremonien der Religion zufrieden seid, während ich den *Purusha* jenseits davon erkannt habe."

Neben diesem Wachstum der spirituellen Ideen, das ich für Sie nachzuvollziehen versuche, möchte ich Ihnen nun einen kleinen Hinweis auf den anderen Faktor dieser Entwicklung geben. Er hat nichts mit unserem Thema zu tun, deshalb brauche ich ihn nicht näher zu erläutern. Ich meine die Entwicklung der Rituale. So wie die geistigen Ideen in arithmetischer Progression fortschritten, so schritten die rituellen Ideen in geometrischer Progression fort. Der alte Aberglaube hatte sich zu dieser Zeit zu einer ungeheuren Masse von Ritualen entwickelt, die wuchs und wuchs, bis sie fast das Leben der Hindus tötete. Diese Rituale sind immer noch da – sie haben jeden Teil unseres Lebens ergriffen, durchdrungen und uns zu Sklaven gemacht. Doch gleichzeitig finden wir von den frühesten Tagen an einen Kampf gegen das Vordringen dieser Rituale. Der eine Einwand, der dabei erhoben wurde, war, dass die Liebe zu Zeremonien, sich zu bestimmten Zeiten anzuziehen, auf eine bestimmte Art und Weise zu essen und alle diese Spektakel und Maskeraden nur eine äußere Religion sind, weil man dabei mit den Sinnen beschäftigt ist und nicht über sie hinausgehen will. Das ist das Problem aller Menschen. Wenn wir von spirituellen Dingen hören, ist unser Maßstab bestenfalls die Sinneswahrnehmung. Jemand hört Dinge über Philosophie und Gott, transzendentale Dinge, und nachdem er tagelang davon gehört hat, fragt er: „Wie viel Geld werden sie bringen? Wie viel Sinnesgenuss bieten sie denn?" Ganz natürlich, denn sein Vergnügen liegt nur in den Sinnen. Aber diese Sinnesbefriedigung, sagt unser Weiser, ist eine der Ursachen für den Schleier zwischen uns und der Wahrheit. Die Liebe zu Zeremonien, die Befriedigung in den Sinnen und die damit verbundenen Theorien haben einen Schleier zwischen uns und die Wahrheit gelegt. Dies ist ein weiterer großer Orientierungspunkt, und wir müssen diesen Gedanken noch bis zum Ende verfolgen und sehen, wie er sich später im Vedanta zu jener wunderbaren Theorie von Maya entwickelt hat. Dieser Schleier wird zur eigentlichen Erklärung des Vedanta: Die Wahrheit war die ganze Zeit schon da, nur hatte der Schleier der Maya sie verdeckt.

Aber nun zurück zu unserer Entdeckung, dass sich der Verstand dieser alten Denker einem neuen Thema widmete. Sie fanden heraus, dass die Suche in der äußeren Welt die Antwort auf ihre Frage nicht liefern wird. Sie könnten in der äußeren Welt ewig suchen und würden trotzdem keine Antworten finden. Also griffen sie auf eine andere Methode zurück und lernten, dass die Wünsche der Sinne, das Verlangen nach Zeremonien und Äußerlichkeiten einen Schleier zwischen Menschen und die Wahrheit gebracht hatten und dass dieser Schleier nicht durch irgendein Ritual entfernt werden kann. Sie mussten also auf ihren eigenen Geist zurückgreifen, ihn analysieren und die Wahrheit in sich selbst finden. Die äußere Welt versagte, sie wandten sich der inneren Welt zu, und daraus wurde die wahre Philosophie des Vedanta. Von hier aus beginnt sie. Das ist ihr Grundstein.

Wenn wir fortfahren, werden wir feststellen, dass alle Untersuchungen dieser Weisen im Inneren stattfanden. Von Anfang an erklärten sie: Sucht die Wahrheit nicht in irgendeiner Religion, denn sie ist hier in der menschlichen Seele, dem Wunder aller Wunder, dem Emporium allen Wissens, der Mine aller Existenz – sucht hier. Was hier nicht ist, kann nicht dort sein. Und sie fanden Schritt für Schritt heraus, dass das Äußere bestenfalls ein trüber Abglanz dessen ist, was innen ist. Wir werden noch sehen, wie sie sozusagen diesen Gott, den Gouverneur des Universums, der außerhalb des Universums ist, nahmen und Ihn ins Innere des Universums stellten. Er ist nicht ein Gott außerhalb, sondern Er ist im Inneren. Und von dort nahmen sie Ihn in ihr eigenes Herz. Hier ist Er im Herzen des Menschen, die Seele unserer Seelen, die Wirklichkeit in uns.

Um die Vorgehensweise der Vedanta-Philosophie zu begreifen, müssen mehrere große Konzepte richtig verstanden werden. Erstens ist es keine Philosophie in dem Sinne, wie wir von der Philosophie von Kant und Hegel sprechen. Es ist nicht ein Buch oder das Werk eines einzelnen Mannes. Vedanta ist der Name einer Reihe von Büchern, die zu verschiedenen Zeiten geschrieben wurden. Manchmal finden sich in einer dieser Schriften fünfzig verschiedene Dinge. Sie sind auch nicht richtig geordnet; die Gedanken sind sozusagen notiert worden. Manchmal finden wir inmitten von anderen, nebensächlichen Dingen eine wunderbare Idee. Aber eine Tatsache ist bemerkenswert, dass diese Ideen in den Upanishaden immer weiter fortschreiten. Das Wirken des Geistes eines jeden der Weisen ist in einer rohen, alten Sprache gewissermaßen so gemalt worden, wie es vor sich ging. Die Ideen sind zunächst grob und werden immer feiner, bis sie das Ziel des Vedanta erreichen und zur Philosophie werden. Erst war es eine Suche nach den Devas, den Strahlenden. Dann war es das Nachdenken über den Ursprung des Universums. Und dann führte diese Suche zu dem, was wir Philosophie nennen: zur Einheit aller Dinge, zu „dem, wenn wir es wissen, wir alles wissen"[30].

---

30 Vgl. Mundaka Upanishad 1.1.3.

Vedanta-Philosophie

Die Vedanta-Philosophie, wie sie heute allgemein genannt wird, umfasst praktisch alle Sekten[31], die heute in Indien existieren. Folglich hat es verschiedene Interpretationen des Vedanta gegeben, und meiner Meinung nach folgten sie aufeinander, beginnend mit der dualistischen oder Dvaita[32] und endend mit der nichtdualistischen oder Advaita. Das Wort Vedanta bedeutet wörtlich das Ende der Veden. Die Veden sind die Schriften der Hindus. Manchmal sind im Westen mit den Veden nur die Hymnen und Rituale der Veden gemeint. Jedoch sind diese Teile der Veden in der heutigen Zeit fast außer Gebrauch gekommen, und gewöhnlich ist mit den Veden in Indien der Vedanta gemeint. Alle unsere Kommentatoren ziehen, wenn sie eine Passage aus den Schriften zitieren wollen, in der Regel den Vedanta heran, der bei ihnen einen anderen, einen technischen Namen hat: die Shrutis. (Der Begriff Shruti – was „das Gehörte" bedeutet – umfasst zwar die gesamte vedische Literatur, wird aber von den Kommentatoren hauptsächlich auf die Upanishaden angewandt.)

---

31 Zu Zeiten von Swami Vivekananda bedeutete das Wort „Sekte" einfach eine Glaubensrichtung und hatte nicht die heutige negative Konnotation. Der Autor meint hier verschiedene religiöse Richtungen im Hinduismus, die sich auf die verschiedenen philosophischen Systeme und damit Auslegungen der Veden berufen.

32 Die indische antike Philosophie besteht aus sechs orthodoxen Systemen, die auf den Veden aufbauen (*Nyaya*, Vaiseshika, *Sankya*, *Yoga*, Purva Mimamsa, Vedanta), und aus sechs heterodoxen Systemen (Materialismus von Charvaka, das System der Jainas und vier verschiedene buddhistische Philosophieschulen). Von den orthodoxen Schulen findet man nur im Vedanta die Idee des Non-Dualismus, der die eigentliche Wirklichkeit oder die grundlegende Substanz des Universums als unteilbar ansieht. Der Vedanta teilt sich wiederum in mehrere Systeme auf, die bezogen auf die Metaphysik in drei Denkschulen zusammengefasst werden können: *Dvaita* (Dualismus, der einen grundsätzlichen Unterschied zwischen Gott und belebten und unbelebten Objekten macht), Visishtadvaita (qualifizierter Nichtdualismus, für den zwar die eigentliche Realität Brahman ist, dieses Brahman aber in sich komplex und mit Eigenschaften oder Qualitäten ausgestattet ist) und Advaita (konsequenter Nichtdualismus).

Nun wurden nicht alle Bücher, die unter dem Namen Vedanta bekannt sind, erst nach den rituellen Teilen der Veden geschrieben. Zum Beispiel bildet eine von ihnen, die Isha Upanishad, das vierzigste Kapitel des Yajur Veda, eines der ältesten Veden. Es gibt andere Upanishaden, die Teile der Brahmanas (der rituellen Schriften) bilden, aber der Rest ist unabhängig, nicht in einem der Brahmanas oder in anderen Teilen der Veden enthalten. Wir haben allerdings keinen Grund anzunehmen, dass sie völlig unabhängig von anderen Teilen waren, denn viele von ihnen sind, wie wir wissen, völlig verloren gegangen, und viele der Brahmanas sind ebenfalls nicht erhalten. Es ist also durchaus möglich, dass die heute unabhängigen Upanishaden zu einigen Brahmanas gehörten, die im Laufe der Zeit in Vergessenheit gerieten, während die Upanishaden erhalten blieben. Diese Upanishaden werden auch Waldbücher oder Aranyakas genannt. Der Vedanta bildet also faktisch die Schriften der Hindus, und alle Systeme der Philosophie, die orthodox sind, müssen ihn als ihre Grundlage nehmen. Sogar die Buddhisten und Jainas zitieren, wenn es ihrem Zweck dient, eine Passage aus dem Vedanta als Autorität.

Die Schulen der Philosophie in Indien haben, obwohl sie alle behaupten, in den Veden begründet zu sein, unterschiedliche Namen. Die letzte, die von *Vyasa*, stützte sich mehr als die vorherigen auf die Lehren der Veden und versuchte, die vorhergehenden Philosophien, wie die *Sankhya* und die Nyaya, mit den Lehren des Vedanta zu harmonisieren. Daher wird diese Schule auch die Vedanta-Philosophie genannt, und die *Sutras* oder Aphorismen von Vyasa[33] bilden im modernen Indien die Grundlage dieser Philosophie. Diese Sutras von Vyasa sind wiederum von verschiedenen Kommentatoren unterschiedlich erklärt worden. Im Allgemeinen gibt es drei Arten von Kommentatoren in Indien. Aus ihren Interpretationen sind drei Systeme der Philosophie und drei Sekten entstanden. Eines ist das dualistische System oder Dvaita, das zweite ist das qualifizierte, nichtdualistische oder Vishishtadvaita und das dritte ist das nichtdualistische oder Advaita. Von diesen umfassen die Dualisten und die qualifizierten Nichtdualisten die größte Anzahl der indischen Bevölkerung. Die Nichtdualisten sind vergleichsweise wenige. Ich werde nun versuchen, Ihnen die Ideen darzulegen, die in all diesen

---

33 Gemeint ist *Brahma-Sutra* [Brahma Sūtra].

drei Lehren enthalten sind. Aber bevor ich fortfahre, möchte ich eine Bemerkung machen, dass diese verschiedenen Vedanta-Systeme eine gemeinsame Psychologie haben, und zwar die Psychologie der Sankhya-Schule. Die Psychologien des Nyaya und *Vaisheshika* sind der Sankhya-Psychologie sehr ähnlich und unterscheiden sich von ihr nur unwesentlich.

Alle Vedantins sind sich in drei Punkten einig. Sie glauben an Gott, an die Veden als Offenbarung und an Zyklen. Wir haben bereits die Veden betrachtet. Der Glaube an Zyklen ist wie folgt: Alle Materie im gesamten Universum ist das Ergebnis einer Art Urmaterie, die Akasha genannt wird; und alle Kraft, ob Gravitation, Anziehung, Abstoßung oder Leben, ist das Ergebnis einer Urkraft, die Prana genannt wird. Prana, das auf Akasha wirkt, erschafft oder besser gesagt projiziert[34] das Universum. Zu Beginn eines Zyklus ist Akasha bewegungslos, nichtmanifestiert. Dann beginnt Prana zu wirken, mehr und mehr, und schafft aus Akasha immer gröbere Formen. In diesem Prozess entstanden Sterne, Pflanzen, Tiere, Menschen und so weiter. Nach einer unabsehbaren Zeit hört diese Evolution auf, und es beginnt die Involution, bei der sich alles durch immer feinere Formen wieder in das ursprüngliche Akasha und Prana auflöst und ein neuer Zyklus folgt. Beide können in ein drittes Etwas aufgelöst werden, das Mahat genannt wird – der kosmische Intellekt. Dieser kosmische Intellekt erschafft nicht Akasha und Prana, sondern verwandelt sich selbst in sie.

Wir werden nun die Ansichten über Geist, Seele und Gott aufgreifen. Nach der allgemein anerkannten Sankhya-Psychologie gibt es bei der Wahrnehmung – im Falle des Sehens zum Beispiel – zunächst

---

34 Keines der indischen Philosophiesysteme betrachtet die Schöpfung so, wie sie in den abrahamitischen Religionen verstanden wurde: als ein Erschaffen des Universums aus dem Nichts durch Gott. Das Sanskrit-Wort für die Schöpfung ist Srishti [sṛṣṭi] und meint eher Projektion und Entwicklung als Erschaffung. Vereinfacht gesagt ist die in den Schriften Indiens beschriebene Schöpfung eine Abfolge der Manifestationen: von Brahman, zu *Ishwara*, zum „Goldenen Schoß" (Hiranyagarbha [hiraṇyagarbha]), zum „besonderen Licht" (Virat [Virāṭ]), aus dem (wieder in einem schrittweisen Prozess) das sichtbare Universum erstanden ist.

die Instrumente des Sehens, die Augen. Hinter den Instrumenten, den Augen, befinden sich das Sehorgan oder Indriya, der Sehnerv und die Zentren im Gehirn, das sich von dem äußeren Instrument unterscheidet. Ohne dieses Instrument können die Augen nicht sehen. Für die Wahrnehmung wird aber noch mehr benötigt. Das Denk- und Empfindungsorgan oder Manas muss dazukommen und sich mit dem Sehorgan verbinden. Dann muss die Empfindung zum Verstand oder Buddhi getragen werden – dem bestimmenden, reaktiven Zustand des Geistes. In dem Moment, wenn von Buddhi die Reaktion ausgeht, blitzt die äußere Welt auf und das Ego[35] kommt dazu. An dieser Stelle ist auch der Wille zu finden.

Diese Beschreibung ist aber immer noch nicht vollständig. So wie jedes Bild, das aus aufeinanderfolgenden Lichtimpulsen zusammengesetzt ist, auf etwas Unbewegliches übertragen werden muss, um ein Ganzes zu bilden, so müssen alle Ideen im Geist gesammelt und auf etwas projiziert werden, das in Bezug auf den Körper und den Geist unbeweglich ist – und das wird Seele oder Purusha oder Atman genannt.

Nach der Sankhya-Philosophie ist der reagierende Zustand des Geistes, Buddhi oder Verstand genannt, das Ergebnis, die Veränderung oder eine bestimmte Manifestation des Mahats oder kosmischen Intellekts. Der Mahat wird in vibrierende Gedanken umgewandelt; und diese werden zum einen in die menschlichen Organe des Geistes und zum anderen in die subtilen Elemente der Materie (*Tanmatras*[36]) umgewandelt. Aus der Kombination all dieser Dinge entsteht das gesamte Universum. Hinter dem Mahat sieht der Sankhya einen bestimmten Zustand, der Avyakta oder das Nichtmanifestierte genannt wird, wo nicht einmal die Manifestation des Intellekts vorhanden ist, sondern nur die Ursachen existieren. Er wird auch

---

35 Ahamkara in Sanskrit; s. auch Erläuterungen am Ende des Buches.

36 Tanmatras (das) [tanmātra] sind subtile Elemente, die zusammen mit den groben *fünf Elementen* und dem Geist die Welt formen. Sie sind damit ein Bestandteil der indischen Kosmologie und Psychologie und eher als eine Art von potenzieller Energie als etwas Materielles zu verstehen. Vereinfacht gesagt sind sie eine der Ursachen für die Entwicklung und Funktion der Sinnesorgane, der Lebensenergie, der mentalen Energie und der Materie. Sehr fortgeschrittene *Yogis* können Tanmatras während der Meditation wahrnehmen.

Prakriti genannt. Jenseits dieser Prakriti und ewig getrennt von ihr befindet sich der Purusha, die Seele des Sankhya, die ohne Eigenschaften und allgegenwärtig ist. Der Purusha ist nicht der Handelnde, sondern der Beobachter. Um den Purusha zu erklären, wird die Metapher des Kristalls verwendet. Der Purusha ist ohne Farbe wie ein Kristall, vor den verschiedene Farben gestellt werden. Er scheint dann durch die Farben gefärbt zu sein, ist es aber in Wirklichkeit nicht.

Die Vedantins lehnen die Sankhya-Vorstellungen von der Seele und der Natur ab. Sie sagen, dass dort zwischen den beiden eine riesige Lücke klafft, die erst überbrückt werden muss: Das Sankhya-System kommt auf der einen Seite zur Natur und springt dann sofort auf die andere Seite, um zur Seele zu kommen, die völlig von der Natur getrennt ist. Wie können die verschiedenen Farben, mit denen Sankhya die Natur vergleicht, auf die Seele einwirken, die ihrer Natur nach farblos ist? Daher bekräftigen die Vedantins von vornherein, dass die Seele und die Natur eins sind. Selbst dualistische Vedantins geben zu, dass der Atman oder Gott nicht nur die wirkende Ursache dieses Universums ist, sondern auch die materielle Ursache. Aber die Dualisten sagen es nur. Sie meinen es nicht wirklich und versuchen lediglich mit vielen Worten, ihren Schlussfolgerungen zu entkommen, wenn sie sagen, dass es drei Existenzen in diesem Universum gibt: Gott, Seele und Natur. Die Natur und die Seele seien aber sozusagen der Körper Gottes, und in diesem Sinne könne man sagen, dass Gott und das ganze Universum eins sind. Aber die Natur und all diese verschiedenen Seelen bleiben durch alle Ewigkeit voneinander verschieden. Nur am Anfang eines Zyklus werden sie manifest, und wenn der Zyklus endet, werden sie subtil und bleiben in diesem subtilen Zustand.

Die Advaita-Vedantins (die Nichtdualisten) lehnen diese Seelentheorie ab. Weil sie fast die gesamte Bandbreite der Upanishaden zu ihren Gunsten haben, bauen sie ihre Philosophie vollständig auf ihnen auf. Alle Bücher, die in den Upanishaden enthalten sind, haben ein Thema – sie wollen das Folgende zeigen: „So, wie wir durch das Wissen um einen Klumpen Lehm das Wissen um den ganzen Lehm im Universum haben, was ist das, durch dessen Kenntnis wir alles im Universum wissen?"[37] Die Idee der Advaitins ist es, das gesamte Universum zu verallgemeinern zu dem Etwas, was wirklich ist. Und sie behaupten, dass dieses ganze Universum eins ist, dass es ein Wesen ist, das sich in all diesen verschiedenen Formen manifestiert. Sie geben zu, dass das, was Sankhya Natur nennt, existiert, sagen aber, dass die Natur Gott ist. Es ist dieses Wesen, das *Sat*, das sich in all dies verwandelt hat: in das Universum, in den Menschen, in die Seele und in alles, was existiert.

Geist und Mahat sind nur die Manifestationen dieses einen Sat. Aber dann ergibt sich die Schwierigkeit, dass dies Pantheismus wäre. Wie kommt es, dass das Sat, das unveränderlich ist, wie die Sankhyas zugeben (denn das Absolute ist unveränderlich), in das Veränderliche und Vergängliche verwandelt wird? Die Advaitins haben hierzu eine Theorie, die sie Vivarta Vada oder scheinbare Manifestation nennen. Nach Ansicht der Dualisten und der Sankhyas ist das gesamte Universum die Evolution einer ursprünglichen Natur. Nach Ansicht einiger der Advaitins und einiger der Dualisten ist das gesamte Universum aus Gott entstanden. Aber gemäß den eigentlichen Advaitins, den Nachfolgern von Shankaracharya, ist das gesamte Universum eine nur scheinbare Evolution Gottes. Gott ist die materielle Ursache für dieses Universum, aber nicht wirklich, sondern nur scheinbar. Die berühmte Illustration, die verwendet wird, ist die des Seils und der Schlange – das Seil scheint im Zwielicht eine Schlange zu sein, ist es aber nicht wirklich. Das Seil hat sich nicht wirklich in die Schlange verwandelt. Genauso ist dieses ganze Universum, so wie es existiert, das eine Sein. Es ist unverändert, und alle Veränderungen, die wir in diesem einen Sein sehen, sind nur scheinbar. Sie werden durch Desha, Kala und Nimitta (Raum, Zeit und Kausalität) oder, gemäß einer höheren psychologischen Verallgemeinerung, durch Nama und Rupa (Name und Form) verursacht. Durch den Namen und die Form wird ein Objekt von einem anderen unterschieden. Der Name und die Form allein verursachen den Unterschied. In Wirklichkeit sind alle Objekte ein und dasselbe. Auch ist es nicht so, sagen die Vedantins, dass es etwas als Phänomen und etwas als Noumenon gibt. Das Seil wird nur scheinbar in die Schlange verwandelt, und wenn die Täuschung aufhört, verschwindet die Schlange.

---

37 Vgl. Chandogya Upanishad 6.1.4.

Wenn sich jemand im Zustand der Unwissenheit befindet, sieht er die Phänomene und nicht Gott. Wenn er aber Gott sieht, verschwindet dieses Universum für ihn völlig. Unwissenheit oder Maya, wie sie genannt wird, ist die Ursache all dieser Phänomene. Durch sie wird das Absolute, das Unveränderliche als dieses manifestierte Universum wahrgenommen. Diese Maya ist weder das absolute Nichts noch die Nichtexistenz. Sie wird als weder Existenz noch Nichtexistenz definiert. Sie ist nicht Existenz, denn das kann nur vom Absoluten, dem Unveränderlichen, gesagt werden, und in diesem Sinne ist Maya Nichtexistenz. Man kann aber auch nicht sagen, dass sie Nichtexistenz ist, denn wenn sie das wäre, könnte sie niemals ein Phänomen hervorbringen. Es ist also etwas, das keines von beiden ist. In der Vedanta-Philosophie wird es Anirvachaniya oder „mit Worten nicht zu erklären" genannt. Maya ist also die wahre Ursache dieses Universums. Maya gibt dem, was Brahman oder Gott den Stoff gibt, den Namen und die Form, und Brahman scheint deswegen in all dies verwandelt worden zu sein. Die Advaitins lassen daher keinen Platz für die individuelle Seele. Sie sagen, individuelle Seelen werden von Maya erschaffen. In Wirklichkeit können sie nicht existieren.

Wenn es überall nur eine unteilbare Existenz gibt, wie könnte es dann sein, dass ich für mich eins bin, Sie für sich eins sind und so weiter? In Wirklichkeit sind wir alle eins, und unsere Wahrnehmung der Dualität ist die Ursache für das Böse. Sobald ich zu fühlen anfange, dass ich von diesem Universum getrennt bin, kommt zuerst die Angst, und dann kommt das Elend. „Wo man einen anderen hört, wo man einen anderen sieht, das ist klein. Wo man keinen anderen sieht, wo man keinen anderen hört, das ist das Größte, das ist Gott. In diesem Größten ist vollkommenes Glück. Im Kleinen, da ist kein Glück."[38]

Nach der Advaita-Philosophie verbergen die Phänomene, also diese Differenzierung der Materie, gleichsam für eine Zeit die wirkliche Natur des Menschen. Die wirkliche Natur ist unverändert. Im niedrigsten Wurm wie auch im höchsten Menschen ist dieselbe göttliche Natur vorhanden. Die Wurmform ist die niedrigere Form, in der die Göttlichkeit von Maya mehr überschattet worden ist. Und ein

---

38 Vgl.Chandogya Upanishad 7.23.1, wo mit „dem Kleinen" das Endliche gemeint ist.

vollendeter Mensch ist die höchste Form, in der die Göttlichkeit am meisten durchscheint.

Hinter allem ist die gleiche Göttlichkeit vorhanden, und das bildet die Grundlage der Moral. Verletze niemanden, liebe jeden wie dein eigenes Selbst, denn das ganze Universum ist eins. Wenn ich einen anderen verletze, verletze ich mich selbst; wenn ich einen anderen liebe, liebe ich mich selbst. Daraus entspringt das Grundprinzip der Advaita-Moral, das in einem Wort zusammengefasst wurde: Selbstlosigkeit. Der Advaitin sagt: Dieses kleine individuelle Selbst ist die Ursache für alles Elend. Mein individualisiertes Selbst, das mich von allen anderen Wesen unterscheidet, bringt Hass und Eifersucht und Elend und Kampf und alle anderen Übel. Wenn wir diese Vorstellung aufgeben würden, würde aller Kampf aufhören und alles Elend verschwinden. Sie muss also aufgegeben werden.

Wir müssen die Haltung einnehmen, die Bereitschaft aufbringen, sogar unser Leben für die niedrigsten Wesen aufzugeben. Wenn ein Mensch bereit ist, sein Leben selbst für ein kleines Insekt aufzugeben, hat er die Vollkommenheit erreicht, die der Advaitin anstrebt, und in dem Moment fällt der Schleier der Unwissenheit von ihm ab, und er spürt seine eigene Natur. Schon in diesem Leben wird er spüren, dass er eins mit dem Universum ist. Für eine Zeit lang verschwindet für ihn gewissermaßen die ganze phänomenale Welt, und er erkennt, was er ist. Solange es noch Karma dieses Körpers gibt, wird er allerdings weiterleben müssen. Diesen Zustand (wenn der Schleier verschwunden ist, aber der Körper doch noch eine Zeit lang bleibt) nennen die Vedantins *Jivanmukti*, die lebende Freiheit. Wenn ein Mensch eine Zeit lang von einer Fata Morgana getäuscht wird, sie aber eines Tages durchschaut, dann wird er sich, auch wenn sie am nächsten Tag oder zu einem späteren Zeitpunkt wieder auftauchen sollte, nicht mehr täuschen lassen. Bevor die Fata Morgana zum ersten Mal zerbrach, konnte der Mensch nicht zwischen der Realität und der Täuschung unterscheiden. Aber wenn sie einmal zerbrochen ist, wird er, solange er das Sehorgan und die Augen benutzt, das Bild zwar sehen, aber er wird nicht länger getäuscht werden. Er hat diese feine Unterscheidung zwischen der tatsächlichen Welt und der Fata Morgana erfasst, und Letztere kann ihn nicht mehr irreführen.

Wenn also der Vedantin seine eigene Natur erkannt hat, ist die ganze Welt für ihn verschwunden. Sie kommt zwar wieder zurück, aber es ist nicht mehr die gleiche Welt des Elends. Das Gefängnis des Elends hat sich in Sat, *Cit*, *Ananda* – Absolute Existenz, Absolutes Wissen, Absolute Glückseligkeit – verwandelt. Die Erlangung dessen ist das Ziel der Advaita-Philosophie.

Gott – der große Dichter

Wir haben gesehen, dass der größte Teil unseres Lebens zwangsläufig von Übeln erfüllt sein muss, wie sehr wir uns auch dagegen wehren mögen, und dass diese Masse an Übeln für uns praktisch fast unendlich ist. Seit Anbeginn der Zeit bemühen wir uns, Abhilfe zu schaffen, und doch bleibt alles so, wie es ist. Je mehr wir Abhilfe schaffen, desto mehr sehen wir uns nur mit weiteren, subtileren Übeln konfrontiert. Wir haben auch gesehen, dass alle Religionen einen Gott vorschlagen, der der einzige Weg ist, diesen Widrigkeiten zu entkommen. Alle Religionen sagen uns, dass uns nichts anderes als das Übel bleibt, wenn wir die Welt so nehmen, wie sie ist (wozu uns übrigens die meisten Praktiker in diesem Zeitalter auch raten würden). Sie behaupten zudem, dass es etwas jenseits dieser Welt gibt und dass dieses Leben mit den fünf Sinnen, das Leben in der materiellen Welt, nicht alles ist – es ist nur ein kleiner Teil und nur oberflächlich. Dahinter und jenseits ist das Unendliche, in dem es kein Böses mehr gibt. Manche Menschen nennen dieses Unendliche Gott, manche Allah, manche Jehova, Jupiter und so weiter. Der Vedantin nennt es Brahman.

Der Eindruck, den wir nach den Ratschlägen der Religionen bekommen, ist, dass wir unsere Existenz besser beenden sollten. Auf die Frage, wie man die Übel des Lebens heilen kann, lautet die Antwort offenbar, das Leben aufzugeben. Das erinnert mich an eine alte Geschichte: Eine Stechmücke setzte sich auf den Kopf eines Mannes, und ein Freund, der die Mücke töten wollte, versetzte ihr einen solchen Schlag, dass er sowohl die Mücke als auch den Mann tötete. Das Mittel gegen das Böse scheint eine ähnliche Vorgehensweise nahezulegen.

Das Leben ist voller Übel, die Welt ist voller Bösem – das ist eine Tatsache, die niemand leugnen kann, der alt genug ist, die Welt zu kennen. Was aber ist das Heilmittel, das von allen Religionen vorgeschlagen wird? Dass diese Welt nichts ist. Das wirklich Reale ist jenseits dieser Welt. Hier liegt die Schwierigkeit. Das Heilmittel scheint alles zu zerstören. Wie kann das denn ein Heilmittel sein? Gibt es keinen anderen Ausweg? Der Vedanta sagt, dass das, was alle Religionen vorbringen, vollkommen wahr ist, aber es sollte richtig verstanden werden. Oft wird es missverstanden, weil die Religionen in ihren Aussagen nicht sehr klar sind. Was wir wirklich wollen, ist eine Kombination aus Kopf und Herz. Das Herz ist in der Tat groß – durch das Herz kommen die großen Inspirationen des Lebens. Mir wäre es hundertmal lieber, ein kleines Herz und kein Hirn zu haben, als nur Hirn und kein Herz. Leben ist möglich, Entwicklung ist möglich für den, der ein Herz hat. Derjenige, der kein Herz und nur Verstand hat, verdorrt.

Gleichzeitig wissen wir, dass derjenige, der nur von seinem Herzen getragen wird, viele Übel erleiden muss, denn er kann hin und wieder in Fallstricke tappen. Die Kombination von Herz und Kopf ist das, was wir wollen. Ich meine damit nicht, dass ein Mensch sein Herz für seinen Verstand opfern soll oder umgekehrt, sondern dass jeder unendlich viel Herz und Gefühl und gleichzeitig unendlich viel Verstand haben soll. Gibt es eine Grenze für das, was wir in dieser Welt wollen? Ist die Welt nicht unendlich? Es ist Platz für unendlich viel Gefühl, aber auch für unendlich viel Kultur und Vernunft. Lasst sie uneingeschränkt zusammenwirken, lasst sie sozusagen in parallelen Linien zueinander laufen.

Die meisten Religionen verstehen zwar diese Tatsache, aber der Irrtum, in den sie alle zu verfallen scheinen, ist derselbe: Sie lassen sich vom Herzen, von den Gefühlen mitreißen. „Es gibt Böses in der Welt, gib die Welt auf." Das ist eine große Lehre, die einzige Lehre, ohne Zweifel. Gebt die Welt auf. Es kann keine zwei Meinungen geben darüber, dass jeder von uns, den Irrtum aufgeben muss, um die Wahrheit zu verstehen. Es kann keine zwei Meinungen darüber geben, dass jeder von uns das Böse aufgeben muss, um das Gute zu haben. Es kann keine zwei Meinungen darüber geben, dass jeder von uns das aufgeben muss, was der Tod ist, um das Leben zu haben. Doch was bleibt uns, wenn diese Theorie den Verzicht auf das Leben der Sinne, auf das Leben, wie wir es kennen, bedeutet? Was verstehen wir sonst unter Leben? Wenn wir das, was wir als Leben betrachten, aufgeben, was bleibt dann?

Wir werden dies besser verstehen, wenn wir später zu den mehr philosophischen Teilen des Vedanta kommen. Für den Augenblick möchte ich nur feststellen, dass wir allein im Vedanta eine rationale

Lösung dieses Problems finden. Im Moment möchte ich Ihnen nur verdeutlichen, was der Vedanta zu lehren versucht, nämlich die Vergöttlichung der Welt. In Wirklichkeit verurteilt der Vedanta die Welt nicht. Das Ideal der Entsagung erreicht zwar nirgendwo solche Höhen wie in den Lehren des Vedanta, aber damit ist kein trostloser selbstmörderischer Ratschlag gemeint. Es bedeutet eigentlich die Vergöttlichung der Welt: die Welt aufzugeben, wie wir sie uns vorstellen, wie wir sie kennen, wie sie uns erscheint, und zu wissen, was sie wirklich ist. Vergöttlichen Sie die Welt: Sie ist Gott allein. Wir lesen am Anfang einer der ältesten Upanishaden: „Alles, was in diesem Universum existiert, soll mit dem Herrn bedeckt werden."[39]

Wir müssen alles mit Gott bedecken, nicht durch eine Art falschen Optimismus, nicht indem wir unsere Augen vor dem Bösen verschließen, sondern indem wir wirklich Gott in allem sehen. Auf diese Art und Weise müssen wir die Welt aufgeben, und wenn die Welt aufgegeben ist, was bleibt? Gott. Was ist damit gemeint? Sie können Ihre Frau behalten – es bedeutet nicht, dass Sie sie aufgeben sollen, sondern dass Sie Gott in Ihrer Frau sehen. „Gib deine Kinder auf." Was sollte das bedeuten? Sie vor die Tür zu setzen, wie es einige menschliche Bestien in jedem Land tun? Gewiss nicht. Das ist teuflisch, das ist keine Religion. Aber sehen Sie Gott in Ihren Kindern. So wie in allem. Im Leben und im Tod, im Glück und im Elend ist der Herr gleichermaßen gegenwärtig. Die ganze Welt ist voll von Gott. „Öffnet eure Augen und seht Ihn" – das ist es, was der Vedanta lehrt. „Gebt die Welt auf, die ihr euch zusammengereimt habt, denn eure Annahmen beruhen auf einer sehr unvollständigen Erfahrung, auf einer sehr schwachen Argumentation und auf eurer eigenen Schwäche. Gebt sie auf. Die Welt, über die wir so lange gegrübelt haben, die Welt, an die wir uns so lange geklammert haben, ist eine falsche Welt, die wir selbst geschaffen haben. Gebt sie auf; öffnet eure Augen und erkennt, dass sie als solche nie existiert hat. Sie war ein Traum, Maya. Was wirklich existierte, war der Herr selbst. Er ist es, der im Kind, in der Ehefrau und im Ehemann ist. Er ist es, der im Guten und im Bösen ist. Er ist in der Sünde und im Sünder. Er ist im Leben und im Tod."

---

39 Gemeint ist der erste *Mantra* der Isha Upanishad. Vgl. auch Bhagavad Gita 13-13.

Das ist in der Tat eine gewaltige Behauptung! Doch das ist genau das Thema, das der Vedanta aufzeigen, lehren, verkünden will. Und das ist lediglich sein einleitendes Thema.

Wie können Sie die Gefahren des Lebens und seine Übel vermeiden? Begehren Sie nichts. Was macht uns unglücklich? Die Ursache allen Elends, unter dem wir leiden, ist der Wunsch. Man wünscht sich etwas, und der Wunsch wird nicht erfüllt – das Ergebnis ist Kummer. Wenn es keine Wünsche gibt, gibt es auch kein Leid. Aber auch hier besteht die Gefahr, dass ich missverstanden werde. Es ist also notwendig zu erklären, was ich damit meine, wenn ich sage, dass man die Wünsche aufgeben und dadurch von allem Elend frei werden soll. Die Wände haben keine Wünsche und sie leiden nie. Das stimmt, aber sie entwickeln sich auch nicht. Dieser Stuhl hat kein Verlangen, er leidet nie; aber er bleibt immer ein Stuhl. Es gibt eine Herrlichkeit im Glück und es gibt eine Herrlichkeit im Leiden. Ja, ich wage es zu sagen, dass auch das Böse seinen Nutzen hat. Wir kennen alle die großen Lektionen, die aus dem Elend kommen. Es gibt Hunderte von Dingen, die wir in unserem Leben getan haben, von denen wir wünschten, wir hätten sie nie getan, die aber gleichzeitig große Lehrmeister waren. Was mich betrifft, so bin ich froh, dass ich etwas Gutes und viel Schlechtes getan habe. Ich bin froh, dass ich etwas Richtiges getan habe, und froh, dass ich viele Fehler begangen habe, denn jeder von ihnen war eine große Lektion. Ich, so wie ich jetzt bin, bin das Ergebnis all dessen, was ich getan und was ich gedacht habe. Jede Handlung und jeder Gedanke haben seine Wirkung gehabt, und diese Wirkung ist die Summe meiner Entwicklung.

Wir alle verstehen, dass Begierden falsch sind, aber was bedeutet es, Begierden aufzugeben? Wie könnte das Leben weitergehen? Es wäre derselbe selbstmörderische Ratschlag, der das Verlangen und auch den Menschen tötet. Dies hier ist die Lösung: Nicht, dass Sie keinen Besitz haben sollten, nicht, dass Sie nicht Dinge haben sollten, die notwendig sind, und sogar Dinge, die Luxus sind. Besitzen Sie, was Sie wollen und noch mehr, erkennen Sie nur gleichzeitig die Wahrheit und verwirklichen Sie die Wahrheit. Reichtum gehört niemandem. Machen Sie sich keine Vorstellungen von Eigentum, von Besitz. Sie sind kein Besitzer, noch bin ich es, noch sonst jemand. Alles gehört dem Herrn, denn der Eröffnungsvers der Isha Upanishad sagt uns, dass wir den Herrn in alles hineinlegen sollen. Gott ist in dem Reichtum, dessen Sie sich erfreuen. Er ist in den Wünschen, die in Ihrem Geist aufsteigen. Er ist in den Sachen, die Sie kaufen, um Ihre Wünsche zu befriedigen. Er ist in Ihren schönen Kleidern, in Ihrem schönen Schmuck. Das ist die Denkweise. Alles wird sich verwandeln, sobald Sie beginnen, die Dinge in diesem Licht zu sehen. Wenn Sie Gott in jede Ihrer Bewegungen, in jede Schönheit, in jedes Gespräch, in alles einbeziehen, verändert sich die ganze Szene, und die Welt wird zu einem Himmel, anstatt als eine Welt des Elends und der Not zu erscheinen.

„Das Reich Gottes ist innerhalb von euch"[40], sagt Jesus. Das sagen auch der Vedanta und jeder große Lehrer. Wer Augen hat zu sehen, der sehe, und wer Ohren hat zu hören, der höre.[41] Der Vedanta beweist, dass die Wahrheit, nach der wir die ganze Zeit gesucht haben, gegenwärtig ist und die ganze Zeit über bei uns war. In unserer Unwissenheit dachten wir, wir hätten sie verloren, und gingen weinend und heulend durch die Welt, um sie zu finden, während sie die ganze Zeit in unserem eigenen Herzen wohnte. Nur dort können wir sie finden.

Wenn wir das Aufgeben der Welt in ihrem alten, plumpen Sinn verstehen, dann läuft das darauf hinaus, dass wir nicht arbeiten dürfen, dass wir untätig sein müssen, wie Erdklumpen dasitzen, weder denken noch etwas tun, sondern Fatalisten werden, von den Umständen getrieben, von den Naturgesetzen herumkommandiert, von Ort zu Ort treibend. Das wäre die Folge. Aber das ist nicht gemeint. Wir müssen arbeiten. Der gewöhnliche Mensch, der überall von falschen Wünschen getrieben wird, was weiß er schon von Arbeit? Der Mensch, der von seinen Gefühlen und seinen Sinnesorganen angetrieben wird, was weiß er schon von Arbeit? Derjenige arbeitet, der nicht von seinen Begierden, von jeglichem Egoismus geleitet wird. Derjenige arbeitet, der keine Hintergedanken hegt. Derjenige arbeitet, der keinen Gewinn aus der Arbeit ziehen will.

Wer erfreut sich an dem Gemälde: der Verkäufer oder der Betrachter? Der Verkäufer ist mit seinen Finanzen beschäftigt und rechnet

---

40   Lukas 17:22 (Elberfelder Bibel)

41   Vgl. Markus 8:18.

aus, wie hoch sein Gewinn sein wird, wie viel er mit dem Bild verdienen wird. Sein Gehirn ist voll davon. Er schaut auf den Hammer und beobachtet die Gebote. Er ist darauf bedacht zu sehen, wie schnell die Gebote steigen. Derjenige, der ohne die Absicht zu kaufen oder zu verkaufen zu der Auktion gegangen ist, erfreut sich an dem Gemälde. Er schaut sich das Bild an und genießt es. So ist das ganze Universum ein Bild, und wenn die Wünsche verschwunden sind, werden die Menschen die Welt genießen, und dann werden dieses Kaufen und Verkaufen und diese törichten Vorstellungen von Besitz ein Ende haben. Dann ist der Geldverleiher weg, der Käufer ist weg, der Verkäufer ist weg – diese Welt bleibt das Bild, ein schönes Gemälde. Ich habe nie eine schönere Vorstellung von Gott gelesen als die folgende: Er ist der große Dichter, der uralte Dichter; das ganze Universum ist sein Gedicht, das in Versen und Reimen und Rhythmen daherkommt, geschrieben in unendlicher Glückseligkeit. Wenn wir die Wünsche aufgegeben haben, dann und nur dann werden wir in der Lage sein, dieses Universum Gottes zu lesen und zu genießen. Dann wird alles vergöttlicht werden. Alle Ecken und Winkel, alle Nebenwege und schattigen Plätze, die wir für dunkel und unheilig hielten, werden vergöttlicht werden. Sie werden alle ihre wahre Natur offenbaren, und wir werden über uns selbst lächeln und denken, dass all das Weinen und Heulen nur ein Kinderspiel war und wir lediglich dabeigestanden und zugeschaut haben.

Der Vedanta rät uns zunächst, wie wir arbeiten sollen: durch Aufgabe, indem wir die scheinbare, illusorische Welt aufgeben. Was ist damit gemeint? Gott überall zu sehen. Arbeite also. Wünsche dir, hundert Jahre zu leben, habe alle irdischen Wünsche, wenn du willst, nur vergöttliche sie, verwandle sie in den Himmel. Trachte danach, ein langes Leben voller Hilfsbereitschaft, Glückseligkeit und Aktivität auf dieser Erde zu leben. Wenn du so arbeitest, wirst du den Ausweg finden. Es ist der einzige Weg. Wenn ein Mensch sich kopfüber in den törichten Luxus der Welt stürzt, ohne die Wahrheit zu kennen, hat er den Boden unter den Füßen verloren, er kann das Ziel nicht erreichen. Und wenn jemand die Welt verflucht, in den Wald geht, sein Fleisch kastriert und sich nach und nach durch Verhungern umbringt, sein Herz zu einer unfruchtbaren Wüste macht, alle Gefühle abtötet und hart und herb wird und vertrocknet, dann hat auch er den Weg verloren. Das sind die beiden Extreme, die beiden Fehler an beiden Enden. Beide haben den Weg verloren, beide haben das Ziel verfehlt.

Arbeite also, sagt der Vedanta, indem du Gott in alles bringst und weißt, dass Er in allem ist. Arbeite unaufhörlich, indem du das Leben als etwas Göttliches betrachtest, als Gott selbst, und wisse, dass dies alles ist, was wir zu tun haben, dass dies alles ist, wonach wir verlangen sollten. Gott ist in allem – wo sollen wir Ihn sonst suchen? Er ist bereits in jedem Werk, in jedem Gedanken, in jedem Gefühl. Mit diesem Wissen müssen wir arbeiten. Das ist der einzige Weg, es gibt keinen anderen. So werden uns die Früchte unserer Arbeit nicht binden. Wir haben gesehen, wie falsche Wünsche die Ursache für all das Elend und das Übel sind, das wir erleiden, aber wenn sie auf diese Weise vergöttlicht, durch Gott gereinigt werden, bringen sie kein Übel, kein Elend mit sich. Diejenigen, die dieses Geheimnis noch nicht entdeckt haben, werden in einer dämonischen Welt leben müssen, bis sie es entdecken. Viele wissen nicht, was für ein unendliches Reservoir an Glückseligkeit in ihnen, um sie herum, überall ist – sie haben es noch nicht erkannt. Was ist eine dämonische Welt? Der Vedanta sagt dazu: Unwissenheit.

Wir sterben vor Durst, während wir an den Ufern des mächtigsten Flusses sitzen. Wir verhungern direkt an einem Berg von Essen. Hier ist das glückselige Universum, doch wir erkennen es nicht. Wir sind die ganze Zeit darin, missverstehen es aber stets. Die Religion ist dafür da, uns diese Glückseligkeit zu zeigen. Die Sehnsucht nach diesem glückseligen Universum lebt in allen Herzen. Dieses Ideal wird in verschiedenen Sprachen beschrieben – in jeder Religion. Der Unterschied liegt in der Sprache – sie verursacht all diese scheinbaren Divergenzen. Der eine formuliert einen Gedanken auf eine bestimmte Weise, der andere ein wenig anders, und doch meinen beide in ihren Sprachen wahrscheinlich genau dasselbe.

In diesem Zusammenhang stellen sich weitere Fragen. Zu reden ist sehr einfach. Seit meiner Kindheit habe ich gehört, dass ich Gott überall und in allem sehen soll und dass ich mich nur so an der Welt wirklich erfreuen kann. Aber sobald ich mich in der Welt verstricke und ein paar Schläge von ihr bekomme, verschwindet diese Idee. Ich gehe auf der Straße und denke, dass Gott in jedem Menschen ist, und dann kommt ein starker Mann und gibt mir einen Stoß, und ich falle flach auf den Gehweg. Daraufhin stehe ich schnell mit geballten Fäusten auf, das Blut ist mir in den Kopf gestiegen, und der Gedanke an Gott ist verflogen. Augenblicklich bin ich wütend geworden. Alles ist vergessen: Statt Gott zu begegnen, sehe ich den Teufel. Seit unserer Geburt wird uns gesagt, wir sollen Gott in allem sehen. Jede Religion lehrt das – Gott in allem und überall zu erkennen. Erinnern Sie sich nicht daran, wie Christus im Neuen Testament dies sagt? Das wurde uns allen beigebracht, aber wenn wir zur praktischen Seite kommen, beginnt die Schwierigkeit. Sie erinnern sich alle daran, wie in den Fabeln des Äsop ein schöner Hirsch seine Gestalt betrachtet, die sich in einem See spiegelt, und zu seinem Jungen sagt: „Wie mächtig ich bin, sieh dir meinen prächtigen Kopf an, sieh dir meine Glieder an, wie stark und muskulös sie sind und wie schnell ich laufen kann." Dann hört er in der Ferne Hundegebell und ergreift sofort die Flucht, und nachdem er mehrere Kilometer gelaufen ist, kommt er keuchend zurück. Der Junge fragt: „Du hast mir gerade erzählt, wie stark du bist. Wie kommt es, dass du weggelaufen bist, als der Hund gebellt hat?" „Ja, mein Sohn; aber wenn die Hunde bellen, verschwindet meine ganze Zuversicht." So ist es auch mit uns. Wir halten viel von uns, wir halten uns für stark und tapfer, wir fassen große Vorsätze; aber wenn die „Hunde" der Prüfung und der Versuchung bellen, sind wir wie der Hirsch in der Fabel. Wenn das so ist, was nützt es dann, all diese Dinge zu lehren? Es gibt einen großen Nutzen. Der Nutzen besteht darin, dass die Beharrlichkeit schließlich siegen wird. Nichts kann an einem Tag erreicht werden.

„Über dieses Selbst muss man zuerst hören, dann darüber nachdenken und zum Schluss darüber meditieren."[42] Jeder kann den Himmel sehen, sogar der Wurm, der auf der Erde kriecht, sieht den blauen Himmel, aber wie weit ist er davon entfernt! So ist es auch mit unserem Ideal. Es ist weit weg, kein Zweifel, aber gleichzeitig wissen wir, dass wir es erreichen müssen. In derselben Weise brauchen wir das höchstmögliche Ideal. Leider tappt die große Mehrheit

---

42 Verweis auf die drei Stufen in Advaita Vedanta (Sravana, Manana and Nididhyasana), die zur Verwirklichung von Brahman führen. Vgl. Brihadaranyaka Upanishad 2.4.5 und "Vivekacudamani" von Adi Shankara, Vers 65.

der Menschen ohne jegliches Ideal durch dieses dunkle Leben. Wenn ein Mensch mit einem Ideal tausend Fehler macht, bin ich sicher, dass ein Mensch ohne Ideal fünfzigtausend Fehler macht. Deshalb ist es besser, ein Ideal zu haben. Und von diesem Ideal müssen wir so viel wie möglich hören, bis es in unsere Herzen, in unsere Gehirne, in unsere Adern eindringt, bis es in jedem Tropfen unseres Blutes pocht und jede Pore unseres Körpers durchdringt. Wir müssen über unser Ideal meditieren. „Aus der Fülle des Herzens redet der Mund"[43], und aus der Fülle des Herzens wirkt auch die Hand.

Die Gedanken sind die treibende Kraft in uns. Füllen Sie den Geist mit den höchsten Gedanken, hören Sie sie Tag für Tag, denken Sie sie Monat für Monat. Machen Sie sich nichts aus Misserfolgen – sie sind ganz natürlich. Diese Misserfolge sind die Schönheit des Lebens. Was wäre das Leben ohne sie? Ohne die Herausforderungen wäre es nicht lebenswert. Wo bliebe die Poesie des Lebens? Denken Sie nicht an die Schwierigkeiten, an die Fehler. Ich habe noch nie gehört, dass eine Kuh lügt, aber sie ist auch nur eine Kuh und kein Mensch. Also achten Sie nicht auf die Misserfolge, auf die kleinen Rückfälle. Halten Sie das Ideal tausendmal aufrecht, und wenn Sie tausendmal versagen, versuchen Sie es noch einmal. Das Ideal des Menschen ist es, Gott in allem zu sehen. Und wenn Sie Ihn nicht in allem sehen können, sehen Sie Ihn zuerst in einer Sache, in der Sache, die Ihnen am meisten bedeutet, und dann sehen Sie Ihn in der nächsten. So können Sie voranschreiten. Vor der Seele liegt ein unendliches Leben. Nehmen Sie sich Zeit, und Sie werden Ihr Ziel erreichen.

„Er, der Eine, der schneller schwingt als der Geist, der flinker ist, als der Gedanke es je sein kann, den selbst die Götter nicht erreichen noch der Gedanke erfasst; wenn Er sich bewegt, bewegt sich alles. In Ihm existiert alles. Er bewegt sich; Er ist auch unbeweglich. Er ist nah, und Er ist fern. Er ist innerhalb von allem, Er ist außerhalb von allem und durchdringt alles. Wer in jedem Wesen denselben Atman sieht und wer alles in diesem Atman sieht, der entfernt sich nie von diesem Atman. Wenn alles Leben und das ganze Universum in diesem Atman gesehen werden, dann allein hat der Mensch das Geheimnis ergründet. Es gibt keine Täuschung mehr für ihn. Wo gibt es noch Elend für den, der diese Einheit im Universum sieht?"[44]

---

43 Lukas 6:45

44 Vgl. Isha Upanishad.

Dies ist ein weiteres großes Thema des Vedanta – dieses Einssein des Lebens, dieses Einssein von allem. Wir werden noch sehen, wie dieses Thema uns erkennen lässt, dass all unser Elend durch Unwissenheit entsteht, und diese Unwissenheit ist die Idee der Mannigfaltigkeit, diese Trennung zwischen Mensch und Mensch, zwischen Nation und Nation, zwischen Erde und Mond, zwischen Mond und Sonne. Aus dieser Vorstellung der Trennung zwischen Atom und Atom entsteht alles Elend.

Aber der Vedanta sagt, dass diese Trennung nicht existiert, dass sie nicht real ist. Sie ist nur scheinbar, sie existiert nur an der Oberfläche. Im Herzen der Dinge gibt es immer die Einheit. Wenn man unter die Oberfläche geht, findet man diese Einheit zwischen Mensch und Mensch, zwischen Volk und Volk, zwischen hoch und niedrig, reich und arm, Göttern und Menschen und Menschen und Tieren. Wer tief genug geht, wird alles lediglich als Variationen des Einen sehen, und wer diese Erkenntnis des Einsseins erlangt hat, hat keine Täuschung mehr. Was kann ihn täuschen? Er kennt die Realität von allem, das Geheimnis von allem. Wo gibt es für ihn noch Elend? Was soll er begehren? Er hat die Wirklichkeit von allem auf den Herrn, auf das Zentrum, auf die Einheit von allem zurückgeführt, und diese Einheit ist ewige Existenz, ewiges Wissen, ewige Glückseligkeit. Weder Tod noch Krankheit noch Kummer noch Elend noch Unzufriedenheit gibt es dort. Alles ist vollkommene Einheit und vollkommene Glückseligkeit. Um wen sollte er also trauern? In Wirklichkeit gibt es keinen Tod, es gibt kein Elend. In Wirklichkeit gibt es niemanden, um den man trauern muss, niemanden, den man bedauern muss. Wer tief genug geht, hat alles durchdrungen: das Reine, das Formlose, das Körperlose, das Makellose. Nun ist er Er, der Wissende, der große Dichter, der von sich selbst Existierende, Er, der jedem gibt, was er verdient. Diejenigen, die diese unwissende Welt anbeten, diese Welt, die aus der Ignoranz hervorgeht, und sie für die eigentliche Existenz halten, tappen in der Finsternis. Und diejenigen, die ihr ganzes Leben in dieser Welt leben und nie etwas Besseres oder Höheres erkennen, tappen in noch größerer Dunkelheit.

Wer aber das Geheimnis der Natur kennt und mithilfe der Natur das sieht, was jenseits der Natur ist, der überwindet den Tod, und mithilfe dessen, was jenseits der Natur ist, genießt er die ewige Seligkeit.

O du Sonne, die du die Wahrheit mit deiner goldenen Scheibe bedeckt hast, nimm den Schleier weg, damit ich die Wahrheit, die in dir
ist, sehen kann. Ich habe die Wahrheit erkannt, die in dir ist, ich habe
erkannt, was die wahre Bedeutung deiner Strahlen und deines Glan-
zes ist, und habe Das[45] gesehen, was in dir leuchtet. Die Wahrheit
in dir sehe ich, und Das, was in dir ist, ist in mir, und ich bin Das. [46]

---

45   Gemeint ist Brahman.

46   Vgl. Isha Upanishad.

Die große Vorbereitung

An erster Stelle der Qualifikationen, die vom Anwärter für *Jnana* oder Weisheit verlangt werden, stehen *Shama* und *Dama*, die zusammen betrachtet werden können. Sie bedeuten, die Sinnesorgane in ihren eigenen Zentren[47] zu halten, ohne ihnen zu erlauben, nach außen zu wandern. Ich werde Ihnen zunächst erklären, was das Wort „Organ" bedeutet. Hier sind die Augen; die Augen sind nicht die Sehorgane, sondern nur die Instrumente. Wenn nicht auch die Organe vorhanden wären, könnte ich nicht sehen, auch wenn ich Augen hätte. Wenn sowohl die Organe als auch die Instrumente vorhanden sind, aber das Denk- und Empfindungsorgan sich nicht mit diesen beiden verbindet, findet das Sehen ebenfalls nicht statt. Bei jedem Wahrnehmungsakt sind also drei Dinge notwendig: zuerst die äußeren Instrumente, dann die inneren Organe und zuletzt das Denk- und Empfindungsorgan. Wenn eines von ihnen fehlt, gibt es keine Wahrnehmung. Wenn ich Dinge sehe, wirkt also das Denk- und Empfindungsorgan durch zwei Instanzen, eine äußere und die innere, indem es nach außen geht. Aber angenommen, ich schließe meine Augen und beginne zu denken, dann geht das Denk- und Empfindungsorgan nicht nach außen – es ist intern aktiv. Aber eine Aktivität der Organe gibt es in beiden Fällen. Wenn ich Sie anschaue und mit Ihnen spreche, sind sowohl die Organe als auch die Instrumente aktiv. Wenn ich meine Augen schließe und anfange zu denken, sind die Organe aktiv, aber nicht die Instrumente. Ohne die Aktivität der Organe gibt es keinen Gedanken. Sie werden außerdem feststellen, dass keiner von Ihnen ohne irgendein Symbol denken kann. Auch ein Blinder muss mithilfe irgendeiner Form denken. Die Seh- und Hörorgane sind im Allgemeinen sehr aktiv.

Sie sollen also wissen, dass mit dem Wort Organ das Nervenzentrum im Gehirn gemeint ist. Die Augen und Ohren sind nur die Instrumente des Sehens und Hörens, und die Organe sind im Inneren. Wenn die Organe auf irgendeine Weise zerstört werden, können wir

---

47 In Vedanta, Yoga und Sankya gehören diese Zentren zum subtilen (oder astralen) Körper (Linga Sharira [liṅga śarīra]), haben aber auch ihre Entsprechung im Gehirn, sodass sie einfachheitshalber auch als entsprechende Zentren im Gehirn verstanden werden können.

weder sehen oder hören, selbst wenn die Augen oder die Ohren vorhanden sind. Um also das Denk- und Empfindungsorgan zu kontrollieren, müssen wir zuerst in der Lage sein, diese Sinnesorgane zu kontrollieren. Das Denk- und Empfindungsorgan daran zu hindern, nach außen oder nach innen zu wandern, die Sinnesorgane in ihren jeweiligen Zentren zu halten, ist das, was mit den Worten Shama und Dama gemeint ist. Shama besteht darin, dem Geist nicht zu erlauben, nach außen zu wandern, und Dama darin, die äußeren Instrumente zu kontrollieren.

Als nächste Qualifikation kommt *Uparati*, die darin besteht, nicht an die Dinge der Sinne zu denken. Die meiste Zeit verbringen wir damit, an Sinnesobjekte zu denken, an Dinge, die wir gesehen haben oder gehört haben, die wir sehen oder hören werden, an Dinge, die wir gegessen haben, essen oder essen werden, an Orte, an denen wir gelebt haben, und so weiter. Die meiste Zeit denken wir an sie oder sprechen über sie. Jemand, der ein Vedantin sein möchte, muss diese Gewohnheit aufgeben.

Dann kommt die nächste Vorbereitung des Anwärters für Jnana (es ist eine schwere Aufgabe, ein Philosoph zu sein!): *Titiksha* – die schwierigste von allen. Sie ist nichts weniger als die ideale Duldsamkeit: „Wehren Sie sich nicht gegen das Übel." Dies bedarf einer kleinen Erklärung. Wir mögen uns zwar einem Übel nicht widersetzen, aber uns dabei sehr unglücklich fühlen. Ein Mann sagt vielleicht sehr grobe Dinge zu mir, und ich mag ihn dafür äußerlich nicht hassen, ich mag nicht antworten, mich zurückhalten, scheinbar nicht wütend sein, aber Wut und Hass können in meinem Kopf sein; ich kann diesem Mann gegenüber schlechte Gefühle haben. Das wäre kein Nichtwiderstehen. Ich soll ohne jedes Gefühl von Hass oder Wut sein, ohne jeden Gedanken an Widerstand. Mein Geist muss so ruhig sein, als ob nichts geschehen wäre. Und erst wenn ich diesen Zustand erreicht habe, habe ich die Widerstandslosigkeit erlangt, und nicht vorher. Duldung aller Auslöser, ohne auch nur einen Gedanken des Widerstehens und ohne Verdrängung, ohne Schmerz, ohne Reue zu empfinden – das ist Titiksha. Angenommen, ich widersetze mich nicht, und dadurch entsteht ein großes Übel. Wenn ich Titiksha habe, werde ich trotzdem keine Reue empfinden. Wenn der Geist diesen Zustand erreicht hat, ist er in Titiksha gefestigt. Die Menschen in Indien tun außergewöhnliche Dinge, um dies zu praktizieren. Sie ertragen enorme Hitze und Kälte. Sie achten nicht einmal auf Schnee, weil sie keinen Gedanken an den Körper verschwenden: Sie überlassen den Körper sich selbst, als ob er ein fremdes Ding wäre.

Die nächste erforderliche Qualifikation und Vorbereitung ist *Shraddha*, der Glaube. Man muss einen enormen Glauben an die Religion und an Gott haben. Solange man das nicht hat, kann man nicht danach streben, ein *Jnani* zu sein. Ein großer Weiser sagte mir einmal, dass nicht einer von zwanzig Millionen Menschen auf dieser Welt an Gott glaubt. Ich fragte ihn nach dem Grund, und er sagte mir: „Angenommen, ein Dieb befindet sich in diesem Raum und erfährt, dass es im Nebenraum eine Menge Gold gibt und die beiden Räume nur durch eine sehr dünne Trennwand voneinander getrennt sind. Wie wird es dem Dieb ergehen?" Ich erwiderte: „Er wird überhaupt nicht schlafen können. Sein Gehirn wird intensiv darüber nachdenken, wie er an das Gold herankommen kann; er wird an nichts anderes denken." Dann sagte der Weise: „Denkst du, dass ein Mensch an Gott glauben kann und nicht verrückt daran wird, um ihn zu bekommen? Wenn ein Mensch aufrichtig daran glaubt, dass es diese unermessliche, unerschöpfliche Grube der Glückseligkeit gibt und dass sie erreicht werden kann, würde dieser Mensch dann nicht in seinem Kampf, sie zu erreichen, wahnsinnig werden?" Ein starker Glaube an Gott und der daraus folgende Eifer, Ihn zu erreichen, machen Shraddha aus.

Dann kommt *Samadhana* oder die ständige Praxis, um den Geist in Gott zu halten. Nichts ist an einem Tag getan. Religion kann nicht als Pille geschluckt werden. Sie erfordert harte und ständige Übung. Das Denk- und Empfindungsorgan kann nur durch langsames und stetiges Üben bezwungen werden.

Als Nächstes kommt *Mumukshutva*, der intensive Wunsch, frei zu sein. Diejenigen unter Ihnen, die Edwin Arnolds „The Light of Asia" gelesen haben, erinnern sich an seine Übersetzung der ersten Predigt Buddhas, in der Buddha sagt:

„Ihr leidet an euch selbst. Kein anderer bedrängt euch.

Niemand sonst erzwingt, dass ihr lebt und sterbt,

und wirbelt mit dem Rad. Niemand als ihr selbst

umarmt und küsst seine Speichen der Qual,

seinen Reifen der Tränen, seine Nabe der Nichtigkeit."

Alles Elend, das uns widerfährt, haben wir uns selbst ausgesucht – das liegt in unserer Natur. Sie erinnern sich an den alten Chinesen, der sechzig Jahre im Gefängnis gesessen hatte und bei der Krönung eines neuen Kaisers freigelassen wurde: Er rief, als er herauskam, dass er so nicht leben könne; er müsse zurück in seinen schrecklichen Kerker zu den Ratten und Mäusen; er könne das Licht nicht ertragen. Er bat darum, getötet oder in das Gefängnis zurückgeschickt zu werden, und er wurde zurückgeschickt. Das ist der Zustand aller Menschen. Wir rennen kopfüber allen Arten von Elend hinterher und sind nicht bereit, uns davon zu befreien. Jeden Tag rennen wir dem Vergnügen hinterher, und bevor wir es erreichen, ist es weg, ist es uns durch die Finger geflossen. Dennoch lassen wir nicht von unserem verrückten Streben ab, sondern rennen weiter und weiter, verblendete Narren, die wir sind.

In einigen Ölmühlen in Indien werden Ochsen eingesetzt, die im Kreis laufen, um die Ölsaat zu mahlen. Der Ochse hat ein Joch am Nacken. Aus dem Joch ragt ein Stück Holz heraus, an dem Stroh befestigt ist. Dem Ochsen werden die Augen so verbunden, dass er nur nach vorne schauen kann, und so reckt er den Hals, um an das Stroh zu kommen. Dabei schiebt er das Holzstück. Dann macht er einen weiteren Versuch mit demselben Ergebnis, und noch einen und so weiter. Er kriegt das Stroh nie, sondern dreht sich immer wieder im Kreis, in der Hoffnung, es zu bekommen, und reibt dabei das Öl aus. Genauso jagen alle, die als Sklaven der Natur, des Geldes und des Reichtums, der Frauen und der Kinder geboren sind, immer einem Strohhalm nach, einer bloßen Schimäre, und gehen durch unzählige Leben, ohne das zu erreichen, was sie suchen. Der große Traum ist die Liebe. Wir alle wollen lieben und geliebt werden, wir alle wollen glücklich sein und niemals leiden, aber je mehr wir dem Glück entgegengehen, desto mehr entfernt es sich von uns. So geht die Welt weiter, so geht die Gesellschaft weiter, und wir, die verblendeten Sklaven, müssen dafür zahlen, ohne es zu wissen. Betrachten Sie Ihr eigenes Leben und finden Sie heraus, wie wenig Glück darin enthalten ist und wie wenig Sie in Wahrheit im Laufe dieser wilden Jagd durch die Welt gewonnen haben.

Erinnern Sie sich an die Geschichte von Solon und Krösus? Der König Krösus sagte zu dem großen Weisen, Kleinasien sei ein sehr glücklicher Ort. Und Solon fragte ihn: „Wer ist der glücklichste Mensch? Ich habe niemanden gesehen, der wirklich glücklich ist." „Unsinn", sagte Krösus, „ich bin der glücklichste Mensch auf der Welt." „Warte, Herr, bis zum Ende deines Lebens; sei nicht in Eile", antwortete der Weise und ging fort. Im Laufe der Zeit wurde der König von den Persern besiegt, und sie befahlen, ihn lebendig zu verbrennen. Der Scheiterhaufen wurde vorbereitet, und als der arme Krösus ihn sah, rief er laut: „Solon! Solon!" Gefragt, an wen er sich wandte, erzählte er die Geschichte, und der persische Kaiser war gerührt und rettete ihm das Leben.

Das ist die Lebensgeschichte eines jeden von uns. Das ist die ungeheure Macht der Welt über uns. Sie stößt uns immer wieder weg, aber wir verfolgen sie dennoch mit fieberhafter Begeisterung. Wir hoffen immer gegen jede Hoffnung. Diese Hoffnung, diese Schimäre, macht uns verrückt – wir warten fortdauernd auf das Glück.

Es gab einen großen König im alten Indien, dem einmal vier Fragen gestellt wurden, von denen eine lautete: „Was ist die wundersamste Sache der Welt?" „Die Hoffnung"[48], war die Antwort. Dies ist die sonderbarste Sache. Tag und Nacht sehen wir Menschen um uns herum sterben, und doch denken wir, dass wir nicht sterben werden. Wir denken nie, dass wir sterben oder leiden werden. Jeder glaubt, dass er Erfolg haben wird, und hofft gegen alle Hoffnung, gegen alle Wahrscheinlichkeit, gegen alle mathematischen Berechnungen. Niemand ist hier jemals wirklich glücklich. Wenn ein Mensch reich ist und viel zu essen hat, ist seine Verdauung nicht in Ordnung und er kann nicht essen. Wenn die Verdauung eines Menschen gut ist, wenn er die Verdauungskraft eines Kormorans hat, hat er nichts, was er in den Mund stecken kann. Wenn er reich ist, hat er keine Kinder. Wenn er hungrig und arm ist, hat er ein ganzes Regiment von Kindern und weiß nicht, was er mit ihnen tun soll. Warum ist das so? Weil Glück und Elend die zwei Seiten ein und derselben Medaille sind; wer das Glück will, muss auch das Elend nehmen. Wir alle haben diese törichte Vorstellung, dass wir Glück ohne Elend haben können – sie hat uns so im Griff, dass wir keine Kontrolle über die Sinne haben.

---

48   Vgl. Mahabharata, Vana Parva.

Als ich in Boston war, kam ein junger Mann auf mich zu und gab mir ein Stück Papier, auf das er seinen Namen und seine Adresse geschrieben hatte, gefolgt von diesen Worten: „Der ganze Reichtum und das ganze Glück der Welt gehören Ihnen, wenn Sie nur wissen, wie Sie es bekommen können. Wenn Sie zu mir kommen, werde ich Ihnen sagen, wie Sie es kriegen können. Gebühr: 5 Dollar." Er gab mir das und fragte: „Was halten Sie davon?" Ich sagte: „Junger Mann, warum besorgst du dir nicht das Geld, um es zu drucken? Du hast nicht einmal genug Geld, um es drucken zu lassen!" Er hat das nicht verstanden. Er war vernarrt in die Idee, dass er ohne jede Mühe unermesslichen Reichtum und Glück erlangen könnte. Es gibt zwei Extreme, in die die Menschen geraten: Das eine ist der übertriebene Optimismus, wenn alles rosig und schön und gut ist; das andere der übertriebene Pessimismus, wenn alles gegen sie zu sein scheint. Die Mehrheit der Menschen hat einen mehr oder weniger unentwickelten Verstand. Nur bei einem von einer Million sieht man einen gut entwickelten, klaren Verstand; der Rest hat entweder seltsame Eigenheiten oder ist monomanisch.

Wir neigen naturgemäß zu Extremen. Wenn wir jung und gesund sind, denken wir, dass der ganze Reichtum der Welt uns gehören wird, und wenn wir älter werden und von der Gesellschaft wie Fußbälle herumgetreten werden, sitzen wir in einer Ecke und krächzen und gießen kaltes Wasser auf die Begeisterung anderer. Nur wenige Menschen wissen, dass mit dem Vergnügen der Schmerz kommt und mit dem Schmerz das Vergnügen. So wie der Schmerz widerlich ist, ist es auch das Vergnügen, denn es ist der Zwillingsbruder des Schmerzes. Es ist erniedrigend, wenn der Mensch dem Schmerz nachjagt, und ebenso, wenn er dem Vergnügen hinterherläuft. Beide sollten von Menschen, deren Vernunft ausgeglichen ist, abgelehnt werden. Warum will der Mensch nicht frei davon sein, als Marionette benutzt zu werden? In einem Augenblick werden wir gepeitscht, und wenn wir zu weinen beginnen, gibt uns die Welt einen Dollar. Dann werden wir wieder gepeitscht, und wenn wir weinen, gibt uns die Welt ein Stück Lebkuchen, und wir lachen wieder. Ein Weiser will Freiheit; er erkennt, dass alle Sinnesobjekte nichtig sind und dass es kein Ende der Vergnügungen und Schmerzen gibt. Wie viele reiche Menschen in der Welt wollen neue Vergnügungen finden! Alle Vergnügungen haben für sie ausgedient, und sie wollen neue haben. Sehen Sie nicht, wie viele Dummheiten sie jeden Tag erfinden, nur um die Nerven für einen Moment zu kitzeln? Und danach, wie ist die Reaktion?

Die Mehrheit der Menschen ist wie eine Schafherde. Wenn das führende Schaf in einen Graben fällt, folgen ihm alle anderen und brechen sich das Genick. In gleicher Weise tun alle, was ein führendes Mitglied einer Gesellschaft tut, ohne darüber nachzudenken, was sie tun. Wenn ein Mensch aber begonnen hat, die Nichtigkeit der weltlichen Dinge zu erkennen, wird er spüren, dass er sich nicht auf diese Weise von der Welt treiben lassen sollte, weil es Sklaverei ist. Wenn man einem Menschen ein paar freundliche Worte sagt, beginnt er zu lächeln, und wenn er ein paar harte Worte hört, weint er. Er ist Sklave eines Stück Brotes, eines Nichts, Sklave der Kleidung, Sklave des Patriotismus, des Landes, des Namens und des Ruhmes. Er steckt mitten in der Sklaverei, und der wirkliche Mensch in ihm ist in seiner Knechtschaft begraben worden. Was Sie den Menschen nennen, ist ein Sklave. Wenn man sich all dieser Knechtschaft bewusst wird, entsteht der Wunsch, frei zu sein, und es ist ein intensiver Wunsch. Wenn man einem Menschen ein Stück brennende Holzkohle auf den Kopf setzen würde, würde er alles versuchen, um sie abzuwerfen. Ähnlich wird der Kampf um Freiheit eines Menschen sein, der wirklich verstanden hat, dass er ein Sklave der Welt ist.

Wir haben nun gesehen, was Mumukshutva, also der Wunsch, frei zu sein, ist. Die nächste Übung ist auch eine sehr schwierige: *Nitya-Anitya-Viveka* – Unterscheidung zwischen dem Wahren und dem Unwahren, zwischen dem Ewigen und dem Vergänglichen. Gott allein ist ewig, alles andere ist vergänglich. Alles stirbt: Die Engel sterben, die Menschen sterben, die Tiere sterben, die Erde stirbt, Sonne, Mond und Sterne, alles stirbt, alles unterliegt einem ständigen Wandel. Die Berge von heute waren die Ozeane von gestern und werden morgen Ozeane sein. Alles befindet sich im Wandel. Das ganze Universum ist eine Masse der Veränderung. Aber es gibt etwas, das sich niemals verändert, und das ist Gott. Je näher wir Gott kommen, desto geringer wird für uns die Veränderung sein, desto weniger wird die Natur in der Lage sein, auf uns einzuwirken. Und wenn wir Ihn erreichen und bei Ihm stehen, werden wir die Natur besiegt haben, wir werden Meister der Naturerscheinungen sein, und sie werden keine Wirkung auf uns haben.

Sie sehen also: Wenn wir uns ernsthaft der oben beschriebenen Disziplin unterzogen haben, brauchen wir wirklich nichts anderes in dieser Welt. Alles Wissen ist in uns. Alle Vollkommenheit ist bereits in der Seele vorhanden. Nur ist diese Vollkommenheit von der Natur zugedeckt worden; Schicht um Schicht bedeckt die Welt die Reinheit der Seele. Was gibt es für uns zu tun? In Wirklichkeit entwickeln wir unsere Seelen überhaupt nicht. Wie soll man das Vollkommene weiterentwickeln? Wir entfernen einfach das Böse, und die Seele offenbart sich in ihrer ursprünglichen Reinheit, in ihrer natürlichen, angeborenen Freiheit.

An dieser Stelle kommt das übliche Hinterfragen: Warum ist solche Disziplin als Vorbereitung notwendig? Und das ist die Antwort: Weil Religion nicht durch die Ohren, nicht durch die Augen und auch nicht durch das Gehirn erlangt werden kann. Heilige Schriften können uns nicht religiös machen. Wir können alle Bücher der Welt studieren und kein Wort von Religion oder Gott verstehen. Wir mögen die intellektuellsten Menschen sein, die die Welt je gesehen hat, und doch nie zu Gott kommen. Es ist eher umgekehrt: Sehen Sie nicht, welche ungläubigen Menschen aus der intellektuellsten Erziehung hervorgehen? Es ist eines der Übel Ihrer westlichen Zivilisation, dass man nur auf intellektuelle Bildung bedacht ist und sich nicht um das Herz kümmert. Das macht die Menschen lediglich zehnmal egoistischer, und das wird Ihr Untergang sein.

Wenn es einen Konflikt zwischen dem Herzen und dem Gehirn gibt, sollte man dem Herzen folgen, denn der Intellekt hat nur einen Zustand: die Vernunft, und er muss innerhalb ihrer Grenzen arbeiten. Es ist das Herz, das den Menschen auf die höchste Ebene bringt, die der Intellekt niemals erreichen kann. Das Herz geht über den Intellekt hinaus und erreicht das, was wir Inspiration nennen. Der Intellekt kann niemals inspiriert werden – nur das Herz, wenn es erhellt ist. Ein intellektueller, aber herzloser Mensch wird niemals ein inspirierter Mensch. Es ist immer das Herz, das durch den liebenden Menschen spricht. Durch das Herz entdeckt der Mensch ein größeres Instrument als der Intellekt: das Instrument der Inspiration. So wie der Intellekt das Mittel des Wissens ist, so ist das Herz das Mittel der Inspiration. Zugegeben, in einem minderen Zustand kann das Herz ein viel schwächeres Werkzeug als der Intellekt sein. Vergleichen Sie einen unwissenden Menschen mit einem großen Professor.

Der Erste weiß nichts, aber er ist wahrscheinlich von Natur aus ein wenig emotional. Welch wunderbare Kraft besitzt seinerseits der Professor! Aber vielleicht ist er allein an seinen Verstand gebunden, und er kann gleichzeitig ein Teufel und ein intellektueller Mensch sein. Der einfache Mensch mit Herz kann aber niemals ein Teufel sein. Kein Mensch mit Gefühl ist jemals ein Teufel gewesen. Und richtig kultiviert, kann das Herz verändert werden und über den Intellekt hinausgehen: Es wird in Inspiration umgewandelt werden.

Das Wissen, die Auffassungsgabe, der Intellekt und das Herz des Menschen zusammengenommen sind damit beschäftigt, die „Milch" der Welt zu rühren. Das lange Rühren bringt „Butter" hervor, und diese „Butter" ist Gott. Die Menschen des Herzens bekommen die „Butter", und die „Buttermilch" bleibt für die Intellektuellen übrig. Deswegen muss der Mensch schließlich über den Intellekt hinauswachsen.

Diese Disziplin ist also nichts anderes als Vorbereitungen des Herzens, Vorbereitungen auf die Liebe, auf das intensive Mitgefühl, das dem Herzen eigen ist. Es ist überhaupt nicht notwendig, gebildet oder gelehrt zu sein, um zu Gott zu gelangen. Ein Weiser sagte einmal zu mir: „Um andere zu töten, muss man mit Schwertern und Schilden ausgerüstet sein, aber um Selbstmord zu begehen, genügt eine Nadel. Ebenso sind Intellekt und Gelehrsamkeit notwendig, um andere zu lehren, aber nicht für deine eigene Selbsterkenntnis." Sind Sie rein? Wenn Sie rein sind, werden Sie Gott erreichen. „Glückselig, die reinen Herzens sind, denn sie werden Gott schauen."[49] Wenn Sie nicht rein sind und alle Wissenschaften der Welt beherrschen, wird Ihnen das nicht helfen. Sie können sich unter Büchern begraben und sie alle lesen, aber das wird Ihnen nicht viel nützen. Es ist das Herz, das das Ziel erreicht. Folgen Sie dem Herzen. Ein reines Herz sieht über den Intellekt hinaus. Ein reines Herz wird inspiriert: Es weiß Dinge, die die Vernunft niemals wissen kann. Wann immer es einen Konflikt zwischen dem reinen Herzen und dem Intellekt gibt, stellen Sie sich stets auf die Seite des reinen Herzens, selbst wenn Sie denken, dass das, was Ihr Herz tut, unvernünftig ist. Wenn es den Wunsch hat, anderen Gutes zu tun, mag Ihr Verstand Ihnen sagen,

---

49　Seligpreisungen, Matthäus 5:8

dass es unvernünftig ist, aber folgen Sie trotzdem Ihrem Herzen, und Sie werden feststellen, dass Sie weniger Fehler machen, als wenn Sie Ihrem Verstand folgen. Ein reines Herz ist der beste Spiegel für die Reflexion der Wahrheit, daher dienen all diese Vorbereitungen der Reinigung des Herzens. Und sobald es rein ist, blitzen alle Wahrheiten unmittelbar auf. Die ganze Wahrheit des Universums wird sich in Ihrem Herzen manifestieren, wenn Sie ausreichend rein sind.

Die großen Wahrheiten über die Atome und die noch feineren Elemente und über die feinen Wahrnehmungen des Menschen wurden vor Jahrtausenden von Leuten entdeckt, die nie ein Teleskop, ein Mikroskop oder ein Labor gesehen haben. Wie konnten sie all diese Dinge wissen? Durch das Herz; sie reinigten ihr Herz. Es steht uns heute offen, dasselbe zu tun. Es ist nämlich die Kultur des Herzens und nicht die des Intellekts, die das Elend der Welt lindern wird.

Was wir heute sehen, ist, dass der Intellekt gefördert wurde, mit dem Ergebnis, dass Hunderte von Wissensgebieten entdeckt wurden und Hunderte von Wissenschaften entstanden. Und was ist das Ergebnis? Die Wirkung von all dem Wissen war, dass die Wenigen die Vielen zu Sklaven gemacht haben – das ist der Nutzen dessen, was getan wurde. Es wurden künstliche Bedürfnisse geschaffen, und jeder arme Mensch, ob er Geld hat oder nicht, wünscht sich, dass diese Bedürfnisse befriedigt werden, und wenn er das nicht kann, kämpft er und stirbt in diesem Kampf. Das Problem des Elends lässt sich nicht mit dem Verstand lösen, sondern mit dem Herzen. Wenn all diese ungeheuren Anstrengungen darauf verwendet worden wären, die Menschen reiner, sanfter und nachsichtiger zu machen, wäre diese Welt tausendmal glücklicher, als sie es heute ist. Kultiviere das Herz; durch das Herz spricht der Herr, und durch den Verstand sprichst du.

Erinnern Sie sich an die Stelle im Alten Testament, wo Mose gesagt wurde: „Zieh deine Sandalen von deinen Füßen, denn die Stätte, auf der du stehst, ist heiliger Boden." Wir müssen das Studium der Religion immer mit dieser ehrfürchtigen Haltung angehen. Wer mit einem reinen Herzen und einer ehrfürchtigen Haltung kommt, dessen Herz wird sich öffnen. Die Türen werden sich für ihn öffnen, und er wird die Wahrheit sehen. Wenn man nur mit dem Intellekt daherkommt, kann man ein wenig intellektuelle Gymnastik, intellektuelle Theorien haben, aber nicht die Wahrheit. Die Wahrheit hat ein solches Gesicht, dass jeder, der dieses Gesicht sieht, überzeugt wird. Die Sonne braucht keine Fackel, um sie zu zeigen; sie strahlt aus sich selbst heraus. Wenn die Wahrheit einen Beweis erfordert, was soll dann diesen Beweis beweisen? Wenn etwas die Wahrheit bezeugen muss, wo ist dann der Zeuge für dieses Zeugnis? Wir müssen uns der Religion mit Ehrfurcht und Liebe nähern, und unser Herz wird sich erheben und sagen: Das ist Wahrheit und dies ist Unwahrheit.

Der Bereich der Religion liegt jenseits unserer Sinne, ja sogar jenseits unseres Geistes. Wir können Gott nicht wahrnehmen. Niemand hat Gott mit seinen Augen gesehen oder wird Ihn jemals sehen. Niemand hat Gott in seinem Geist. Ich bin mir Gottes nicht auf diese Weise bewusst, noch Sie, noch irgendjemand. Wo ist Gott? Wo ist der Bereich der Religion? Es liegt jenseits der Sinne, jenseits des Bewussten. Das Bewusste ist nur eine der vielen Ebenen, auf denen wir arbeiten. Wir müssen den Bereich des Bewussten überschreiten, über die Sinne hinausgehen, sich unserem eigenen Zentrum nähern, und während wir das tun, werden wir Gott immer näher kommen.

Was ist der Beweis für Gott? *Pratyaksha*, direkte Wahrnehmung. Der Beweis für diese Wand ist doch, dass ich sie wahrnehme. Durch Pratyaksha wurde Gott bereits von Tausenden erfahren und wird noch von allen erfahren werden, die Ihn erfahren wollen. Aber diese direkte Wahrnehmung ist keinesfalls eine Sinneswahrnehmung; sie ist übersinnlich, überbewusst. All dieses Training ist notwendig, um uns über die Sinne hinauszubringen. Durch unsere Vergangenheit, durch unsere Bindungen werden wir nach unten gezerrt. Aber diese Vorbereitungen machen uns rein und leicht. Die Fesseln fallen von selbst ab, und wir werden über die Ebene der Sinneswahrnehmung, an die wir gefesselt waren, hinausgehoben, und dann sehen, hören und fühlen wir Dinge, die der Mensch in seinen drei gewöhnlichen Zuständen (nämlich Wachsein, Traum und Tiefschlaf) weder fühlt noch sieht noch hört. Dann fangen wir gleichsam an, eine für die Menschen fremde Sprache zu sprechen, und die Welt versteht uns nicht, weil die Welt außer den Sinnen nichts kennt.

Wahre Religion ist vollständig transzendental. Jedes Wesen im Universum bringt dieses Potenzial mit sich, die Sinne zu überwinden; selbst der kleine Wurm wird eines Tages die Sinne überwinden und Gott erreichen. Kein Leben wird ein Misserfolg sein; so etwas wie Misserfolg gibt es im Universum nicht. Hundertmal wird sich der Mensch wehtun, tausendmal wird er stolpern, aber am Ende wird er erkennen, dass er Gott ist. Wir wissen, dass es keinen Fortschritt als eine gerade Linie gibt. Jede Seele bewegt sich sozusagen in einem Kreis und muss ihn vollenden. Keine Seele kann derart tief sinken, dass das nicht möglich ist. Es wird eine Zeit kommen, in der sie nach oben gehen muss. Niemand wird verloren sein. Wir alle stammen von einem gemeinsamen Zentrum ab, das Gott ist. Sowohl das höchste als auch das niedrigste Leben, das Gott jemals aus sich heraus projiziert hat, wird zum Vater aller Leben zurückkehren. „Von dem alle Wesen projiziert werden, in dem alle leben und zu dem sie alle zurückkehren, das ist Gott."[50]

---

50   Taittiriya Upanishad, Bhrgu Valli, 1

Die Lehrer der Menschheit

Das Universum, so die Theorie der Hindus, unterliegt einem wellenförmigen Rhythmus. Es steigt auf, erreicht seinen Zenit, fällt dann und bleibt sozusagen für einige Zeit in der Leere, um erneut aufzusteigen, und so weiter: eine Welle nach der anderen. Was für das Universum gilt, gilt für jeden Teil von ihm. Und so ist es auch mit dem Lauf der menschlichen Geschichte. Die Geschichte der Nationen verläuft auf diese Weise: Sie steigen auf und fallen; auf den Aufstieg folgt ein Fall, und aus dem Fall folgt wieder ein Aufstieg, mit größerer Kraft. Diese Bewegung ist fortwährend im Gange. In der religiösen Welt gibt es die gleiche Dynamik. Im spirituellen Leben jeder Nation gibt es sowohl einen Fall als auch einen Aufstieg. Die Nation geht zu Boden, und alles scheint in Stücke zu zerfallen. Dann gewinnt sie wieder an Kraft und erhebt sich: Eine riesige Welle kommt, manchmal eine Flutwelle. Und immer ist auf dem obersten Kamm der Welle eine leuchtende Seele, der Gesandte. Der Schöpfer wird zum Erschaffenen. Dieser Gesandte lässt die Welle, die Nation, aufsteigen, und er wird zugleich von denselben Kräften erschaffen, die die Welle hervorbringen. Sie wirken abwechselnd, sie beeinflussen sich gegenseitig. Der Gesandte übt eine ungeheure Kraft auf die Gesellschaft aus, und die Gesellschaft macht ihn zu dem, was er ist. Dies sind die großen Weltdenker. Sie sind die Propheten der Welt, die Boten des Lebens, die Inkarnationen Gottes.

Die Menschen haben die Vorstellung, dass es nur eine Religion geben kann, dass es nur einen Propheten, nur eine Inkarnation geben kann; aber diese Vorstellung ist nicht richtig. Wenn wir das Leben aller dieser großen Gesandten studieren, stellen wir fest, dass jeder von ihnen gleichsam dazu bestimmt war, eine Rolle zu spielen, und nur eine Rolle. Die Harmonie besteht in der Gesamtsumme und nicht in einer einzelnen Note. Auch im Leben der Völker wird kein Volk geboren, um sich allein der Welt zu erfreuen; und niemand darf etwas anderes behaupten. Jedes Volk hat seine Rolle in dieser göttlichen Harmonie der Nationen. Jedes Volk hat seine Aufgabe, seine Pflicht zu erfüllen. Die Gesamtsumme ist die große Harmonie.

Keiner dieser Propheten ist also geboren, um die Welt zu regieren. Keiner hat es bisher geschafft, und keiner wird für immer der Herrscher sein. Jeder trägt nur einen Teil bei; und was diesen Teil betrifft, so ist es wahr, dass auf lange Sicht jeder Prophet die Welt und ihre Geschicke lenkt.

Die meisten von uns sind als Gläubige einer personifizierten Religion geboren. Wir denken über Theorien nach, wir sprechen von Prinzipien, und das ist gut so. Aber alle unsere Gedanken, alle unsere Regungen, alle unsere Handlungen zeigen, dass wir das Prinzip nur verstehen können, wenn es uns durch eine Person zugänglich gemacht wird. Wir können eine Idee nur begreifen, wenn sie uns durch eine materialisierte Idealgestalt begegnet. Wir brauchen ein Beispiel, um ein Gebot zu verstehen, auch wenn ich wünschte, wir wären alle so weit entwickelt, dass wir kein Beispiel, keine Person benötigten. Und so hat das Gros der Menschheit naturgemäß ihre Seelen diesen außergewöhnlichen Persönlichkeiten zu Füßen gelegt: den Propheten, den Inkarnationen Gottes. Die Christen, die Buddhisten und die Hindus verehren Inkarnationen. Die Moslems haben sich von Anfang an gegen eine solche Verehrung ausgesprochen. Sie wollten nichts mit der Verehrung der Propheten oder der Gesandten zu tun haben oder ihnen irgendeine Ehrerbietung erweisen, aber in der Praxis verehrt das Volk statt eines Propheten Tausende und Abertausende von Heiligen. Man muss die Tatsachen erkennen! Menschen müssen Persönlichkeiten verehren, und das ist gut so. Erinnern Sie sich an die Worte Ihres großen Propheten nach der Bitte „Herr, zeige uns den Vater"? „Wer mich gesehen hat, hat den Vater gesehen."[51] Wer von uns kann sich etwas anderes vorstellen, als dass Gott ein Mensch ist? Wir können Ihn nur in und durch die Menschlichkeit sehen. Die Schwingung des Lichts ist überall in diesem Raum. Warum können wir sie nicht überall sehen? Wir sehen sie nur in dieser Lampe. Gott ist ein allgegenwärtiges Prinzip, überall, aber wir sind gegenwärtig so beschaffen, dass wir Ihn nur in und durch einen menschlichen Gott sehen und fühlen können.

Wenn diese großen Lichter kommen, kann der Mensch Gott verwirklichen. Und sie kommen auf eine andere Weise als wir. Wir kommen als Bettler, sie kommen als Herrscher. Wir kommen als Waisen, als Menschen, die ihren Weg verloren haben, die den Weg

---

51 Johannes 14:8-9

nicht kennen. Was sollen wir tun? Wir wissen nicht, was der Sinn unseres Lebens ist. Wir erkennen ihn nicht. Heute tun wir das eine, morgen das andere. Wir sind wie kleine Strohhalme, die im Wasser hin und her schwanken, wie Federn, die in einem Wirbelsturm umhergeweht werden. Aber wenn wir die Geschichte der Menschheit betrachten, stellen wir fest, dass die Mission dieser Gesandten von ihrer Geburt an festgelegt und vorbereitet ist. Der ganze Plan ist bereits da, festgelegt; und wir erkennen, dass sie nicht einen Zentimeter davon abweichen.

Weil sie mit einer Mission, mit einer Botschaft kommen, müssen sie nicht überlegen. Haben Sie schon einmal von diesen großen Lehrern oder Propheten gehört oder gelesen, dass sie das, was sie lehrten, begründeten? Nein, kein Einziger von ihnen hat das getan. Sie sprechen direkt. Warum sollten sie argumentieren? Sie sehen die Wahrheit. Und sie sehen sie nicht nur, sondern sie zeigen sie auch! Wenn Sie mich fragen: „Gibt es einen Gott?", und ich Ja sage, dann fragen Sie sofort nach den Gründen dafür, und ich armer Kerl muss all meine Kräfte einsetzen, um Ihnen einen Grund zu nennen. Wenn Sie zu Christus gekommen wären und gesagt hätten: „Gibt es einen Gott?", hätte er geantwortet: „Ja"; und wenn Sie gefragt hätten: „Gibt es einen Beweis?", hätte er geantwortet: „Siehe Gott an!" Sie merken also, es handelt sich um eine direkte Wahrnehmung und keineswegs um eine Schlussfolgerung der Vernunft. Es ist kein Tappen im Dunkeln, sondern es ist die Kraft der direkten Wahrnehmung. Ich sehe diesen Tisch; keine noch so große Argumentation kann mir diesen Glauben nehmen. Es ist eine direkte Wahrnehmung. Das ist der Glaube dieser Gesandten – der Glaube an ihre Ideale, der Glaube an ihre Mission, der Glaube an sich selbst. Er existiert vor allem anderen. Diese großen Lichtgestalten glauben an sich selbst, wie es niemand sonst je tut.

Die Menschen fragen: „Glaubst du an Gott? Glaubst du an ein zukünftiges Leben? Glaubst du an dieses oder jenes Dogma?" Wonach sie sich aber wirklich sehnen, ist der Glaube an sich selbst, was Grundlage von allem ist. Ja, wenn jemand nicht an sich selbst glauben kann, wie kann man von ihm erwarten, an etwas anderes zu glauben? Wir sind uns unserer eigenen Existenz nicht sicher. In einem Moment denken wir, dass wir existieren und nichts uns zerstören kann; im nächsten Moment zittern wir ängstlich vor dem Tod.

In einem Moment denken wir, dass wir unsterblich sind, im nächsten Moment erscheint ein Gespenst, und dann wissen wir weder was noch wo wir sind, ob wir leben oder tot sind. In einem Moment denken wir, dass wir spirituell sind, dass wir moralisch sind, und im nächsten Moment kommt ein Rückschlag, und wir liegen flach am Boden. Und warum? Wir haben den Glauben an uns selbst verloren, unser moralisches Rückgrat ist gebrochen.

Aber bei diesen großen Lehrern werden Sie immer dieses Zeichen finden: Sie haben einen festen Glauben an sich selbst. Ein solch intensiver Glaube ist einzigartig, und wir können ihn nicht verstehen. Deshalb versuchen wir auf verschiedene Weise zu erklären, was diese Lehrer über sich selbst sagen. Wir erfinden zwanzigtausend Theorien, um zu erläutern, was sie über ihre Verwirklichung sprechen. Wir denken nicht auf dieselbe Weise über uns selbst, und deshalb verstehen wir sie auch nicht.

Wenn diese Lehrer sprechen, hört die Welt zu. Wenn sie sprechen, ist jedes Wort direkt – es explodiert wie eine Bombe. Was zählt schon ein Wort, wenn keine Macht dahintersteht? Was bedeutet es, welche Sprache du sprichst und wie du deine Sprache ordnest? Was macht es aus, ob du grammatikalisch korrekt oder dich mit feiner Rhetorik äußerst? Was zählt es, ob deine Sprache ausgeschmückt ist oder nicht? Die Frage ist, ob du etwas zu geben hast. Es ist eine Frage des Gebens und Nehmens und nicht des Zuhörens. Hast du etwas zu geben? Das ist die allererste Frage. Wenn du etwas hast, dann gib. Worte können die Gabe nur vermitteln und sind nur eine der vielen Möglichkeiten. Manchmal sprechen wir überhaupt nicht. Es gibt einen alten Sanskrit-Vers, der besagt: „Ich sah den Lehrer unter einem Baum sitzen. Er war ein junger Mann von sechzehn Jahren, und der Jünger war ein alter Mann von achtzig Jahren. Die Predigt des Lehrers war Schweigen, und die Zweifel des Schülers verflüchtigten sich."[52]

Manchmal sprechen diese Lehrer überhaupt nicht, aber sie vermitteln die Wahrheit trotzdem direkt von Geist zu Geist. Sie kommen, um zu geben. Sie befehlen, sie sind die Überbringer, und man muss den Befehl annehmen. Erinnern Sie sich in Ihren eigenen Schriften

---

52 Verweis auf „Dakshinamurthy Stotram", Vers 3, von Adi Shankara. Dakshinamurthy ist ein Aspekt der Gottheit Shiva als Guru, also als Lehrer.

an die Autorität, mit der Jesus spricht? „Geht nun hin und macht alle Nationen zu Jüngern, … und lehrt sie alles zu bewahren, was ich euch geboten habe!"[53] Dieser ungeheure Glaube an seine eigene Botschaft zieht sich durch alle seine Äußerungen. Das findet man im Leben all dieser Giganten, die die Welt als ihre Propheten verehrt.

Diese großen Lehrer sind die lebenden Götter auf dieser Erde. Wen sollten wir sonst verehren? Ich versuche, mir eine Vorstellung von Gott zu machen, und ich stelle fest, was für ein falsches kleines Etwas ich mir vorstelle; es wäre eine Sünde, diesen Gott anzubeten. Und dann öffne ich meine Augen und schaue mir das wahre Leben dieser Großen der Erde an. Sie sind höher als jede Vorstellung von Gott, die ich mir je machen könnte. Denn welche Vorstellung von Barmherzigkeit könnte ein Mensch wie ich entwickeln, der einen anderen verfolgt und ihn ins Gefängnis schickt, wenn er ihm etwas gestohlen hat? Was kann meine Vorstellung von Vergebung sein? Nichts, was über mich hinausgeht. Wer von Ihnen kann aus seinem eigenen Körper herausspringen? Wer von Ihnen kann aus seinem eigenen Geist herausspringen? Kein Einziger. Welche Vorstellung von göttlicher Liebe können Sie sich machen außer der, die Sie in Ihrem Leben verspüren? Was wir nie erfahren haben, davon können wir uns keine Vorstellung machen. Alle unsere Versuche, uns eine Vorstellung von Gott zu machen, würden also in jedem Fall scheitern. Und hier gibt es nackte Tatsachen und keinen Idealismus – tatsächliche Fakten der Liebe, der Barmherzigkeit, der Reinheit, von denen ich mir nicht einmal eine Vorstellung machen kann. Es ist kein Wunder, dass wir diesen Menschen zu Füßen fallen und sie als Gott anbeten. Was kann man sonst noch tun? Ich würde gerne den Menschen sehen, der noch etwas anderes tun kann, wie viel er auch reden mag. Reden ist nicht Realität. Über Gott und das Unpersönliche und dies und jenes zu reden, ist sehr gut; aber diese Menschen-Götter sind die wahren Götter aller Nationen und aller Völker. Diese göttlichen Menschen sind verehrt worden und werden verehrt werden, solange der Mensch Mensch ist. Darin liegt unser Glaube. In ihnen liegt unsere Hoffnung auf etwas Reales.

---

53 Matthäus 28:19-20

Der Sinn und Zweck dessen, was ich Ihnen sage, ist der, dass ich es in meinem Leben für möglich gehalten habe, sie alle zu verehren, und ich bin bereit, auch alle, die noch kommen werden, zu verehren. Eine Mutter erkennt ihren Sohn in jedem Kleid, in dem er vor ihr erscheinen mag; und wenn sie das nicht tut, bin ich sicher, dass sie nicht die Mutter dieses Mannes ist. Was nun diejenigen unter Ihnen betrifft, die meinen, die Wahrheit und Göttlichkeit und Gott nur in einem einzigen Propheten zu erkennen und in keinem anderen, so ziehe ich den einzig logischen Schluss, dass Sie die Göttlichkeit in niemandem erkennen. Sie haben einfach nur Worte verschluckt und sich mit einem Glaubensbekenntnis identifiziert, so wie man es in der Parteipolitik tut – als eine Frage der Meinung. Dies ist überhaupt keine Religion. Es gibt einige Dummköpfe auf dieser Welt, die Brackwasser benutzen, obwohl es in der Nähe ausgezeichnetes Süßwasser gibt, weil, wie sie sagen, der Brackwasserbrunnen von ihren Vätern gegraben wurde. Nun, in meiner beschränkten Erfahrung habe ich die Erkenntnis gewonnen, dass bei aller Teufelei, die der Religion vorgeworfen wird, die Religion überhaupt keine Schuld trägt: Keine Religion hat jemals Menschen verfolgt, keine Religion hat jemals Hexen verbrannt, keine Religion hat jemals irgendetwas von diesen Dingen getan. Was hat die Menschen dann zu diesen Dingen angestiftet? Die Politik, aber niemals die Religion. Und wenn eine solche Politik den Namen der Religion annimmt, wessen Schuld ist das?

Wenn sich also jemand hinstellt und sagt: „Mein Prophet ist der einzig wahre Prophet", dann ist das nicht richtig – er weiß nicht, was Religion ist. Religion ist weder Gerede noch Theorie noch intellektuelle Zustimmung. Sie ist die Verwirklichung im Herzen unseres Herzens. Sie ist die Berührung Gottes. Sie ist das Gefühl, die Erkenntnis, dass ich eine Seele bin, die mit der Universellen Seele und all ihren großen Manifestationen in Beziehung steht. Wenn man wirklich das Haus des Vaters betreten hat, wie kann man dann seine Kinder gesehen und nicht erkannt haben? Wenn jemand sie nicht erkennt, hat er das Haus des Vaters nicht betreten. Die Mutter erkennt ihr Kind in jedem Kleid und weiß, wer es ist, auch wenn es getarnt ist. Erkennen Sie alle großen, spirituellen Männer und Frauen in jedem Zeitalter und jedem Land und erkennen Sie, dass sie nicht wirklich im Widerspruch zueinander stehen. Wo immer es wirkliche Religion gegeben hat – diese Berührung des Göttlichen, die Seele, die in direkten Sinneskontakt mit dem Göttlichen kommt –, hat es immer eine Erweiterung des menschlichen Geistes gegeben, die ihn befähigt hat, das Licht überall zu sehen. Nun sind einige Mohammedaner in dieser Hinsicht die gröbsten und die sektiererischsten. Ihre Parole lautet: „Es gibt nur einen Gott, und Mohammed ist sein Prophet." Alles, was darüber hinausgeht, ist nicht nur schlecht, sondern muss vernichtet werden: Jeder Mann oder jede Frau, die nicht genau daran glauben, muss getötet werden; alles, was nicht zu dieser Anbetung gehört, muss zerbrochen werden; jedes Buch, das etwas anderes lehrt, muss verbrannt werden. Vom Pazifik bis zum Atlantik floss fünfhundert Jahre lang Blut überall in der Welt. Das ist der Mohammedanismus. Dennoch gab es unter diesen Mohammedanern immer auch philosophische Männer, die gegen diese Grausamkeiten protestierten. Darin zeigten sie die Berührung des Göttlichen und erkannten einen Teil der Wahrheit. Dabei stellten sie ihre Religion auf Probe, denn was sie sagten, war nicht die Religion ihrer Väter. Aber sie sprachen trotzdem die Wahrheit direkt aus wie echte Männer.

Parallel zur modernen Evolutionstheorie gibt es den Atavismus. Genauso gibt es in der Religion die Tendenz, auf alte Ideen zurückzugreifen. Lasst uns etwas Neues denken, auch wenn es falsch ist! Es ist besser, dies zu tun. Warum sollte man sich nicht bemühen, die Wahrheit zu treffen? Wir werden durch Misserfolge weiser. Die Zeit ist unendlich. Schauen Sie sich die Wand an. Hat die Wand jemals gelogen? Dafür bleibt sie auch die Wand. Der Mensch lügt vielleicht, aber mit der Zeit wird er irgendwann zum Gott. Es ist besser, etwas zu tun, selbst wenn es sich als falsch erweisen sollte. Es ist besser, als nichts zu tun. Die Kuh erzählt nie etwas Falsches, aber sie bleibt eine Kuh, die ganze Zeit über. Tun Sie etwas! Denken Sie etwas Neues; es spielt keine Rolle, ob Sie richtig oder falsch liegen. Aber denken Sie etwas! Weil meine Vorfahren nicht so gedacht haben, soll ich mich einfach still hinsetzen und mit der Zeit meine Gefühle und mein eigenes Denkvermögen verlieren? Dann könnte ich genauso gut tot sein! Was ist das Leben wert, wenn man keine lebendigen Ideen, keine eigene Überzeugung von der Religion hat? Es gibt eine gewisse Hoffnung für die Atheisten, denn obwohl sie sich von uns unterscheiden, denken sie für sich selbst. Die Menschen, die niemals selbst denken, sind noch nicht in die Welt der Religion geboren; sie führen ein bloßes Quallendasein. Sie kümmern sich nicht um die wahre Religion. Aber der Ungläubige, der Atheist, kümmert sich – er kämpft. Denken Sie also etwas! Kämpfen Sie sich zu Gott durch! Es macht nichts, wenn Sie scheitern. Es macht auch nichts, wenn Sie sich eine seltsame Theorie zurechtlegen. Wenn Sie Angst haben, seltsam genannt zu werden, behalten Sie Ihre Ideen für sich: Sie müssen nicht hingehen und sie anderen predigen. Aber tun Sie etwas! Kämpfen Sie sich durch – gottwärts! Das Licht wird kommen. Wenn mich jemand jeden Tag meines Lebens füttert, werde ich auf lange Sicht den Gebrauch meiner Hände verlieren. Der spirituelle Tod ist die Folge davon, dass wir uns gegenseitig wie eine Schafherde folgen. Der Tod ist die Folge von Untätigkeit. Seien Sie aktiv; und wo immer es Aktivität gibt, muss es auch Unterschiede geben. Der Unterschied ist die Würze des Lebens, er ist die Schönheit, er ist die Kunst in allem. Es sind doch die Unterschiede, die die Menschen in diesem Raum schön machen. Es ist die Vielfalt, die die Quelle des Lebens ist, das Zeichen des Lebens. Warum sollten wir uns vor ihr fürchten?

Das ist die Vorbedingung, um etwas über die Propheten zu verstehen. Die Geschichte liefert uns den historischen Beweis dafür, dass dort, wo es ein wirkliches Denken gab, wo die Quallenexistenz in der Religion unterbrochen wurde, es eine wirkliche Liebe zu Gott gab und die Seele gottwärts wuchs. Die Seele bekam sozusagen einen Anblick, eine direkte Wahrnehmung, wenn auch nur für eine Sekunde, sogar nur einmal im Leben. „Alle Zweifel verschwinden für immer, und alle Verkrümmungen des Herzens werden gerade gemacht, und alle Bindungen fallen weg, und die Ergebnisse von Handlung und Karma verfliegen, wenn Er erblickt wird, der der Naheste der Nahen und der Fernste der Fernen ist."[54] Das ist Religion. Das ist die einzige Religion. Der Rest ist bloße Theorie, Dogma, Wege, die erst zu diesem Zustand der direkten Wahrnehmung führen können. Wir streiten uns um den Korb, während die Früchte in den Graben fallen.

Wenn zwei Leute sich über Religion streiten, stellen Sie ihnen einfach die Frage: „Habt ihr Gott gesehen? Habt ihr diese Dinge gesehen?" Der eine sagt, Christus sei der einzige Prophet. Nun, hat er Christus gesehen? „Hat dein Vater ihn gesehen?" „Nein." „Hat dein

---

54 Vgl. Mundaka Upanishad, Vers 2.2.8, und den Kommentar von Adi Shankara zu diesem Vers.

Großvater ihn gesehen?" „Nein." „Hast du ihn gesehen?" „Nein."
„Worüber streitet ihr euch dann? Die Früchte sind in den Graben ge-
fallen, und ihr streitet euch um den Korb!" Vernünftige Männer und
Frauen sollten sich schämen, sich auf diese Weise zu streiten!

Diese Gesandten und Propheten sind wahrhaftig groß und echt.
Warum? Weil jeder von ihnen gekommen ist, um eine große Idee
zu verkünden. Nehmen wir zum Beispiel die Propheten Indiens.
Sie sind die ältesten unter den Religionsstiftern. Wir nehmen Krishna. Diejenigen von Ihnen, die die Gita gelesen haben, wissen, dass
das ganze Buch von der Idee der *Nichtanhaftung* geprägt ist: Behalte innere Unabhängigkeit. Die Liebe des Herzens gebührt nur dem
Einen. Wem? Dem, das sich niemals ändert. Was ist dieses Eine? Es
ist Gott. Mache nicht den Fehler, das Herz an etwas zu verschenken,
das sich verändert, denn das bedeutet Elend. Du kannst es einem
Menschen geben, aber wenn er stirbt, ist das Elend die Folge. Du
kannst es einem Freund schenken, aber er kann morgen dein Feind
werden. Du kannst es deinem Ehemann geben, aber er kann sich
eines Tages mit dir streiten. Du magst es deiner Frau geben, und sie
kann übermorgen sterben. Das ist die Art und Weise, wie die Welt
funktioniert. So sagt es Krishna in der Gita: Der Herr ist der Einzige,
der sich niemals ändert. Seine Liebe versagt nie. Wo immer wir sind
und was immer wir tun, Er ist immer und ewig das gleiche barmher-
zige, liebende Herz. Er ändert sich nie. Er ist nie zornig, was immer
wir auch tun. Wie kann Gott über uns verärgert sein? Ihr Baby stellt
viel Unfug an: Sind Sie Ihrem Baby böse? Weiß Gott nicht, was aus
uns werden wird? Er weiß, dass wir alle früher oder später vollkommen sein werden. Er hat Geduld, unendliche Geduld. Wir müssen
Ihn lieben und jeden, der lebt, aber nur in Ihm und durch Ihn. Das
ist der Grundgedanke. Du musst die Frau lieben, aber nicht um der
Frau willen. „Niemals, o Geliebte, wird der Ehemann um des Ehe-
mannes willen geliebt, sondern weil das Selbst im Ehemann ist."[55]
Die Vedanta-Philosophie besagt, dass selbst in der Liebe zwischen
Ehemann und Ehefrau, auch wenn die Ehefrau denkt, dass sie den
Ehemann liebt, die wahre Anziehungskraft der Herr ist, der in ihm

---

55 Vgl. Brihadaranyaka Upanishad 2.4.5. Das Zitat ist dem Gespräch zwischen dem Weisen Yajnavalkya und seiner Frau Maitreyi entnommen worden.

gegenwärtig ist. Gott ist die einzige Anziehungskraft – es gibt keine andere. Aber in den meisten Fällen weiß die Frau nicht, dass es so ist, unwissentlich tut sie aber das Richtige, nämlich Gott zu lieben. Nur wenn man es unwissentlich tut, kann es Schmerz bringen. Wenn man es wissentlich tut, führt es zur Erlösung. Das ist es, was unsere heiligen Schriften sagen. Wo immer es Liebe gibt, wo immer ein Funke der wahren Freude ist, wisse, dass dies ein Funke Seiner Gegenwart ist, denn Er ist Freude, Glückseligkeit und Liebe selbst. Ohne diese Gegenwart kann es keine Liebe geben.

Das ist der Grundtenor der Anweisungen Krishnas. Er hat das seinem Volk eingeprägt, sodass ein Hindu, wenn er etwas tut, selbst wenn er Wasser trinkt, sagt: „Wenn darin eine Tugend steckt, soll sie dem Herrn zufallen." Der Buddhist sagt, wenn er eine gute Tat vollbringt: „Der Verdienst der guten Tat soll der Welt gehören. Wenn in dem, was ich tue, eine Tugend steckt, soll sie der Welt zufallen, und die Übel der Welt sollen zu mir kommen." Der Hindu sagt, dass er zutiefst an Gott glaubt. Der Hindu sagt, dass Gott allmächtig und überall ist, dass Er die Seele jeder einzelnen Seele ist. Der Hindu sagt: „Wenn ich Gott alle meine Tugenden gebe, ist das der beste Gottesdienst, und sie werden dann an das ganze Universum gehen."

Dies ist Krishnas Grundsatz; und wie lautet seine andere Botschaft? „Wer inmitten der Welt lebt und arbeitet und alle Früchte seines Handelns dem Herrn übergibt, der wird niemals von den Übeln der Welt berührt. So wie der Lotus, der unter dem Wasser geboren wird, sich erhebt und über dem Wasser erblüht, so ist es auch mit dem Menschen, der in der Welt tätig ist und alle Früchte seines Handelns dem Herrn übergibt." (Gita, 5.10).

Krishna schlägt auch einen anderen Ton an: Er ist ein Lehrer intensiver Aktivität. Arbeite, arbeite, arbeite Tag und Nacht, sagt die Gita. Sie fragen vielleicht: „Wo ist dann der Frieden? Wenn ich mein ganzes Leben lang wie ein Zugpferd arbeiten und im Geschirr sterben soll, wozu bin ich dann hier?" Krishna sagt: „Ja, du wirst Frieden finden. Vor der Arbeit zu fliehen ist niemals der Weg zum Frieden." Wenn Sie können, werfen Sie Ihre Pflichten ab und gehen Sie auf den Gipfel eines Berges, aber selbst dort drehen sich die Gedanken: Wirbelwind, Wirbelwind, Wirbelwind. Jemand fragte einen Sannyasin:

„Sir, haben Sie einen schönen Ort gefunden? Wie viele Jahre sind Sie schon im Himalaya unterwegs?" „Seit vierzig Jahren", antwortete der Sannyasin. „Es gibt viele schöne Orte, die man sich aussuchen und an denen man sich niederlassen könnte: Warum haben Sie es nicht getan?" „Weil mein Geist es mir in diesen vierzig Jahren nicht erlaubt hat." Wir alle sagen: „Lasst uns Frieden finden", aber unser Geist erlaubt es uns nicht.

Sie kennen vielleicht die Geschichte von dem Mann, der einen Tataren gefangen hat: Ein Soldat war unterwegs, und als er wieder in die Nähe seiner Kaserne kam, rief er: „Ich habe einen Tataren gefangen." Eine Stimme aus dem Inneren der Kaserne rief: „Bringt ihn herein." „Er will nicht reinkommen, Sir." „Dann komme du rein." „Er lässt mich nicht rein, Sir." So haben wir in unserem Geist „einen Tataren gefangen": Wir können ihn weder besänftigen, noch lässt er sich besänftigen. Wir haben alle „einen Tataren gefangen". Wir alle sagen: Sei ruhig und friedlich und so weiter. Jedes Baby kann das sagen und denken, dass es dies erreicht. Aber das ist sehr schwierig. Ich habe es mal auf diese Weise versucht. Ich habe alle meine Pflichten über Bord geworfen und bin auf die Gipfel der Berge geflüchtet. Ich habe in Höhlen und tiefen Wäldern gelebt, und trotzdem habe ich mir einen „Tataren" eingefangen, weil ich meine Welt immer bei mir hatte. Der „Tatar" ist das, was wir in unserem eigenen Kopf haben, also dürfen wir nicht die Leute draußen beschuldigen. „Diese Umstände sind gut und diese sind schlecht", sagen wir, während der „Tatar" in uns ist. Wenn wir ihn beruhigen könnten, würde es uns gut gehen.

Deshalb lehrt uns Krishna, uns nicht vor unseren Pflichten zu drücken, sondern sie tapfer zu erfüllen und nicht an das Ergebnis zu denken, ähnlich wie ein Diener, der keine Fragen stellt, wie ein Soldat, der nicht hinterfragt. Geh vorwärts und kümmere dich nicht zu sehr um die Art der Arbeit, die du zu tun hast. Frage dich nur, ob du uneigennützig bist. Wenn ja, dann ist alles andere unwichtig; nichts kann dich aufhalten! Stürze dich hinein! Erledige die anstehenden Aufgaben. Und wenn du das tust, wirst du nach und nach die Wahrheit erkennen: „Wer inmitten intensiver Aktivität tiefen Frieden findet, wer inmitten des höchsten Friedens die größte Aktivität findet, der ist ein Yogi; er ist eine große Seele, er ist zur Vollkommenheit gelangt."[56]

Sie sehen nun, dass das Ergebnis dieser Lehre ist, dass alle Pflichten der Welt geheiligt werden. Es gibt keine Pflicht in dieser Welt, die man als unbedeutend bezeichnen könnte, und die Arbeit eines jeden Menschen ist so gut wie die des Kaisers auf seinem Thron.

Hören Sie sich nun die Botschaft Buddhas an – eine gewaltige Botschaft. Sie hat einen Platz in unserem Herzen. Buddha sagt: „Beseitige die Selbstsucht und alles, was dich selbstsüchtig macht. Habe weder Frau, noch Kind, noch Familie. Sei nicht weltlich; werde vollkommen selbstlos." Ein weltgewandter Mann denkt, er wäre selbstlos, aber wenn er das Gesicht seiner Frau sieht, wird er egoistisch. Eine Mutter denkt, sie wäre allen gegenüber selbstlos, aber wenn sie ihr Baby ansieht, wird sie sofort ichbezogen. So ist es mit allem in dieser Welt. Sobald egoistische Wünsche auftauchen, sobald ein selbstbezogenes Streben verfolgt wird, ist der Mensch, der wirkliche Mensch, verschwunden: Er ist wie ein Tier, er ist ein Sklave, er vergisst seine Mitmenschen. Er sagt nicht mehr: „Du zuerst und ich danach", sondern: „Ich zuerst und alle anderen sollen sich um sich selbst kümmern."

Wir stellen fest, dass die Botschaft Krishnas für uns auch einen Platz hat. Ohne diese Botschaft können wir uns überhaupt nicht vorwärtsbewegen. Wir können keine Aufgabe in unserem Leben gewissenhaft und mit Frieden, Freude und Glück übernehmen, ohne auf die Botschaft Krishnas zu hören: „Fürchte dich nicht, auch wenn es Schlechtes in deiner Arbeit geben sollte, denn es gibt keine Arbeit, die vom Übel frei ist. Überlasse es dem Herrn und achte nicht auf die Ergebnisse."

Auf der anderen Seite gibt es eine Stelle in unserem Herzen für die andere Botschaft: Die Zeit vergeht; diese Welt ist endlich und voller Elend. Denkst du jemals in deinem Schlummer – mit deinem guten Essen, deinen schönen Kleidern und deinem gemütlichen Zuhause – an die Millionen, die hungern und sterben? Bedenke die große Tatsache, dass alles Elend, Elend, Elend ist! Was ist die erste Reaktion

---

56 Vgl. Bhagavad Gita 4-18.

des Kindes, wenn es auf die Welt kommt? Es weint. Das ist eine Tatsache: Das Kind weint. Dies ist ein Ort zum Weinen! Glauben wir der Botschaft Buddhas: Wir sollten nicht selbstsüchtig sein.

Betrachten Sie einen anderen Gesandten, den aus Nazaret. Er lehrt: „Seid bereit, denn das Himmelreich ist nahe." Nehmen wir an, ich habe über die Botschaft von Krishna nachgedacht und versuche, ohne Anhaftung zu arbeiten, aber manchmal vergesse ich es. Dann fällt mir plötzlich die Botschaft von Buddha ein: „Nimm dich in Acht, denn alles in der Welt ist vergänglich, und es gibt immer Elend in diesem Leben." Ich höre mir das an und bin unsicher, was ich davon übernehmen soll. Dann kommt wie ein Donnerschlag die Botschaft: „Sei bereit, denn das Himmelreich ist nahe." Zögere keinen Augenblick. Warte nicht auf morgen. Bereite dich auf das endgültige Ereignis vor, das dich sogleich, sogar jetzt, überkommen kann. Auch diese Botschaft hat ihren Platz, und wir erkennen sie an. Wir grüßen den Boten, wir grüßen den Herrn.

Und dann kommt Mohammed, der Prophet der Gleichheit. Sie fragen vielleicht: „Was kann es Gutes in seiner Religion geben?" Wenn es kein Gutes gäbe, wie könnte sie leben? Das Gute allein lebt, nur das Gute überlebt. Es überlebt, weil es stark ist. Wie lang ist das Leben der unreinen Menschen, selbst in diesem Leben? Ist das Leben der reinen Menschen nicht viel länger? Zweifellos, denn Reinheit ist Stärke, Güte ist Stärke. Wie hätte der Islam überleben können, wenn es in seiner Lehre nichts Gutes gegeben hätte? Es gibt viel Gutes! Mohammed war der Prophet der Gleichheit, der Brüderlichkeit der Menschen, der Brüderlichkeit aller Moslems.

Wir sehen also, dass jeder Prophet, jeder Gesandte, eine bestimmte Botschaft hat. Wenn man zuerst dieser Botschaft zuhört und dann sein Leben betrachtet, sieht man, dass das ganze Leben dieses Gesandten verständlich ist und strahlt.

Unwissende Dummköpfe stellen zwanzigtausend Theorien auf und geben je nach ihrer eigenen geistigen Entwicklung Erklärungen ab, die ihren eigenen Vorstellungen entsprechen, und schreiben sie dann diesen großen Lehrern zu. Sie nehmen diese großen Lehren und legen ihre eigene Missdeutung darüber. Bei jedem großen Propheten ist der einzige Hinweis sein Leben. Schauen Sie sich sein Leben an: Was er getan hat, wird die Texte erklären. Lesen Sie die Gita, und Sie werden feststellen, dass sie durch das Leben des Lehrers eindeutig bestätigt wird.

Mohammed hat durch sein Leben gezeigt, dass unter den Moslems vollkommene Gleichheit und Brüderlichkeit herrschen sollte. Es gab keine Frage der Rasse, der Kaste, des Bekenntnisses, der Hautfarbe oder des Geschlechts. Der Sultan der Türkei kann einen Schwarzen auf dem afrikanischen Markt kaufen und ihn in Ketten in die Türkei bringen; sollte dieser aber ein Moslem werden und genügend Verdienste und Fähigkeiten haben, kann er sogar die Tochter des Sultans heiraten. Vergleichen Sie dies mit der Art und Weise, wie die Schwarzen und die amerikanischen Indianer in diesem Land behandelt werden! Und was machen die Hindus? Wenn einer Ihrer Missionare zufällig das Essen einer orthodoxen Person berührt, wirft sie es weg. Trotz unserer großartigen Philosophie stellen wir Hindus in der Praxis unsere Schwäche fest. Dagegen sehen Sie die Größe des Islam gegenüber anderen Religionen, die sich in der Gleichheit zeigt, der vollkommenen Gleichheit ohne Rücksicht auf Rasse und Hautfarbe.

Werden noch andere, größere Propheten kommen? Sicherlich. Aber warten Sie nicht darauf. Mir wäre es lieber, wenn jeder von Ihnen selbst zu einem Propheten dieses wirklichen Neuen Testaments würde, das aus allen Alten Testamenten entsteht. Nehmen Sie alle alten Botschaften, ergänzen Sie sie mit Ihren eigenen *Erleuchtungen* und werden Sie Propheten für andere.

Jeder dieser Lehrer war großartig. Jeder hat etwas für uns hinterlassen. Sie waren unsere Götter. Wir grüßen sie, wir sind ihre Diener; und ebenso grüßen wir uns selbst, denn wenn sie Propheten und Kinder Gottes waren, sind wir es auch. Sie erreichten ihre Vollkommenheit, und wir werden jetzt die unsere erreichen. Erinnern Sie sich an die Worte von Jesus: „Das Himmelreich ist nahe!" In diesem Augenblick sollte jeder von uns einen festen Entschluss fassen: „Ich will ein Prophet werden, ich will ein Bote des Lichts werden, ich will ein Kind Gottes werden, ja, ich will ein Gott werden!"

Teil 3

Der Mensch

Die Wissenschaft des inneren Universums

All unser Wissen basiert auf Erfahrung. Das, was wir inferentielles Wissen nennen, bei dem wir vom Besonderen zum Allgemeinen oder vom Allgemeinen zum Besonderen gehen, hat die Erfahrung als Grundlage. In dem, was man die exakten Wissenschaften nennt, findet man leicht die Wahrheit, weil sie an die konkreten Erfahrungen eines jeden Menschen anknüpfen. Der Wissenschaftler sagt uns nicht, dass wir an irgendetwas glauben sollen, sondern er liefert bestimmte Ergebnisse, die aus seinen eigenen Erfahrungen stammen, und wenn er uns auffordert, an seine Schlussfolgerungen zu glauben, beruft er sich auf eine universelle Erfahrung der Menschheit. In jeder exakten Wissenschaft gibt es eine Grundlage, die der ganzen Menschheit gemeinsam ist, sodass wir sofort die Wahrheit oder den Irrtum der daraus gezogenen Schlussfolgerungen erkennen können. Die Frage ist nun: Hat die Religion eine solche Grundlage oder nicht? Ich werde die Frage sowohl mit Ja als auch mit Nein beantworten können.

Die Religion, wie sie allgemein in der ganzen Welt gelehrt wird, beruht auf Glauben und Überzeugungen. Sie besteht in den meisten Fällen nur aus verschiedenen Theorien, und das ist der Grund, warum wir alle Religionen miteinander streiten sehen. Diese Theorien basieren wiederum auf dem Glauben. Der eine sagt, dass es ein großes Wesen gibt, das über den Wolken sitzt und das ganze Universum regiert, und er verlangt von mir, dass ich das allein aufgrund seiner Behauptung glaube. Auf die gleiche Weise kann ich meine eigenen Ideen haben und von anderen verlangen, dass sie daran glauben, und wenn sie nach einem Beweis fragen, kann ich ihnen keinen nennen. Das ist der Grund, warum Religion und metaphysische Philosophie heutzutage einen schlechten Ruf haben. Gebildete Menschen scheinen zu denken: „Oh, diese Religionen sind nur Bündel von Theorien ohne jeden Standard, nach dem man sie beurteilen kann. Jeder predigt seine eigenen Lieblingsideen." Nichtsdestotrotz gibt es in der Religion eine universelle Basis, die für all die unterschiedlichen Theorien und Ideen der verschiedenen religiösen Schulen in den verschiedenen Ländern maßgebend ist. Wenn wir diese religiösen Richtungen genau betrachten, stellen wir fest, dass auch sie auf universellen Erfahrungen beruhen.

Zunächst einmal: Wenn Sie die unterschiedlichen Religionen der Welt analysieren, werden Sie feststellen, dass diese in zwei Klassen eingeteilt sind: die mit einem Buch und die ohne Buch. Diejenigen mit einem Buch sind die stärksten und haben die größte Anzahl von Anhängern. Diejenigen ohne Buch sind größtenteils ausgestorben, und die wenigen neuen haben eine sehr kleine Anhängerschaft. Dennoch finden wir bei allen eine übereinstimmende Meinung, dass die Wahrheiten, die sie lehren, das Ergebnis der Erfahrungen bestimmter Personen sind. Der Christ bittet Sie, an seine Religion zu glauben, an Christus als die Inkarnation Gottes, an einen Gott, an eine Seele und an einen besseren Zustand dieser Seele. Wenn ich ihn nach den Gründen frage, sagt er, er glaube an sie. Wenn Sie aber zur Quelle des Christentums gehen, werden Sie feststellen, dass es auf Erfahrung beruht. Christus sagte, er habe Gott gesehen. Die Jünger sagten, sie hätten Gott gespürt und so weiter.

Ähnlich verhält es sich im Buddhismus mit der Erfahrung des Buddha: Er erlebte bestimmte Wahrheiten, sah sie, kam mit ihnen in Berührung und verkündete sie der Welt. So auch bei den Hindus. In ihren Büchern erklären die Autoren, die Rishis, Weisen, genannt werden, dass sie bestimmte Wahrheiten erfahren haben, und diese verkünden sie. Damit ist klar, dass alle Religionen der Welt auf dem einen universellen und unumstößlichen Fundament all unseres Wissens errichtet wurden: der direkten Erfahrung. Alle diese Lehrer sahen Gott, sie sahen alle ihre eigene Seele, sie sahen ihre Zukunft, sie sahen ihre Unsterblichkeit, und was sie sahen, predigten sie. Der Unterschied besteht darin, dass von den meisten dieser Religionen, besonders in der Neuzeit, eine eigentümliche Behauptung aufgestellt wird, nämlich, dass diese Erfahrungen in der heutigen Zeit unmöglich sind – sie waren nur bei einigen wenigen Männern möglich, Männern, die Gründer dieser Religionen waren und ihnen ihre Namen gaben. In der heutigen Zeit seien diese Erfahrungen obsolet geworden und deshalb müssten wir jetzt die Religion als Glauben annehmen. Dies streite ich völlig ab. Wenn es in dieser Welt eine Erfahrung in irgendeinem bestimmten Wissenszweig gegeben hat, folgt daraus zwingend, dass diese Erfahrung auch zuvor millionenfach möglich war und dass sie sich ewig wiederholen wird. Gleichförmigkeit ist das strenge Gesetz der Natur: Was einmal geschehen ist, kann immer geschehen.

Die Lehrer der Wissenschaft des Yogas erklären daher, dass die Religion nicht auf die Erfahrungen der alten Zeiten begrenzt ist und dass niemand religiös sein kann, bis er selbst die gleichen Wahrnehmungen hat. Yoga ist die Wissenschaft, die uns lehrt, wie wir diese Wahrnehmungen haben können. Es nützt nicht viel, über Religion zu reden, solange man sie nicht gespürt hat. Warum gibt es so viel Unfrieden, so viele Kämpfe und Streitereien im Namen Gottes? Im Namen Gottes ist mehr Blut vergossen worden als aus irgendeinem anderen Grund, weil die Menschen nie zur Quelle gegangen sind. Sie haben sich damit begnügt, den Sitten ihrer Vorväter beizupflichten, und wollten, dass andere dasselbe tun. Welches Recht hat ein Mensch zu sagen, dass er eine Seele hat, wenn er sie nicht fühlt, oder dass es einen Gott gibt, wenn er Ihn nicht sieht? Wenn es einen Gott gibt, müssen wir Ihn sehen, wenn es eine Seele gibt, müssen wir sie wahrnehmen. Sonst ist es besser, nicht zu glauben. Es ist besser, ein offener Atheist zu sein als ein Heuchler.

Auf der einen Seite gibt es heutzutage unter den „Gelehrten" die Auffassung, dass Religion und Metaphysik und jede Suche nach einem Höchsten Wesen nutzlos sind. Auf der anderen Seite, bei den Halbgebildeten, scheint die Vorstellung zu herrschen, dass diese Dinge in Wirklichkeit keine Grundlage haben: Ihr einziger Wert besteht darin, dass sie starke Beweggründe liefern, um in der Welt Gutes zu tun. Wenn die Menschen an einen Gott glauben, werden sie vielleicht gut und moralisch und sind somit gute Bürger. Wir können es ihnen nicht verübeln, dass sie solche Ansichten haben, da alles, was diesen Menschen beigebracht wird, darin besteht, an ein endloses Geschwätz von Worten zu glauben, ohne irgendeine Substanz dahinter. Sie werden aufgefordert, auf der Basis von Worten zu leben; aber können sie das tun? Wenn sie es könnten, hätte ich nicht die geringste Achtung vor der menschlichen Natur. Der Mensch will die Wahrheit, er will die Wahrheit selbst erfahren. Wenn er sie erkannt, erfahren, in seinem Herzen gefühlt hat, dann allein – erklären die Veden – werden alle Zweifel verschwinden, alle Dunkelheit zerstreut und alle Verworfenheit begradigt werden. „Ihr Kinder der Unsterblichkeit, selbst diejenigen, die in der höchsten Sphäre leben, der

Weg ist gefunden. Es gibt einen Weg aus all dieser Dunkelheit, und zwar durch das Wahrnehmen von Ihm, der jenseits aller Dunkelheit ist. Es gibt keinen anderen Weg."

Die Wissenschaft des *Raja-Yogas* stellt der Menschheit eine praktische und wissenschaftlich ausgearbeitete Methode vor, um diese Wahrheit zu erfahren. Jede Wissenschaft braucht ihre eigene Untersuchungsmethode. Wenn Sie ein Astronom werden wollen und sich hinsetzen und rufen „Astronomie! Astronomie!", wird es Ihnen nicht gelingen. Dasselbe gilt für die Chemie. Sie müssen eine bestimmte Methode befolgen. Sie müssen in ein Labor gehen, verschiedene Substanzen nehmen, sie mischen, sie zusammensetzen, mit ihnen experimentieren, und daraus wird eine Kenntnis über Chemie entstehen. Wenn Sie Astronom werden wollen, müssen Sie in eine Sternwarte gehen, ein Teleskop nehmen, die Sterne und Planeten studieren, und dann werden Sie irgendwann ein Astronom. Jede Wissenschaft muss ihre eigenen Methoden haben. Ich könnte Ihnen Tausende von Predigten halten, aber sie würden Sie nicht religiös machen, bis Sie die Methode praktiziert haben.

Dieser Yoga erklärt die Wahrheiten der Weisen aller Länder, aller Zeitalter, ausgearbeitet von reinen und selbstlosen Männern, die kein anderes Motiv hatten, als der Welt Gutes zu tun. Sie alle erklären, dass sie eine Wahrheit gefunden haben, die höher ist als das, was die Sinne uns bringen können, und sie laden zur Überprüfung ein. Sie bitten uns, die Methode anzuwenden und aufrichtig zu praktizieren. Sollten wir dann diese höhere Wahrheit nicht finden, haben wir das Recht zu sagen, dass an der Aussage nichts Wahres ist. Aber bevor wir das nicht getan haben, ist es nicht vernünftig, die Wahrheit ihrer Aussagen zu bestreiten. Wir müssen also gewissenhaft arbeiten und die vorgeschriebenen Methoden anwenden, und das Licht wird kommen.

Bei der Aneignung von Wissen machen wir Gebrauch von Verallgemeinerungen, und Verallgemeinerungen beruhen auf Beobachtungen. Wir beobachten zuerst Fakten, dann verallgemeinern wir und dann ziehen wir Schlussfolgerungen oder formulieren Grundsätze. Das Wissen über den Geist, über die innere Natur des Menschen, über das Denken, kann niemals erlangt werden, solange wir nicht zuerst die Macht erlangen, die Dinge zu beobachten, die im Inneren vor sich gehen. Es ist verhältnismäßig leicht, Fakten in der äußeren Welt zu beobachten, da viele Instrumente für diesen Zweck erfunden wurden, aber in der inneren Welt haben wir kein Instrument, das uns hilft. Dennoch wissen wir, dass wir beobachten müssen, um eine echte Wissenschaft zu haben. Ohne eine gründliche Analyse ist jede Wissenschaft hoffnungslos – bloßes Theoretisieren. Und das ist der Grund, warum alle Psychologen seit Anbeginn der Zeit untereinander streiten, abgesehen von den wenigen, die die Mittel der Beobachtung gefunden haben.

Die Wissenschaft des Raja-Yogas schlägt als Erstes vor, welches Mittel wir zur Beobachtung der inneren Zustände nehmen sollen. Das Instrument ist der Geist selbst. Wenn die Kraft der Aufmerksamkeit richtig eingesetzt wird und auf die innere Welt gerichtet ist, wird sie den Geist analysieren und die Tatsachen für uns beleuchten. Die Kräfte des Geistes sind wie zerstreute Lichtstrahlen – wenn sie konzentriert werden, erhellen sie. Dies ist unser einziges Mittel zur Erkenntnis. Jeder benutzt es, sowohl in der äußeren als auch in der inneren Welt. Der Psychologe muss allerdings dieselbe minutiöse Beobachtung auf die innere Welt richten, die der Wissenschaftler auf die äußere richtet, und das erfordert sehr viel Übung. Von Kindheit an hat man uns gelehrt, nur auf die äußeren Dinge zu achten, nie aber auf die inneren. Daher haben die meisten von uns die Fähigkeit, die inneren Vorgänge zu beobachten, praktisch verloren. Es ist sehr harte Arbeit, wenn man den Geist nach innen wendet, ihn daran hindert, nach außen zu gehen, und alle Kräfte bündelt und sie auf den Geist konzentriert, um seine Natur zu erkennen, um ihn zu analysieren. Doch das ist der einzige Weg zu so etwas wie einer wissenschaftlichen Annäherung an das Thema.

Was ist der Nutzen eines solchen Wissens? Erstens ist das Wissen selbst die höchste Belohnung für das Wissen und zweitens liegt darin auch ein Nutzen. Es wird unser ganzes Elend beenden. Wenn der Mensch durch die Analyse seines eigenen Geistes sozusagen von Angesicht zu Angesicht mit etwas konfrontiert wird, das niemals zerstört wird, etwas, das aufgrund seiner eigenen Natur ewig rein und vollkommen ist, wird er nicht mehr elend, nicht mehr unglücklich sein. Alles Elend kommt von Angst, von unbefriedigtem Verlangen. Der Mensch wird feststellen, dass er niemals stirbt, und dann wird er keine Angst mehr vor dem Tod haben. Wenn er weiß, dass er vollkommen ist, wird er keine vergeblichen Wünsche mehr haben. Und da diese beiden Ursachen wegfallen, wird es für ihn kein Elend mehr geben – es wird vollkommene Glückseligkeit herrschen, sogar während er in diesem Körper ist.

Es gibt nur eine Methode, um dieses Wissen zu erlangen, nämlich die der Konzentration. Der Chemiker in seinem Labor konzentriert alle Energien seines Geistes in einem Brennpunkt und wirft sie auf die Substanzen, die er analysiert, und findet so ihre Geheimnisse heraus. Der Astronom konzentriert alle Energien seines Geistes und projiziert sie durch sein Teleskop auf den Himmel – und die Sterne, die Sonne und der Mond geben ihm ihre Geheimnisse preis. Je mehr ich meine Gedanken auf die Sache konzentrieren kann, über die ich zu Ihnen spreche, desto mehr Licht kann ich auf sie richten. Sie hören mir zu, und je mehr Sie Ihre Gedanken konzentrieren, desto klarer werden Sie begreifen, was ich zu sagen habe.

Wie ist all das Wissen in der Welt gewonnen worden, außer durch die Konzentration der Kräfte des Geistes? Die Welt ist bereit, ihre Geheimnisse preiszugeben, wenn wir nur wissen, wie man anklopft, wie man ihr den nötigen Ruck gibt. Die Stärke und Kraft dieses Rucks kommt durch Konzentration. Es gibt keine Grenze für die Kraft des menschlichen Geistes. Je konzentrierter er ist, desto mehr Kraft wird auf einen Punkt gerichtet. Das ist das Geheimnis.

Es ist leicht, den Geist auf äußere Dinge zu konzentrieren – der Geist geht naturgemäß nach außen. Im Falle von Religion oder Psychologie oder Metaphysik, wo Subjekt und Objekt ein und dasselbe sind, ist es anders. Das Objekt ist intern – es ist der Geist. Gleichzeitig will man den Geist untersuchen: Der Geist erforscht sich selbst. Wir wissen, dass es eine Fähigkeit des Geistes gibt, die man Reflexion nennt. Ich spreche zu Ihnen. Gleichzeitig stehe ich sozusagen als eine zweite Person daneben und höre und verstehe, was ich rede. Man arbeitet und denkt zur gleichen Zeit, während ein Teil des Verstandes danebensteht und sieht, was man denkt. Diese Kräfte des Geistes sollten nun konzentriert und auf sich selbst zurückgeworfen werden, und so wie die dunkelsten Orte ihre Geheimnisse vor den durchdringenden Strahlen der Sonne offenbaren, so wird dieser konzentrierte Geist in seine eigenen innersten Geheimnisse eindringen.

Auf diese Weise kommen wir zur Grundlage des Glaubens, zu der wirklichen, echten Religion. Wir werden selbst wahrnehmen, ob wir Seelen haben, ob das Leben bloß fünf Minuten oder die Ewigkeit dauert, ob es einen Gott im Universum gibt oder mehrere. Das alles wird uns offenbart werden. Das ist es, was Raja-Yoga zu lehren versucht. Das Ziel all seiner Lehren ist es, den Geist zu konzentrieren, dann seine innersten Tiefen zu ergründen, dann ihren Inhalt so zu verallgemeinern, dass wir daraus unsere eigenen Schlüsse ziehen können.

Er fragt daher nie, was unsere Religion ist, ob wir Deisten oder Atheisten sind, ob wir Christen, Juden oder Buddhisten sind. Wir sind Menschen, das genügt. Jeder Mensch hat das Recht und die Macht, nach Religion zu suchen. Jeder Mensch hat das Recht, nach dem Grund, nach dem Warum zu fragen und sich seine Frage selbst zu beantworten, wenn er sich nur die Mühe macht. So weit sehen wir also, dass beim Studium dieses Raja-Yogas kein Glaube oder keine Überzeugung notwendig ist. „Glaube nichts, bis du es selbst herausgefunden hast", das ist es, was er uns lehrt. Die Wahrheit benötigt keine Stütze, um sie aufrechtzuerhalten. Oder würden Sie sagen, dass die Tatsachen unseres wachen Zustandes irgendwelche Träume oder Einbildungen benötigen, um sie zu beweisen? Sicherlich nicht.

Dieses Studium des Raja-Yogas braucht eine lange Zeit und ständige Praxis. Ein Teil dieser Praxis ist körperlich, aber größtenteils ist sie geistig. Wenn wir fortfahren, werden wir feststellen, wie eng der Geist mit dem Körper verbunden ist. Wenn wir annehmen, dass der Geist einfach ein feinerer Teil des Körpers ist und dass er auf den Körper einwirkt, dann liegt es auf der Hand, dass der Körper auf den Geist reagieren muss. Wenn der Körper krank ist, wird auch der Geist krank. Wenn der Körper gesund ist, bleibt der Geist gesund und stark. Wenn man wütend ist, gerät der Geist in Unruhe. In ähnlicher Weise wird auch der Körper gestört, wenn der Geist gestört ist.

Bei der Mehrheit der Menschen steht der Geist stark unter der Kontrolle des Körpers – er ist sehr wenig entwickelt. Die große Zahl der Menschen ist nur sehr wenig von den Tieren entfernt. Nicht nur das, denn in vielen Fällen ist die Macht der Beherrschung bei ihnen kaum höher als bei den Tieren. Wir haben nur sehr wenig Kontrolle über unseren Geist. Um diese Beherrschung zu erreichen, um diese Kontrolle über Körper und Geist zu erlangen, müssen wir bestimmte physische Hilfen in Anspruch nehmen. Wenn der Körper ausreichend kontrolliert wird, können wir die Beeinflussung des Geistes versuchen. Indem wir den Geist manipulieren, können wir ihn unter unsere Kontrolle bringen, ihn so arbeiten lassen, wie wir es wollen, und ihn zwingen, seine Kräfte so zu konzentrieren, wie wir es wünschen.

Nach Ansicht der Raja-Yogis ist die äußere Welt nur die grobstoffliche Form der inneren, feinstofflichen. Das Feinstoffliche ist immer die Ursache, das Grobstoffliche die Wirkung. So ist die äußere Welt die Wirkung, die innere die Ursache. In gleicher Weise sind die äußeren Kräfte nur die gröberen Formen der feineren inneren Kräfte. Der Mensch, der verstanden und gelernt hat, die inneren Kräfte zu manipulieren, bekommt die gesamte Natur unter seine Kontrolle. Der Yogi stellt sich keine geringere Aufgabe, als das ganze Universum zu beherrschen, alles Physische zu kontrollieren. Er will an den Punkt gelangen, an dem das, was wir „Naturgesetze" nennen, keinen Einfluss mehr auf ihn haben wird, an dem er in der Lage sein wird, über sie alle hinauszugehen. Er wird Herr über alles Physische sein: innen und außen. Der Fortschritt und die Zivilisation der menschlichen Rasse bedeuten einfach die Beherrschung des Physischen.

Verschiedene Völker wenden unterschiedliche Verfahren zur Kontrolle über die Natur an. So wie innerhalb einer Gesellschaft einige Individuen die äußere Natur kontrollieren wollen und andere die innere, so wollen einige Völker das außen Existierende kontrollieren und andere das innen Existierende. Die einen sagen, dass wir durch die Kontrolle der äußeren Natur alles kontrollieren. Die anderen, dass wir durch die Kontrolle der inneren Natur alles kontrollieren. Ins Äußerste gesteigert, haben beide recht, denn in der Natur gibt es keine Unterteilung in intern und extern. Das sind fiktive Begrenzungen, die nie existiert haben. Die Externalisten und die Internalisten sind dazu bestimmt, sich an demselben Punkt zu treffen, wenn beide das Äußerste ihres Wissens erreichen. So wie ein Physiker, wenn er sein Wissen an seine Grenzen treibt, es in Metaphysik zerfließen sieht, so wird ein Metaphysiker feststellen, dass das, was er Geist und Materie nennt, nur scheinbare Unterscheidungen sind, während die Wirklichkeit Eins ist.

Der Zweck und das Ziel aller Wissenschaft ist es, die Einheit zu finden, das Eine, aus dem das Vielfältige hergestellt wird, das Eine, das als Viele existiert. Raja-Yoga schlägt vor, von der inneren Welt auszugehen, die innere Natur zu studieren und dadurch das Ganze zu kontrollieren: sowohl das Innere als auch das Äußere. Es ist ein sehr alter Ansatz. Indien war dafür eine besondere Hochburg, aber es wurde auch von anderen Nationen versucht. In den westlichen Ländern wurde es als Mystizismus angesehen, und Menschen, die es praktizieren wollten, wurden als Hexen und Zauberer entweder verbrannt oder getötet. In Indien fiel es später aus verschiedenen Gründen in die Hände von Personen, die neunzig Prozent des Wissens zerstörten und versuchten, aus dem Rest ein großes Geheimnis zu machen. In der Neuzeit sind im Westen viele sogenannte Lehrer aufgetaucht, die noch schlimmer sind als diese Personen in Indien, weil Letztere etwas wussten, während diese modernen Personen nichts wissen.

Alles, was in diesen Yoga-Systemen geheimnisvoll und mysteriös ist, sollte sofort abgelehnt werden. Der beste Wegweiser im Leben ist die Stärke. Verwerfen Sie alles, was Sie schwächt, in der Religion wie in allen anderen Angelegenheiten. Meiden Sie es. Geheimniskrämerei schwächt das menschliche Gehirn. Sie hat Yoga – eine der großartigsten Wissenschaften – fast zerstört. Seit seiner Entdeckung vor mehr als viertausend Jahren wurde Yoga in Indien vollendet dargelegt, formuliert und gepredigt. Eine Tatsache fällt auf: Je moderner der Kommentator, umso größer die Fehler, die er macht – je antiker ein Autor, umso rationaler ist er. Die meisten der modernen Autoren sprechen von allen möglichen Mysterien. So fiel der Yoga in die Hände einiger weniger Personen, die ihn zu einem Geheimnis machten, anstatt den vollen Schein des Tageslichts und der Vernunft auf ihn fallen zu lassen. Sie taten dies, um sich die alleinige Macht zu sichern.

Zunächst einmal ist es kein Geheimnis, was ich lehre. Das wenige, was ich weiß, werde ich Ihnen sagen. Soweit ich es begründen kann, werde ich es tun, und zu dem, was ich nicht weiß, werde ich Ihnen einfach berichten, was die Schriften sagen. Es ist falsch, blind zu glauben. Sie müssen Ihre eigene Vernunft und Ihr eigenes Urteilsvermögen anwenden. Sie müssen üben und sehen, ob diese Dinge geschehen oder nicht. Genauso wie Sie das Studium jeder anderen Wissenschaft aufnehmen würden, sollten Sie auch das Studium dieser Wissenschaft aufnehmen. Es gibt weder ein Geheimnis noch eine Gefahr darin. Soweit sie wahr ist, sollte sie auf den öffentlichen Plätzen, am hellichten Tag, gepredigt werden. Jeder Versuch, diese Dinge zu mystifizieren, birgt große Gefahren in sich.

Bevor ich fortfahre, möchte ich Ihnen ein wenig von der Sankhya-Philosophie erzählen, auf der der gesamte Raja-Yoga basiert. Nach der Sankhya-Philosophie entsteht die Wahrnehmung wie folgt: Die Reize der äußeren Objekte werden von den äußeren Körperorganen zu ihren jeweiligen Gehirnzentren (oder den eigentlichen Organen) getragen, die Organe tragen die Reize zum Denk- und Empfindungsorgan, das trägt sie zum Bestimmungsvermögen des Geistes (dem Verstand), von diesem empfängt sie der Purusha (die Seele), wodurch die Wahrnehmung entsteht. Dann gibt der Purusha sozusagen den Befehl an die motorischen Zentren zurück, das Nötige zu tun. Mit Ausnahme des Purusha sind sie alle materiell, allerdings ist der Geist eine viel feinere Materie als die äußeren Körperorgane. Das Material, aus dem der Geist besteht, bildet auch die subtile Materie, die Tanmatras. Wenn die Tanmatras grob werden, bilden sie die äußere Materie. Das ist die Psychologie des Sankhya.

Somit besteht zwischen dem Verstand und der äußeren, gröberen Materie nur ein Unterschied im Grad. Der Purusha ist das Einzige, das immateriell ist. Der Geist ist sozusagen ein Instrument in den Händen der Seele, durch das die Seele äußere Objekte erfasst. Das Denk- und Empfindungsorgan verändert sich ständig und schwankt, kann aber, wenn es vervollkommnet ist, entweder an mehrere Organe gleichzeitig, an eines oder an keines angekoppelt sein. Wenn ich zum Beispiel mit großer Aufmerksamkeit die Uhr höre, sehe ich vielleicht nichts, obwohl meine Augen offen sind, was zeigt, dass der Geist nicht an das Sehorgan gebunden war, sondern an das Hörorgan. Aber das vervollkommnete Denk- und Empfindungsorgan kann mit allen Organen gleichzeitig verbunden sein. Es hat außerdem die reflexive Kraft, in seine eigenen Tiefen zurückzuschauen. Diese reflexive Kraft ist es, die der Yogi erlangen möchte. Indem er die Kräfte des Denk- und Empfindungsorgans konzentriert und nach innen wendet, versucht er zu erfahren, was im Inneren geschieht.

Es handelt sich hier nicht um eine Frage des bloßen Glaubens. Es sind Ergebnisse, zu denen bestimmte Philosophen auf analytischem Weg gelangt sind. Die modernen Physiologen sagen uns, dass die Augen nicht das Sehorgan sind, sondern dass sich das Organ in einem der Nervenzentren des Gehirns befindet. So ist es auch mit allen anderen Sinnen. Sie sagen uns ferner, dass diese Zentren aus dem gleichen Material gebildet sind wie das Gehirn selbst. Die Sankhyas beschreiben uns dasselbe. Ersteres ist eine Aussage auf der physischen Ebene und Letzteres auf der psychologischen. Dennoch sagen beide das Gleiche. Unser Untersuchungsfeld liegt allerdings jenseits davon.

Der Yogi schlägt vor, jenen feinen Wahrnehmungszustand zu erlangen, in dem man all die verschiedenen geistigen Zustände wahrnehmen kann. Man kann sie alle mental wahrnehmen. Man kann wahrnehmen, wie die Empfindung verläuft: wie das Denk- und Empfindungsorgan sie empfängt, wie sie zum Bestimmungsvermögen geht und wie dieses sie an den Purusha weitergibt. So wie jede Wissenschaft bestimmte Vorbereitungen erfordert und ihre eigene Methode hat, die befolgt werden muss, bevor sie verstanden werden kann, so ist es auch im Raja-Yoga.

Bestimmte Regeln in Bezug auf die Nahrung sind notwendig. Wir müssen die Nahrung verwenden, die uns den reinsten Geist bringt. Wenn Sie in eine Menagerie gehen, werden Sie dies unmittelbar vorgeführt bekommen. Sie sehen die Elefanten, riesige Tiere, aber ruhig und sanft; und wenn Sie zu den Käfigen der Löwen und Tiger gehen, finden Sie sie unruhig. Das zeigt, wie viel Unterschied die Nahrung macht. Alle Kräfte, die in diesem Körper wirken, sind aus der Nahrung hervorgegangen – das sehen wir jeden Tag. Wenn Sie zu fasten beginnen, wird zuerst Ihr Körper schwach werden, die physischen Kräfte werden leiden. Dann, nach ein paar Tagen, werden auch die mentalen Kräfte beeinträchtigt. Zuerst wird das Gedächtnis versagen. Dann kommt ein Punkt, an dem man nicht mehr in der Lage ist zu denken, geschweige denn irgendeiner Argumentation zu folgen. Wir müssen also am Anfang darauf achten, welche Art von Nahrung wir zu uns nehmen, und wenn wir stark genug geworden sind, wenn unsere Praxis weit fortgeschritten ist, brauchen wir in dieser Hinsicht nicht so vorsichtig zu sein. Solange die Pflanze wächst, muss sie umhegt werden, damit sie nicht verletzt wird. Aber wenn sie ein Baum geworden ist, wird der Schutz weggenommen. Sie ist stark genug, um allen Angriffen zu widerstehen.

Ein Yogi muss die beiden Extreme von Luxus und Entbehrung vermeiden. Er darf nicht fasten und sein Fleisch nicht quälen. Wer das tut, sagt die Gita, kann kein Yogi werden: Wer fastet, wer nicht schläft, wer zu viel schläft, wer zu viel arbeitet, wer keine Arbeit verrichtet, kann kein Yogi werden.

Raja-Yoga ist in acht Schritte unterteilt. Der erste ist Yama: Nichttöten, Wahrhaftigkeit, Nichtstehlen, Enthaltsamkeit und Nichtannehmen von Geschenken. Als Nächstes folgt Niyama: Reinheit, Zufriedensein, Enthaltsamkeit, Selbsterforschung und *Hingabe* an Gott. Dann kommen *Asana*, die Körperstellung; *Pranayama*, die Kontrolle des Pranas; Pratyahara, das Zurückziehen der Sinne von Sinnesobjekten; Dharana, die Fixierung des Geistes auf einen Punkt; Dhyana, die Meditation; und *Samadhi*, das Überbewusstsein. Yama und Niyama sind, wie wir sehen, moralische Praktiken, ohne die als Grundlage die Praktizierung des Yogas nicht gelingen kann. Erst wenn diese beiden etabliert sind, wird der Yogi beginnen, die Früchte seiner Praxis zu erfahren. Ohne diese Basis wird der Yoga niemals Früchte tragen.

Das große Kontinuum

Geist

Heute Morgen werde ich versuchen, Ihnen einige Gedanken über die Atmung und andere praktische Themen zu präsentieren. Wir haben so lange über Theorien gesprochen, dass es jetzt gut sein wird, ein wenig Praktisches zu erfahren. In Indien sind sehr viele Bücher zu diesem Thema geschrieben worden. So wie Ihre Landsleute in vielen Dingen praktisch veranlagt sind, sind meine Landsleute anscheinend in dieser Richtung ausgesprochen praktisch veranlagt. In Ihrem Land stecken fünf Personen ihre Köpfe zusammen und sagen: „Wir werden eine Aktiengesellschaft gründen", und in fünf Stunden ist es getan. In Indien könnten sie das in fünfzig Jahren nicht schaffen; sie sind so unpraktisch in solchen Dingen. Aber bedenken Sie, wenn ein Mann ein Philosophie-System entwickelt, wird er Anhänger haben, egal wie wild seine Theorie auch sein mag. Wenn jemand etwa eine Sekte gründet, die lehrt, dass ein Mann, der zwölf Jahre lang Tag und Nacht auf einem Bein steht, die Erlösung erlangen wird, wird es Hunderte geben, die bereit sind, auf einem Bein zu stehen. Sie werden das Leid mit Ruhe ertragen. Es gibt Menschen, die ihre Arme jahrelang erhoben halten, um religiöse Vorteile zu erlangen. Ich habe Hunderte von ihnen gesehen. Und, wohlgemerkt, es sind nicht immer unwissende Dummköpfe, sondern Männer, die Sie mit der Tiefe und Breite ihres Intellekts in Erstaunen versetzen würden. Sie sehen also: Das Wort „praktisch" ist auch relativ.

Wir machen immer diesen Fehler, wenn wir andere beurteilen. Wir sind geneigt zu denken, dass unser kleines geistiges Universum alles ist, was es gibt, dass unsere Ethik, unsere Moral, unser Pflichtgefühl, unser Sinn für Nützlichkeit die einzigen Dinge sind, die von Wert sind. Neulich kam ich auf meiner Reise nach Europa nach Marseille, wo ein Stierkampf stattfand. Alle Engländer auf dem Dampfer waren außer sich vor Aufregung und beschimpften und kritisierten die ganze Sache als grausam. Als ich in England ankam, hörte ich von einer Gruppe von Preiskämpfern, die in Paris gewesen und von den Franzosen kurzerhand hinausgeworfen worden waren, weil sie

Preiskämpfe für sehr brutal hielten. Wenn ich solche Dinge in verschiedenen Ländern höre, fange ich an, das wunderschöne Gebot von Christus zu verstehen: „Richtet nicht, damit ihr nicht gerichtet werdet."[57]

Je mehr wir lernen, desto mehr stellen wir fest, wie unwissend wir sind und wie vielschichtig und vielseitig der menschliche Geist ist. Als ich ein Junge war, kritisierte ich die asketischen Praktiken meiner Landsleute. Große Prediger in unserem Land haben sie kritisiert – der größte Mensch, der je geboren wurde, Buddha selbst, kritisierte sie. Und trotzdem fühle ich, während ich älter werde, dass ich kein Recht habe zu urteilen. Manchmal wünsche ich mir, dass ich trotz all ihrer Eigentümlichkeiten auch nur einen Bruchteil ihrer Tatkraft und Fähigkeit zu leiden besäße. Oft denke ich, dass mein Urteil und meine Kritik nicht aus irgendeiner Abneigung gegen die Folter herrühren, sondern aus purer Feigheit, denn ich kann das nicht tun, ich wage das nicht zu tun.

Sie sehen also, Stärke, Kraft und Mut sind sehr eigentümliche Dinge. Wenn wir sagen: „Ein mutiger Mensch, ein tapferer Mensch, ein kühner Mensch", müssen wir bedenken, dass dieser Mut oder diese Tapferkeit oder irgendeine andere Eigenschaft diesen Menschen nicht in allen Fällen kennzeichnet. Derselbe Mann, der sich in die Mündung einer Kanone stürzen würde, schreckt vor dem Messer des Chirurgen zurück. Ein anderer Mann, der es nie wagen würde, sich einer Kanone zu stellen, wird vielleicht ruhig eine schwere chirurgische Operation ertragen, wenn es sein muss. Also, wenn Sie andere beurteilen, müssen Sie immer Ihre Vorstellungen von Mut oder Größe darlegen. Ein Mensch, den ich als nicht gut kritisiere, mag in Dingen großartig sein, in denen ich es nicht bin.

Nehmen Sie ein anderes Beispiel. Wenn die Leute darüber diskutieren, was Männer und Frauen können, machen sie oft den gleichen Fehler. Sie stellen bei den Männern heraus, dass sie zum Beispiel kämpfen und körperliche Anstrengungen auf sich nehmen können, und spielen das gegen die körperliche Schwäche und die nichtkämpferische Qualität der Frauen aus. Das ist ungerecht. Die Frauen sind genauso mutig wie die Männer, nur auf ihre Art. Welcher Mann

---

57 Matthäus 7:1

kann ein Kind mit solcher Geduld, Ausdauer und Liebe gebären und großziehen, wie es die Frau kann? Die einen haben die Kraft des Handelns entwickelt, die anderen die Kraft des Leidens. Wenn die Frau nicht handeln könnte, könnte der Mann genauso wenig leiden.

Das ganze Universum ist ein perfektes Gleichgewicht. Ich weiß es nicht, aber eines Tages wachen wir vielleicht auf und stellen fest, dass der einfache Wurm etwas hat, das unsere Menschlichkeit ausgleicht. Der bösartigste Mensch hat vielleicht eine gute Eigenschaft, die mir völlig fehlt. Ich sehe das jeden Tag in meinem Leben. Oder schauen Sie sich den Wilden an! Ich wünschte, ich hätte so einen prächtigen Körperbau. Er isst und trinkt nach Herzenslust, ohne vielleicht zu wissen, was Krankheit ist, während ich jede Minute leide. Wie oft wäre ich froh gewesen, wenn ich meinen Kopf gegen seinen Körper hätte tauschen können! Das ganze Universum besteht nur aus Wellen und den auf diese Wellen folgenden Hohlräumen – es kann keine Welle ohne einen Hohlraum geben. Überall gibt es Gleichgewicht. Sie haben eine großartige Eigenschaft, Ihr Nachbar hat eine andere großartige Eigenschaft. Wenn Sie Mann und Frau beurteilen, dann beurteilen Sie sie nach dem Maßstab ihrer jeweiligen Größe. Der eine kann nicht in den Schuhen der anderen stecken. Niemand hat das Recht zu sagen, dass der andere böse ist.

Es ist derselbe alte Aberglaube, der sagt: „Wenn das getan wird, geht die Welt zugrunde." Aber trotzdem ist die Welt noch nie zugrunde gegangen. Es wurde in diesem Land gesagt, dass das Land in den Ruin gehen würde, wenn die Schwarzen befreit würden. Aber hat es das? Es wurde auch gesagt, dass die Welt zugrunde gehen würde, wenn die Massen Bildung erhalten würden, aber sie wurde nur besser gemacht. Vor einigen Jahren kam ein Buch heraus, das das Schlimmste darstellte, was England passieren könnte. Der Autor zeigte, dass der englische Handel zurückging, während die Löhne der Arbeiter stiegen. Es gab einen Aufschrei, dass die Arbeiter in England exorbitante Forderungen stellten und dass die Deutschen für weniger Lohn arbeiteten. Eine Kommission wurde nach Deutschland entsandt, um dies zu untersuchen, und sie berichtete, dass die deutschen Arbeiter höhere Löhne erhielten. Warum war das so? Wegen der Bildung der Bevölkerung. Wie kann es dann sein, dass die Welt untergeht, wenn die Massen gebildet sind? Gerade in Indien treffen wir überall auf Menschen mit altmodischen Vorstellungen. Sie wollen alles vor den Massen geheim halten. Diese Leute kommen zu dem sehr befriedigenden Schluss, dass sie die Crème de la Crème dieses Universums sind. Und sie glauben, dass sie durch diese gefährlichen Experimente nicht geschädigt werden dürfen. Nur wenn sie selbst den Massen schaden, sei das in Ordnung!

Kommen wir nun zurück zum Praktischen. Das Thema der praktischen Anwendung der Psychologie ist in Indien schon sehr früh aufgegriffen worden. Etwa vierzehnhundert Jahre vor Christus erblühte in Indien ein großer Philosoph, Patanjali mit Namen. Er sammelte alle Fakten, Beweise, Forschungsergebnisse der Psychologie und benutzte dabei alle Erfahrungen, die in der Vergangenheit gesammelt worden waren. Vergessen Sie nicht: Diese Welt ist sehr alt, sie wurde nicht erst vor zwei- oder dreitausend Jahren erschaffen. Es wird hier im Westen so getan, als ob die Gesellschaft erst vor achtzehnhundert Jahren richtig begann, mit dem Neuen Testament. Davor gebe es keine Gesellschaft. Das mag in Bezug auf den Westen wahr sein, aber nicht in Bezug auf die ganze Welt. Während ich in London Vorträge hielt, stritt einer meiner sehr intellektuellen und intelligenten Freunde oft mit mir, und eines Tages, nachdem er alle seine Waffen gegen mich eingesetzt hatte, rief er plötzlich aus: „Warum sind denn eure Rishis nicht nach England gekommen, um uns zu lehren?" Ich antwortete: „Weil es kein England gab, wohin man hätte kommen können. Sollten sie den Wäldern predigen?" „Vor fünfzig Jahren", sagte mal Ingersoll[58] zu mir: „Sie wären in diesem Land gehängt worden, wenn Sie predigen gekommen wären. Man hätte Sie bei lebendigem Leibe verbrannt oder mit Steinen aus den Dörfern vertrieben."

Es ist also nichts Unvernünftiges an der Behauptung, dass die Zivilisation vierzehnhundert Jahre vor Christus existierte. Es ist auch nicht gesagt, dass sich die Zivilisation immer nur in eine Richtung entwickelt: vom Niederen zum Höheren. Dieselben Argumente und Beweise, die vorgebracht wurden, um diese Behauptung zu untermauern, können auch verwendet werden, um zu zeigen, dass der Wilde nur ein degradierter zivilisierter Mensch ist. Die Chinesen

---

58 Gemeint ist Robert G. Ingersoll, ein US-amerikanischer Prediger und Intellektueller.

zum Beispiel können niemals glauben, dass die Zivilisation aus einem wilden Zustand hervorgegangen ist, weil das Gegenteil innerhalb ihrer Erfahrung liegt.

Wenn Sie von Ihrer westlichen Zivilisation sprechen, meinen Sie damit die Dauer und das Wachstum Ihrer eigenen Rasse. Es ist gar kein Problem, daran zu glauben, dass die Hindus, die seit siebenhundert Jahren im Niedergang begriffen sind, in der Vergangenheit hoch zivilisiert waren. Wir können nicht beweisen, dass es nicht so ist. Es gibt kein einziges Beispiel dafür, dass eine Zivilisation spontan entstanden wäre. Es gab keine Rasse auf der Welt, die zivilisiert wurde, ohne dass eine andere zivilisierte Rasse kam und sich mit dieser Rasse vermischte. Der Ursprung der Zivilisation muss daher einer oder zwei Rassen gehört haben, die ins Ausland gingen, ihre Ideen verbreiteten und sich mit anderen Rassen vermischten und so die Zivilisation verbreiteten.

Lassen Sie uns aus praktischen Gründen in der Sprache der modernen Wissenschaft sprechen. Aber ich muss Sie bitten zu bedenken, dass es, wie es religiösen Aberglauben gibt, auch einen Aberglauben in der Sphäre der Wissenschaft gibt. Wie es Priester gibt, die sich auf religiöse Arbeit spezialisiert haben, so gibt es auch Priester der physikalischen Gesetze: die Wissenschaftler. Sobald der Name eines großen Wissenschaftlers, wie Darwin oder Huxley, genannt wird, folgen wir ihm blindlings. So ist die aktuelle Mode. Neunundneunzig Prozent dessen, was wir wissenschaftliches Wissen nennen, sind bloße Theorien. Und viele von ihnen sind nicht besser als der alte Aberglaube an Gespenster mit vielen Köpfen und Händen, mit dem Unterschied, dass Letztere den Menschen ein wenig von der Materie, den Stöcken und Steinen, unterscheiden. Wahre Wissenschaft fordert uns auf, vorsichtig zu sein. So wie wir mit den Priestern vorsichtig sein sollten, sollten wir es auch mit den Wissenschaftlern sein. Beginnen Sie immer mit Unglauben. Analysieren Sie, testen Sie, prüfen Sie alles, und nehmen Sie es erst dann an. Einige der gängigsten Glaubenssätze der modernen Wissenschaft sind nicht bewiesen. Selbst in einer Wissenschaft wie der Mathematik sind die meisten Theorien nur Arbeitshypothesen. Mit dem Aufkommen von mehr Wissen werden sie verworfen werden.

Um das Jahr 1400 v. Chr. unternahm also ein großer Weiser den Versuch, bestimmte psychologische Tatsachen zu ordnen, zu analysieren und zu verallgemeinern. Ihm folgten viele andere, die Teile von dem, was er entdeckt hatte, aufgriffen und ein gesondertes Studium daraus machten. Von allen alten Rassen haben allein die Hindus das Studium dieses Wissenszweiges ernsthaft aufgenommen. Ich unterrichte Sie jetzt darüber, aber wie viele von Ihnen werden es praktizieren? Wie viele Tage, wie viele Monate wird es dauern, bis Sie es aufgeben? Sie sind in diesem Bereich unpraktisch.

In Indien dagegen bleiben die Menschen für Ewigkeiten beharrlich. Sie werden erstaunt sein zu hören, dass die Hindus keine Kirchen, keine gemeinsamen Gebete oder irgendetwas in der Art haben. Aber sie machen jeden Tag Atemübungen und versuchen, den Geist zu konzentrieren – und das ist der Hauptteil ihrer Andachtspraxis. Dies sind ihre wichtigsten Bestandteile. Jeder Hindu muss dies tun. Das ist die Religion des Landes. Jeder kann eine besondere Methode haben, eine besondere Form der Atmung, eine besondere Form der Konzentration, und was die besondere Methode des Mannes ist, muss nicht einmal seine Frau wissen, der Vater muss die des Sohnes nicht kennen. Aber sie alle müssen es tun.

Und es ist nichts Okkultes an diesen Dingen. Das Wort „okkult" hat in Bezug auf die Hindus keine Bedeutung. Am Ganges kann man jeden Tag Abertausende von Menschen sehen, die am Ufer sitzen, Atemübungen praktizieren und sich mit geschlossenen Augen konzentrieren.

Es gibt zwei mögliche Gründe, warum solche Praktiken für die Allgemeinheit der Menschen im Westen nicht durchführbar sind. Der eine ist, dass die Lehrer der Meinung sind, dass die Westler dafür ungeeignet sind. Das kann zwar manchmal stimmen, aber es ist meistens auf den Stolz dieser Lehrer zurückzuführen. Der zweite Grund ist die Angst vor Schikanen. Ein Mann würde in diesem Land nicht gerne öffentlich Atemübungen praktizieren, weil man ihn für schräg halten würde; es ist hier nicht die Mode. Andererseits würden die Leute in Indien jemanden auslachen, der „Gib uns unser tägliches Brot heute" beten würde. Nichts könnte für den Hindu törichter sein, als zu sagen: „Vater unser, der du bist im Himmel." Der Hindu denkt, wenn er betet, dass Gott in ihm selbst ist.

[...]

Wenden wir uns nun für den Moment der indischen Metaphysik zu. Aus ihrem Studium erfahren wir, dass die Welt Eins ist, dass das Spirituelle, das Materielle, das Mentale und die Welt der Energien zusammengehören. Es ist alles Eins, nur von verschiedenen Betrachtungsebenen aus gesehen. Wenn Sie an sich selbst als Körper denken, vergessen Sie, dass Sie Geist sind, und wenn Sie an sich selbst als Geist denken, vergessen Sie den Körper. Es gibt allerdings nur eine Sache, die Sie sind – Sie können sie aber entweder als Materie oder Körper sehen oder als Geist oder als Seele.

Geburt, Leben und Tod sind lediglich alter Aberglaube. Keiner wurde jemals geboren, keiner wird jemals sterben. Man ändert seine Position – das ist alles. Es tut mir leid zu sehen, wie viel man sich im Westen aus dem Tod macht und immer versucht, ein wenig Leben zu erhaschen. „Gebt uns Leben nach dem Tod! Gebt uns Leben!" Die Menschen sind so glücklich, wenn ihnen jemand sagt, dass sie danach leben werden! Wie kann ich jemals an so etwas zweifeln! Wie soll ich mir vorstellen, dass ich tot bin! Versuchen Sie, sich selbst als tot vorzustellen, und Sie werden feststellen, dass Sie dann nur Ihren eigenen toten Körper vor Augen haben. Das Leben ist eine so wunderbare Realität, dass Sie es nicht einen Moment lang vergessen können. Sie können genauso gut bezweifeln, dass Sie existieren. „Ich bin" ist die erste Tatsache des Bewusstseins. Wer kann sich einen Zustand vorstellen, der nie existiert hat? Es ist die selbstverständlichste aller Wahrheiten. Die Idee der Unsterblichkeit ist also dem Menschen immanent. Wie kann man über ein Thema diskutieren, das unvorstellbar ist? Warum sollten wir das Für und Wider eines Themas diskutieren wollen, das sich von selbst versteht?

Das ganze Universum ist also eine Einheit, egal von welchem Standpunkt aus man es betrachtet. Momentan ist dieses Universum für uns eine Einheit aus Prana und Akasha, Kraft und Materie. Und wohlgemerkt, wie alle anderen Grundprinzipien ist auch dieses in sich widersprüchlich. Denn was ist Kraft? Das, was die Materie bewegt. Und was ist Materie? Das, was durch Kraft bewegt wird. Es ist eine Schaukel! Einige der Grundlagen unseres Denkens sind höchst merkwürdig – trotz unserer Prahlerei mit Wissenschaft und Wissen. „Es ist ein Kopfschmerz ohne Kopf", wie ein Sanskrit-Sprichwort sagt. Dieser Zustand der Dinge ist Maya genannt worden. Er existiert weder, noch ist er nicht existent. Man kann es nicht Existenz nennen, denn es existiert nur das, was jenseits von Zeit und Raum ist, also die Existenz aus sich heraus. Dennoch erfüllt diese Welt bis zu einem gewissen Grad unsere Vorstellung von Existenz. Daher hat sie eine scheinbare Existenz.

Es gibt aber auch die wirkliche Existenz in und durch alles hindurch, und diese Wirklichkeit ist sozusagen in den Maschen von Zeit, Raum und Kausalität gefangen. Es gibt den wirklichen Menschen, den unendlichen, den anfangslosen, den endlosen, den ewig Gesegneten, den ewig Freien. Er ist nur in den Maschen von Zeit, Raum und Kausalität gefangen. So wie alles in dieser Welt. Die eigentliche Realität von allem ist die gleiche Unendlichkeit. Dies ist kein Idealismus: Es ist nicht so, dass die Welt nicht existiert. Sie hat eine relative Existenz, die alle Anforderungen, die an sie gestellt werden, erfüllt. Aber sie hat keine unabhängige Existenz. Sie existiert aufgrund der Absoluten Realität jenseits von Zeit, Raum und Kausalität. [...]

Bei einigen anderen Veranstaltungen habe ich Ihnen die Definition von Gott und Mensch erläutert. Der Mensch ist ein unendlicher Kreis, dessen Rand nirgends ist und dessen Zentrum sich an einem Punkt befindet. Gott ist ein unendlicher Kreis, dessen Rand nirgends ist und dessen Zentrum überall ist. Gott arbeitet durch alle Hände, sieht durch alle Augen, geht auf allen Füßen, atmet durch alle Körper, lebt in allem Leben, spricht durch jeden Mund und denkt durch jedes Gehirn. Der Mensch kann wie Gott werden und die Kontrolle über das ganze Universum erlangen, wenn er das Zentrum seines Bewusstseins ins Unendliche vervielfacht. Das Bewusstsein ist also das Wichtigste, was es zu verstehen gilt.

Stellen Sie sich eine unendliche Linie inmitten der Dunkelheit vor, auf der sich ein leuchtender Punkt bewegt. Während er an der Linie entlanggleitet, beleuchtet er nacheinander ihre verschiedenen Teile, und alles, was dahinter zurückbleibt, wird wieder dunkel. Unser Bewusstsein kann gut mit diesem leuchtenden Punkt verglichen werden. Seine vergangenen Erfahrungen sind durch die Gegenwart ersetzt worden oder sind im Unterbewusstsein. Wir sind uns ihrer Anwesenheit nicht bewusst, aber sie sind da und beeinflussen unbewusst unseren Körper und Geist. Jede Bewegung, die wir jetzt ohne die Hilfe des Bewusstseins ausführen, war vorher bewusst. Sie hat genügend Dynamik erhalten, um von selbst zu wirken. [...]

Die Aufgabe, die vor jedem von uns liegt, ist gewaltig. Zuallererst müssen wir versuchen, die riesige Masse der versunkenen Gedanken zu kontrollieren, die für uns automatisch geworden sind. Die böse Tat befindet sich zweifellos auf der bewussten Ebene, aber ihre Ursache lag weit jenseits in den Bereichen des Unbewussten, unsichtbar und daher viel mächtiger.

Die praktische Psychologie richtet ihre Energien in erster Linie auf die Kontrolle des Unbewussten, und wir wissen, dass wir das können. Warum? Weil wir wissen, dass die Ursache des Unbewussten das Bewusste ist. Unsere unbewussten Gedanken sind die untergetauchten Millionen unserer alten bewussten Gedanken. Alte bewusste Handlungen werden versteinert – wir schauen sie nicht an, kennen sie nicht, haben sie vergessen. Aber wohlgemerkt, wenn die Macht des Bösen im Unbewussten ist, so ist es auch die Macht des Guten. Wir tragen viele Dinge in uns wie in einer Tasche. Wir haben sie vergessen, denken nicht an sie. Und es gibt viele von ihnen. Viele verrotten, werden regelrecht gefährlich und bringen unbewusste Ursachen hervor, die die Menschheit töten. Wahre Psychologie möchte daher versuchen, sie unter die Kontrolle des Bewusstseins zu bringen. Die große Aufgabe besteht darin, den ganzen Menschen gleichsam zu erwecken, um ihn zum vollständigen Herrn seiner selbst zu machen. Selbst das, was wir die automatische Aktivität der Organe in unserem Körper, wie die Leber usw., nennen, kann dazu gebracht werden, unseren Befehlen zu gehorchen.

Die Kontrolle des Unbewussten ist der erste Schritt im Studium der praktischen Psychologie. Der nächste ist, über das Bewusste hinauszugehen. So wie die unbewusste Arbeit unterhalb des Bewusstseins liegt, so gibt es eine andere Arbeit, die über dem Bewusstsein stattfindet. Wenn der überbewusste Zustand erreicht wird, wird der Mensch frei und göttlich. Der Tod wird zu Unsterblichkeit, Schwäche wird zu unendlicher Kraft, und eiserne Fesseln werden zu Freiheit. Das ist das Ziel: das unendliche Reich des Überbewusstseins. [...]

Jeder ohne Ausnahme, jede von Ihnen, kann diesen Höhepunkt des Yogas erreichen. Aber es ist eine gewaltige Aufgabe. Wenn ein Mensch zu dieser Wahrheit gelangen will, muss er einiges mehr tun, als Vorträge zu hören und ein paar Atemübungen zu machen. Alles liegt in der Vorbereitung. Wie lange dauert es, ein Licht anzuzünden? Nur eine Sekunde. Aber wie lange dauert es, die Kerze zu fertigen! Wie lange dauert es, ein Dinner zu essen? Vielleicht eine halbe Stunde. Aber man braucht Stunden, um das Essen zuzubereiten! Wir wollen das Licht in einer Sekunde anzünden, vergessen jedoch, dass die Herstellung der Kerze die Hauptsache ist.

Und obwohl es so schwer ist, das Ziel zu erreichen, sind auch unsere kleinsten Versuche nicht vergebens. Wir wissen, dass nichts verloren ist. In der Gita fragt Arjuna Krishna: „Diejenigen, die bei der Erreichung der Vollkommenheit im Yoga in diesem Leben scheitern, werden sie zerstört wie die Wolken des Sommers?" Krishna antwortet: „Nichts, mein Freund, geht in dieser Welt verloren. Was immer man tut, das bleibt einem, und wenn die Verwirklichung des Yogas in diesem Leben nicht eintritt, nimmt man es in der nächsten Geburt wieder auf."[59] Wie sonst lässt sich die erstaunliche Kindheit von Jesus, Buddha, Shankara erklären?

[…]

Die größte Hilfe für das spirituelle Leben ist die Meditation (Dhyana). In der Meditation lösen wir uns von allen materiellen Bedingungen und spüren unsere göttliche Natur. In der Meditation sind wir auf keine äußere Hilfe angewiesen. Die Berührung der Seele kann selbst an den schmutzigsten Orten die hellste Farbe malen. Sie kann das Gemeinste mit einem Duft überziehen, das Böse göttlich machen – und alle Feindschaft, aller Egoismus ist ausgelöscht. Je weniger der Meditierende an den Körper denkt, desto besser. Denn es ist der Körper, der uns nach unten zieht. Es ist unsere Anhaftung, unsere Identifikation mit dem Körperlichen, die uns unglücklich macht. Das ist das Geheimnis: zu denken, dass ich die Seele bin und nicht der Körper und dass das ganze Universum mit all seinen Beziehungen, mit all seinem Guten und all seinem Bösen, nur wie eine Reihe von Gemälden ist, wie Szenen auf einer Leinwand, deren Zeuge ich bin.

Bewusstsein

Wenn ich Nahrung zu mir nehme, tue ich das bewusst. Wenn ich sie assimiliere, tue ich das unbewusst. Wenn die Nahrung zu Blut verarbeitet wird, geschieht dies unbewusst. Wenn aus dem Blut alle

---

59   Vgl. Bhagavad Gita 6-37 bis 45.

verschiedenen Teile meines Körpers gestärkt werden, geschieht dies unbewusst. Und doch bin ich es, der dies alles tut – es kann nicht zwanzig Menschen in diesem einen Körper geben. Woher weiß ich, dass ich es tue und niemand sonst? Man mag einwenden, dass meine Aufgabe nur darin besteht, die Nahrung aufzunehmen und zu assimilieren, und dass die Stärkung des Körpers durch die Nahrung von jemand anderem für mich getan wird. Das kann allerdings nicht sein, denn es lässt sich zeigen, dass fast jede Aktivität, derer wir uns jetzt unbewusst sind, auf die Ebene des Bewusstseins gehoben werden kann. Das Herz schlägt scheinbar ohne unsere Kontrolle. Niemand in diesem Saal kann das Herz kontrollieren – es geht seinen eigenen Weg. Aber durch Übung kann der Mensch sogar das Herz unter Kontrolle bringen, bis es einfach nach Belieben schlägt, langsam oder schnell, oder fast aufhört. Nahezu jeder Teil des Körpers kann unter Kontrolle gebracht werden. Was zeigt das? Dass die Funktionen, die unterhalb des Bewusstseins liegen, auch von uns ausgeführt werden, nur tun wir es unbewusst.

Wir haben also zwei Ebenen, auf denen der menschliche Geist arbeitet. Die erste ist die bewusste Ebene, in der alle Arbeit immer mit dem Gefühl des Ich-Gefühls einhergeht. Dann gibt es die unbewusste Ebene, auf der die Arbeit nicht mit dem Gefühl des *Egos* verbunden ist. Der Teil der Arbeit des Geistes, der nicht mit unserem Ego verbunden ist, ist unbewusste Arbeit, und der Teil, der mit unserem Ego einhergeht, ist bewusste Arbeit. Bei den niederen Tieren wird diese unbewusste Arbeit Instinkt genannt. Bei den höheren Tieren, und bei dem höchsten aller Tiere, dem Menschen, herrscht aber das vor, was man bewusste Arbeit nennt.

Das ist aber nicht alles. Es gibt eine noch höhere Ebene, auf der der Geist arbeiten kann. Er kann über das Bewusstsein hinausgehen. Genauso wie die unbewusste Arbeit unterhalb des Bewusstseins liegt, gibt es eine andere Arbeit, die oberhalb des Bewusstseins liegt und die ebenfalls nicht mit dem Ich-Gefühl verbunden ist. Dieses Gefühl befindet sich nur auf der mittleren Ebene. Wenn sich der Geist oberhalb oder unterhalb der Grenzen des Egos befindet, gibt es kein Gefühl von „Ich" und dennoch arbeitet der Geist. Wenn der Geist über diese Linie des Bewusstseins des Selbst hinausgeht, nennt man es Samadhi oder Überbewusstsein.

Woher wissen wir, dass ein Mensch in den Samadhi und nicht unter das Bewusstsein gegangen ist, nicht herabgesunken ist, anstatt höher zu gehen? In beiden Fällen ist die Aktivität nicht mit Ego verbunden. Die Antwort lautet: Wir erkennen, was unten und was oben ist, an den Auswirkungen, an den Ergebnissen seiner Aktivität. Wenn ein Mensch in den Tiefschlaf geht, betritt er eine Ebene unter dem Bewusstsein. Er arbeitet die ganze Zeit mit dem Körper, er atmet, er bewegt vielleicht den Körper im Schlaf, ohne irgendein begleitendes Ich-Gefühl. Er ist unbewusst, und wenn er aus dem Schlaf zurückkehrt, ist er derselbe Mensch, der in den Schlaf hineinging. Der Gesamtumfang seines Wissens bleibt vor und nach dem Schlaf derselbe; er nimmt überhaupt nicht zu. Es kommt keine Erleuchtung. Aber wenn ein Mensch in den Samadhi geht, kommt er als Weiser wieder heraus, auch wenn er als Narr hineingegangen sein sollte.

Was macht den Unterschied? Aus dem einen Zustand kommt ein Mensch als derselbe und aus dem anderen kommt er erleuchtet heraus, ein Weiser, ein Prophet, ein Heiliger: Sein ganzer Charakter ist verändert, sein Leben ist verändert, er ist erleuchtet. Das sind die beiden Wirkungen. Weil die Wirkungen unterschiedlich sind, müssen auch die Ursachen unterschiedlich sein. Da die Erleuchtung, mit der ein Mensch aus dem Samadhi zurückkommt, viel höher ist, als man sie aus dem Unterbewusstsein erlangen kann, und viel höher, als man sie durch logisches Denken in einem bewussten Zustand erlangen kann, muss es daher Überbewusstsein sein. Und dieser überbewusste Zustand wird Samadhi genannt.

Dies ist, sehr kurz erklärt, die Idee von Samadhi. Was ist seine Anwendung? Sie ist hier: Das Feld der Vernunft oder der bewussten Arbeit des Geistes ist eng und begrenzt. Es gibt einen kleinen Kreis, innerhalb dessen sich die menschliche Vernunft bewegen muss. Jeder Versuch, darüber hinauszugehen, ist aussichtslos, und doch liegt jenseits dieses Kreises all das, was der Menschheit am teuersten ist. All die Fragen, ob es eine unsterbliche Seele gibt, ob es einen Gott gibt, ob es eine übergeordnete Intelligenz gibt, die dieses Universum lenkt oder nicht, liegen außerhalb des Bereichs der Vernunft. Was sagt die Vernunft? Sie sagt: „Ich bin Agnostiker. Ich weiß weder Ja noch Nein." Und doch sind diese Fragen so wichtig für uns. Ohne eine richtige Antwort auf sie ist das menschliche Leben ziellos. Alle unsere ethischen Theorien, alle unsere moralischen Haltungen, alles, was in der menschlichen Natur gut und großartig ist, wurden auf der Grundlage von Antworten geformt, die von jenseits des Kreises kamen. Deshalb ist es sehr wichtig, dass wir Antworten auf diese Fragen haben.

Wenn das Leben nur ein kurzes Spiel ist, wenn das Universum nur eine „zufällige Kombination von Atomen" ist, warum sollte ich dann den anderen Gutes tun? Warum sollte es Barmherzigkeit, Gerechtigkeit oder Mitgefühl geben? Das Beste in dieser Welt wäre es, das Heu zu machen, solange die Sonne scheint, jeder für sich. Wenn es keine Hoffnung gibt, warum sollte ich meinen Bruder lieben und ihm nicht die Kehle durchschneiden? Wenn es kein Jenseits gibt, wenn es keine Freiheit gibt, sondern nur strenge, stumpfe Naturgesetze, dann sollte ich versuchen, hier glücklich zu werden, sonst nichts.

Sie werden heutzutage Leute finden, die sagen, dass sie utilitaristische Gründe als Grundlage der Moral haben. Was ist diese Grundlage? Die größte Menge an Glück für die größte Anzahl von Menschen zu beschaffen. Warum sollte ich das tun? Warum sollte ich nicht das größte Unglück für die größte Zahl der Menschen erzeugen, wenn das meinem Zweck dient? Wie würden Utilitaristen diese Frage beantworten? „Woher wissen Sie, was richtig oder was falsch ist?", könnte jemand fragen. „Ich werde von meinem Verlangen nach Glück getrieben, und ich erfülle dieses Verlangen; es ist meine Natur. Ich kenne nichts jenseits davon. Ich habe diese Wünsche und muss sie erfüllen. Warum beschweren Sie sich?"

Woher kommen all diese Wahrheiten über das menschliche Leben, über die Moral, über die unsterbliche Seele, über Gott, über die Liebe und das Mitgefühl, über das Gutsein und vor allem über das Selbstlossein? Die ganze Ethik, alles humane Handeln und Denken, hängt an dieser einen Idee der Uneigennützigkeit. Die ganze Vorstellung des humanen Lebens kann in diesem einen Wort ausgedrückt werden: Uneigennützigkeit. Warum sollten wir selbstlos sein? Wo ist die Notwendigkeit, die Kraft, die Fähigkeit, selbstlos zu sein? Sie nennen sich selbst einen rationalen Menschen, einen Utilitaristen, aber wenn Sie mir keinen Grund für Ihre Nützlichkeit zeigen, sage ich, dass Sie irrational sind. Zeigen Sie mir den Grund, warum ich nicht selbstsüchtig sein soll. Jemanden aufzufordern, selbstlos zu sein, mag als

Poesie gut sein, aber Poesie ist keine Begründung. Zeigen Sie mir einen Grund. Warum soll ich selbstlos sein? Warum soll ich gut sein? Weil Herr und Frau Soundso das sagen, zählt für mich nicht. Wo ist der Nutzen, wenn ich selbstlos bin? Mein Nutzen ist es doch, selbstsüchtig zu sein, wenn Nutzen das größte Maß an Glück bedeutet. Wie lautet die Antwort? Der Utilitarist wird sie nie geben können.

Die Antwort ist, dass diese Welt nur ein Tropfen in einem unendlichen Ozean ist, ein Glied in einer unendlichen Kette. Woher hatten diejenigen, die Selbstlosigkeit predigten, sie die menschliche Rasse lehrten, diese Idee? Wir wissen, dass sie nicht instinktiv ist: Die Tiere kennen sie in dieser Form nicht. Sie ist auch kein Ergebnis der Vernunft: Die Vernunft weiß nichts von diesen Idealen. Woher kamen sie dann?

Wenn wir die Geschichte studieren, finden wir eine Sache, die allen großen Religionslehrern, die die Welt je hatte, gemeinsam war. Sie alle sagten, dass sie ihre Wahrheiten aus dem Jenseits erhielten, nur wussten viele von ihnen nicht, woher sie kamen. Einer behauptete, dass ein Engel in Menschengestalt herabkam, mit Flügeln, und zu ihm sagte: „Höre, o Mensch, dies ist die Botschaft." Ein anderer sagte zum Beispiel, dass ihm ein Deva, ein strahlendes Wesen, erschienen sei. Wieder ein anderer erklärte, er habe geträumt, dass sein Vorfahre kam und ihm bestimmte Dinge erzählte – mehr wisse er nicht. Aber alle beteuerten, dass dieses Wissen von jenseits zu ihnen kam und nicht aus ihrem eigenen Verstand.

Und was lehrt die Wissenschaft des Yogas? Sie sagt, dass sie mit ihrer Behauptung, all dieses Wissen sei von jenseits des Verstandes zu ihnen gekommen, Recht hatten, allerdings kam es in Wirklichkeit aus ihnen selbst. Die Yogis lehren, dass der Geist selbst einen höheren Zustand der Existenz besitzt, jenseits des Denkens, einen überbewussten Zustand, und wenn der Geist diesen höheren Zustand erreicht, dann kommt dieses Wissen von jenseits des Denkens zum Menschen. Metaphysisches und transzendentales Wissen kommt dann zu diesem Menschen.

Dieser Zustand jenseits der Vernunft, wenn die gewöhnliche menschliche Natur transzendiert wird, kann manchmal, wenn er seine Wissenschaft nicht kennt, zufällig zu einem Menschen kommen:

Er stolpert sozusagen darüber. Wenn er darüber stolpert, interpretiert er es in der Regel als von außen kommend. Das erklärt, warum eine Inspiration oder transzendentales Wissen in verschiedenen Ländern gleich sein kann, aber in einem Land scheint sie durch einen Engel zu kommen, in einem anderen durch einen Deva und in einem dritten durch Gott. Was bedeutet das? Es bedeutet, dass der Geist das Wissen von sich aus hervorbrachte und dass das Finden des Wissens entsprechend dem Glauben und der Erziehung der Person, durch die es kam, interpretiert wurde. Die Tatsache ist aber, dass diese verschiedenen Menschen über diesen überbewussten Zustand sozusagen gestolpert sind.

Die Yogis sagen, dass es gefährlich ist, wenn man über diesen Zustand stolpert. In solchen Fällen besteht die Möglichkeit, dass das Gehirn verwirrt wird. In der Regel werden Sie feststellen, dass all jene Menschen, die über diesen überbewussten Zustand stolperten, ohne ihn zu verstehen, im Dunkeln tappten und im Allgemeinen parallel zu ihrem Wissen einen seltsamen Aberglauben hatten – wie groß sie auch sein mochten. Sie öffneten sich für Halluzinationen. Mohammed behauptete, der Engel Gabriel sei eines Tages in einer Höhle zu ihm gekommen und habe ihn auf das himmlische Pferd Buraq gesetzt, und er habe den Himmel besucht. Aber bei all dem sprach Mohammed einige wunderbare Wahrheiten. Wenn Sie den Koran lesen, finden Sie die wunderbarsten Wahrheiten vermischt mit Aberglauben. Wie wollen Sie das erklären? Dieser Mann war inspiriert, kein Zweifel, aber er stolperte gewissermaßen über diese Inspiration. Er war kein ausgebildeter Yogi und kannte den Grund für das, was ihm widerfahren war, nicht. Denken Sie an das Gute, das Mohammed für die Welt getan hat, und denken Sie an das Übel, das durch seinen Fanatismus angerichtet wurde! Denken Sie an die Millionen, die durch seine Lehren massakriert wurden, Mütter, die ihrer Kinder beraubt wurden, Kinder, die zu Waisen gemacht wurden, ganze Länder, die zerstört wurden, Millionen von Menschen, die getötet wurden!

Wir sehen diese Gefahr, wenn wir das Leben großer Lehrer wie Mohammed und anderer studieren. Doch wir finden gleichzeitig, dass sie alle inspiriert waren. Wann immer ein Prophet in den überbewussten Zustand gelangte, indem er seine emotionale Natur steigerte, brachte er nicht nur einige Wahrheiten mit sich, sondern auch einen gewissen Fanatismus, einen Aberglauben, der die Welt ebenso sehr verletzte, wie die Größe seiner Lehre ihr half.

Um aus der Masse von Ungereimtheiten, die wir menschliches Leben nennen, eine vernünftige Erkenntnis zu gewinnen, müssen wir unsere Ratio transzendieren, aber wir müssen es wissenschaftlich tun, langsam, durch regelmäßige Übung, und wir müssen allen Aberglauben abwerfen. Wir müssen das Studium des überbewussten Zustands genauso angehen wie jede andere Wissenschaft. Wir müssen unser Fundament auf die Vernunft legen. Wir müssen der Vernunft folgen, so weit sie führt, und wenn die Vernunft versagt, wird sie selbst uns den Weg zur höchsten Ebene zeigen. Wenn Sie von jemandem hören, dass er inspiriert sei, und dann feststellen, dass er irrational redet, weisen Sie ihn zurück. Weil diese drei Zustände – Instinkt, Vernunft und Überbewusstsein, oder der unbewusste, der bewusste und der überbewusste Zustand – zu ein und demselben Geist gehören. Es gibt nicht drei Geister in einem Menschen, sondern ein Zustand des Geistes entwickelt sich zu dem anderen. Der Instinkt entwickelt sich zur Vernunft und die Vernunft zum transzendentalen Bewusstsein. Daher widerspricht keiner der Zustände den anderen. Echte Inspiration widerspricht niemals der Vernunft, sondern erfüllt sie. So wie die großen Propheten sagen: „Ich bin nicht gekommen, um zu zerstören, sondern um zu erfüllen"[60], so kommt die Inspiration immer, um die Vernunft zu erfüllen, und ist in Harmonie mit ihr.

All die verschiedenen Schritte im Yoga sind dazu gedacht, uns wissenschaftlich zum überbewussten Zustand oder Samadhi zu bringen. Außerdem, und das ist der entscheidende Punkt, ist es wichtig zu verstehen, dass die Inspiration genauso in der Natur eines jeden Menschen liegt, wie sie in der Natur der alten Propheten lag. Diese Propheten waren nicht einmalig; sie waren Menschen wie Sie oder ich. Sie waren aber große Yogis. Sie hatten dieses Überbewusstsein erlangt, und Sie und ich können das Gleiche erlangen. Sie waren nicht einmalig. Allein die Tatsache, dass ein Mensch jemals diesen Zustand erreicht hat, beweist, dass es für jeden Menschen möglich ist, dies zu tun.

---

60 Vgl. Matthäus 5:17.

Es ist nicht nur möglich, sondern jeder Mensch muss schließlich zu diesem Zustand gelangen, und das ist Religion. Erfahrung ist der einzige Lehrer, den wir haben. Wir können unser ganzes Leben lang reden und argumentieren, aber wir werden kein Wort der Wahrheit verstehen, bis wir sie selbst erfahren haben. Sie können nicht hoffen, einen Mann zu einem Chirurgen zu machen, indem Sie ihm einfach ein paar Bücher geben. Sie können meine Neugierde, ein Land zu sehen, nicht befriedigen, indem Sie mir eine Karte zeigen; ich muss es selbst erlebt haben. Karten können in uns nur die Neugierde wecken, vollkommeneres Wissen zu erlangen. Darüber hinaus haben sie überhaupt keinen Wert. Das Festhalten an Büchern degeneriert nur den menschlichen Geist.

Gab es jemals eine schrecklichere Blasphemie als die Behauptung, alles Wissen über Gott sei auf dieses oder jenes Buch beschränkt? Wie können Menschen es fertigbringen, Gott als unendlich zu bezeichnen, und dennoch versuchen, Ihn zwischen die Buchdeckel eines kleinen Buches zu pressen! Millionen von Menschen sind getötet worden, weil sie nicht glaubten, was in den Büchern stand, weil sie nicht das ganze Wissen über Gott in dem Einband eines Buches sehen wollten. Natürlich ist dieses Töten und Morden vorbei, aber die Welt ist immer noch ungeheuer stark in den Glauben an die Bücher verstrickt. Um den überbewussten Zustand auf wissenschaftliche Weise zu erreichen, ist es notwendig, die verschiedenen Stufen des Raja-Yoga zu durchlaufen, die ich Sie gelehrt habe.

Das Eine

Pranayama ist nicht, wie viele denken, etwas über den Atem; der Atem hat in Wirklichkeit sehr wenig damit zu tun, wenn überhaupt. Die Atmung ist nur eine der vielen Übungen, durch die wir zum eigentlichen Pranayama kommen. Pranayama bedeutet die Kontrolle von Prana.

Nach Ansicht der indischen Philosophen besteht das ganze Universum aus zwei Komponenten, von denen sie die eine Akasha nennen. Es ist die allgegenwärtige, alles durchdringende Existenz. Alles, was Form hat, alles, was das Ergebnis von Kombinationen ist, entsteht aus diesem Akasha. Es ist das Akasha, das zur Luft wird, das zu den Flüssigkeiten wird, das zu den Festkörpern wird. Es ist das Akasha, das zur Sonne, zur Erde, zum Mond, zu den Sternen, zu den Kometen wird. Es ist das Akasha, das zum menschlichen Körper wird, zum tierischen Körper, zu den Pflanzen, zu jeder Form, die wir sehen, zu allem, was wahrgenommen werden kann, zu allem, was existiert. Es kann nicht wahrgenommen werden; es ist so subtil, dass es sich jenseits aller gewöhnlichen Wahrnehmung befindet. Es kann nur gesehen werden, wenn es grob geworden ist, eine Form angenommen hat. Am Anfang der Schöpfung gibt es nur dieses Akasha. Am Ende des Schöpfungszyklus verschmelzen die Feststoffe, die Flüssigkeiten und die Gase wieder mit dem Akasha, und die nächste Schöpfung geht ebenfalls aus diesem Akasha hervor.

Durch welche Kraft wird das Akasha zu diesem Universum? Durch die Kraft des Pranas. So wie Akasha das unendliche, allgegenwärtige Material dieses Universums ist, so ist dieser Prana die unendliche, allgegenwärtige manifestierende Kraft dieses Universums. Am Anfang und am Ende eines Zyklus wird alles zu Akasha und alle Kräfte, die es im Universum gibt, lösen sich wieder in den Prana auf. Aus diesem Prana entsteht im nächsten Zyklus alles, was wir Energie nennen, alles, was wir Kraft nennen. Es ist der Prana, der sich als Bewegung manifestiert. Es ist der Prana, der sich als Gravitation oder als Magnetismus manifestiert. Es ist der Prana, der sich als die Körperaktivitäten, als die Nervenströme, als Gedankenkraft manifestiert. Vom Gedanken bis hinunter zur niedrigsten Kraft ist alles nur die Manifestation von Prana.

Die Gesamtsumme aller Kräfte im Universum, ob mental oder physisch, wird also, wenn sie in ihren ursprünglichen Zustand zurückgeführt werden, Prana genannt. „Als es weder Etwas noch Nichts gab, als die Dunkelheit die Dunkelheit bedeckte, was existierte dann?"[61] Es existierte Akasha ohne Bewegung. Die physische Bewegung des Pranas wurde angehalten, aber er existierte trotzdem.

Am Ende eines Zyklus kommen die jetzt im Universum vorhandenen Energien zur Ruhe und werden potenziell. Zu Beginn des nächsten Zyklus setzen sie sich in Bewegung, schlagen auf das Akasha ein, und aus dem Akasha entwickeln sich diese verschiedenen

---

61 Vgl. Rig Veda 10.129.

Formen. Und so wie sich das Akasha verändert, verändert sich auch der Prana in all diese Manifestationen von Energie. Das Wissen und die Kontrolle über diesen Prana ist das, was wirklich mit Pranayama gemeint ist.

Dies öffnet uns die Tür zu fast unbegrenzter Kraft. Angenommen, ein Mensch würde den Prana perfekt verstehen und ihn kontrollieren können, welche Macht auf der Erde würde ihm verwehrt? Er wäre in der Lage, die Sonne und die Sterne von ihrem Platz zu bewegen, alles im Universum zu kontrollieren, von den Atomen bis zu den größten Sonnen, weil er den Prana kontrollieren würde. Dies ist der Zweck und das Ziel von Pranayama. Wenn der Yogi vollkommen wird, wird es nichts in der Natur geben, das nicht unter seiner Kontrolle stehen könnte. Wenn er den Göttern oder den Seelen der Verstorbenen befiehlt zu kommen, werden sie auf sein Geheiß kommen. Die Kräfte der Natur werden ihm wie Sklaven gehorchen.

Wenn die Unwissenden diese Kräfte des Yogis sehen, nennen sie sie Wunder. Eine Besonderheit des hinduistischen Geistes ist, dass er immer nach der letztmöglichen Verallgemeinerung fragt und die Details erst danach ausarbeitet. In den Veden wird die Frage aufgeworfen: „Was ist es, durch das wir alles wüssten, wenn wir es wissen würden?"[62] So sind alle Schriften, die in Indien geschrieben worden sind, und alle Philosophien nur dazu da, das zu zeigen, durch was alles Wissen bekannt wird. Wenn ein Mensch dieses Universum stückweise verstehen will, muss er jedes einzelne Sandkorn kennen, was unendliche Zeit bedeutet: Er kann nicht alle kennen. Wie soll es dem Menschen möglich sein, durch Einzelheiten allwissend zu werden?

Wie ist also Wissen möglich? Die Yogis sagen, dass hinter allen partikularen Manifestationen eine Verallgemeinerung steht. Hinter allen partikularen Ideen steht ein verallgemeinertes, ein abstraktes Prinzip – begreife es, und du hast alles begriffen. So wie dieses ganze Universum in den Veden zu der einen absoluten Existenz verallgemeinert wurde und derjenige, der diese Existenz erfasst hat, das ganze Universum erfasst hat, so wurden alle Kräfte zu diesem Prana generalisiert, und derjenige, der das Prana erfasst hat, hat alle Kräfte des Universums erfasst, mental oder physisch. Wer den Prana unter

---

62 Mundaka Upanishad 1.1.3. Vgl. auch Bhagavad Gita 7-2.

Kontrolle hat, hat seinen eigenen Geist und alle existierenden Geister unter Kontrolle. Wer den Prana unter Kontrolle hat, hat seinen Körper und alle Körper, die es gibt, unter Kontrolle, denn der Prana ist die allumfassende Manifestation jeglicher Kraft.

Wie man den Prana kontrolliert, ist die eigentliche Frage beim Pranayama. Alle Anleitungen und Übungen in diesem Zusammenhang dienen diesem einen Ziel. Der Mensch muss dort anfangen, wo er steht, er muss lernen, die Dinge zu kontrollieren, die ihm am nächsten sind. Dieser Körper ist uns sehr nahe, näher als alles andere im äußeren Universum, und dieser Geist ist das Nächstliegende von allem. Der Prana, der in diesem Geist und Körper wirkt, ist uns von allem Prana in diesem Universum am nächsten. Diese kleine Welle des Pranas, die unsere eigenen Energien, geistig und körperlich, repräsentiert, ist uns von allen Wellen des unendlichen Ozeans des Pranas am nächsten. Nur wenn es uns gelingt, diese kleine Welle unter Kontrolle zu bringen, können wir hoffen, den gesamten Prana zu beeinflussen. Der Yogi, der dies vollbracht hat, erlangt Vollkommenheit; er steht nicht länger unter irgendeiner Macht. Er wird fast allmächtig, fast allwissend.

Wir sehen in jedem Land religiöse Schulen, die diese Beherrschung von Prana anstreben. In diesem Land gibt es Geistheiler, Glaubensheiler, Spiritualisten, christliche Wissenschaftler, Hypnotiseure usw., und wenn wir diese verschiedenen Gruppen untersuchen, werden wir überall im Hintergrund diese Kontrolle des Pranas finden, ob sie es wissen oder nicht. Wenn man all ihre Theorien abkocht, bleibt das übrig. Es ist ein und dieselbe Kraft, die sie manipulieren, nur ohne es zu wissen. Sie sind auf die Entdeckung einer Kraft gestoßen und benutzen sie unbewusst, ohne ihre Natur zu kennen, aber es ist dieselbe Kraft, die der Yogi benutzt und die vom Prana kommt.

Der Prana ist die Lebenskraft in jedem Wesen. Der Gedanke ist die feinste und höchste Aktivität des Pranas. Der Gedanke ist aber, wie wir sehen, nicht alles. Es gibt auch das, was wir Instinkt oder unbewusstes Denken nennen, die niedrigste Ebene dieser Aktivität. Wenn uns eine Mücke sticht, schlägt unsere Hand automatisch, instinktiv zu. Dies ist ein Ausdruck dieses Denkens. Alle reflexartigen Handlungen des Körpers gehören zu dieser Gedankenebene. Dann gibt es die bewusste Ebene des Denkens: Ich argumentiere, ich urteile, ich denke, ich sehe das Für und Wider bestimmter Dinge. Doch das ist nicht alles. Wir wissen, dass der Verstand begrenzt ist. Er kann nur bis zu einem gewissen Punkt gehen – darüber hinaus reicht er nicht. Der Kreis, in dem er sich bewegt, ist in der Tat sehr, sehr begrenzt. Gleichzeitig finden wir Fakten, die in diesen Kreis hineinrauschen. Wie Kometen kommen bestimmte Dinge in diesen Kreis. Es ist sicher, dass sie von außerhalb der Grenze unseres Verstandes stammen. Ja, selbst die Ursachen der Phänomene, die innerhalb dieser kleinen Grenze geschehen, liegen außerhalb.

Der menschliche Geist kann auch auf einer noch höheren Ebene existieren, dem Überbewussten. Wenn der Geist diesen Zustand erreicht hat, der Samadhi – vollkommene Konzentration, Überbewusstsein – genannt wird, geht er über die Grenzen der Vernunft hinaus und wird mit Tatsachen konfrontiert, die kein Instinkt und keine Vernunft jemals erkennen können. Alle Manipulationen der subtilen Kräfte des Körpers und die verschiedenen Manifestationen von Prana, wenn sie trainiert wurden, geben dem Geist einen Schub, helfen ihm, zu seiner Quelle aufzusteigen und überbewusst zu werden.

In diesem Universum gibt es eine kontinuierliche Existenz auf jeder Ebene. Physikalisch gesehen ist dieses Universum eins: Es gibt keinen Unterschied zwischen der Sonne und Ihnen. Sogar die Wissenschaftler werden Ihnen sagen, dass es Einbildung ist, das Gegenteil zu behaupten. Es gibt keinen wirklichen Unterschied zwischen dem Tisch und mir: Der Tisch ist ein Punkt in der Masse der Materie, und ich bin ein anderer Punkt. Jede Form stellt sozusagen einen Strudel in dem unendlichen Ozean der Materie dar, von dem nicht einer beständig ist. So wie es in einem reißenden Strom Millionen von Strudeln geben kann, in denen sich das Wasser einige Sekunden lang im Kreis dreht und dann hinausläuft, um durch eine neue Menge ersetzt zu werden, so ist das ganze Universum eine einzige, sich ständig verändernde Masse von Materie, in der alle Formen der Existenz einem Strudel gleichen. Eine bestimmte Menge Materie tritt in einen Strudel ein, sagen wir einen menschlichen Körper, bleibt dort eine Zeit lang, wird verändert und geht in einen anderen, sagen wir diesmal einen tierischen Körper hinaus, aus dem sie nach ein paar

Jahren wieder in einen anderen Strudel eintritt, den man einen Mineralklumpen nennt. Es ist ein ständiger Wechsel. Nicht ein Körper ist beständig. Es gibt so etwas wie meinen oder Ihren Körper nicht, außer in Worten. Von der einen großen Masse der Materie wird ein Punkt Mond genannt, ein anderer Sonne, ein anderer Mensch, ein anderer Erde, ein anderer Pflanze, ein anderer Stein. Nicht einer ist konstant, sondern alles ist im Wandel – Materie, die sich ewig aufbaut und auflöst.

So ist es auch mit dem Geist. Die Materie wird durch das Akasha repräsentiert. Wenn die Wirkung von Prana auf Akasha am subtilsten ist, wenn es sich im feineren Zustand der Schwingung, repräsentiert durch den Geist, befindet, ist dieses Akasha immer noch ein Teil der ungebrochenen Masse. Wenn Sie einmal zu dieser subtilen Schwingung gelangen können, werden Sie sehen und fühlen, dass das ganze Universum aus subtilen Schwingungen besteht. Manchmal haben bestimmte Drogen die Kraft, uns in diesen Zustand zu versetzen, während wir noch mit den Sinnen verbunden bleiben. Viele von Ihnen werden sich an das berühmte Experiment von Sir Humphry Davy erinnern, als das Lachgas ihn überwältigte – wie er während des Vortrags regungslos und betäubt blieb und danach sagte, dass das ganze Universum aus Ideen bestehe. Für den Augenblick hatten die groben Schwingungen sozusagen aufgehört, und nur die subtilen Schwingungen, die er Ideen nannte, waren für ihn vorhanden. Er konnte nur die subtilen Schwingungen um sich herum wahrnehmen: Alles war zu Gedanken geworden, das ganze Universum war ein Ozean aus Gedanken. Er und alle anderen waren zu kleinen Gedankenstrudeln geworden.

So finden wir sogar im Universum der Gedanken Einheit, und wenn wir zu dem Selbst gelangen, wissen wir schließlich, dass dieses Selbst nur Eins sein kann. Jenseits der Schwingungen der Materie in ihren groben und subtilen Aspekten, jenseits der Bewegung gibt es nur das Eine. Selbst in der manifestierten Bewegung gibt es Einheit. Diese Tatsachen können nicht mehr geleugnet werden. Die moderne Physik hat auch bewiesen, dass die Gesamtsumme der Energie im Universum gleich bleibt. Es ist auch bewiesen worden, dass diese Energie in zwei Formen existiert. Die Energie wird potenziell, abgeschwächt und beruhigt, und als Nächstes manifestiert sie sich in Form all dieser beobachtbaren Kräfte. Dann geht sie wieder zurück in den ruhigen Zustand, und wieder manifestiert sie sich. Auf diese Weise entwickelt sich alles weiter und wirkt durch die Ewigkeit.

Das Ziel des Menschen

Das Wort Karma leitet sich aus dem Sanskrit Wort „kri", „tun", ab. Jede Handlung ist Karma. Im übertragenen Sinne bedeutet dieses Wort auch die Auswirkungen von Handlungen. Im Zusammenhang mit der Metaphysik bedeutet es manchmal die Folgen, deren Ursachen unsere vergangenen Handlungen waren. Aber im *Karma-Yoga* haben wir es einfach mit dem Wort Karma im Sinne von Handeln, von Arbeit zu tun.

Das Ziel der Menschheit ist Wissen. Das ist das eine Ideal, das uns die östliche Philosophie vor Augen führt. Nicht das Vergnügen ist das Ziel des Menschen, sondern das Wissen. Vergnügen und Glück haben ein Ende. Es ist ein Irrtum anzunehmen, dass Vergnügen das Ziel ist. Die Ursache für all das Elend, das wir in der Welt haben, ist, dass die Menschen törichterweise denken, Vergnügen sei das Ideal, nach dem man streben sollte. Nach einiger Zeit findet der Mensch heraus, dass es nicht das Glück, sondern die Erkenntnis ist, auf die er zusteuert, und dass sowohl Vergnügen als auch Schmerz große Lehrer sind und dass er vom Bösen ebenso viel lernt wie vom Guten. Während Vergnügen und Schmerz vor seiner Seele vorbeiziehen, hinterlassen sie unterschiedliche Bilder, und das Ergebnis dieser kombinierten Eindrücke ist das, was man den „Charakter" des Menschen nennt. Betrachtet man den Charakter eines Menschen, so ist er in Wirklichkeit nur die Gesamtheit der Neigungen, die Summe der Veranlagungen seines Geistes, und man stellt fest, dass Elend und Glück gleichwertige Faktoren bei der Bildung dieses Charakters sind. Gut und Böse haben den gleichen Anteil an seiner Formung, und in manchen Fällen ist das Elend ein größerer Lehrer als das Glück. Beim Studium der großen Persönlichkeiten, die die Welt hervorgebracht hat, wage ich zu behaupten, dass man in der überwiegenden Mehrheit der Fälle feststellen würde, dass es das Elend war, das mehr lehrte als das Glück, dass es die Armut war, die mehr lehrte als der Reichtum, dass es die Schläge waren, die ihr inneres Feuer mehr zum Vorschein brachten als das Lob.

Nun ist dieses Wissen wiederum dem Menschen innewohnend. Kein Wissen kommt von außen; es ist alles innen. Was wir meinen, wenn wir sagen, ein Mensch „weiß", sollte in strenger psychologischer Sprache heißen, dass er „erkennt" oder „enthüllt". Was ein Mensch „lernt", ist in Wirklichkeit das, was er „entdeckt", indem er den Schleier von seiner eigenen Seele nimmt, die eine Quelle des unendlichen Wissens ist.

Wir sagen, Newton hat die Gravitation entdeckt. Saß sie irgendwo in einer Ecke und wartete auf ihn? Sie war in seinem eigenen Geist; die Zeit kam und er fand sie heraus. Alles Wissen, das die Welt je erhalten hat, kommt aus dem menschlichen Geist – die unendliche Bibliothek des Universums befindet sich dort. Die äußere Welt ist nur die Anregung, der Anlass, der uns dazu bringt, unseren eigenen Geist zu studieren. Das Objekt unseres Studiums ist immer unser eigener Geist. Der Fall eines Apfels gab Newton die Anregung, und er studierte daraufhin seinen eigenen Geist. Er ordnete alle vorherigen Gedankenverbindungen in seinem Geist neu und entdeckte eine neue Verbindung zwischen ihnen, die wir das Gesetz der Gravitation nennen. Es lag weder in dem Apfel noch in irgendetwas im Zentrum der Erde.

Alles Wissen, ob weltlich oder spirituell, befindet sich also im menschlichen Geist. In vielen Fällen wird es nicht entdeckt, sondern bleibt bedeckt, und wenn die Bedeckung langsam weggenommen wird, sagen wir, dass wir lernen. Der Fortschritt des Wissens wird durch das Voranschreiten dieses Prozesses der Freilegung erzielt. Der Mensch, von dem dieser Schleier genommen wird, ist der lernende Mensch; der Mensch, auf dem er dick liegt, ist unwissend; und der Mensch, von dem er ganz weg ist, ist allwissend. Es hat allwissende Menschen gegeben, und ich glaube, dass es sie noch geben wird, dass es in den kommenden Zeitzyklen Myriaden von ihnen geben wird.

Das Wissen existiert im Geist wie das Feuer in einem Stück Feuerstein; die Inspiration ist die Reibung, die es hervorbringt. So verhält es sich mit all unseren Gefühlen und Handlungen: unseren Tränen und unserem Lächeln, unseren Freuden und unserem Kummer, unserem Weinen und unserem Lachen, unseren Flüchen und unseren Segnungen, unseren Lobpreisungen und unseren Tadeln. Jedes einzelne von ihnen können wir, wenn wir unser eigenes Selbst in

Ruhe studieren, als durch so viele äußere Schläge in unserem Inneren hervorgebracht erkennen. Das Ergebnis ist das, was wir sind. Alle diese Schläge zusammengenommen werden Karma genannt: Arbeit, Handlung. Jeder geistige und physische Schlag, der der Seele versetzt wird, durch den aus ihr sozusagen Feuer herausgeschlagen wird und durch den die ihr immanente Kraft und Erkenntnis entdeckt werden, ist Karma, wobei dieses Wort in seinem weitesten Sinne gebraucht wird. Wir alle tun also ununterbrochen Karma. Ich spreche zu Ihnen: Das ist Karma. Sie hören zu: Das ist Karma. Wir atmen: Das ist Karma. Wir gehen: Karma. Alles, was wir tun, körperlich oder geistig, ist Karma und hinterlässt seine Spuren in uns.

Es gibt bestimmte Arbeiten, die sozusagen das Aggregat, die Gesamtsumme einer großen Anzahl kleinerer Arbeiten sind. Wenn wir in der Nähe des Meeresufers stehen und die Wellen gegen den Kies schlagen hören, ist es ein großes Geräusch, und doch wissen wir, dass eine Welle in Wirklichkeit aus Millionen und Abermillionen von winzigen Wellen zusammengesetzt ist. Jede Einzelne von ihnen macht ein Geräusch, und doch nehmen wir es nicht wahr – erst wenn sie zu einem großen Ganzen werden, hören wir es. Das Pulsieren des Herzens ist ebenso eine zusammengesetzte Arbeit. Bestimmte Arten von Arbeit werden uns bewusst, wir fühlen sie; dabei sind sie das Aggregat einer Vielzahl von kleinen Arbeiten.

Wenn Sie wirklich über den Charakter eines Menschen urteilen wollen, schauen Sie nicht auf seine großen Leistungen. Jeder Narr kann einmal ein Held werden. Beobachten Sie den Menschen bei seinen gewöhnlichsten Handlungen: Sie werden Ihnen den wahren Charakter eines großen Menschen zeigen. Große Anlässe erwecken auch den niedrigsten Menschen zu irgendeiner Art von Größe, aber ein wirklich großer Mensch ist nur derjenige, dessen Charakter stets groß ist – egal wo er ist.

Das Karma in seiner Wirkung auf den Charakter ist die gewaltigste Kraft, mit der der Mensch zu tun hat. Der Mensch ist sozusagen ein Zentrum und zieht alle Kräfte des Universums zu sich heran. In diesem Zentrum werden sie alle verschmolzen und in einem starken Strom wieder ausgesandt. Der wirkliche Mensch ist ein solches Zentrum – allmächtig, allwissend – und zieht das ganze Universum an sich. Gutes und Schlechtes, Elend und Glück, alles läuft auf ihn zu und klammert sich an ihn. Aus ihnen formt er den mächtigen Strom der Tendenzen, den man Charakter nennt, und sendet ihn wieder aus. Wie er die Macht hat, alles anzuziehen, so hat er auch die Macht, es auszusenden.

Alle Handlungen, die wir in der Welt sehen, alle Bewegungen in der menschlichen Gesellschaft, alle Werke, die wir um uns herum haben, sind einfach die Manifestation von Gedanken, die Manifestation des Willens des Menschen. Maschinen und Instrumente, Städte, Schiffe oder Kriegsschiffe, all das ist einfach die Manifestation des Willens des Menschen; dieser Wille wird durch den Charakter verursacht, und der Charakter wird durch Karma hervorgebracht. So wie das Karma ist, so ist auch die Manifestation des Willens.

Die Menschen mit mächtigem Willen, die die Welt hervorgebracht hat, waren allesamt gewaltige Arbeiter – gigantische Seelen mit einem Willen, der mächtig genug war, Welten umzustürzen, einem Willen, den sie durch beharrliche Arbeit über Ewigkeiten hinweg erlangten. Ein solch gigantischer Wille wie der eines Buddha oder eines Jesus konnte nicht in einem einzigen Leben erlangt werden, denn wir wissen, wer ihre Väter waren. Es ist nicht bekannt, dass ihre Väter jemals ein Wort zum Wohle der Menschheit gesprochen haben. Millionen und Abermillionen von Zimmerleuten wie Joseph sind gegangen; Millionen leben noch. Millionen von Kleinkönigen wie Buddhas Vater gab es auf der Welt. Wenn es nur um Vererbung ginge, wie erklären Sie sich dann, dass dieser unbedeutende Prinz, dem vielleicht seine eigenen Diener nicht gehorchten, diesen Sohn hervorbrachte, den die halbe Welt verehrt? Wie erklären Sie die Kluft zwischen dem Zimmermann und seinem Sohn, den Millionen von Menschen als Gott verehren? Das lässt sich nicht mit der Theorie der Vererbung erklären. Der gigantische Wille, den Buddha und Jesus über die Welt warfen, woher kam er? Woher kam diese Anhäufung von Macht? Sie muss durch Ewigkeiten hindurch immer größer und größer gewachsen sein, bis sie in einem Buddha oder einem Jesus über die Gesellschaft hereinbrach und bis in die heutige Zeit hineinwirkt.

All dies wird durch Karma, Arbeit, bewirkt. Keiner kann etwas bekommen, wenn er es sich nicht verdient. Wir mögen manchmal denken, dass es nicht so ist, aber auf lange Sicht werden wir uns davon überzeugen. Ein Mensch mag sein ganzes Leben lang um Reichtum kämpfen, er mag Tausende betrügen, aber am Ende stellt er fest, dass er es nicht verdient hat, reich zu werden, und sein Leben wird zu einer Qual und zu einem Ärgernis für ihn. Wir mögen versuchen, Dinge zu unserem physischen Vergnügen anzuhäufen, aber nur das, was wir verdient haben, wird uns wirklich gehören. Ein Narr mag alle Bücher der Welt kaufen und sie in seine Bibliothek stellen. Aber er wird nur die lesen können, die er verdient; und dieses Verdienen wird durch Karma erreicht. Unser Karma bestimmt, was wir bekommen und was wir assimilieren können.

Wir sind verantwortlich für das, was wir sind; und wir haben die Macht zu werden, was immer wir uns wünschen zu sein. Wenn das, was wir jetzt sind, das Ergebnis unserer eigenen Handlungen in der Vergangenheit ist, so folgt daraus, dass das, was wir in der Zukunft sein wollen, durch unsere gegenwärtigen Handlungen erzeugt werden kann. Wir müssen also wissen, wie wir handeln sollen. Sie werden sagen: „Was nützt es zu lernen, wie man arbeitet? Jeder arbeitet auf die eine oder andere Weise in dieser Welt." Es gibt aber trotzdem so etwas wie die Vergeudung von Energie. In Bezug auf Karma-Yoga sagt die Gita, dass es um Arbeit mit Klugheit und als Wissenschaft geht. Indem man weiß, wie man arbeitet, kann man die größten Ergebnisse erzielen. Man muss sich daran erinnern, dass alle Arbeit einfach dazu dient, die Kräfte des Geistes, die bereits vorhanden sind, hervorzubringen und die Seele aufzuwecken. Diese Kräfte sind in jedem Menschen; ebenso das Wissen. Die verschiedenen Handlungen sind wie Stöße, um sie hervorzuholen, um diese inneren Giganten zum Erwachen zu bringen.

Der Mensch arbeitet aus unterschiedlichen Motiven. Es gibt keine Arbeit ohne Motiv. Manche Menschen wollen Ruhm erlangen, und sie arbeiten für Ruhm. Andere wollen Geld, und sie arbeiten für Geld. Andere wollen Macht haben, und sie arbeiten für die Macht. Andere wollen in den Himmel kommen, und sie arbeiten dafür. Wieder andere wollen einen Namen hinterlassen, wenn sie sterben, wie sie es in China tun, wo niemand einen Titel bekommt, bis er tot ist; und das ist immerhin ein besserer Ansatz als unserer. Wenn dort ein Mann etwas sehr Gutes tut, geben sie seinem Vater, der tot ist, oder seinem Großvater einen Adelstitel. Manche Leute arbeiten dafür. Manche Anhänger gewisser mohammedanischer Sekten arbeiten ihr ganzes Leben lang, um ein großes Grabmal für sich bauen zu lassen, wenn sie sterben. Ich kenne Sekten, bei denen, sobald ein Kind geboren wird, ein Grab für es vorbereitet wird. Das ist bei ihnen die wichtigste Arbeit, die ein Mensch zu tun hat, und je größer und schöner das Grab ist, desto besser soll es dem Menschen gehen. Andere arbeiten als Buße: Sie tun zuerst allerlei Böses, errichten dann einen Tempel oder geben den Priestern etwas, um sie zu bestechen und von ihnen einen Passierschein für den Himmel zu erhalten. Sie denken, dass diese Art von Wohltätigkeit sie reinwaschen wird und sie trotz ihrer Sündhaftigkeit ungeschoren davonkommen. Das sind einige der verschiedenen Motive für Arbeit.

Arbeiten Sie um der Arbeit willen. In jedem Land gibt es Menschen, die wirklich das Salz der Erde sind und die um der Arbeit willen arbeiten, die sich nicht um den Namen oder den Ruhm kümmern oder gar darum, in den Himmel zu kommen. Sie arbeiten einfach nur, weil sie damit Gutes tun können. Noch andere tun den Armen Gutes und helfen der Menschheit aus noch höheren Motiven, weil sie das Gute lieben und daran glauben, dass es richtig ist, Gutes zu tun. Das Motiv des Namens und des Ruhmes bringt sowieso selten sofortige Ergebnisse; sie kommen zu uns, wenn wir alt sind und mit dem Leben fast abgeschlossen haben.

Wenn ein Mensch ohne jedes egoistische Motiv arbeitet, gewinnt er dann nichts? Doch, er gewinnt das Höchste. Uneigennützigkeit ist lohnender, doch haben die Menschen nicht die Geduld, sie zu praktizieren. Auch vom Standpunkt der Gesundheit ist sie lohnender. Liebe, Wahrheit und Uneigennützigkeit sind keine moralischen Floskeln – sie bilden unser höchstes Ideal, weil sich in ihnen Kraft manifestiert. Erstens: Ein Mensch, der fünf Tage oder auch nur fünf Minuten lang arbeiten kann, ohne irgendein egoistisches Motiv, ohne an die Zukunft, den Himmel, die Strafe oder irgendetwas in der Art zu denken, hat in sich die Fähigkeit, eine mächtige moralische Größe zu werden. Es ist schwer, das zu tun, aber im Herzen unseres Herzens kennen wir den Wert und das Gute, das es bringt. Es ist die größte Manifestation von Macht – diese ungeheure Zurückhaltung. Selbstbeherrschung ist eine größere Manifestation von Macht als alle nach außen gerichteten Handlungen.

Eine Kutsche mit vier Pferden kann ungebremst einen Hügel hinunterrasen, oder der Kutscher kann die Pferde zügeln. Was ist die größere Manifestation von Kraft, die Pferde loszulassen oder sie zu halten? Eine Kanonenkugel, die durch die Luft fliegt, legt eine lange Strecke zurück und fällt. Eine andere hingegen wird in ihrem Flug unterbrochen, weil sie gegen eine Wand prallt, und der Aufprall erzeugt starke Hitze. Die ausgehende Energie, die einem selbstsüchtigen Motiv folgt, wird vergeudet; sie kehrt nicht zu Ihnen zurück. Aber wenn sie gezügelt wird, entwickelt sie Kraft. Diese Zügelung wird dazu beitragen, einen mächtigen Willen hervorzubringen, einen Charakter, der einen Christus oder einen Buddha ausmacht. Törichte Menschen kennen dieses Geheimnis nicht, aber sie wollen trotzdem die Menschheit regieren. Selbst ein Narr kann die ganze Welt beherrschen, wenn er arbeitet und wartet. Lasst ihn ein paar Jahre warten, diese törichte Idee des Regierens zügeln, und wenn sie gänzlich verschwunden ist, wird er mächtig werden. Die Mehrheit von uns kann nicht über ein paar Jahre hinaus sehen, so wie manche Tiere nicht über ein paar Schritte hinaus sehen können. Nur ein kleiner enger Kreis – das ist unsere Welt. Wir haben nicht die Geduld, darüber hinaus zu schauen, und werden dadurch unmoralisch und boshaft. Das ist unsere Schwäche, unsere Ohnmacht.

Auch die niedrigsten Formen der Arbeit dürfen nicht verachtet werden. Möge der Mensch, der es nicht besser weiß, für egoistische Zwecke, für Namen und Ruhm arbeiten. Aber wir sollten immer versuchen, zu höheren und höheren Motiven zu gelangen und sie zu verstehen. „Wir haben das Recht zur Arbeit, aber nicht zu ihren Früchten."[63] Überlassen Sie die Früchte sich selbst. Warum sich um Ergebnisse sorgen? Wenn Sie einem Menschen helfen wollen, denken Sie nie daran, wie er sich Ihnen gegenüber verhalten wird. Wenn Sie ein großes oder gutes Werk tun wollen, machen Sie sich nicht die Mühe zu denken, was das Ergebnis sein wird.

Bei diesem Ideal der Arbeit ergibt sich eine schwierige Frage. Intensive Aktivität ist notwendig; wir müssen ständig arbeiten. Wir können nicht eine Minute ohne Arbeit leben. Was ist dann mit der Ruhe? Die Arbeit, in der wir herumwirbeln, ist die eine Seite des Le-

---

63 Vgl. Bhagavad Gita 2-47.

bensstrebens, aber es gibt eben auch die andere Seite, die der Ruhe, des zurückhaltenden Verzichts, wenn alles friedlich um uns herum ist: Es gibt wenig Lärm und Show, nur die Natur mit ihren Tieren und Blumen und Bergen. Keine der beiden Seiten alleine genommen ist vollkommen. Ein Mensch, der an die Einsamkeit gewöhnt ist, wird, wenn er mit dem tosenden Strudel der Welt in Berührung kommt, von diesem erdrückt werden; so wie der Fisch, der im tiefen Wasser des Meeres lebt, in Stücke zerbricht, sobald er an die Oberfläche gebracht wird, da er des Gewichts des Wassers beraubt ist, das ihn zusammenhielt. Kann ein Mensch, der an den Aufruhr und die Hektik des Lebens gewöhnt ist, in Stille leben, wenn er an einen einsamen Ort kommt? Er leidet, kann vielleicht den Verstand verlieren.

Der ideale Mensch ist allerdings derjenige, der inmitten der größten Stille und Einsamkeit die intensivste Aktivität ausübt und der inmitten der intensivsten Aktivität die Stille und Einsamkeit der Wüste findet. Er hat das Geheimnis der Zurückhaltung erlernt, er hat über sich selbst Macht. Er geht durch die Straßen einer Großstadt mit all ihrem Verkehr, und sein Geist ist so ruhig, als wäre er in einer Höhle, wo ihn kein Geräusch erreichen kann; und er arbeitet trotzdem die ganze Zeit intensiv. Das ist das Ideal des Karma-Yogas, und wenn Sie das erreicht haben, haben Sie das Geheimnis der Arbeit wirklich gelernt.

Aber beginnen müssen wir am Anfang, indem wir die Arbeit aufnehmen, die zu uns kommt, und langsam jeden Tag selbstloser werden. Wir müssen arbeiten und dabei die Beweggründe erkennen, die uns antreiben. In den ersten Jahren werden wir fast ausnahmslos feststellen, dass unsere Motive immer selbstsüchtig sind. Aber allmählich wird diese Selbstsucht durch unsere Beharrlichkeit schmelzen, bis schließlich die Zeit kommt, in der wir in der Lage sein werden, wirklich selbstlos zu arbeiten. So kämpfen wir alle auf den Pfaden des Lebens und dürfen dabei hoffen, dass eines Tages eine Zeit kommen wird, in der wir vollkommen selbstlos werden. In dem Moment, in dem wir das erreichen, werden alle unsere Kräfte gebündelt werden und das Wissen, das uns schon immer gehört hat, wird sich offenbaren.

Verzicht auf den Materialismus

Ich werde Ihnen aus einer der Upanischaden vorlesen. Sie wird die Katha Upanischad genannt. Einige von Ihnen haben vielleicht die Übersetzung von Sir Edwin Arnold namens „Das Geheimnis des Todes" gelesen.

In unserem vorherigen Vortrag haben wir gesehen, wie die antike philosophische Untersuchung, die mit dem Ursprung der Welt und der Erschaffung des Universums begann, keine befriedigende Antwort von außen erhielt und sich dann nach innen wandte. Diese Upanischad greift diese Untersuchung vom psychologischen Standpunkt auf und fragt nach der inneren Natur des Menschen. Die erste Frage war, wer die äußere Welt geschaffen hat und wie sie entstanden ist. Nun lautet sie: Was ist das im Menschen, was ihn leben und sich bewegen lässt, und was wird daraus, wenn er stirbt? Die ersten Philosophen untersuchten die materielle Substanz und versuchten, darüber zum Ultimativen zu gelangen. Im besten Fall fanden sie einen persönlichen Herrscher des Universums, ein menschliches Wesen in ungeheurer Vergrößerung, aber im Grunde doch ein menschliches Wesen. Aber das konnte nicht die ganze Wahrheit sein; bestenfalls war es eine partielle Wahrheit.

Wir betrachten dieses Universum eben als menschliche Wesen, und so ist unser Gott eine menschliche Erklärung des Universums. Angenommen, eine Kuh wäre philosophisch und hätte eine Religion, dann hätte sie ein Kuhuniversum und eine Kuhlösung des Problems – sie könnte unseren Gott nicht verstehen. Angenommen, Katzen würden zu Philosophen, dann hätten sie ein Katzenuniversum und eine Katzenlösung des Problems des Universums, und eine Katze würde es regieren. Daran sehen wir, dass unsere Erklärung des Universums nicht die ganze Lösung ist. Ebenso wenig deckt unsere Vorstellung das gesamte Universum ab. Es wäre ein großer Fehler, diese äußerst egozentrische Position einzunehmen, zu der der Mensch neigt. Eine solche Lösung des universellen Problems, wie wir sie von außen bekommen können, hat diese Einschränkung, dass das Universum, das wir sehen, in erster Linie unser eigenes partikuläres Universum ist, unsere eigene Sicht der Wirklichkeit. Die eigentliche Wirklichkeit können wir jedoch nicht mit den Sinnen wahrnehmen; wir können sie nicht begreifen.

Wir kennen das Universum nur aus dem Blickwinkel eines Wesens mit fünf Sinnen. Angenommen, wir bekämen einen anderen Sinn, dann würde sich das ganze Universum für uns automatisch verändern. Angenommen, wir hätten einen magnetischen Sinn, dann wäre es durchaus möglich, dass wir Millionen und Abermillionen von Wirkungen entdeckten, die wir jetzt nicht kennen und für die wir derzeitig keine Empfindung oder kein Gefühl haben. Unsere Sinne sind begrenzt, sehr begrenzt sogar. Und innerhalb dieser Begrenzungen existiert das, was wir unser Universum nennen, und unser Gott ist die Lösung unseres Universums, aber das kann nicht die Lösung des ganzen Problems sein. Der Mensch darf hier nicht stehen bleiben. Er ist ein denkendes Wesen und möchte eine Antwort finden, die alle Universen umfassend erklären wird. Er will eine Welt, die gleichzeitig die Welt der Menschen und der Götter und aller möglichen Lebewesen ist, und eine Lösung finden, die alle Phänomene erklärt.

Wir sehen also, dass wir zuerst das Universum finden müssen, das alle Universen einschließt. Wir müssen etwas finden, das an sich das Material von allen sein muss, das all diese verschiedenen Ebenen der Existenz durchzieht, ob wir sie durch die Sinne wahrnehmen oder nicht. Wenn wir etwas finden könnten, das wir als gemeinsame Eigenschaft sowohl der niederen als auch der höheren Welten erkennen könnten, dann wäre unser Problem gelöst. Wenn wir allein durch die schiere Kraft der Logik verstehen, dass es eine Grundlage aller Existenz geben muss, können wir uns der Antwort im besten Fall nähern. Die wirkliche Antwort können wir sicherlich nicht ausschließlich durch die Welt, die wir sehen und kennen, finden, weil sie nur eine Teilansicht des Ganzen ist.

Unsere einzige Hoffnung liegt also darin, tiefer vorzudringen. Die frühen Denker entdeckten, dass die Variationen und Unterschiede umso ausgeprägter waren, je weiter sie sich vom Zentrum entfernten, und dass sie der Einheit umso näher kamen, je weiter sie sich dem Zentrum näherten. Je näher wir dem Zentrum eines Kreises sind, desto näher sind wir dem Gemeinsamen, in dem sich alle Radien treffen; und je weiter wir vom Zentrum entfernt sind, desto mehr divergiert unsere Radiallinie von den anderen. Die äußere Welt ist weit vom Zentrum entfernt, und so gibt es in ihr keine gemeinsame Basis, wo sich alle Phänomene der Existenz treffen können.

Die Außenwelt ist bestenfalls ein Teil der Gesamtheit der Phänomene. Es gibt noch andere Teile: das Seelische, das Moralische und das Intellektuelle – die verschiedenen Ebenen des Daseins. Nur eine davon aufzugreifen und von dieser aus eine Lösung des Ganzen zu finden, ist ein unmögliches Unterfangen. Wir wollen also zuerst irgendwo ein Zentrum finden, von dem sozusagen alle anderen Ebenen des Seins ausgehen, und von dort aus sollten wir die Lösung suchen. Das ist die Idee. Und wo ist dieses Zentrum? Es ist in uns selbst. Die alten Weisen drangen immer tiefer ein, bis sie fanden, dass im innersten Kern der menschlichen Seele das Zentrum des ganzen Universums liegt. Alle Ebenen treffen sich in diesem einen Punkt. Das ist die gemeinsame Basis, und nur wenn wir dort stehen, können wir eine allumfassende Lösung finden. Die ursprüngliche Frage, wer diese Welt erschaffen hat, ist also nicht wirklich philosophisch, und ihre Lösung ist auch nicht von Bedeutung.

Darüber spricht die Katha Upanischad in ausgesprochen bildhafter Sprache. Es gab in uralten Zeiten einen sehr reichen Mann, der ein bestimmtes Opfer brachte, das verlangte, dass er alles, was er hatte, weggeben sollte. Nun, dieser Mann war nicht aufrichtig. Er wollte den Ruhm und die Ehre bekommen, das Opfer gebracht zu haben, aber er verschenkte nur Dinge, die ihm nichts mehr nützten: alte Kühe, unfruchtbar, blind und lahm. Er hatte einen Sohn namens Nachiketas. Dieser Junge sah, dass sein Vater nicht richtig handelte, dass er sein Gelübde brach, aber er wusste nicht, was er zu ihm sagen sollte. In Indien sind Vater und Mutter lebende Götter für ihre Kinder. Und so näherte sich der Junge dem Vater mit größtem Respekt und fragte ihn demütig: „Vater, an wen willst du mich geben? Denn dein Opfer verlangt, dass alles verschenkt werden soll." Der Vater war sehr verärgert über diese Frage und antwortete: „Was meinst du, Junge? Ein Vater, der seinen eigenen Sohn weggibt?" Der Junge stellte die Frage ein zweites und ein drittes Mal, bis der verärgerte Vater antwortete: „Dich gebe ich dem Tod (Yama)." Und die Geschichte erzählt weiter, dass der Junge zu Yama, dem Gott des

Todes, ging. Yama ist der erste Mensch gewesen, der starb. Er ging in den Himmel und wurde der Gouverneur aller Pitris[64]: aller guten Menschen, die nach dem Tod zu ihm gehen und dort für eine lange Zeit leben. Er ist eine sehr reine und heilige Person, keusch und gut, wie sein Name (Yama[65]) andeutet.

Also ging der Junge in Yamas Welt. Aber auch Götter sind manchmal nicht zu Hause, und so musste der Junge drei Tage warten. Nach dem dritten Tag kehrte Yama zurück. „Oh Gelehrter", sagte Yama, „du hast hier drei Tage lang ohne Essen gewartet, und du bist ein Gast, der Respekt verdient. Ich grüße dich, oh Brahmane, und wünsche dir Wohlergehen! Es tut mir sehr leid, dass ich nicht zu Hause war. Aber dafür werde ich Wiedergutmachung leisten. Bitte mich um drei Segen, einen für jeden Tag."

Und der Junge bat: „Mein erste Bitte ist, dass der Zorn meines Vaters gegen mich vergehen möge, dass er gütig zu mir sein und mich anerkennen möge, wenn du mich abreisen lässt." Yama gewährte dies uneingeschränkt. Der nächste Segen war, dass er etwas über ein bestimmtes Opfer wissen wollte, das die Menschen in den Himmel bringt. Nun haben wir gesehen, dass die älteste Idee, die wir im Samhita-Teil der Veden finden, nur vom Himmel handelte, wo man einen strahlenden Körper hatte und zusammen mit den Ahnen lebte. Nach und nach kamen danach andere Ideen, aber sie waren nicht befriedigend: Die Notwendigkeit für etwas Höheres blieb bestehen. Das Leben im Himmel würde sich nicht wesentlich vom Leben in dieser Welt unterscheiden. Im besten Fall wäre es nur ein sehr zufriedenes Leben eines reichen Menschen, mit vielen Sinnesfreuden und einem gesunden Körper, der keine Krankheit kennt. Solcher Himmel wäre die materielle Welt, nur ein wenig verfeinert. Und wir haben die Schwierigkeit gesehen, dass die äußere materielle Welt das Problem niemals lösen kann.

Wenn diese Welt das Problem nicht lösen kann, kann es auch keine Steigerung dieser Welt tun, denn wir müssen uns immer daran erinnern, dass die Materie nur ein winziger Teil der Phänomene der Natur ist. Der große Teil der Phänomene, die wir erleben, ist keine

---

64 Wörtlich: Väter; das Wort bezeichnet die Seelen der Vorfahren.

65 Das Wort bedeutet Selbstbeherrschung, Duldsamkeit, jede große moralische Regel oder Pflicht.

Materie. Welch große Rolle spielen zum Beispiel in jedem Augenblick unseres Lebens die Gedanken und Gefühle, verglichen mit den materiellen Erscheinungen der Außenwelt! Und wie groß ist unsere innere Welt mit ihrer ungeheuren Aktivität! Die Sinnesphänomene sind nur ein sehr kleiner Teil von ihr. Die himmlische Lösung begeht diesen Fehler: Sie besteht darauf, dass die Gesamtheit der Phänomene nur in Berührung, Geschmack, Anblick usw. besteht. Diese Idee des Himmels hat also nicht zur vollen Zufriedenheit aller geführt. Dennoch fragt Nachiketas als zweiten Segen nach einem Opfer, durch das die Menschen diesen Himmel erreichen könnten. In den Veden gab es die Vorstellung, dass Opfer die Götter erfreuen und Menschen in den Himmel bringen.

Wenn Sie Religionen studieren, werden Sie die Beobachtung machen, dass alles, was alt ist, heilig wird. Zum Beispiel schrieben unsere Vorfahren in Indien auf Birkenrinde, aber mit der Zeit lernten sie, wie man Papier herstellt. Dennoch wird die Birkenrinde immer noch als sehr heilig angesehen. Als die Utensilien, mit denen sie in alten Zeiten zu kochen pflegten, verbessert wurden, wurden die alten heilig. Nirgendwo wird diese Idee mehr aufrechterhalten als in Indien. Alte Methoden, die neun- oder zehntausend Jahre alt sein müssen, wie das Aneinanderreiben von zwei Stöcken, um Feuer für die Feuerzeremonie[66] zu machen, werden immer noch befolgt. Wenn es um Opfergaben geht, ist keine andere Methode gut genug. Gleiches gilt für einen anderen Zweig der asiatischen Arier. Ihre modernen Nachkommen versuchen immer noch, Feuer aus Blitzen zu erhalten, was zeigt, dass sie früher auf diese Weise Feuer bekamen. Selbst als sie andere Bräuche lernten, behielten sie die alten bei, die dann heilig wurden. So auch bei den Hebräern. Sie schrieben früher auf Pergament. Jetzt schreiben sie auf Papier, aber Pergament ist sehr heilig. So ist es bei allen Völkern. Jeder Ritus, den sie jetzt als heilig betrachten, war einfach ein alter Brauch, und die vedischen Opfer waren von dieser Art. Im Laufe der Zeit, als die Menschen bessere Lebensweisen fanden, verbesserten sich ihre Vorstellungen deutlich. Dennoch blieben diese alten Formen bestehen, und von Zeit zu Zeit wurden sie praktiziert und erhielten eine heilige Bedeutung. Dann machte es sich eine Gruppe von Männern zur Aufgabe, diese Opfer auszu-

---

66 Die Feuerzeremonie ist ein religiöses Feuerritual, das von Hindus zu besonderen Anlässen durchgeführt wird.

führen. Das waren die Priester, die mit den Opfern spekulierten, und die Opfer wurden für sie alles. Die Götter kamen, um den Duft der Opfergaben zu genießen, und es wurde angenommen, dass alles in dieser Welt durch die Kraft der Opfer erlangt werden konnte. Wenn bestimmte Opfergaben dargebracht, bestimmte Hymnen gesungen, bestimmte besondere Formen von Altären gebaut würden, würden die Götter alles gewähren. Und so fragt Nachiketas, durch welche von ihnen ein Mensch in den Himmel kommen kann. Der zweite Segen wurde von Yama ebenfalls bereitwillig gewährt, und er versprach, dass dieses Opfer fortan nach Nachiketas benannt werden sollte.

Dann kommt der dritte Segen, und damit beginnt die eigentliche Upanischad. Der Junge sagte: „Es gibt diese Schwierigkeit: Wenn ein Mensch stirbt, sagen einige, dass er ist, andere sagen, dass er nicht ist. Von dir unterwiesen, möchte ich dies verstehen." Daraufhin war Yama erschrocken. Die beiden anderen Segnungen hatte er sehr gerne gewährt, aber nun sagte er: „Die Götter in alten Zeiten waren in diesem Punkt verwirrt. Dieses subtile Gesetz ist nicht leicht zu verstehen. Wähle einen anderen Segen, oh Nachiketas, bedränge mich nicht in diesem Punkt, befreie mich von meinem Versprechen."

Der Junge war aber entschlossen und erwiderte: „Was du gesagt hast, ist wahr, o Tod, dass selbst die Götter in diesem Punkt Zweifel hatten und dass es nicht leicht zu verstehen ist. Aber ich kann keinen anderen befragen, der das wissen könnte, und es gibt keinen anderen Segen, der dem hier gleichkommt."

Der Tod sagte: „Bitte um Söhne und Enkel, die hundert Jahre alt werden, viel Vieh, Elefanten, Gold und Pferde. Bitte um ein Reich auf dieser Erde und lebe so viele Jahre, wie du willst. Oder wähle irgendeinen anderen Segen, den du für gleichwertig mit diesen hältst: Reichtum und langes Leben. Oder sei du ein König, oh Nachiketas, auf der weiten Erde. Ich werde dich zum Genießer aller Gelüste machen. Bitte um all jene Wünsche, die in der Welt schwer zu erlangen sind. Die himmlischen Jungfrauen mit Wagen und Musik, die für den Menschen nicht zu erreichen sind, sind dein. Lass sie dir dienen. O Nachiketas, aber frage mich nicht, was nach dem Tod kommt."

Nachiketas sagte: „Dies sind nur Dinge für einen Tag, oh Tod, sie zehren die Energie der Sinnesorgane auf. Selbst das längste Leben ist sehr kurz. Diese Pferde und Wagen, Tänze und Lieder, sie mögen bei dir bleiben. Der Mensch kann nicht durch Reichtum befriedigt werden. Können wir Reichtum behalten, wenn wir dich erblicken? Wir werden nur so lange leben, wie du es wünschst. Nur dieser eine Segen, den ich erbeten habe, ist von mir erkoren."

Yama war mit dieser Antwort zufrieden und sagte: „Vollkommenheit ist eine Sache und Genuss eine andere; diese beiden haben unterschiedliche Ziele und beschäftigen die Menschen unterschiedlich. Derjenige, der die Vollkommenheit wählt, wird rein. Derjenige, der den Genuss wählt, verfehlt sein wahres Ziel. Beide, Vollkommenheit und Genuss, bieten sich dem Menschen an; der weise Mensch untersucht sie beide und unterscheidet das eine vom anderen. Er wählt die Vollkommenheit, weil sie dem Vergnügen überlegen ist, während der törichte Mensch den Genuss zum Vergnügen seines Körpers wählt. O Nachiketas, nachdem du über die Dinge nachgedacht hast, die nur scheinbar wünschenswert sind, hast du sie weise aufgegeben." Dann fuhr der Tod fort, Nachiketas zu unterweisen.

Wir bekommen nun eine sehr ausgereifte Vorstellung von Entsagung und vedischer Moral, nämlich dass die Wahrheit nicht in einem aufleuchten wird, solange man die Begierden nach Genuss nicht besiegt hat. Wie kann sich die Wahrheit in unseren Herzen entfalten, wenn die eitlen Begierden unserer Sinne toben und uns jeden Augenblick gleichsam nach außen zerren, uns ungeachtet all unserer anderslautenden Behauptungen zu Sklaven von allem Äußeren machen: einer kleinen Farbe, einem kleinen Geschmack, einer kleinen Berührung?

Yama sagte: „Das, was jenseits ist, erhebt sich niemals vor dem Geist eines gedankenlosen Kindes, das durch die Torheit des Reichtums verblendet ist. Diejenigen, die denken, dass diese eine Welt existiert und die andere nicht, kommen wieder und wieder unter meine Macht. Diese Wahrheit zu verstehen ist sehr schwierig. Viele verstehen sie nicht, selbst wenn sie sie immer wieder hören, denn so wie der Sprecher ganz besonders sein muss, so muss auch der Hörer sein. Der Lehrer muss wunderbar sein, ebenso muss der Schüler sein. Auch soll der Verstand nicht durch leere Argumente gestört werden, denn es ist keine Frage des Arguments mehr, sondern eine Tatsache."

Es wird uns immer gesagt, dass die Religion darauf besteht, dass wir Glauben haben. Man hat uns gelehrt, blind zu glauben. Nun, die Idee des blinden Glaubens ist zweifellos verwerflich, aber wenn wir sie in diesem Kontext analysieren, stellen wir fest, dass sich dahinter eine sehr große Wahrheit verbirgt. Was sie wirklich bedeutet, ist das, was ich gerade vorgelesen habe. Der Verstand soll nicht durch nichtige Argumente aufgewühlt werden, denn Argumente werden uns nicht helfen, Gott zu erkennen. Es ist eine Frage der Tatsache und nicht des Arguments.

Alle Argumentationen und Schlussfolgerungen müssen auf bestimmten Wahrnehmungen beruhen. Ohne diese kann es keine vernünftige Argumentation geben. Das Argumentieren ist die Methode des Vergleichs zwischen bestimmten Tatsachen, die wir zuvor wahrgenommen haben müssen. Wenn es diese wahrgenommenen Tatsachen nicht bereits gibt, kann es keine vernünftige Argumentation geben. Der Chemiker nimmt bestimmte Substanzen und erzielt bestimmte Ergebnisse. Das ist eine Tatsache: Die Chemiker können dies sehen und spüren und machen es zur Grundlage, auf der sie alle ihre chemischen Erklärungen aufbauen. So auch mit den Physikern, so mit allen anderen Wissenschaften. Wenn dies für die äußeren Phänomene gilt, warum sollte es dann nicht auch für die inneren gelten?

Alles Wissen muss auf der Wahrnehmung gewisser Tatsachen beruhen, und darauf müssen wir unsere Schlussfolgerungen aufbauen. Aber seltsamerweise denkt die große Mehrheit der Menschheit, besonders in der heutigen Zeit, dass eine solche Wahrnehmung in der Religion nicht möglich ist, dass Religion nur durch leere Argumente erklärt werden kann. Deshalb wird uns hier gesagt, wir sollen den Verstand nicht durch leere Argumente stören. Religion ist eine Frage der Tatsachen, nicht des Geredes. Wir müssen unsere eigene Seele analysieren und herausfinden, was dort ist. Wir müssen sie verstehen und das Verstandene wahrnehmen. Das ist Religion. Kein noch so großes Gerede kann Religion erschaffen.

So kann die Frage, ob es einen Gott gibt oder nicht, niemals durch Argumente bewiesen werden, denn die Argumente liegen sowohl auf der einen als auch auf der anderen Seite. Aber wenn es Gott gibt, dann ist er in unserem eigenen Herzen. Haben Sie Ihn jemals gesehen? Die Frage, ob diese Welt existiert oder nicht, ist noch nicht entschieden, und die Debatte zwischen den Idealisten und den Realisten ist endlos. Doch wir wissen, dass die Welt existiert, dass sie weitergeht. Wir spielen nur mit der Bedeutung der Worte. Bei allen Fragen des Lebens müssen wir also zu Fakten kommen.

Es gibt bestimmte religiöse Tatsachen, die, wie in der äußeren Wissenschaft, wahrgenommen werden müssen, und erst auf ihnen kann die Religion aufgebaut werden. Natürlich ist die Aufforderung, dass man jedes Dogma einer Religion glauben muss, für den menschlichen Geist entwürdigend. Der Mensch, der von Ihnen verlangt, alles zu glauben, erniedrigt sich selbst, und wenn Sie ihm glauben, erniedrigt er auch Sie. Aber die Weisen der Welt haben das Recht, uns zu sagen, dass sie ihren Geist analysiert und diese Tatsachen gefunden haben; und wenn wir das Gleiche getan haben, sollen wir auch glauben, und nicht vorher. Das ist alles, was die Religion ausmacht. Sie dürfen es nie vergessen, dass 99,9 Prozent derjenigen, die die Religion angreifen, noch nie ihren Geist analysiert haben, noch nie darum gekämpft haben, zu den Fakten zu gelangen. Ihre Argumente haben also kein Gewicht gegen die Religion, genauso wenig wie die Worte eines Blinden, der ausruft: „Ihr seid alle Narren, die an die Sonne glauben", auf uns wirken würden.

Das ist eine großartige Idee, die man kennenlernen und an der man festhalten sollte: diese Idee der Verwirklichung. Dieser Aufruhr und Kampf und die Differenzen zwischen den Religionen werden nur aufhören, wenn wir verstanden haben, dass Religion nicht in Büchern und Tempeln ist. Sie ist eine konkrete Wahrnehmung. Nur der Mensch, der Gott und die Seele tatsächlich wahrgenommen hat, ist religiös. Es gibt keinen wirklichen Unterschied zwischen dem größten kirchlichen Riesen, der über Gott lauthals reden kann, und dem simpelsten, unwissenden Materialisten. Wir sind alle Atheisten – lasst es uns gestehen. Die bloße intellektuelle Zustimmung macht uns nicht religiös. Nehmen Sie einen beliebigen Christen oder Moslem oder einen Anhänger irgendeiner anderen Religion in der Welt. Jeder Mensch, der die Wahrheit der Bergpredigt tatsächlich verwirklicht, würde vollkommen sein und sofort ein Gott werden.

Dennoch wird gesagt, dass es soundso viele Millionen Christen auf der Welt gibt. Gemeint ist, dass die Menschheit irgendwann einmal versuchen könnte, diese Predigt zu verwirklichen. Nicht einer von zwanzig Millionen ist ein echter Christ!

So soll es in Indien dreihundert Millionen Vedantiner geben. Aber wenn es nur einen von Tausend gäbe, der die Religion tatsächlich verwirklicht hätte, würde diese Welt schon bald verwandelt werden. Wir sind alle Atheisten, und doch versuchen wir, denjenigen zu bekämpfen, der das zugibt. Wir tappen alle im Dunkeln. Religion ist für uns ein bloßes intellektuelles Bekenntnis, ein bloßes Gerede, ein bloßes Nichts. Wir halten oft einen Menschen für religiös, der gut reden kann. Aber das ist keine Religion. Wunderschöne Methoden, Worte zu verbinden, rhetorische Fähigkeiten, und das Erklären von Texten der Bücher auf verschiedene Weise – das ist nur zum Vergnügen der Gelehrten und nicht Religion. Religion kommt, wenn die konkrete Verwirklichung in unserer eigenen Seele beginnt. Das wird die Morgendämmerung der Religion sein; und dann allein werden wir moralisch sein. Jetzt sind wir nicht viel moralischer als die Tiere. Wir werden nur von den Peitschen der Gesellschaft gebändigt. Wenn die Gesellschaft heute sagen würde: „Ich werde dich nicht bestrafen, wenn du stiehlst", würden wir uns auf das Eigentum des anderen stürzen. Es ist der Polizist, der uns moralisch macht. Es ist die gesellschaftliche Meinung, die uns moralisch macht, und in Wirklichkeit sind wir kaum besser als Tiere. Im Verborgenen unserer Herzen wissen wir, dass es so ist. Lasst uns also keine Heuchler sein. Lasst uns bekennen, dass wir nicht religiös sind und kein Recht haben, auf andere herabzusehen. Wir werden erst alle Brüder und wahrhaft moralisch sein, wenn wir die Religion verwirklicht haben.

Wenn Sie in einem bestimmten Land waren und jemand zwingt Sie zu sagen, dass Sie es nicht gesehen haben, wissen Sie dennoch in Ihrem Herzen, dass Sie es gesehen haben. Wenn Sie also die Religion und Gott intensiver sehen, als Sie diese äußere Welt sehen, wird nichts Ihren Glauben erschüttern können. Dann haben Sie echten Glauben. Das ist es, was mit den Worten in Ihrem Evangelium „wenn ihr Glauben habt wie ein Senfkorn, so werdet ihr zu diesem Berg sagen: Hebe dich weg von hier dorthin!, und er wird sich hinbewegen"[67] gemeint ist. Dann werden Sie die Wahrheit kennen, weil Sie die Wahrheit geworden sind.

Dies ist die Losung des Vedanta: Verwirkliche die Religion; kein Reden wird genügen. Das ist allerdings mit großen Anstrengungen verbunden. Gott hat sich im Inneren des Atoms verborgen, dieser uralte Eine, der im Innersten eines jeden menschlichen Herzens wohnt. Die alten Weisen verwirklichten Ihn durch die Kraft der Introspektion und gelangten jenseits von Freude und Leid, jenseits dessen, was wir Tugend und Laster nennen, jenseits von guten und schlechten Taten, jenseits von Sein und Nichtsein. Wer Ihn gesehen hat, hat die Wirklichkeit gesehen. Und was ist dann mit dem Himmel? Der Himmel war die Idee des Glücks abzüglich des Unglücks. Das heißt, was wir wollen, sind die Freuden dieses Lebens minus seine Sorgen. Das ist eine sehr gute Idee, kein Zweifel. Sie kommt natürlich. Aber sie ist durchweg ein Irrtum, denn es gibt weder so etwas wie das absolute Gute noch so etwas wie das absolute Böse.

Ihr habt alle von dem reichen Mann in Rom gehört, der eines Tages erfuhr, dass sich sein Vermögen nur noch auf etwa eine Million Pfund belief. Er sagte: „Was soll ich morgen tun?", und beging daraufhin Selbstmord. Eine Million Pfund war für ihn Armut. Was ist Freude, und was ist Kummer? Es ist eine flüchtige Größe, die ständig schwindet. Als ich ein Kind war, dachte ich, wenn ich ein Kutscher sein könnte, wäre es der Gipfel des Glücks für mich, herumzufahren. Jetzt denke ich nicht mehr so. An welche Freude wollen Sie sich klammern? Das ist der eine Punkt, den wir alle verstehen müssten, und er ist der letzte Aberglaube, der uns verlässt. Jeder hat eine andere Vorstellung von Freude. Ich habe einen Mann gesehen, der nicht glücklich ist, es sei denn, er schluckt jeden Tag einen Klumpen Opium. Er träumt vielleicht von einem Himmel, in dem es nur Opium gibt. Das wäre für mich ein sehr schlechter Himmel.

Immer wieder lesen wir in der arabischen Poesie von einem Himmel mit schönen Gärten, durch die Flüsse fließen. Ich habe einen großen Teil meines Lebens in einem Land gelebt, in dem es zu viel Wasser gibt; viele Dörfer werden überflutet und Tausende von Leben werden jedes Jahr geopfert. Mein Himmel hätte also keine Gär-

---

67 Matthäus 17:20

ten, durch die Flüsse fließen: Ich hätte lieber ein Land, in dem wenig Regen fällt. Unsere Freuden ändern sich ständig. Wenn ein junger Mann vom Himmel träumt, träumt er von einem Himmel, in dem er eine schöne Frau haben wird. Es sind unsere Wünsche, die unseren Himmel ausmachen, und der Himmel verändert sich mit der Veränderung unserer Wünsche. Wenn wir einen Himmel hätten, wie ihn sich diejenigen wünschen, für die der Sinnesgenuss die eigentliche Erfüllung des Daseins ist, dann würden wir uns nicht weiterentwickeln. Das wäre der schrecklichste Fluch, den wir über die Seele aussprechen könnten. Ist das alles, worauf wir kommen können? Ein bisschen weinen und tanzen, und dann wie ein Hund sterben! Was für einen Fluch sprecht ihr über das Menschengeschlecht aus, wenn ihr euch nach diesen Dingen sehnt! Das ist es, was ihr tut, wenn ihr nach den Freuden dieser Welt weint, denn ihr wisst nicht, was wahre Freude ist.

Worauf die vedantische Philosophie besteht, ist nicht, auf Freuden zu verzichten, sondern zu wissen, was Freude wirklich ist. Der norwegische Himmel war ein gewaltiger Kampfplatz, wo sie alle vor Odin saßen. Sie jagten ein Wildschwein und zogen dann in den Krieg und schlugen sich gegenseitig in Stücke. Aber irgendwie waren ein paar Stunden nach solchen Kämpfen alle Wunden geheilt, und sie gingen in eine Halle, wo das Wildschwein gebraten wurde, und hielten ein Festgelage ab. Und dann nahm das Wildschwein wieder Gestalt an, bereit, am nächsten Tag wieder gejagt zu werden. Das ist so ähnlich wie unser Himmel, keinen Deut schlechter, nur unsere Vorstellungen sind vielleicht ein bisschen feiner. Wir wollen Wildschweine jagen. Wir wollen an einen Ort gelangen, an dem alle Genüsse weitergehen, so wie der Norweger, der das Wildschwein jeden Tag jagt und isst, um es am nächsten Tag wieder zu jagen.

Nun, die vedantische Philosophie besteht darauf, dass es eine Freude gibt, die absolut ist, die sich niemals ändert. Diese Freude kann nicht aus den Freuden und Vergnügungen bestehen, die wir in diesem Leben haben. Vedanta zeigt, dass alles, was uns in diesem Leben erfreut, nur ein Teilchen der wahren Freude ist, der einzigen Freude, die es gibt. In Wirklichkeit genießen wir in jedem Moment diese absolute Glückseligkeit, auch wenn sie zugedeckt, missverstanden und zur Karikatur gemacht wird.

Wo immer es Segen, Glückseligkeit oder Freude gibt, sogar die Freude des Diebes beim Stehlen, ist es diese absolute Glückseligkeit, die hervorkommt, nur ist sie sozusagen verdunkelt, mit allen möglichen fremden Zuständen durcheinandergebracht und missverstanden. Aber um das zu verstehen, müssen wir zuerst durch die Verneinung gehen, und dann wird die positive Seite beginnen. Wir müssen die Unwissenheit und alles, was falsch ist, aufgeben, und dann wird die Wahrheit beginnen, sich uns zu offenbaren. Wenn wir die Wahrheit erfasst haben, werden die Dinge, die wir anfangs aufgegeben haben, eine neue Form und Gestalt annehmen, sie werden uns in einem neuen Licht erscheinen und göttlich werden. Sie werden sublimiert worden sein, und dann werden wir sie in ihrem wahren Licht sehen. Aber um dies zu verstehen, müssen wir zuerst einmal einen Blick auf die Wahrheit werfen. Wir geben die Freuden zunächst auf, um sie dann vergöttlicht zurückzubekommen. Sie sehen also: Wir müssen all unser Elend und unseren Kummer und all unsere kleinen Freuden aufgeben.

„Das, was alle Veden verkünden, was durch alle Bußübungen bekannt wird, weswegen die Menschen ein Leben der Enthaltsamkeit führen, werde ich dir in einem Wort benennen: Es ist Om."[68] Sie werden dieses Wort Om in den Veden sehr häufig gepriesen finden, und es wird für sehr heilig gehalten.

Nun beantwortet Yama die Frage: „Was wird aus einem Menschen, wenn der Körper stirbt?" „Dieses weise Eine stirbt nie, wird nie geboren. Dieses Es entsteht nicht aus etwas, und nichts entsteht aus dem Es. Ungeboren, ewig, immerwährend, dieses uralte Eine kann niemals mit der Zerstörung des Körpers zerstört werden. Wenn der Tötende denkt, dass er töten kann, oder wenn der Getötete denkt, dass er getötet wird, kennen sie beide die Wahrheit nicht, denn das Selbst tötet nicht, noch wird Es getötet."[69] Ein überwältigender Standpunkt. Ich möchte Ihre Aufmerksamkeit auf das Adjektiv in der ersten Zeile lenken, das „weise" lautet. Wenn wir fortfahren, werden wir feststellen, dass das Ideal des Vedanta darin besteht, dass alle Weisheit und alle Reinheit bereits in der Seele vorhanden

---

68 Katha Upanishad 1.2.15

69 Vgl. Katha Upanishad 1.2.18-19.

sind, schwächer oder besser zum Ausdruck gekommen – das ist der ganze Unterschied. Der Unterschied zwischen Mensch und Mensch und allen Dingen in der ganzen Schöpfung besteht nicht in der Art, sondern nur im Grad.

Der Hintergrund, die Realität von allen, ist dasselbe Ewige, das ewig Glückselige, ewig Reine und ewig Vollkommene. Es ist der Atman, die Seele: derselbe im Heiligen und im Sünder, im Glücklichen und im Unglücklichen, im Schönen und im Hässlichen, im Menschen und im Tier. Es ist das leuchtende Eine. Der Unterschied liegt darin, wie stark dieses Eine zum Ausdruck kommt. Bei manchen wird Es mehr zum Ausdruck gebracht, bei anderen weniger, aber dieser Unterschied hat keine Auswirkung auf den Atman. Wenn ein Mann in seiner Kleidung mehr von seinem Körper zeigt als ein anderer, macht das keinen Unterschied in ihren Körpern; der Unterschied liegt in ihrer Kleidung.

Wir müssen uns hier daran erinnern, dass es in der gesamten Vedanta-Philosophie so etwas wie Gut und Böse nicht gibt. Es sind nicht zwei verschiedene Dinge. Es ist dieselbe Sache, die gut oder schlecht ist – der Unterschied liegt lediglich im Grad. Das, was ich heute als angenehm bezeichne, kann ich morgen unter besseren Umständen als Schmerz bezeichnen. Das Feuer, das uns wärmt, kann uns auch verzehren. Es ist nicht die Schuld des Feuers.

Da die Seele rein und vollkommen ist, betrügt der Mensch, der Böses tut, sich selbst. Er kennt seine eigene Natur nicht. Selbst im Mörder ist die reine Seele vorhanden – sie stirbt nie. Es war sein Fehler: Er konnte den Atman nicht manifestieren, er hatte Ihn zugedeckt. Auch in dem Menschen, der denkt, dass er getötet wird, wird die Seele nicht getötet – sie ist ewig. Sie kann niemals getötet, niemals zerstört werden. „Unendlich kleiner als das Kleinste, unendlich größer als das Größte, ist der Herr von allem in den Tiefen eines jeden Menschenherzens gegenwärtig. Die Sündlosen, bar aller Sorgen, sehen Ihn durch die Barmherzigkeit des Herrn: den Körperlosen, der doch im Körper wohnt; den Raumlosen, der doch den Raum einzunehmen scheint; den Unendlichen, den Allgegenwärtigen. Die Weisen wissen, dass dies der Atman ist, und sind niemals unglücklich."[70]

---

70 Vgl. Katha Upanishad 1.2.20 ff.

212

„Dieser Atman ist weder durch die Macht der Worte noch durch einen großen Intellekt noch durch das Studium der Veden zu verwirklichen."[71] Dies ist eine sehr kühne Äußerung. Wie ich Ihnen bereits gesagt habe, waren die alten Weisen sehr kühne Denker und haben vor nichts haltgemacht. Sie werden sich erinnern, dass in Indien diese Veden in einem viel höheren Ansehen stehen als die Bibel bei den Christen. Die biblische Vorstellung von Offenbarung ist, dass ein Mensch von Gott inspiriert wurde. Aber in Indien denkt man, dass Dinge existieren, weil sie in den Veden enthalten sind. In und durch die Veden ist die ganze Schöpfung entstanden. Alles, was Wissen genannt wird, ist in den Veden. Jedes Wort ist heilig und ewig, ewig wie die Seele, ohne Anfang und ohne Ende. Der ganze Gedanke des Schöpfers ist sozusagen in diesen Büchern. Das ist die Sichtweise auf die Veden. Warum ist eine Sache moralisch? Weil die Veden das sagen. Warum ist jene Sache unmoralisch? Weil die Veden es so sagen.

Schauen Sie sich trotzdem die Kühnheit dieser Weisen an, die verkündeten, dass die Wahrheit nicht durch ausführliches Studium der Veden zu finden ist. „Mit wem der Herr zufrieden ist, dem offenbart Er sich." Nun mag der Einwand kommen, dass dies so etwas wie Parteilichkeit sei. Aber Yama erklärt: „Diejenigen, die Übles tun, diejenigen, deren Geist nicht friedlich ist, können das Licht niemals erblicken. Nur denjenigen, die wahrhaftig im Herzen und rein in den Taten sind, deren Sinne kontrolliert bleiben, offenbart sich dieses Selbst."[72]

Nun kommt eine schöne Metapher[73]. Stellen Sie sich das Selbst als Reiter und diesen Körper als Wagen vor, den Verstand als Wagenlenker, das Denk- und Empfindungsorgan als Zügel und die Sinne als Pferde. Derjenige, dessen Pferde gut zugeritten sind und dessen Zügel stark sind und fest in den Händen des Wagenlenkers (des Verstandes) gehalten werden, erreicht das Ziel: den Zustand des Einsseins mit Ihm, dem Allgegenwärtigen. Aber der Mensch, dessen Pferde (die Sinne) nicht kontrolliert werden, noch die Zügel (das

---

71 Vgl. Katha Upanishad 1.2.23.

72 Vgl. Katha Upanishad 1.2.23.

73 Katha Upanishad 1.3

Denk- und Empfindungsorgan) gut geführt werden, geht ins Verderben.

Dieser Atman in allen Wesen offenbart sich nicht für die Augen oder die Sinne. Nur diejenigen, deren Geist gereinigt und verfeinert wurde, erkennen Ihn. Jenseits allen Klangs, aller Sicht, jenseits der Form, absolut, jenseits allen Geschmacks und aller Berührung, unendlich, ohne Anfang und ohne Ende, sogar jenseits der Natur, ist der Unveränderliche. Wer Ihn verwirklicht, befreit sich aus den Klauen des Todes. Aber es ist sehr schwierig. Es ist wie das Gehen auf der Schneide eines Rasiermessers. Der Weg ist lang und gefährlich. Kämpfe trotzdem weiter, verzweifle nicht. Erwache, erhebe dich und bleib nicht stehen, bis das Ziel erreicht ist.

Die eine zentrale Idee in allen Upanischaden ist die der Verwirklichung. Dazu tauchen manchmal sehr viele Fragen auf, besonders bei den modernen Menschen. Es gibt die Frage nach dem Nutzen, es gibt verschiedene andere Fragen, aber bei allen werden wir feststellen, dass wir durch unsere althergebrachten Vorstellungen geleitet werden. Es sind die vertrauten Ideen, die eine so enorme Macht über unser Denken haben. Denjenigen, die von Kindheit an immer von einem persönlichen Gott und der Abgrenzung des individuellen Geistes gehört haben, werden diese Ideen natürlich sehr herb und streng erscheinen, aber wenn sie ihnen zuhören, über sie nachdenken, werden sie vielleicht doch irgendwann Teil ihres Lebens werden und sie nicht mehr erschrecken.

Die große Frage, die sich allgemein stellt, ist die nach dem Nutzen der Philosophie. Darauf kann es nur eine Antwort geben: Wenn es aus dem utilitaristischen Grund gut ist, dass die Menschen nach Vergnügen suchen, warum sollten diejenigen, deren Vergnügen in religiösen Betrachtungen liegt, nicht danach streben? Weil die Sinnesfreuden vielen gefallen, suchen sie danach, aber es mag andere geben, denen sie nicht gefallen, die einen höheren Genuss wollen. Das Vergnügen des Hundes liegt im Essen und Trinken. Er kann das Vergnügen eines Wissenschaftlers nicht verstehen, der alles aufgibt und vielleicht auf dem Gipfel eines Berges verweilt, um die Position bestimmter Sterne zu beobachten. Der Hund belächelt ihn vielleicht und hält ihn für einen Verrückten. Vielleicht hatte dieser arme Wissenschaftler nicht einmal genug Geld, um zu heiraten, und lebt sehr einfach. Der Hund mag ihn auslachen, aber der Wissenschaftler wird erwidern: „Mein lieber Hund, dein Vergnügen liegt nur in den Sinnen, die du genießt, und du kennst nichts darüber hinaus. Aber für mich ist dies das schönste Leben, und wenn du das Recht hast, dein Vergnügen auf deine eigene Weise zu suchen, so habe auch ich das Recht, es auf meine Weise zu suchen."

Der Fehler liegt darin, dass wir die ganze Welt in unsere eigene Gedankenwelt stecken und unseren Geist zum Maßstab für das ganze Universum machen wollen. Für Sie sind die üblichen Sinnesdinge vielleicht das größte Vergnügen, aber mein Vergnügen muss nicht dasselbe sein, und wenn Sie darauf beharren, dann haben wir unterschiedliche Sichtweisen. Es ist der Unterschied zwischen dem weltlichen Utilitaristen und dem religiösen Menschen. Der Erste sagt: „Sieh, wie glücklich ich bin. Ich bekomme Geld und zerbreche mir nicht den Kopf über Religion. Sie ist zu unergründlich, und ich bin auch ohne sie glücklich." So weit, so gut; gut für alle Utilitaristen. Es ist eine sonderbare Welt: Wenn ein Mensch auf irgendeine Weise glücklich wird, ausgenommen, er verletzt seine Mitmenschen, so möge er Erfolg haben. Wenn dieser Mensch jedoch zu mir kommt und sagt: „Auch du musst diese Dinge tun; du bist ein Narr, wenn du es nicht tust", so werde ich erwidern: „Du irrst dich, denn gerade die Dinge, die dir Vergnügen bereiten, haben für mich nicht den geringsten Reiz. Wenn ich hinter ein paar Handvoll Gold herlaufen müsste, wäre mein Leben nicht lebenswert! Ich würde lieber sterben." Das ist die Antwort, die der religiöse Mensch geben würde. Tatsache ist, dass Religion nur für diejenigen möglich ist, die mit diesen niederen Dingen abgeschlossen haben. Wir müssen aber unsere eigenen Erfahrungen machen. Wir müssen diesen Versuch unternehmen. Erst wenn wir ihn beendet haben, öffnet sich die andere Welt.

Die Vergnügungen der Sinne nehmen manchmal eine andere Form an, die gefährlich und verführerisch ist. Man hört immer wieder (schon in sehr alten Zeiten, in jeder Religion) die Vorstellung, dass eine Zeit kommen wird, in der alle Sorgen des Lebens aufhören werden und nur noch seine Freuden und Genüsse übrig bleiben und diese Erde ein Himmel werden wird. Das glaube ich nicht. Diese Erde wird immer die gleiche bleiben. Das zu sagen ist grausam, aber ich sehe keinen Ausweg daraus. Das Elend in der Welt ist wie chronischer Rheumatismus im Körper: Vertreibe es aus einem

Teil, und es geht in einen anderen, verjage es von dort, und du wirst es irgendwo anders spüren. Was auch immer du tust, er ist immer noch da. In alten Zeiten lebten die Menschen in Wäldern und aßen sich gegenseitig. In der modernen Zeit essen sie nicht das Fleisch des anderen, sondern sie betrügen sich gegenseitig. Ganze Länder und Städte werden durch Betrug ruiniert. Es gibt nicht viel Fortschritt.

Ich sehe nicht, dass das, was Sie als Fortschritt in der Welt bezeichnen, etwas anderes ist als die Vermehrung der Begierden. Wenn eines für mich offensichtlich ist, dann dies, dass Wünsche alles Elend bringen: Dies ist der Zustand des Bettlers, der immer um etwas bettelt und nichts sehen kann ohne den Wunsch, es zu besitzen, immer begierig, begierig nach mehr. Wenn die Kraft unsere Wünsche zu befriedigen in arithmetischer Progression zunimmt, so nimmt die Kraft des Verlangens in geometrischer Progression zu.

Die Summe von Glück und Elend in dieser Welt ist im besten Fall gleich. Wenn sich eine Welle im Ozean erhebt, macht sie irgendwo eine Delle. Wenn das Glück zu einem Menschen kommt, kommt das Unglück zu einem anderen oder vielleicht zu irgendeinem Tier. Die Menschen werden immer zahlreicher und manche Tiere immer weniger; wir töten sie und nehmen ihnen ihr Land, wir nehmen ihnen alle Mittel zum Überleben weg. Wie können wir dann sagen, dass das Glück zunimmt? Die starke Rasse frisst die schwächere auf, aber glauben Sie, dass die Mitglieder der starken Rasse sehr glücklich sein werden? Nein, sie werden beginnen, sich gegenseitig zu töten. Ich sehe aus praktischen Gründen nicht, wie diese Welt ein Himmel werden kann. Die Tatsachen sprechen dagegen. Auch in der Theorie sehe ich, dass es nicht sein kann.

Perfektion ist immer unendlich. Wir sind dieses Unendliche bereits und wir versuchen, diese Unendlichkeit zu manifestieren. Sie und ich und alle Wesen versuchen, sie zu manifestieren. So weit ist das auch in Ordnung. Aber aus dieser Tatsache haben einige deutsche Philosophen eine eigenartige Theorie entwickelt, dass diese Manifestation höher und höher wird, bis wir die vollkommene Manifestation erreichen, bis wir vollkommene Wesen geworden sind. Was ist mit vollkommener Manifestation gemeint? Vollkommenheit bedeutet Unendlichkeit, und Manifestation bedeutet Begrenzung. Und so bedeutet diese These, dass wir unbegrenzte Begrenzte werden sollen, was ein Widerspruch in sich ist.

Eine solche Theorie mag Kindern gefallen, aber sie vergiftet ihren Verstand mit Lügen und ist sehr schlecht für die Religion. Wir wissen, dass diese Welt eine Degradierung ist, dass der Mensch eine Degradierung von Gott ist und dass Adam gefallen ist. Es gibt heute keine Religion, die nicht lehrt, dass der Mensch gefallen ist. Wir sind bis zum Tier herabgekommen und bewegen uns jetzt nach oben, um aus dieser Knechtschaft herauszukommen. Aber wir werden nie in der Lage sein, hier das Unendliche vollständig zu manifestieren. Wir werden hart kämpfen, aber es wird eine Zeit kommen, in der wir feststellen werden, dass es unmöglich ist, hier vollkommen zu sein, solange wir von den Sinnen gefesselt sind. Und dann wird für jeden von uns der Marsch zurück zu unserem ursprünglichen Zustand der Unendlichkeit eingeläutet werden.

Und das ist Entsagung. Wir müssen aus unserer verzwickten Lage herauskommen, indem wir den Prozess umkehren, durch den wir in sie hineingeraten sind, und dann erst werden Moral und Nächstenliebe beginnen. Was ist die Losung aller ethischen Kodizes? „Nicht ich, sondern du." Dieses moralische Ich ist das Ergebnis des Unendlichen dahinter, das versucht, sich in der Außenwelt zu manifestieren. Und dieses andere Ich ist unser Ergebnis, und es wird zurückgehen müssen und sich mit dem Unendlichen – seiner eigenen Natur – verbinden. Jedes Mal, wenn Sie sagen: „Nicht ich, mein Bruder, sondern du", versuchen Sie zurückzugehen. Und jedes Mal, wenn Sie sagen: „Ich und nicht du", machen Sie den falschen Schritt, indem Sie versuchen, das Unendliche durch die Sinneswelt zu verwirklichen. Das bringt Kämpfe und Übel in die Welt. Aber irgendwann muss Entsagung kommen, immerwährende Entsagung. Das kleine Ich wird gestorben, verschwunden sein. Warum sich so sehr um dieses kleine Leben kümmern? All diese eitlen Wünsche. Dieses kleine Leben zu leben und zu genießen, hier oder an einem anderen Ort, bringt den Tod.

[…] Unser Kampf um das höhere Leben zeigt, dass wir von einem hohen Daseinszustand aus sozusagen degradiert worden sind. Es ist so, nur über die Details kann man streiten. Ich halte immer an der Idee fest, die von Christus, Buddha und dem Vedanta einstimmig vorgetragen wird, dass wir alle mit der Zeit zur Vollkommenheit kommen müssen, aber nur, indem wir unsere Unvollkommenheit aufgeben. Diese Welt ist nichts. Sie ist bestenfalls eine hässliche Karikatur, ein Schatten der Wirklichkeit. Wir müssen zur Wirklichkeit gehen. Entsagung wird uns zu ihr führen.

Teil 4

Vision einer besseren Welt

Das unendliche Buch Gottes

Keine Suche bedeutet dem menschlichen Herzen mehr als diejenige, die uns Licht von Gott bringt. Kein Thema hat so viel menschliche Energie in Anspruch genommen, weder in der Vergangenheit noch in der Gegenwart, wie das Studium der Seele, Gottes und des menschlichen Schicksals. Wie vertieft wir auch in unsere täglichen Beschäftigungen, in unseren Ehrgeiz, in unsere Arbeit sein mögen, manchmal kommt es sogar inmitten unserer größten Anstrengungen zu einer Pause: Der Geist hält inne und möchte etwas jenseits dieser Welt wissen. Manchmal erhascht er dabei flüchtige Blicke auf das Reich jenseits der Sinne und versucht daraufhin, es zu erreichen. So ist es zu allen Zeiten und in allen Ländern gewesen. Der Mensch wollte weiter, jenseits dieser Welt sehen, wollte wachsen, und alles, was wir Fortschritt, Weiterentwicklung nennen, wurde immer an dieser einen Suche gemessen, der Suche nach der menschlichen Bestimmung, der Suche nach Gott.

So wie unsere sozialen Bemühungen unter den verschiedenen Nationen durch verschiedene soziale Organisationen repräsentiert werden, so wird die geistige Bemühung des Menschen durch verschiedene Religionen repräsentiert. Und so wie die verschiedenen sozialen Organisationen ständig miteinander streiten, sich bekriegen, so haben auch diese geistigen Organisationen immer miteinander gestritten, sich bekämpft. Manche Angehörige einer bestimmten sozialen Gruppe behaupten, dass das Recht zu leben nur ihnen zusteht, und solange sie es können, wollen sie dieses Recht auf Kosten der Schwachen ausüben. Wir wissen, dass gerade jetzt in Südafrika ein heftiger Kampf dieser Art geführt wird. In ähnlicher Weise beansprucht jede Religionsgemeinschaft das alleinige Recht auf Existenz. Wir müssen deswegen feststellen, dass es zwar nichts gibt, was den Menschen mehr Segen gebracht hat als die Religion, aber gleichzeitig gibt es auch nichts, was mehr Schrecken gebracht hat als die Religion. Nichts hat mehr für den Frieden und die Liebe getan als die Religion, und nichts hat einen heftigeren Hass hervorgebracht als die Religion. Nichts hat die Brüderlichkeit der Menschen greifbarer gemacht als die Religion, und nichts hat bitterere Feindschaft zwischen Menschen hervorgebracht als die Religion. Nichts hat mehr wohltätige Einrichtungen, mehr Krankenhäuser für Menschen und sogar für Tiere geschaffen als die Religion, und nichts hat die Welt mit mehr Blut überschwemmt als die Religion. Gleichzeitig wissen wir, dass es immer eine unterschwellige Strömung des Denkens gegeben hat, dass es immer Menschen, Philosophen, Studenten der komparativen Theologie gegeben hat, die versucht haben und weiterhin versuchen, Harmonie inmitten all dieser Kakophonie der streitenden Konfessionen zu schaffen. In einigen Ländern sind diese Versuche erfolgreich gewesen, aber in der ganzen Welt sind sie gescheitert.

Es gibt aber einige Religionen, die uns aus der fernsten Antike überliefert wurden, die von der Idee durchdrungen sind, dass alle Glaubensrichtungen leben dürfen, dass jede Glaubensrichtung einen Sinn hat, eine große Idee in sich trägt, und dass sie alle für das Wohl der Welt notwendig sind und unterstützt werden müssen. In der heutigen Zeit gibt es auch diese Idee, und es werden von Zeit zu Zeit Versuche unternommen, sie in die Praxis umzusetzen. Diese Versuche entsprechen nicht immer unseren Erwartungen und erreichen nicht die erforderlichen Resultate. Nein, zu unserer großen Enttäuschung stellen wir manchmal fest, dass wir uns umso mehr streiten.

Wenn wir nun das dogmatische Studium beiseite lassen und die Sache mit gesundem Menschenverstand betrachten, stellen wir gleich zu Beginn fest, dass in allen großen Religionen der Welt eine enorme Lebenskraft vorhanden ist. Einige Menschen mögen nichts darüber wissen, aber Unwissenheit ist keine Entschuldigung. Wenn jemand sagt: „Ich weiß nicht, was in der äußeren Welt vor sich geht, deshalb existieren die Dinge, die in der äußeren Welt vor sich gehen, nicht", dann ist dieser Mensch unentschuldbar. Diejenigen aber unter Ihnen, die die Entwicklung des religiösen Denkens in der ganzen Welt verfolgen, wissen genau, dass keine der großen Weltreligionen ausgestorben ist. Nicht nur das: Jede von ihnen ist im Vormarsch. Die Christen vermehren sich, die Mohammedaner vermehren sich, die Hindus gewinnen an Boden, und auch die Juden werden immer mehr, und durch ihre Ausbreitung über die ganze Welt und ihr schnelles Wachstum wird die Anhängerschaft des Judentums immer größer.

Nur eine Weltreligion – eine alte, große Religion – ist verschwunden, und das ist die Religion des Zoroastrismus, die Religion der alten Perser. Nach der mohammedanischen Eroberung Persiens kamen etwa Hunderttausend dieser Menschen nach Indien, fanden dort Zuflucht, und einige blieben im alten Persien. Diejenigen, die in Persien waren, schrumpften unter der ständigen Verfolgung durch die Mohammedaner auf höchstens zehntausend. In Indien gibt es etwa achtzigtausend von ihnen, aber sie werden nicht mehr. Es gibt diese grundlegende Schwierigkeit: Sie bekehren andere nicht zu ihrer Religion. Und dann vermehrt sich diese Handvoll Menschen, die in Indien lebt, mit dem verhängnisvollen Brauch der Cousin-Ehe, nicht. Mit dieser einzigen Ausnahme sind alle großen Religionen lebendig, verbreiten sich und wachsen. Wir müssen uns daran erinnern, dass alle großen Religionen der Welt sehr alt sind, dass keine einzige in der heutigen Zeit entstanden ist und dass sie alle ihren Ursprung einem Land zwischen Ganges und Euphrat verdanken. Keine einzige große Religion ist in Europa entstanden, keine einzige in Amerika; jede von ihnen ist asiatischen Ursprungs. Sie alle gehören zu diesem Teil der Welt. Wenn es stimmt, was die modernen Wissenschaftler sagen, dass das Überleben der Stärksten der Test ist, dann beweisen diese Religionen durch ihr Weiterleben, dass sie für einige Menschen noch nützlich sind. Es gibt einen Grund, warum sie leben sollten: Sie bringen vielen Menschen Gutes.

Schauen Sie sich die Moslems an, wie sie an einigen Orten in Südasien Fuß fassen und sich wie Feuer in Afrika ausbreiten. Die Buddhisten breiten sich immer weiter in ganz Zentralasien aus. Die Hindus, wie auch die Juden, bekehren andere nicht; dennoch kommen nach und nach andere Rassen in den Einflussbereich des Hinduismus, übernehmen die Sitten und Gebräuche der Hindus und schließen sich ihnen an. Das Christentum breitet sich, wie Sie alle wissen, aus, obwohl ich nicht sicher bin, ob die Ergebnisse der aufgewendeten Energie entsprechen. Der Propagandaversuch der Christen hat einen gewaltigen Fehler, und das ist der Fehler aller westlichen Institutionen: Die Maschine verbraucht neunzig Prozent der Energie, es gibt zu viel Maschinerie. Das Predigen war schon immer die Sache der Asiaten. Die westlichen Menschen sind großartig in der Organisation, in den sozialen Einrichtungen, in den Armeen, in den Regierungen usw. Aber wenn es darum geht, Religion zu predigen, kommen sie nicht an die Asiaten heran, deren Sache das schon immer war. Die Asiaten kennen sich damit aus und brauchen nicht so viel Maschinerie.

Dies ist also eine Tatsache in der gegenwärtigen Geschichte des Menschengeschlechts, dass alle diese großen Religionen existieren und sich ausbreiten und vermehren. Wenn es der Wille eines allwissenden und barmherzigen Schöpfers gewesen wäre, dass nur eine dieser Religionen bleibt und die anderen sterben sollten, wäre dies schon vor langer, langer Zeit geschehen. Wenn es eine Tatsache wäre, dass nur eine dieser Religionen wahr ist und alle anderen falsch, dann wäre sie schon längst über den ganzen Erdball verbreitet. Aber das ist nicht der Fall; keine hat sich durchgesetzt. Alle Religionen sind mal auf dem Vormarsch, mal auf dem Rückzug. Denken Sie nur einmal daran: In Ihrem eigenen Land gibt es mehr als sechzig Millionen Menschen, und nur einundzwanzig Millionen bekennen sich zu irgendeiner Religion. Es ist also nicht immer ein Erfolg. Wenn Sie die Statistiken auswerten, würden Sie wahrscheinlich in jedem Land feststellen, dass die Religionen manchmal voranschreiten und manchmal zurückgehen. Die Anzahl der verschiedenartigen religiösen Gruppen wächst ständig. Wenn die Behauptung einer Religion, sie besitze die ganze Wahrheit und Gott habe ihr all diese Wahrheit in einem bestimmten Buch übergeben, wahr wäre, warum gibt es dann so viele Abspaltungen? Es vergehen keine fünfzig Jahre, bis es zwanzig neue religiöse Gruppen gibt, die sich auf ein und dasselbe Buch stützen. Wenn Gott die ganze Wahrheit in bestimmte Bücher gelegt hat, gibt Er uns diese Bücher nicht, damit wir uns über Texte streiten. Das scheint ein Fakt zu sein. Warum ist das so?

Selbst wenn ein Buch von Gott gegeben würde, das die ganze Wahrheit über die Religion enthielte, würde es seinen Zweck nicht erfüllen, weil niemand das Buch verstehen könnte. Nehmen wir zum Beispiel die Bibel und all die Sekten, die es unter den Christen gibt. Jede legt ihre eigene Interpretation desselben Textes vor, und jede sagt, dass nur sie diesen Text versteht und alle anderen falsch liegen. So ist es mit jeder Religion. Es gibt viele Schulen unter den Mohammedanern und unter den Buddhisten, und Hunderte unter den Hindus. Ich stelle diese Tatsachen hier vor, um Ihnen zu zeigen, dass jeder Versuch, die gesamte Menschheit zu einer einheitlichen Denkweise in spirituellen Dingen zu bringen, ein Fehlschlag war und immer ein Fehlschlag sein wird. Jeder, der eine Theorie aufstellt, muss selbst heute feststellen, dass seine Anhänger, entfernt er sich zwanzig Meilen von ihnen, zwanzig Sekten bilden. Sie können das die ganze Zeit beobachten. Man kann nicht alle dazu bringen, sich denselben Ideen anzuschließen: Das ist eine Tatsache, und ich danke Gott, dass es so ist. Ich bin nicht gegen irgendeine Glaubensrichtung. Ich bin froh, dass es sie gibt, und ich wünsche mir nur, dass sie sich immer weiter vermehren. Warum? Der Grund ist einfach: Wenn Sie und ich und alle, die hier anwesend sind, genau die gleichen Gedanken denken würden, gäbe es für uns nichts mehr zu denken. Wir wissen, dass zwei oder mehr Kräfte zusammenkommen müssen, um Bewegung zu erzeugen. Es sind der Zusammenprall der Gedanken und die Differenzierung des Denkens, die Ideen hervorbringen. Wenn wir alle gleich denken würden, wären wir wie ägyptische Mumien in einem Museum, die sich gegenseitig ausdruckslos ins Gesicht schauen – mehr nicht! Strudel und Wirbel gibt es nur in einem reißenden, lebendigen Strom. In stagnierendem, totem Wasser gibt es keine Strudel. Erst wenn die Religionen tot sind, wird es keine Sekten mehr geben; es wird der vollkommene Frieden und die Harmonie des Grabes herrschen. Aber solange die Menschheit denkt, wird es Unterschiede in der Auslegung geben. Die Vielfalt ist das Zeichen des Lebens, und es muss sie geben. Ich bete, dass die Religionen sich vervielfältigen, damit es schließlich so viele Sekten wie Menschen gibt, und jeder wird seine eigene Methode haben, sein individuelles Verständnis der Religion.

Und so ist es auch bereits. Jeder von uns denkt auf seine Weise, aber dieser natürliche Gang der Dinge wurde die ganze Zeit über behindert und wird immer noch behindert. Wenn das Schwert nicht direkt eingesetzt wird, werden andere Mittel verwendet. Hören Sie nur, was einer der besten Prediger in New York sagt: Er predigt, dass die Filipinos unterworfen werden sollten, weil das der einzige Weg ist, sie das Christentum zu lehren! Sie sind bereits Katholiken, aber er will sie zu Presbyterianern machen, und dafür ist er bereit, die furchtbare Sünde des Blutvergießens auf sein Volk zu laden. Wie schrecklich! Und dieser Mann ist einer der größten Prediger dieses Landes, einer der bestinformierten Männer. Denken Sie an den Zustand der Welt, wenn ein solcher Mann sich nicht schämt, aufzustehen und solchen Unsinn von sich zu geben; und denken Sie an den Zustand der Welt, wenn ein Publikum ihm zujubelt! Ist das

Zivilisation? Es ist die alte Blutrünstigkeit des Tigers, des Kannibalen, des Wilden, die unter neuen Namen, unter neuen Umständen wieder zum Vorschein kommt. Was kann es sonst sein? Wenn die Dinge heute so sind, dann denken Sie an die Schrecken, die die Welt in alten Zeiten durchlebte, als jede Religion mit allen Mitteln versuchte, die anderen in Stücke zu reißen. Die Geschichte belegt das. Der Tiger in uns schläft nur; er ist nicht tot. Wenn sich die Gelegenheit bietet, springt er auf und setzt wie in alten Zeiten seine Krallen und Reißzähne ein. Neben dem Schwert, neben den materiellen Waffen gibt es noch schrecklichere Waffen: Verachtung, Hass und soziale Ächtung. Das sind die furchtbarsten aller Verletzungen, die man Menschen zufügt, die nicht genauso denken wie wir. Und warum sollte jeder so denken wie wir? Ich sehe keinen Grund. Wenn ich ein vernünftiger Mensch bin, sollte ich froh sein, dass die anderen nicht so denken wie ich. Ich möchte nicht in einem grabähnlichen Land leben; ich möchte ein Mensch in einer Welt von Menschen sein. Denkende Wesen müssen sich unterscheiden; der Unterschied ist das erste Zeichen des Denkens. Wenn ich ein denkender Mensch bin, möchte ich selbstverständlich unter denkenden Menschen leben, wo es Meinungsverschiedenheiten gibt.

Dann stellt sich aber die Frage: Wie können alle diese Varianten wahr sein? Wenn eine Sache wahr ist, ist ihre Negation falsch. Wie können widersprüchliche Meinungen gleichzeitig wahr sein? Das ist die Frage, die ich zu beantworten beabsichtige. Aber zuerst frage ich Sie: Sind alle Religionen der Welt wirklich widersprüchlich? Ich meine nicht die äußeren Formen, in die sich ihre größten Gedanken kleiden. Ich meine nicht die unterschiedlichen Gebäude, Sprachen, Rituale, Bücher usw., die in den verschiedenen Religionen verwendet werden, sondern ich meine die innere Seele jeder Religion. Jede Religion hat eine Seele hinter sich, und diese Seele mag sich von der Seele einer anderen Religion unterscheiden; aber sind sie widersprüchlich? Widersprechen sie einander oder ergänzen sie sich? Das ist die Frage. Ich habe mich mit dieser Frage bereits beschäftigt, als ich noch ein kleiner Junge war, und habe sie mein ganzes Leben lang untersucht. Da ich denke, dass meine Schlussfolgerung für Sie von Nutzen sein könnte, lege ich sie Ihnen vor.

Ich glaube, dass sie nicht im Widerspruch zueinander stehen, sondern sich ergänzen. Jede Religion nimmt sozusagen einen Teil der großen universellen Wahrheit auf und wendet ihre ganze Kraft auf, um diesen Teil der großen Wahrheit zu verkörpern und zu versinnbildlichen. Es ist also eine Ergänzung, kein Ausschluss. Das ist die Botschaft. Ein System nach dem anderen entsteht, jedes verkörpert eine große Idee, und neue Ideale müssen hinzugefügt werden. Das ist der Weg der Menschheit. Der Mensch schreitet nie vom Irrtum zur Wahrheit, sondern von Wahrheit zu Wahrheit, von geringerer Wahrheit zu höherer Wahrheit. Das Kind mag sich weiter entwickelt haben als der Vater, aber war der Vater dumm? Das Kind ist der Vater und noch etwas anderes. Wenn Ihr heutiger Wissensstand viel größer ist als der, den Sie als Kind hatten, würden Sie dann jetzt auf diese Entwicklungsphase herabblicken? Würden Sie sie rückblickend als unsinnig bezeichnen? Ihr gegenwärtiger Wissensstand ist das Wissen des Kindes plus etwas mehr.

Andererseits wissen wir auch, dass es fast widersprüchliche Sichtweisen auf ein und dieselbe Sache geben kann, die aber alle das Gleiche ausdrücken wollen. Nehmen wir an, ein Mann reist zur Sonne, und während er vorankommt, macht er auf jeder Etappe ein Foto von der Sonne. Wenn er zurückkommt, bringt er viele Fotos mit, die er uns vorlegt. Wir sehen, dass keine zwei gleich sind, und doch, wer will leugnen, dass es sich um Fotos derselben Sonne handelt, die von verschiedenen Standpunkten aus aufgenommen wurden? Nehmen Sie vier Fotos dieser Kirche aus verschiedenen Winkeln: Wie unterschiedlich würden sie aussehen, und doch würden sie alle diese Kirche darstellen. Genauso betrachten wir alle die Wahrheit aus verschiedenen Blickwinkeln, die je nach Geburt, Erziehung, Umgebung usw. unterschiedlich sind. Wir betrachten die Wahrheit, nehmen so viel von ihr auf, wie es die Umstände zulassen, färben die Wahrheit mit unserem eigenen Herzen, verstehen sie mit unserem Intellekt, erfassen sie mit unserem eigenen Geist. Wir können nur so viel von der Wahrheit wissen, wie wir mit ihr in Verbindung stehen, wie wir sie empfangen können. Das macht den Unterschied zwischen den einzelnen Menschen aus und führt manchmal sogar zu widersprüchlichen Vorstellungen. Dennoch haben wir alle Anteil an derselben großen universellen Wahrheit.

Meine Auffassung ist daher, dass all diese Religionen verschiedene Kräfte in der Ökonomie Gottes sind, die für das Wohl der Menschheit arbeiten, und dass keine von ihnen sterben, keine getötet werden kann. So wie man keine Kraft in der Natur töten kann, so kann man auch keine dieser spirituellen Kräfte töten. Wir haben gesehen, dass jede dieser Religionen weiterlebt. Von Zeit zu Zeit kann sie sich zurückentwickeln oder vorwärtsgehen. Zu einer Zeit mag sie aufblühen, zu einer anderen Zeit mag sie mit allen möglichen Dingen bedeckt sein, aber nichtsdestoweniger ist ihre Seele immer da, sie kann nie verloren gehen. Das Ideal, das jede Religion vertritt, geht nie verloren, und so ist jede Religion auf dem richtigen Weg.

Und diese universelle Religion, von der Philosophen und auch andere überall in der Welt geträumt haben, existiert bereits. Sie ist hier. So wie es die universelle Bruderschaft der Menschen bereits gibt, so gibt es auch die universelle Religion. Wer von Ihnen, der weit gereist ist, hat nicht in jedem Land Brüder und Schwestern gefunden? Ich habe sie überall auf der Welt getroffen. Die Brüderlichkeit existiert bereits, nur gibt es viele Menschen, die sie nicht sehen und sie nur stören, indem sie nach neuen Bruderschaften rufen. Auch die universelle Religion existiert bereits. Wenn die Priester und andere Menschen, die es sich zur Aufgabe gemacht haben, die verschiedenen Religionen zu predigen, einfach für ein paar Augenblicke ihren Mund hielten, würden wir erkennen, dass sie schon da ist. Sie verhindern diese universelle Religion die ganze Zeit, weil es in ihrem Interesse liegt. Sie werden bemerkt haben, dass die Priester in jedem Land sehr konservativ sind. Warum ist das so? Es gibt nur sehr wenige Priester, die das Volk führen; die meisten werden vom Volk geführt und sind dessen Sklaven und Diener. Wenn die Menschen sagen, es ist trocken, sagen sie, es ist so; wenn sie sagen, es ist schwarz, sagen sie, es ist schwarz. Wenn das Volk vorwärtsgeht, gehen die Priester vorwärts. Sie können nicht zurückbleiben. Bevor Sie also die Priester beschuldigen – es ist in Mode, den Priestern die Schuld zu geben –, sollten Sie sich selbst die Schuld geben. Menschen bekommen lediglich, was sie verdienen. Was wäre das Schicksal eines Priesters, der anderen neue und fortschrittliche Ideen geben und sie voranbringen will? Seine Kinder würden wahrscheinlich verhungern, und er würde in Lumpen gekleidet sein. Für ihn gelten die gleichen weltlichen

Gesetze wie für Sie. „Wenn du weitergehst", sagt dann der Priester, „lass uns marschieren." Natürlich gibt es auch außergewöhnliche Seelen, die sich nicht von der öffentlichen Meinung einschüchtern lassen. Sie sehen die Wahrheit, und die Wahrheit allein ist ihnen wichtig. Die Wahrheit hat sie gepackt, hat sozusagen Besitz von ihnen ergriffen, und sie können nicht anders, als vorwärtszumarschieren. Sie schauen nie zurück, und Mitläufer sind für sie ohne Bedeutung. Gott allein existiert für sie, er ist das Licht vor ihnen, und sie folgen diesem Licht.

Ich traf in diesem Land einen Mormonen, der versuchte, mich von seinem Glauben zu überzeugen. Ich sagte: „Ich habe großen Respekt vor Ihren Ansichten, aber in bestimmten Punkten stimmen wir nicht überein. Ich gehöre einem Mönchsorden an, und Sie heiraten viele Frauen. Aber warum gehen Sie nicht nach Indien, um zu predigen?" Da war er erstaunt. Er erwiderte: „Sie glauben doch überhaupt nicht an die Ehe, und wir glauben an die Polygamie, und dennoch bitten Sie mich, in Ihr Land zu gehen!" Ich antwortete: „Ja, meine Landsleute werden jeden religiösen Gedanken hören, woher er auch kommen mag. Ich schlage vor, Sie gehen nach Indien, denn ich bin ein großer Anhänger von Sekten. Das ist der erste Grund. Zweitens gibt es in Indien viele Menschen, die mit keiner der bestehenden Sekten zufrieden sind und aufgrund dieser Unzufriedenheit nichts mit der Religion zu tun haben wollen, und möglicherweise können Sie einige von ihnen für die Religion gewinnen." Je größer die Zahl der Sekten, desto größer die Chance, dass Menschen zur Religion finden. Im Hotel, wo es alle Arten von Essen gibt, hat jeder die Möglichkeit, seinen Appetit zu stillen. Ich möchte also, dass sich die religiösen Gemeinschaften in jedem Land vermehren, damit mehr Menschen die Möglichkeit haben, spirituell zu werden.

Denken Sie vielleicht, dass die Menschen die Religion nicht mögen? Das glaube ich nicht. Die Prediger können ihnen nur nicht das geben, was sie brauchen. Derselbe Mensch, der vielleicht als Atheist, Materialist oder was auch immer gebrandmarkt wurde, kann jemanden treffen, der ihm die Wahrheit gibt, die er braucht, und er kann sich als der spirituellste Mensch in der Gemeinde erweisen. Wir können nur auf unsere eigene Weise essen. Wir Hindus essen zum Beispiel mit den Fingern. Unsere Finger sind biegsamer als Ihre: Sie können Ihre Finger nicht auf dieselbe Weise benutzen. Uns geht es nicht nur darum, dass das Essen im Mund landet – es soll auch auf eine spezielle Art und Weise eingenommen werden. Es geht nicht nur darum, spirituelle Ideen zu bekommen, sondern sie müssen nach einer uns eigenen Methode zu uns kommen. Diese Ideen müssen unsere eigene Sprache sprechen, die Sprache unserer Seele, und nur dann werden sie uns zufriedenstellen. Wenn jemand kommt, der meine Sprache spricht und mir die Wahrheit in meiner Sprache gibt, verstehe ich sie sofort und nehme sie für immer an. Das ist eine wichtige Tatsache.

Daraus ersehen wir, dass es verschiedene Arten und Typen menschlichen Geistes gibt. Was die Religionen versuchen, ist eine Anmaßung! Jemand bringt zwei oder drei Lehren hervor und erwartet, dass seine Religion die ganze Menschheit befriedigt. Er geht in die Welt hinaus, in Gottes Menagerie, mit einem kleinen Käfig in der Hand, und sagt: „Gott und der Elefant und alle müssen da hinein. Und wenn wir den Elefanten in Stücke schneiden – er muss hinein." Die Anhänger einer Sekte mit ein paar guten Ideen sagen: „Alle Menschen müssen zu uns kommen!" „Aber es gibt keinen Platz für sie." „Macht nichts! Schneidet sie in Stücke und nehmt sie trotzdem rein. Wenn sie nicht reinkommen, werden sie verdammt." Ich kenne keinen Prediger, keine religiöse Gruppe, die innehält und fragt: „Warum hören die Leute nicht auf uns?" Stattdessen verfluchen sie die Menschen und sagen: „Diese Leute sind böse." Sie fragen nie: „Wie kommt es, dass die Menschen nicht auf meine Worte hören? Warum kann ich sie nicht dazu bringen, die Wahrheit zu erkennen? Warum kann ich nicht ihre Sprache sprechen? Warum kann ich ihnen nicht die Augen öffnen?" Die Prediger müssten es doch besser wissen, und wenn sie feststellen, dass die Menschen ihnen nicht zuhören, sollten sie, wenn sie jemanden verfluchen, sich selbst verfluchen. Aber es ist immer die Schuld der anderen! Sie versuchen nie, ihre Gruppe so weit zu fassen, dass sie alle einschließt.

Daher verstehen wir sofort, warum es so viel Engstirnigkeit gegeben hat: Ein Teil behauptet immer, das Ganze zu sein. Eine kleine, endliche Einheit erhebt Anspruch auf das Unendliche. Denken Sie an die kleinen Sekten, die in wenigen Hundert Jahren aus fehlbaren menschlichen Gehirnen entstanden sind und diesen arroganten Anspruch auf die Kenntnis der gesamten unendlichen Wahrheit Gottes erheben! Denken Sie an die Arroganz dieser Behauptung! Wenn es etwas zeigt, dann das, wie eitel die Menschen sind. Und es ist kein Wunder, dass solche Ansprüche immer gescheitert sind und durch die Gnade des Herrn immer zum Scheitern verurteilt sein werden.

Die Mohammedaner haben sich in dieser Hinsicht besonders hervorgetan. Jeder Schritt nach vorne wurde mit dem Schwert gemacht – den Koran in der einen Hand und das Schwert in der anderen: „Nimm den Koran oder du musst sterben; es gibt keine Alternative!" Sie wissen aus der Geschichte, wie phänomenal ihr Erfolg war; sechshundert Jahre lang konnte ihnen nichts widerstehen, und dann kam eine Zeit, in der sie stehen blieben. So wird es auch mit anderen Religionen sein, wenn sie die gleichen Methoden anwenden. Wir sind solche Babys! Wir vergessen dauernd die menschliche Natur. Wenn wir unser Leben beginnen, denken wir, dass unser Schicksal etwas Außergewöhnliches sein wird, und nichts kann uns daran zweifeln lassen. Erst wenn wir alt werden, denken wir anders. So ist es auch mit den Religionen. In ihrem Anfangsstadium, wenn sie sich ein wenig ausgebreitet haben, kommen sie auf die Idee, dass sie das Denken der ganzen Menschheit in ein paar Jahren ändern können, und töten und massakrieren, um mit Gewalt Konvertiten zu gewinnen. Dann scheitern sie und beginnen besser zu verstehen. Was wir sehen, ist, dass diese Religionen das, was sie zu tun begannen, nicht erreicht haben, und das war ein großer Segen. Stellen Sie sich vor, wenn eine dieser fanatischen Bewegungen überall auf der Welt Erfolg gehabt hätte, wo wäre die Menschheit heute? Nun, der Herr sei gepriesen, dass sie nicht erfolgreich waren!

Dennoch steht jede von ihnen für eine große Wahrheit. Jede Religion ist in etwas besonders vorzüglich, und das begründet ihre Seele. Es gibt eine alte Geschichte, die mir gerade in den Sinn kommt: Es gab einige Ungeheuer, die Menschen töteten und allerlei Unheil anrichteten, aber sie selbst konnten nicht getötet werden, bis jemand herausfand, dass ihre Seelen in bestimmten Vögeln steckten, und solange die Vögel in Sicherheit waren, konnte nichts die Ungeheuer zerstören. Und so steckt die Seele von jedem von uns sozusagen irgendwo und stellt ein Ideal dar, gibt uns eine Aufgabe im Leben vor. Jeder Mensch ist eine Verkörperung eines solchen Ideals, einer solchen Mission. Was auch immer Sie sonst verlieren mögen, solange dieses Ideal nicht verloren geht und diese Mission nicht verletzt wird, kann Sie nichts zerstören. Reichtum mag kommen und gehen, Unglück mag sich zu Bergen auftürmen, aber wenn Sie das Ideal intakt bewahrt haben, kann Sie nichts umbringen. Sie mögen alt geworden sein, sogar hundert Jahre alt, aber wenn diese Mission frisch und jung in Ihrem Herzen ist, was kann Sie dann töten? Wenn jedoch dieses Ideal verloren geht und die Mission verletzt wird, kann Sie nichts mehr retten. All der Reichtum, alle Macht der Welt wird Sie nicht retten. Und was sind Nationen anderes als vervielfältigte Individuen? Jede Nation hat ebenso eine eigene Aufgabe, die sie in dieser Harmonie der Völker zu erfüllen hat, und solange diese Nation an diesem Ideal festhält, kann sie nichts zerstören. Aber wenn diese Nation ihre Mission aufgibt und etwas anderem nachgeht, wird ihr Leben kurz und sie verschwindet.

Und so ist es auch mit den Religionen. Die Tatsache, dass all diese alten Religionen heute noch leben, beweist, dass sie diese Mission intakt gehalten haben müssen. Trotz all ihrer Fehler, trotz aller Schwierigkeiten, trotz aller Streitigkeiten, trotz aller Verkrustungen von Formen und Bildern ist das Herz einer jeden von ihnen gesund – es ist ein pulsierendes, schlagendes, lebendiges Herz. Keine von ihnen hat die große Mission, für die sie gekommen sind, verloren. Und es ist herrlich, diese Mission zu studieren. Nehmen Sie zum Beispiel den Islam. Die Christen hassen keine Religion auf der Welt so sehr wie den Islam. Sie halten ihn für die schlimmste Form der Religion, die es je gab. Aber sobald ein Mensch Moslem wird, nimmt ihn der ganze Islam mit offenen Armen als Bruder auf, ohne irgendeinen Unterschied zu machen, was keine andere Religion tut. Wenn einer Ihrer amerikanischen Indianer ein Mohammedaner wird, hätte der Sultan der Türkei nichts dagegen, mit ihm zu speisen. Wenn er Verstand hat, ist ihm keine Stellung verwehrt. In diesem Land habe ich noch nie eine Kirche gesehen, in der ein Weißer und ein Schwarzer nebeneinander knien können, um zu beten. Stellen Sie sich das einmal vor: Der Islam macht seine Anhänger alle gleich. Das ist also, wie Sie sehen, die besondere Vorzüglichkeit des Islams. Ja, an vielen Stellen im Koran findet man sehr sinnliche Vorstellungen vom Leben. Das macht nichts. Was der Islam der Welt zu predigen hat, ist die praktische Brüderlichkeit aller, die seinem Glauben angehören. Das ist der wesentliche Teil der mohammedanischen Religion; und all die anderen Ideen über den Himmel und das Leben usw. sind nicht wirklich mohammedanisch. Sie sind Beigaben.

Bei den Hindus gibt es ein nationales Ideal: Spiritualität. In keiner anderen Religion, in keinen anderen heiligen Büchern der Welt wird so viel Energie darauf verwendet, die Idee von Gott zu definieren. Die Hindus versuchten, das Ideal der Seele so zu definieren, dass keine irdische Berührung sie beeinträchtigen konnte. Die Seele muss göttlich sein, und eine Seele, die wirklich als solche verstanden wird, darf nicht zu einem Menschen gemacht werden. Überall in Indien wird die gleiche Idee der Einheit und der Verwirklichung Gottes, des Allgegenwärtigen, gepredigt. Die Hindus halten es für Unsinn zu sagen, dass Er im Himmel wohnt und all das. Das ist eine rein menschliche, anthropomorphe Vorstellung. Der einzige Himmel, der jemals existierte, ist hier und jetzt. Ein Moment in der unendlichen Zeit ist genauso gut wie jeder andere. Wenn Sie an einen Gott glauben, können Sie ihn sogar in diesem Augenblick sehen. Wir Hindus denken, dass Religion erst beginnt, wenn man etwas verwirklicht hat. Es geht nicht darum, an Doktrinen zu glauben, intellektuell zuzustimmen oder Erklärungen abzugeben. Wenn es einen Gott gibt, haben Sie ihn gesehen? Wenn Sie Nein antworten, welches Recht haben Sie dann, an ihn zu glauben? Wenn Sie zweifeln, ob es einen Gott gibt, warum bemühen Sie sich dann nicht, ihn zu sehen? Warum entsagen Sie nicht der Welt und widmen Ihr ganzes Leben diesem einen Ziel? Entsagung und Spiritualität sind die beiden großen Ideen Indiens, und gerade weil Indien an diesen Ideen festhält, zählen all seine Fehler so wenig.

Bei den Christen ist der zentrale Gedanke, der von ihnen gepredigt wurde, dieser: „Wacht und betet, denn das Himmelreich ist nahe", das heißt, reinigt euren Geist und seid bereit! Und dieses Ideal stirbt nie. Sie wissen, dass die Christen selbst in den dunkelsten Tagen, selbst in den abergläubischsten christlichen Ländern immer versuchen, sich auf die Ankunft des Herrn vorzubereiten, indem sie sich bemühen, anderen zu helfen, Krankenhäuser zu bauen und so weiter. Solange sich die Christen an dieses Ideal halten, lebt ihre Religion.

Jetzt drängt sich eine Vision in mein Bewusstsein. Sie mag nur ein Traum sein. Ich weiß nicht, ob sie jemals in dieser Welt verwirklicht werden wird, aber manchmal ist es besser, einen Traum zu träumen, als an harten Fakten zu sterben. Große Wahrheiten, selbst in einem

Traum, sind gut, besser als schlechte Fakten. Also lasst uns einen Traum träumen.

Sie wissen, dass es verschiedene Geisteshaltungen gibt. Sie sind vielleicht ein sachlicher Rationalist mit gesundem Menschenverstand: Sie interessieren sich nicht für Formalitäten und Zeremonien. Sie wollen intellektuelle, harte, schallende Fakten, und nur diese werden Sie zufriedenstellen. Dann gibt es die Puritaner, die Moslems, die kein Bild und keine Statue in ihrem Gotteshaus zulassen. Nun gut! Aber es gibt auch Menschen, die künstlerisch sind. Sie wollen Kunst, die Schönheit der Linien und Kurven, die Farben, Blumen, Formen. Sie wollen Kerzen, Lichter und alle Insignien und Utensilien des Rituals, damit sie Gott sehen können. Ihr Geist nimmt Gott in diesen Formen auf, so wie der Ihre Ihn vielleicht durch den Intellekt aufnimmt. Dann gibt es die hingebungsvollen Menschen, deren Seele nach Gott schreit: Sie haben keine andere Vorstellung, als Gott anzubeten und Ihn zu preisen. Und dann gibt es noch die Philosophen, die außerhalb von all dem stehen und sich über die anderen lustig machen. Sie denken: „Was für ein Unsinn ist das! Was für Ideen über Gott!"

Sie alle mögen sich gegenseitig auslachen, doch jeder von ihnen hat seinen Platz in dieser Welt. All diese verschiedenen Denkweisen, all diese verschiedenen Typen sind notwendig. Wenn es jemals eine ideale Religion geben wird, dann muss sie breit und groß genug sein, um allen diesen Geistern Nahrung zu bieten. Sie muss dem Philosophen die Kraft der Philosophie geben und dem Verehrer das Herz des Gottgeweihten. Dem Liebhaber von Ritualen wird sie alles geben, was die wunderbarste Symbolik vermitteln kann, dem Dichter wird sie so viel Herz geben, wie er aufnehmen kann, und andere Dinge mehr. Um eine so umfassende Religion zu schaffen, müssen wir in die Zeit zurückgehen, in der die Religionen entstanden sind, und all diese Denkweisen aufnehmen.

Unsere Parole wird also Akzeptanz und nicht Ausgrenzung sein. Nicht nur sogenannte Duldung, denn die Duldung ist oft Blasphemie, und ich glaube nicht an sie. Ich glaube an Akzeptanz. Warum sollte ich tolerieren? Toleranz bedeutet, dass ich denke, dass Sie im Unrecht sind, und ich Sie trotzdem leben lasse. Ist es nicht eine Blasphemie zu denken, dass wir anderen erlauben zu leben? Ich akzeptiere alle Religionen, die es in der Vergangenheit gab, und bete mit ihnen allen. Ich bete Gott mit jeder von ihnen an, in welcher Form auch immer sie Ihn verehrt. Ich gehe in die Moschee der Moslems; wenn ich die christliche Kirche betrete, knie ich vor dem Kruzifix; ich gehe in den buddhistischen Tempel, wo ich zu Buddha und seinem Gesetz Zuflucht nehme; ich gehe in den Wald und setze mich in Meditation mit dem Hindu, der versucht, das Licht zu sehen, das das Herz eines jeden Menschen erleuchtet.

Wir müssen nicht nur all dies tun, sondern auch unser Herz für alles, was in Zukunft noch kommen mag, offen halten. Ist das Buch Gottes beendet? Oder ist es immer noch eine fortlaufende Offenbarung? Es ist ein wundervolles Buch – diese spirituellen Offenbarungen der Welt. Die Veden, die Bibel, der Koran und alle anderen heiligen Bücher sind nur so viele Seiten, und eine unendliche Anzahl von Seiten muss noch aufgeschlagen werden. Wir müssen das Buch Gottes für sie alle offen lassen. Wir stehen in der Gegenwart, aber wir öffnen uns für die unendliche Zukunft. Wir nehmen alles auf, was in der Vergangenheit gewesen ist, genießen das Licht der Gegenwart und öffnen jedes Fenster des Herzens für alles, was in der Zukunft kommen wird. Ich verbeuge mich vor allen Propheten der Vergangenheit, vor allen großen Seelen der Gegenwart und vor allen, die in Zukunft noch kommen werden!

Uneigennützig und frei

Anderen materiell zu helfen, indem man ihre materiellen Nöte beseitigt, ist in der Tat groß, aber die Hilfe ist umso größer, je größer die Not ist und je weitreichender die Hilfe ist. Wenn die Bedürfnisse eines Menschen für eine Stunde erfüllt werden können, ist das in der Tat eine Hilfe für ihn. Wenn seine Bedürfnisse für ein Jahr erfüllt werden können, ist das eine noch größere Hilfe. Aber wenn sie für immer erfüllt werden können, ist das sicherlich die größte Hilfe, die ihm gegeben werden kann. Spirituelles Wissen ist das Einzige, das unser Elend für immer beseitigen kann. Jedes andere Wissen befriedigt die Bedürfnisse nur für eine gewisse Zeit.

Nur mit dem Wissen über die Seele wird jeglicher Mangel für immer ausgelöscht. Dem Menschen spirituell zu helfen ist also die höchste Hilfe, die ihm gegeben werden kann. Derjenige, der den Menschen spirituelles Wissen gibt, ist der größte Wohltäter. In der Geschichte der Menschheit finden wir, dass diejenigen am mächtigsten waren, die dem Menschen in seinen spirituellen Bedürfnissen halfen, denn Spiritualität ist die eigentliche Grundlage all unserer Aktivitäten im Leben. Ein spirituell starker und reifer Mensch wird auch in jeder anderen Hinsicht stark sein, wenn er es will. Solange der Mensch spirituell nicht gefestigt ist, können auch seine physischen Bedürfnisse nicht wirklich gut befriedigt werden.

Nach der spirituellen kommt die intellektuelle Hilfe. Das Geschenk des Wissens ist eine weit höhere Gabe als die von Nahrung und Kleidung. Sie ist sogar höher, als einem Menschen das Leben zu schenken, denn das wahre Leben des Menschen besteht aus Wissen. Ignoranz ist Tod, Wissen ist Leben. Das Leben ist von sehr geringem Wert, wenn es ein Leben im Dunkeln ist, das durch Unwissenheit und Elend führt. Als Nächstes kommt natürlich auch die physische Hilfe für den Menschen. Deshalb müssen wir uns bei der Frage, wie wir anderen helfen können, immer bemühen, nicht den Fehler zu begehen zu denken, dass physische Hilfe die einzige Hilfe ist, die gegeben werden kann. Sie ist nicht nur die letzte, sondern auch die geringste, weil sie keine dauerhafte Befriedigung bewirken kann.

Das Elend, das ich empfinde, wenn ich hungrig bin, wird durch das Essen gestillt, aber der Hunger kehrt zurück. Mein Elend kann nur dann ein Ende haben, wenn ich jenseits aller Bedürfnisse und zufrieden bin. Dann wird mich der Hunger nicht unglücklich machen; keine Not, kein Kummer wird mich erschüttern können. Die Hilfe, die uns spirituell stark macht, ist also die höchste, daneben kommt die intellektuelle und danach die materielle Hilfe.

Das Elend der Welt kann durch physische Hilfe allein nicht geheilt werden. Solange sich die Natur des Menschen nicht ändert, werden neue physische Bedürfnisse immer auftauchen, und das Elend wird immer spürbar sein, und keine noch so große physische Hilfe wird sie vollständig heilen. Die einzige Lösung dieses Problems besteht darin, die Menschheit rein werden zu lassen. Unwissenheit ist die Mutter all des Übels und all des Elends, das wir sehen. Lasst die Menschen Licht haben, lasst sie rein und spirituell stark und gebildet sein, dann allein wird das Elend auf der Welt aufhören, nicht vorher. Wir können jedes Gebäude im Land in ein Wohltätigkeitshaus umwandeln, wir können das Land mit Krankenhäusern füllen, aber das Elend des Menschen wird immer noch weiter bestehen, bis sich der Charakter des Menschen ändert.

Wir lesen in der Bhagavad Gita immer wieder, dass wir alle unaufhörlich aktiv sein müssen. Alle Arbeit enthält von Natur aus Gutes und Böses. Es gibt keine Arbeit, die nicht irgendwo etwas Gutes bewirkt; es gibt keine Arbeit, die nicht irgendwo Schaden verursacht. Jede Arbeit muss notwendigerweise eine Mischung aus Gut und Böse sein, und dennoch wird uns befohlen, unaufhörlich zu arbeiten. Beide, das Gute und das Böse, werden ihre Früchte tragen, werden ihr Karma erzeugen. Gute Handlungen werden eine gute Auswirkung auf uns haben, schlechte Handlungen eine schlechte. Ob gut und böse, beide sind im Ergebnis Fesseln der Seele. Die Lösung, die in der Gita in Bezug auf diese bindende Natur der Arbeit gegeben wird, ist, dass, wenn wir nicht der Arbeit, die wir tun, anhängen, sie keine bindende Wirkung auf unsere Seele haben wird. Dies ist der zentrale Gedanke in der Gita: Arbeite unaufhörlich, aber mit dem Gefühl des inneren Loslassens. Wir werden versuchen zu verstehen, was mit derartiger „Nichtanhaftung" an die Arbeit gemeint ist.

Samskara kann in etwa mit „innewohnende Tendenz" übersetzt werden. Wenn man für das Denk- und Empfindungsorgan das Gleichnis eines Sees verwendet, verschwindet jedes Kräuseln, jede Welle, die sich dort als Gedanke erhebt, nicht völlig, sondern hinterlässt eine Spur, aus der diese Welle wieder aufsteigen kann. Diese Spur plus der Möglichkeit, wieder die Welle entstehen zu lassen, ist das, was Samskara genannt wird. Jede Arbeit, die wir tun, jede Bewegung des Körpers, jeder Gedanke, den wir denken, hinterlässt einen solchen Abdruck auf der *Basis des Geistes*[74], und selbst wenn solche Eindrücke an der Oberfläche nicht sichtbar sind, sind sie stark genug, um unter der Oberfläche, im Unterbewusstsein zu wirken.

Was wir in der Gegenwart sind, wird durch die Summe dieser Eindrücke auf den Geist bestimmt. Wer ich in diesem Moment bin, ist die Auswirkung der Gesamtheit aller Eindrücke aus meinem vergangenen Leben. Das ist es, was wirklich mit Charakter gemeint ist: Der Charakter eines jeden Menschen wird durch die Summe dieser Eindrücke bestimmt. Überwiegen die guten Eindrücke, wird der Charakter gut, überwiegen schlechte, wird er schlecht. Wenn ein Mensch immer wieder schlechte Worte hört, schlechte Gedanken denkt und schlechte Handlungen ausführt, ist sein Geist voll von schlechten Eindrücken, und sie beeinflussen sein Denken und Handeln, ohne dass er sich dessen bewusst ist.

Diese schlechten Eindrücke wirken ununterbrochen. Ihr Ergebnis muss schlecht sein, und dieser Mensch wird ein schlechter Mensch – er kann nicht anders. Die Summe dieser Eindrücke in ihm wird eine starke Triebkraft für schlechte Handlungen erzeugen. In ähnlicher Weise wird die Summe dieser Eindrücke in einem Menschen gut sein, wenn er gute Gedanken denkt und gute Werke tut, und sie werden ihn dazu zwingen, Gutes zu tun, ob er will oder nicht. Wenn ein Mensch so viel Gutes getan und so viele gute Gedanken gedacht hat, dass eine unaufhaltsame Neigung in ihm ist, sogar gegen den eigenen Willen Gutes zu tun, steht er völlig unter dem Einfluss der guten Samskaras. Selbst wenn er Böses tun will, wird sein Geist, der die Summe seiner Tendenzen ist, ihm das nicht erlauben – die Tendenzen werden ihn zurückweisen. Wenn dies der Fall ist, sagt man, dass der gute Charakter eines Menschen etabliert ist.

---

74 Chitta in Sanskrit, im englischen Original: mind stuff; s. auch Erläuterungen am Ende des Buches.

So wie die Schildkröte ihre Füße und ihren Kopf in den Panzer steckt und man sie töten und in Stücke brechen könnte und sie doch nicht herauskommt, so ist der Charakter des Menschen, der seine Motive und Organe unter Kontrolle hat, unveränderlich etabliert. Er beherrscht seine eigenen inneren Kräfte, und nichts kann sie gegen seinen Willen hervorlocken. Durch diesen ständigen Reflex von guten Gedanken, guten Eindrücken, die sich über die Oberfläche des Geistes bewegen, wird die Tendenz, Gutes zu tun, stark, und als Ergebnis sind wir in der Lage, die Indriyas (die Nervenzentren der Sinnesorgane) zu kontrollieren. Nur so wird der Charakter gebildet, nur so gelangt ein Mensch zur Wahrheit. Ein solcher Mensch ist für immer sicher; er kann nichts Böses tun. Sie können ihn in jede beliebige Gesellschaft stecken, es wird keine Gefahr für ihn bestehen.

Es gibt einen noch höheren Zustand, als diese gute Tendenz zu haben, und das ist der Wunsch nach Befreiung. Sie müssen wissen, dass die Freiheit der Seele das Ziel aller Yogas ist, und jeder von ihnen führt gleichermaßen zu demselben Ergebnis. Durch Arbeit allein kann der Mensch dorthin gelangen, wohin Buddha durch Meditation oder Christus durch Gebet gelangt ist. Buddha war ein arbeitender Jnani, Christus war ein *Bhakta*, und beide haben das gleiche Ziel erreicht.

Da gibt es eine Schwierigkeit. Befreiung bedeutet völlige Freiheit – Freiheit von den Fesseln des Guten wie auch von den Fesseln des Bösen. Eine goldene Kette ist genauso eine Kette wie eine eiserne. Wenn ich in einem Finger einen Dorn habe, benutze ich einen anderen, um den ersten herauszuziehen, und wenn ich ihn herausgezogen habe, werfe ich beide weg. Ich behalte den zweiten Dorn nicht, denn beide sind ja Dornen. So sollen die schlechten Tendenzen durch die guten konterkariert und die schlechten Eindrücke durch frische gute Wellen ersetzt werden, bis alles Böse fast verschwindet oder in einer Ecke des Geistes gebändigt und unter Kontrolle gehalten wird. Aber danach müssen auch die guten Tendenzen überwunden werden. So wird aus dem „Anhaftenden" das „Nichtanhaftende". Arbeiten Sie, aber lassen Sie nicht Ihre Handlungen oder Gedanken einen tiefen Eindruck auf den Geist machen. Lassen Sie die Wellen kommen und gehen, lassen Sie immer wieder neue Aktivitäten von den Muskeln und dem Gehirn ausgehen, aber lassen Sie sie keinen tiefen Eindruck auf die Seele machen.

Wie kann das gelingen? Wir sehen, dass der Eindruck jeder Handlung, der wir anhängen, bleibt. Ich mag tagsüber Hunderten von Menschen begegnen und unter ihnen auch einem, den ich liebe. Wenn ich mich abends zurückziehe und versuche, an all die Gesichter, die ich gesehen habe, zu denken, kommt mir in den Sinn nur das eine Gesicht, dem ich vielleicht bloß eine Minute lang begegnet bin, aber das ich geliebt habe; alle anderen sind verschwunden. Meine Anhaftung an diese bestimmte Person verursachte einen tieferen Eindruck in meinem Geist als all die anderen Gesichter. Physiologisch waren die Eindrücke alle gleich: Jedes der Gesichter, die ich sah, bildete sich auf der Netzhaut ab, und das Gehirn nahm die Bilder auf, und doch war die Wirkung auf den Geist unterschiedlich. Die meisten Gesichter waren vielleicht ganz neue Gesichter, über die ich noch nie nachgedacht hatte. Das eine Gesicht jedoch, von dem ich nur einen flüchtigen Blick bekam, fand Assoziationen in mir. Vielleicht hatte ich mir diesen Menschen schon seit Jahren in meinem Geist vorgestellt und wusste Hunderte Dinge über ihn, und dieser eine Anblick erweckte viele schlafende Erinnerungen in meinem Geist. Dieser eine Eindruck wird hundertmal mehr wiederholt als der der verschiedenen anderen Gesichter zusammen und erzeugt eine große Wirkung auf den Geist.

Seien Sie deshalb „innerlich losgelöst". Lassen Sie die Dinge laufen, lassen Sie die Gehirnzentren arbeiten und arbeiten Sie unaufhörlich, aber lassen Sie nicht zu, dass Ihr Geist von den Kräuselungen gestört wird. Arbeiten Sie, als ob Sie ein Fremder in diesem Land wären, ein Gast. Arbeiten Sie unaufhörlich, aber binden Sie sich nicht; Knechtschaft ist schrecklich.

Diese Welt ist nicht unsere Heimat. Sie ist nur eine der vielen Stufen, durch die wir gehen. Erinnern Sie sich an den großen Spruch der Sankhya-Philosophie: „Die ganze Welt ist für die Seele da, nicht die Seele für die Welt." Der eigentliche Grund für die Existenz der Welt ist die Erziehung der Seele – sie hat keine andere Bedeutung. Die Welt ist da, weil die Seele Wissen erlangen und sich durch Wissen befreien muss. Wenn wir uns das immer vor Augen halten, so werden wir nie an der Welt hängen: Wir werden wissen, dass sie ein

Buch ist, in dem wir lesen sollen, und dass das Buch, nachdem wir das nötige Wissen erlangt haben, keinen Wert mehr für uns hat.

Stattdessen aber identifizieren wir uns mit der materiellen Welt. Wir denken, dass die Seele für die Natur, für das Fleisch ist und dass, wie der Volksmund sagt, der Mensch „lebt, um zu essen" und nicht „isst, um zu leben". Wir machen ständig diesen Fehler: Wir betrachten unsere physische Natur als uns selbst und werden von ihr verhaftet. Und sobald es zu dieser Verhaftung kommt, gibt es den tiefen Eindruck auf die Seele, der uns fesselt und uns nicht aus Freiheit, sondern wie Sklaven arbeiten lässt.

Der ganze Kern dieser Lehre ist, dass man wie ein Meister und nicht wie ein Sklave arbeiten soll. Arbeiten Sie unaufhörlich, aber tun Sie nicht die Arbeit eines Sklaven. Merken Sie nicht, wie jeder arbeitet? Neunundneunzig Prozent der Menschheit arbeiten wie Sklaven, und das Ergebnis ist Elend; es ist alles egoistische Arbeit. Arbeite aus Freiheit! Arbeite durch Liebe! Das Wort „Liebe" ist sehr schwer zu verstehen. Liebe kommt nie, bevor es Freiheit gibt. In einem Sklaven ist keine wahre Liebe möglich. Wenn Sie einen Sklaven kaufen, ihn in Ketten legen und für sich arbeiten lassen, wird er wie ein Handlanger arbeiten, aber es wird keine Liebe in ihm sein. Wenn wir also selbst als Sklaven für die Dinge der Welt arbeiten, kann keine Liebe in uns sein, und unsere Arbeit ist keine wahre Arbeit. Das gilt für die Arbeit, die wir für Verwandte und Freunde tun, und es gilt für die Arbeit, die wir für uns selbst tun. Selbstsüchtige Arbeit ist Sklavenarbeit. Dafür gibt es einen Test: Jeder Akt der Liebe bringt Glück. Es gibt keine Arbeit mit Liebe, die nicht Frieden und Glückseligkeit als Reaktion hervorbringt.

Wirkliches Dasein, wirkliches Wissen und wirkliche Liebe sind auf ewig miteinander verbunden. Sie sind drei in einem: Wo eines von ihnen ist, müssen auch die anderen sein. Es sind die drei Aspekte des Einen ohne ein Zweites: des Sein-Wissen-Glückseligkeit[75]. Wenn dieses Sein relativ wird, sehen wir Es als die Welt. Dieses Wissen wird seinerseits verwandelt in das Wissen über die Dinge der Welt. Und diese Glückseligkeit bildet die Grundlage aller wahren Liebe, die das Herz des Menschen kennt. Daher kann wahre Liebe niemals

---

75 S. *Sat-Cit-Ananda* in Erläuterungen am Ende des Buches.

so wirken, dass sie entweder dem Liebenden oder dem Geliebten Schmerz bereitet.

Nehmen wir an, ein Mann liebt eine Frau. Er möchte sie ganz für sich haben und ist jedes Mal eifersüchtig, wenn sie sich entfernt. Er möchte, dass sie in seiner Nähe sitzt, in seiner Nähe steht und auf sein Geheiß hin isst und sich bewegt. Er ist ein Sklave von ihr und wünscht sich, sie als seine Sklavin zu haben. Das ist keine Liebe. Es ist eine Art krankhafte Zuneigung des Sklaven, die sich als Liebe ausgibt. Es kann keine Liebe sein, denn es ist schmerzhaft: Wenn sie nicht tut, was er will, bringt es ihm Schmerzen.

Bei der Liebe gibt es keine schmerzhafte Reaktion. Liebe bringt nur eine Reaktion der Glückseligkeit. Wenn sie das nicht tut, ist es keine Liebe – es ist die Verwechslung von etwas anderem mit Liebe. Wenn es Ihnen gelungen ist, Ihren Mann, Ihre Frau, Ihre Kinder, die ganze Welt, das Universum so zu lieben, dass es keine Reaktion von Schmerz oder Eifersucht, kein selbstsüchtiges Gefühl gibt, dann sind Sie in einem Zustand, in dem Sie ohne Anhaftung leben können.

Krishna sagt: „Sieh mich an, Arjuna! Wenn ich auch nur einen Augenblick mit der Arbeit aufhören würde, würde das ganze Universum sterben. Ich gewinne nichts von der Arbeit, ich bin der eine Herr, doch warum arbeite ich? Weil ich die Welt liebe.“[76] Gott ist losgelöst, weil Er liebt. Diese wahre Liebe macht uns unabhängig. Sie müssen wissen, wo immer es Anhaftung gibt, das Klammern an die Dinge der Welt, ist das alles physische Anziehung zwischen Mengen von Teilchen der Materie: etwas, das zwei Körper immer näher und näher anzieht und, wenn sie sich nicht nahe genug kommen können, Schmerz erzeugt. Aber wo es echte Liebe gibt, beruht sie überhaupt nicht auf physischer Anhaftung. Solche Liebenden können tausend Meilen voneinander entfernt sein, aber ihre Liebe wird die gleiche sein; sie stirbt nicht und wird niemals Schmerz erzeugen.

Dieses innere Loslassen zu erlangen ist fast eine Lebensaufgabe, aber sobald wir diesen Punkt erreicht haben, haben wir das Ziel der Liebe erreicht und werden frei. Die Fesseln der Welt fallen von uns ab, und wir sehen die Welt, wie sie ist. Sie schmiedet uns keine Ketten mehr. Wir stehen völlig frei da und denken nicht an die Ergeb-

---

76 Vgl. Bhagavad Gita 3-24.

nisse der Arbeit, die wir verrichten. Wen kümmert es dann, was die Früchte unserer Arbeit sein mögen?

Verlangen Sie etwas von Ihren Kindern als Gegenleistung für das, was Sie ihnen gegeben haben? Es ist Ihre Pflicht, für sie zu arbeiten, und damit ist die Sache erledigt. Nehmen Sie bei allem, was Sie für einen bestimmten Menschen, eine Stadt oder den Staat tun, die gleiche Haltung ein, wie Sie sie gegenüber Ihren Kindern haben – erwarten Sie keine Gegenleistung. Wenn Sie immer die Position eines Gebenden einnehmen können, wenn alles, was Sie geben, ein Geschenk an die Welt ist, ohne jeden Gedanken an eine Gegenleistung, dann wird Ihre Arbeit Ihnen keine Anhaftung bringen. Anhaftung entsteht nur dort, wo wir eine Gegenleistung erwarten.

Wenn das Arbeiten wie ein Sklave zu Egoismus und Anhaftung führt, führt das Arbeiten als Herr des eigenen Geistes zur Glückseligkeit der Nichtanhaftung. Wir sprechen oft von Recht und Gerechtigkeit, aber wir stellen fest, dass Recht und Gerechtigkeit in der Welt bloßes Kindergeschwätz sind. Die Ausübung von Macht ist immer auch die Anwendung von Egoismus. Alle Männer und Frauen versuchen, das Beste aus der Macht oder dem Vorteil zu machen, den sie haben.

Barmherzigkeit ist wiederum der Himmel selbst. Um gut zu sein, müssen wir barmherzig sein. Selbst Gerechtigkeit und Recht sollten auf Barmherzigkeit beruhen. Jeder Gedanke, für die Arbeit, die wir tun, eine Gegenleistung zu erhalten, behindert unseren spirituellen Fortschritt; ja, er bringt am Ende sogar Elend.

Es gibt noch eine andere Art und Weise, wie dieser Grundsatz der Barmherzigkeit und der selbstlosen Nächstenliebe in die Praxis umgesetzt werden kann, nämlich indem wir die Arbeit als „Anbetung" betrachten, falls wir an einen persönlichen Gott glauben. Hier geben wir alle Früchte unserer Arbeit dem Herrn. Wenn wir Ihn auf diese Weise verehren, haben wir kein Recht, von der Menschheit etwas für unsere Arbeit zu erwarten. Der Herr selbst arbeitet ja unaufhörlich und bleibt dabei immer ohne Anhaftung. So wie Wasser das Lotusblatt nicht benetzen kann, so kann die Arbeit den selbstlosen Menschen nicht binden, indem sie Anhaftung an Ergebnisse hervorruft. Der selbstlose und freie Mensch mag im Herzen einer überfüllten und sündigen Stadt leben – er wird von der Sünde nicht berührt werden.

Diese Idee der vollständigen Selbstaufopferung wird im Mahabharata[77] in der folgenden Geschichte illustriert: Nach der Schlacht von Kurukshetra brachten die fünf Pandava-Brüder ein großes Opfer und machten sehr großzügige Geschenke an die Armen. Alle Menschen äußerten ihr Erstaunen über die Größe und den Umfang des Opfers und sagten, dass die Welt noch nie ein solches Opfer gesehen habe. Aber nach der Zeremonie kam ein kleiner Mungo, dessen Körper zur Hälfte golden und zur anderen Hälfte braun war, und begann sich auf dem Boden der Opferhalle zu wälzen. Anschließend sagte er zu den Umstehenden: „Ihr seid alle Lügner; dies ist kein Opfer." „Was!", riefen diese aus, „du sagst, dies sei kein Opfer! Weißt du nicht, wie viel Geld und Juwelen an die Armen ausgeteilt wurden und jeder reich und glücklich wurde? Das war das wunderbarste Opfer, das je ein Mensch vollbracht hat."

Darauf erzählte der Mungo: „Es war einmal ein kleines Dorf, und darin wohnte ein armer Brahmane mit seiner Frau, seinem Sohn und der Frau seines Sohnes. Sie waren sehr arm und lebten von kleinen Gaben, die ihnen beim Predigen und Lehren gegeben wurden. Es kam in jenem Land eine dreijährige Hungersnot, und der arme Brahmane litt mehr denn je. Endlich, nachdem die Familie tagelang gehungert hatte, brachte der Vater eines Morgens ein wenig Gerstenmehl nach Hause, das er glücklicherweise erhalten hatte, und er teilte es in vier Teile, einen für jedes Mitglied der Familie. Sie bereiteten es für ihre Mahlzeit zu, und gerade als sie essen wollten, klopfte es an der Tür. Der Vater öffnete, und da stand ein Gast. Nun ist in Indien ein Gast eine heilige Person; er ist für den Moment wie ein Gott und muss auch so behandelt werden. So sagte der arme Brahmane: ‚Kommen Sie herein, Herr. Sie sind willkommen.' Er setzte dem Gast seine eigene Portion des Essens vor. Der Gast aß sie schnell auf und sagte: ‚Oh, Herr, Sie haben mich umgebracht. Ich habe zehn Tage lang gehungert, und dieses kleine Stück hat meinen Hunger nur vergrößert.' Da sagte die Frau zu ihrem Mann: ‚Gib ihm meinen Anteil', aber der Mann protestierte: ‚Auf keinen Fall.' Die Frau aber bestand darauf und sagte: ‚Hier ist ein armer Mann, und es ist unsere Pflicht als Hausherren, dafür zu sorgen, dass er zu essen bekommt, und

---

77 Zu finden im 14. Kapital „Ashvamedhika Parva" des Mahabharata.

es ist meine Pflicht als Ehefrau, ihm meinen Anteil zu geben, da du ihm nichts mehr zu bieten hast.' Dann gab sie dem Gast ihren Anteil. Den aß er und sagte, er brenne noch immer vor Hunger. Da erklärte der Sohn: ‚Nimm auch meinen Anteil; es ist die Pflicht eines Sohnes, seinem Vater zu helfen, seine Pflichten zu erfüllen.' Der Gast aß auch das, war aber immer noch nicht satt; da gab ihm die Frau des Sohnes auch ihren Anteil. Das genügte, und der Gast segnete sie und ging weg. In dieser Nacht verhungerten diese vier Menschen. Ein paar Körnchen dieses Mehls waren auf den Boden gefallen, und als ich meinen Körper darauf wälzte, wurde die Hälfte davon golden, wie ihr seht. Seitdem bin ich durch die ganze Welt gezogen in der Hoffnung, ein weiteres solches Opfer zu finden, aber nirgends wurde ich fündig. Nirgends wurde die andere Hälfte meines Körpers in Gold verwandelt. Deshalb sage ich, dass dies hier kein Opfer war."

Diese Idee der Wohltätigkeit verschwindet aus Indien; die großen Menschen werden immer weniger. Trotzdem … als ich anfing Englisch zu lernen, las ich ein englisches Buch, in dem es eine Geschichte über einen pflichtbewussten Jungen gab, der zur Arbeit gegangen war und nach der Rückkehr seiner alten Mutter etwas von seinem Geld gab, was auf drei oder vier Seiten gelobt wurde. Was war das? Kein Hindu-Junge kann jemals die Moral dieser Geschichte verstehen. Jetzt verstehe ich sie, wenn ich die westliche Idee „Jeder für sich selbst" höre. Manche Männer nehmen alles für sich, und Väter und Mütter und Ehefrauen und Kinder stehen vor dem Nichts. Das sollte nie und nirgends das Ideal des Hausherrn sein.

Jetzt sehen Sie, was Karma-Yoga bedeutet: selbst in der Stunde des Todes jemandem zu helfen, ohne Fragen zu stellen. Auch wenn du millionenfach betrogen sein solltest, stelle das, was du tust, nie infrage. Prahle nie mit deinen Gaben an die Armen oder erwarte nicht ihre Dankbarkeit, sondern sei ihnen dankbar, dass sie dir die Gelegenheit geben, ihnen gegenüber Wohltätigkeit zu üben.

So ist es klar, dass es eine viel schwierigere Aufgabe ist, ein idealer Familienvater zu sein als ein idealer Sannyasin. Das wahre Leben der Arbeit ist in der Tat genauso hart, wenn nicht noch härter, als das ebenso wahre Leben der Entsagung.

Die universelle Religion

Wo auch immer unsere Sinne hinreichen oder was auch immer unser Geist sich vorstellt, finden wir darin das Wirken und die Reaktion zweier Kräfte, von denen die eine der anderen entgegenwirkt. Sie verursachen das ständige Spiel der mannigfaltigen Erscheinungen, die wir um uns herum sehen, und derjenigen, die wir in unserem Geist empfinden. In der Außenwelt äußert sich das Wirken dieser gegensätzlichen Kräfte als Anziehung und Abstoßung oder als zentripetale und zentrifugale Kräfte und in der inneren Welt als Liebe und Hass, Gut und Böse. Manche Dinge stoßen wir ab, andere ziehen wir an. Von manchen werden wir angezogen, von anderen abgestoßen. In unserem Leben stellen wir oft fest, dass wir uns ohne jeglichen Grund zu bestimmten Personen hingezogen fühlen, während wir uns zu anderen Zeiten von anderen abgestoßen fühlen. Das ist ein offenkundiges Phänomen, und je höher der Wirkungsbereich ist, desto stärker und bemerkenswerter sind die Einflüsse dieser entgegengesetzten Kräfte.

Die Religion ist die höchste Ebene des menschlichen Denkens und Lebens, und hier ist das Wirken dieser beiden Kräfte am deutlichsten zu spüren. Die intensivste Liebe, die die Menschheit je gekannt hat, kam aus der Religion, und der teuflischste Hass, den die Menschheit je gekannt hat, kam ebenfalls aus der Religion. Die edelsten Worte des Friedens, die die Welt je gehört hat, kamen von religiösen Menschen, und die bitterste Verurteilung, die die Welt je gekannt hat, wurde von religiösen Menschen geäußert. Je höher das Ziel einer Religion und je raffinierter ihre Organisation ist, desto bemerkenswerter ist ihr Wirken. Kein anderes menschliches Motiv hat die Welt so sehr mit Blut überschwemmt wie die Religion. Gleichzeitig hat nichts so viele Krankenhäuser und Asyle für die Armen ins Leben gerufen, sich nicht nur um die Menschheit, sondern auch um die Tiere so gekümmert wie die Religion. Nichts macht uns so grausam wie die Religion, und nichts macht uns so zärtlich wie die Religion. Das war in der Vergangenheit so und wird aller Wahrscheinlichkeit nach auch in der Zukunft so sein. Doch inmitten dieses Lärms und Aufruhrs, dieses Streits und Kampfes, dieses Hasses und der Eifersucht der Religionen und Konfessionen erheben sich von Zeit zu Zeit mächtige Stimmen, die all diesen Lärm übertönen, sich von Pol zu Pol Gehör verschaffen und Frieden und Harmonie verkünden. Werden Frieden und Harmonie jemals kommen?

Ist es möglich, dass in dieser Welt des gewaltigen religiösen Wettstreits jemals ununterbrochene Harmonie herrschen wird? Die Welt wird in der zweiten Hälfte dieses Jahrhunderts von der Frage der Harmonie bewegt; in der Gesellschaft werden verschiedene Pläne vorgeschlagen, und es wird versucht, sie in die Praxis umzusetzen. Aber wir wissen, wie schwierig das ist.

Die Menschen stellen immer wieder fest, dass es fast unmöglich ist, die Wut des Lebenskampfes zu mildern, die ungeheure nervöse Spannung, die in den Menschen steckt, abzuschwächen. Wenn es schon so schwierig ist, Harmonie und Frieden auf der physischen Ebene des Lebens zu bekommen – der materiellen, groben und äußeren Seite des Lebens –, dann ist es noch tausendmal schwieriger, Frieden und Harmonie in die innere Natur des Menschen zu bringen.

Ich möchte Sie bitten, vorerst aus dem Geflecht der Worte herauszutreten. Wir alle haben von Kindheit an Dinge wie Liebe, Frieden, Wohltätigkeit, Gleichheit und universelle Brüderlichkeit gehört, aber sie sind für uns zu bloßen Worten ohne Bedeutung geworden, Worten, die wir wie Papageien wiederholen. Und es ist für uns ganz selbstverständlich geworden, dies zu tun. Wir können es nicht ändern. Große Seelen, die diese großen Ideen zuerst in ihrem Herzen spürten, haben diese Worte geschaffen, und damals haben viele ihre Bedeutung verstanden. Später griffen unwissende Menschen diese Worte auf, um mit ihnen zu spielen und die Religion zu einem bloßen Wortspiel zu machen und nicht zu einer Sache, die in die Praxis umgesetzt werden soll. Sie wurde zur „Religion meiner Väter", zur „Religion unserer Nation", zur „Religion unseres Landes" und so weiter. Das Bekenntnis zu irgendeiner Religion ist nur eine Facette des Patriotismus, und Patriotismus ist immer parteiisch. Es ist schwierig, Harmonie in die Religion zu bringen. Dennoch ist es genau das, womit wir uns heute befassen werden: mit dem Problem der Harmonie der Religionen.

Wir wissen, dass jede Religion aus drei Teilen besteht – ich meine jede große und anerkannte Religion. Erstens gibt es die Philosophie, die die ganze Tragweite dieser Religion darstellt. Sie legt ihre Grundprinzipien, das Ziel und die Mittel dar, um sie (die Religion) zu erreichen. Der zweite Teil ist die Mythologie, die die Philosophie konkretisiert. Sie besteht aus Legenden, die sich auf das Leben der Menschen oder auf übernatürliche Wesen usw. beziehen. Es handelt sich um die Abstraktionen der Philosophie, die im mehr oder weniger imaginären Leben der Menschen und der übernatürlichen Wesen konkret werden. Der dritte Teil ist das Ritual. Dieser ist noch konkreter und besteht aus Formen und Zeremonien, verschiedenen Haltungen, Blumen und Weihrauch und vielen anderen Dingen, die die Sinne ansprechen. Sie werden feststellen, dass alle anerkannten Religionen diese drei Elemente haben. Einige legen mehr Wert auf das eine, andere auf das andere.

Betrachten wir nun den ersten Teil, die Philosophie. Gibt es eine universelle Philosophie? Nein, noch nicht. Jede Religion bringt ihre eigenen Lehren hervor und besteht darauf, dass sie die einzig wahren sind. Und nicht nur das, sondern sie meint auch, dass diejenigen, die nicht an diese Lehren glauben, an einen schrecklichen Ort gehen müssen. Manche ziehen sogar das Schwert, um andere zu zwingen, so zu glauben wie sie. Dies geschieht nicht aus Bosheit, sondern durch eine besondere Krankheit des menschlichen Gehirns, die man Fanatismus nennt. Sie sind sehr aufrichtig, diese Fanatiker, die aufrichtigsten aller Menschen; aber sie sind genauso verantwortungslos wie andere Geisteskranke auf der Welt. Diese Krankheit des Fanatismus ist eine der gefährlichsten aller Krankheiten. Die ganze Bosheit der menschlichen Natur wird durch sie geweckt. Die Wut wird entfacht, die Nerven werden angespannt, und die Menschen werden zu Tigern.

Gibt es eine mythologische Ähnlichkeit, gibt es eine mythologische Harmonie, eine universelle Mythologie, die von allen Religionen akzeptiert wird? Sicherlich nicht. Alle Religionen haben ihre eigene Mythologie, nur sagt jede von sich: „Meine Geschichten sind keine bloßen Mythen." Versuchen wir, die Frage anhand eines Beispiels zu verstehen. Ich will nur illustrieren, ich will nicht irgendeine Religion kritisieren. Der Christ glaubt, dass Gott die Gestalt einer Taube annahm und auf die Erde kam; für ihn ist das Geschichte und keine

Mythologie. Der Hindu glaubt, dass Gott sich in der Kuh manifestiert hat. Die Christen sagen dazu, dass dieser Glaube reine Mythologie und keine Geschichte ist, dass es sich um Aberglauben handelt. Die Juden meinen, wenn ein Bild in Form eines Kastens oder einer Truhe gemacht wird, mit einem Engel auf jeder Seite, dann darf es ins Allerheiligste gestellt werden: Das Bild ist Jehova heilig. Aber wenn das Bild in Form eines schönen Mannes oder einer Frau gemacht wird, sagen sie: „Das ist ein schreckliches Götzenbild. Zerbrecht es!" Das ist unsere Einheit in der Mythologie! Wenn ein Mann aufsteht und sagt: „Mein Prophet hat diese und jene wunderbare Sache getan", werden andere sagen: „Das ist nur Aberglaube", aber gleichzeitig sagen sie, dass ihr eigener Prophet noch wunderbarere Dinge getan hat, die sie für historisch halten. Soweit ich gesehen habe, ist niemand auf der Welt in der Lage, den Menschen, bei denen diese religiösen Bilder in den Gehirnen verankert sind, den feinen Unterschied zwischen der Geschichte und der Mythologie zu verdeutlichen. Alle diese Geschichten, zu welcher Religion sie auch gehören mögen, sind in Wirklichkeit mythologisch, gelegentlich vielleicht mit etwas Geschichtlichem vermischt.

Als Nächstes kommen die Rituale. Eine Gruppierung hat eine bestimmte Form von Ritualen und hält diese für heilig, während die Rituale einer anderen Gruppierung schlichtweg Aberglaube seien. Wenn eine Konfession eine bestimmte Art von Symbolen verehrt, sagt eine andere Konfession: „Oh, das ist ja furchtbar!" Nehmen wir zum Beispiel zwei grundsätzliche Symbole. Das Phallussymbol ist sicherlich ein sexuelles Symbol, aber allmählich ist dieser Aspekt in Vergessenheit geraten, und es steht jetzt als Symbol für den Schöpfer. Die Völker, die dieses Symbol haben, denken nie an den Phallus; es ist nur ein Symbol, und damit endet es. Ein Mensch einer anderen Rasse oder eines anderen Glaubens sieht darin nichts anderes als den Phallus und fängt an, ihn zu verurteilen. Doch gleichzeitig kann er etwas tun, was den sogenannten Phallusanbetern noch schrecklicher erscheint. Lassen Sie mich zwei Punkte zur Veranschaulichung nehmen: das Phallussymbol und das Sakrament der Christen. Für die Christen ist der Phallus abscheulich, und für die Hindus ist das christliche Sakrament abscheulich. Sie sagen, das christliche Sakrament, das Töten eines Menschen und das Essen seines Fleisches und das Trinken seines Blutes, um die guten Eigenschaften dieses Menschen zu erhalten, sei Kannibalismus. Das ist es, was einige der wilden Stämme tun: Wenn ein Mann mutig ist, töten sie ihn und essen sein Herz, weil sie glauben, dass sie dadurch die Eigenschaften des Mutes und der Tapferkeit bekommen, die dieser Mann besessen hat. Selbst ein so gläubiger Christ wie Sir John Lubbock gibt dies zu und sagt, dass der Ursprung dieses christlichen Symbols in dieser Idee der Wilden liegt. Die Christen lassen diese Auffassung über den Ursprung des Symbols natürlich nicht gelten, und was es bedeuten könnte, kommt ihnen nicht in den Sinn. Es steht für heilige Dinge, und das ist alles, was sie wissen wollen.

Es gibt also auch in den Ritualen kein universelles Symbol, das allgemeine Anerkennung und Akzeptanz finden könnte. Wo bleibt dann die Universalität? Wie ist es also möglich, eine universelle Form der Religion zu haben? Es gibt sie aber bereits! Und wir wollen sehen, was es ist.

Wir alle hören von universeller Brüderlichkeit und davon, wie die Gesellschaften sich besonders dafür einsetzen und dies predigen. Ich erinnere mich an eine alte Geschichte. In Indien ist es verpönt, Wein zu trinken. Es gab zwei Brüder, die eines Nachts heimlich Wein trinken wollten; ihr Onkel, ein sehr orthodoxer Mann, schlief in einem Zimmer ganz in der Nähe des Zimmers der beiden. Bevor sie also zu trinken begannen, sagten sie zueinander: „Wir müssen sehr leise sein, sonst wird der Onkel aufwachen." Als sie getrunken hatten, sagten sie sich immer wieder: „Schweig! Der Onkel wird aufwachen", wobei jeder versuchte, den anderen zum Schweigen zu bringen. Und als das Geschrei immer lauter wurde, wachte der Onkel auf, kam ins Zimmer und entdeckte die ganze Sache. Wir schreien alle wie diese betrunkenen Männer: „Universelle Brüderlichkeit! Wir sind alle gleich, also lasst uns eine Kirche gründen." Sobald man aber eine Kirche errichtet hat, widerspricht man der Gleichheit – die Gleichheit ist nicht mehr da. Die Moslems sprechen von universeller Brüderlichkeit, aber was kommt in Wirklichkeit dabei heraus? Nun, niemand, der kein Moslem ist, wird in die Bruderschaft aufgenommen; man wird ihm eher die Kehle durchschneiden. Die Christen sprechen von universeller Brüderlichkeit, aber jeder, der kein Christ ist, muss an den Ort gehen, an dem er auf ewig gegrillt werden wird.

Und so suchen wir in dieser Welt weiter nach universeller Brüderlichkeit und Gleichheit. Wenn Sie solches Gerede in der Welt hören, möchte ich Sie bitten, ein wenig zurückhaltend zu sein und auf sich selbst aufzupassen, denn hinter all diesem Gerede steckt oft intensivster Egoismus. Im Winter zieht manchmal eine Gewitterwolke auf; sie brüllt und tobt, aber es regnet nicht. Aber in der Regenzeit sprechen die Wolken nicht, sondern überschwemmen die Welt mit Wasser. Menschen, die wirklich etwas dafür tun, die allgemeine Brüderlichkeit der Menschen im Herzen fühlen, reden nicht viel, gründen keine Sekten für die allgemeine Brüderlichkeit. Aber ihre Arbeit, ihre Werke, ihr ganzes Leben zeigen deutlich, dass sie wahrhaftig das Gefühl der Brüderlichkeit für die Menschheit besitzen, dass sie Liebe und Sympathie für alle haben. Sie reden nicht, sie handeln, sie leben danach. Diese Welt ist überfüllt mit großspurigem Gerede. Wir wollen ein wenig mehr ernsthafte Arbeit und weniger Geschwätz.

Wir sehen also, dass es schwierig ist, universelle Merkmale in Bezug auf die Religion zu finden, und doch wissen wir, dass es sie gibt. Wir sind alle Menschen, aber sind wir auch alle gleich? Sicherlich nicht. Wer sagt, dass wir gleich sind? Nur ein Verrückter. Sind wir alle gleich in unserem Verstand, in unseren Kräften, in unserem Körper? Der eine ist stärker als der andere, die eine hat mehr Verstand als die andere. Wenn wir alle gleich sind, warum gibt es dann diese Ungleichheit? Wer hat sie geschaffen? Wir. Weil wir mehr oder weniger Fähigkeiten besitzen, mehr oder weniger Intelligenz, mehr oder weniger Körperkraft, muss es Unterschiede zwischen uns geben. Doch wir wissen, dass die Lehre von der Gleichheit unser Herz anspricht. Wir sind alle Menschen, aber einige sind Männer und einige sind Frauen. Hier ist ein Schwarzer, dort ein Weißer, aber alle sind wir Menschen, wir alle gehören zu einer Menschheitsfamilie. Unsere Gesichter sind verschieden – ich sehe keine zwei gleichen –, und doch gehören wir alle zur selben Menschheit. Was bedeutet diese eine Menschheit? Ich sehe einen Mann oder eine Frau, dunkel oder hell. Und trotzdem weiß ich, dass es hinter all diesen Gesichtern eine abstrakte Menschlichkeit gibt, die uns alle verbindet. Wenn ich sie zu greifen, zu spüren, zu begreifen versuche, mag ich sie nicht finden, aber ich weiß mit Sicherheit, dass sie da ist. Wenn ich mir über irgendetwas sicher bin, dann über diese Menschlichkeit, die uns allen gemeinsam ist. Erst durch dieses Gemeinsame sehe ich Sie als Mann oder Frau. So ist es auch mit dieser universellen Religion, die sich in Form von Gott durch alle Religionen der Welt zieht; sie muss und wird in der Ewigkeit existieren. „Ich bin der Faden, der sich durch all diese Perlen zieht"[78], und jede Perle ist eine Religion oder sogar ein kleines Teil davon. Das sind die verschiedenen Perlen, und der Herr ist der Faden, der sie alle durchzieht; nur die Mehrheit der Menschen ist sich dessen völlig unbewusst.

Die Einheit in der Vielfalt ist der Plan des Universums. Wir sind alle Menschen, und doch sind wir alle verschieden voneinander. Als Teil der Menschheit bin ich eins mit Ihnen, und als Mr. Soundso bin ich anders als Sie. Als Mann sind Sie von der Frau getrennt; als Mensch sind Sie eins mit der Frau. Als Mensch sind Sie vom Tier getrennt, aber als Lebewesen sind Mann, Frau, Tier und Pflanze alle eins; und als Existenz sind Sie eins mit dem ganzen Universum. Diese universelle Existenz ist Gott: die ultimative Einheit im Universum. In Ihm sind wir alle eins. Gleichzeitig müssen diese Unterschiede in der Manifestation immer bestehen bleiben. In unserer Arbeit, in unseren Energien, immer wenn sie sich außen manifestieren, muss es diese Unterschiede geben. Wir stellen also fest, dass es völlig unmöglich ist, wenn mit der Idee einer universellen Religion gemeint ist, dass die gesamte Menschheit an eine Reihe von Lehren glauben soll. Es kann niemals eine Zeit geben, in der alle Gesichter gleich sein werden. Wenn wir erwarten, dass es eine universelle Mythologie geben wird, ist das ebenfalls unmöglich; es kann nicht sein. Genauso wenig kann es ein universelles Ritual geben. Ein solcher Zustand kann niemals eintreten. Wenn er jemals einträte, würde die Welt zerstört werden, denn Vielfalt ist das erste Prinzip des Lebens. Was macht uns zu Wesen mit einer Form? Die Differenzierung. Perfektes Gleichgewicht wäre unsere Auslöschung. Angenommen, die Wärmemenge in diesem Raum (die die Tendenz zu gleichmäßiger und vollkommener Verteilung hat) würde sich auf diese Art verteilen, dann würde es sie für alle praktischen Zwecke nicht mehr geben. Was macht die Bewegung in diesem Universum möglich? Das verlorene Gleichgewicht. Die Gleichheit kann nur entstehen, wenn dieses Universum vernichtet wird, andernfalls ist so etwas unmöglich. Und nicht nur das, es wäre auch gefährlich. Wir dürfen nicht wollen, dass wir alle gleich denken. Dann gäbe es keinen Gedanken zu denken. Wir wären alle gleich, wie die ägyptischen Mumien

---

78 Verweis auf Bhagavad Gita 7-7.

in einem Museum, die sich gegenseitig anschauen, ohne einen Gedanken zu denken. Es ist dieser Unterschied, diese Differenzierung, dieser Verlust des Gleichgewichts zwischen uns, der die Grundlage unseres Fortschritts, die Quelle all unseres Denkens ist. Das muss immer so bleiben.

Was meine ich dann mit dem Ideal einer universellen Religion? Ich meine weder eine universelle Philosophie noch eine universelle Mythologie noch ein universelles Ritual, das von allen gleich gehalten wird, denn ich weiß, dass diese Welt weiterarbeiten muss: Rad in Rad, diese komplizierte Masse von „Maschinerie", höchst komplex, höchst wunderbar. Was können wir also tun? Wir können dafür sorgen, dass sie reibungslos läuft, wir können die Reibung verringern, wir können die Räder sozusagen schmieren. Und wie? Indem wir die natürliche Notwendigkeit der Vielfalt anerkennen. So wie wir die Einheit als naturgemäß erkannt haben, so müssen wir auch die Variation erkennen. Wir müssen lernen, dass die Wahrheit auf hunderttausend Arten ausgedrückt werden kann und dass jede dieser Arten wahr ist, soweit sie reicht. Wir müssen lernen, dass ein und dieselbe Sache von hundert verschiedenen Standpunkten aus betrachtet werden kann und dennoch dieselbe Sache ist. Nehmen wir zum Beispiel die Sonne. Angenommen, ein Mann, der auf der Erde steht, schaut auf die Sonne, wenn sie morgens aufgeht: Er sieht einen großen Ball. Nehmen wir an, er macht sich auf den Weg zur Sonne und nimmt eine Kamera mit, mit der er auf jeder Etappe seiner Reise Fotos macht, bis er die Sonne erreicht. Die Fotografien jeder Etappe werden sich von denen der anderen Etappen unterscheiden. Wenn er zurückkommt, bringt er viele Fotografien von scheinbar vielen verschiedenen Sonnen mit; und doch wissen wir, dass der Mann auf den verschiedenen Etappen seines Weges dieselbe Sonne fotografiert hat.

Genauso verhält es sich mit dem Herrn. Durch hohe oder niedrige Philosophie, durch die erhabenste oder die gröbste Mythologie, durch den raffiniertesten Ritualismus oder den abscheulichsten Fetischismus kämpft sich jede Sekte, jede Seele, jede Nation, jede Religion bewusst oder unbewusst nach oben, zu Gott. Jede Vision der Wahrheit, die der Mensch hat, ist eine Vision von Ihm und von nichts anderem. Angenommen, wir alle gehen mit Gefäßen in der Hand, um Wasser aus einem See zu holen. Einer hat einen Becher, eine andere einen Krug, jemand anderer einen Eimer und so weiter, und wir alle füllen unsere Gefäße. Das Wasser nimmt natürlich jeweils die Form des Gefäßes an, das jeder von uns in der Hand hält. Derjenige, der den Becher mitgebracht hat, hat das Wasser in Form eines Bechers; diejenige, die den Krug mitgebracht hat, hat ihr Wasser in Form eines Kruges und so weiter; aber in jedem Fall ist Wasser, und nichts als Wasser, in dem Gefäß. So ist es auch im Fall der Religion: Unser Geist ist wie diese Gefäße, und jeder von uns versucht, zur Erkenntnis Gottes zu gelangen. Gott ist wie das Wasser, das diese verschiedenen Gefäße füllt, und in jedem Gefäß erscheint die Vision Gottes in der Form des Gefäßes. Und doch ist Er Eins. Er ist in jedem dieser Fälle Gott. Dies ist die einzige Art der Universalität, die wir erlangen können.

So weit, so gut, theoretisch. Aber gibt es eine Möglichkeit, diese Harmonie in den Religionen praktisch zu verwirklichen? Wir stellen fest, dass die Erkenntnis, dass alle verschiedenen Ansichten der Religion wahr sind, bereits sehr alt ist. Hunderte von Versuchen wurden in Indien, in Alexandria, in Europa, in China, in Japan, in Tibet und zuletzt in Amerika unternommen, um ein harmonisches religiöses Glaubensbekenntnis zu formulieren, um alle Religionen in Liebe zusammenzubringen. Sie sind alle gescheitert, weil sie keinen praktischen Plan verfolgt haben. Viele gaben zu, dass alle Religionen der Welt Recht haben, aber sie zeigten keinen praktischen Weg auf, sie zusammenzubringen, damit jede von ihnen ihre eigene Individualität im Zusammenfluss bewahren kann. Praktisch ist nur derjenige Plan, der die Individualität eines jeden Menschen in der Religion nicht zerstört und ihm zugleich einen Punkt der Vereinigung mit allen anderen zeigt. Aber bis jetzt haben alle Pläne zur religiösen Harmonie, auch wenn sie die verschiedenen Ansichten der einzelnen Religionen aufnehmen wollten, in der Praxis versucht, sie alle auf einige wenige Doktrinen zu beschränken, und daher nur mehr neue Sekten hervorgebracht, die streiten, sich bekämpfen und gegeneinander drängen.

Ich habe auch meinen kleinen Plan, auch wenn ich nicht weiß, ob er funktionieren wird oder nicht, und ich möchte ihn Ihnen zur Diskussion stellen. Was ist mein Plan? In erster Linie möchte ich die Menschheit bitten, die Maxime anzuerkennen: „Nicht zerstören."

Ikonoklastische Reformer tun der Welt nichts Gutes. Brecht nicht ab, reißt nichts nieder, sondern baut auf. Helft, wenn ihr könnt; wenn ihr nicht könnt, faltet die Hände und seht zu, wie die Dinge weitergehen. Verletzt nicht, wenn ihr nicht helfen könnt. Sagt kein Wort gegen die Überzeugungen eines Menschen, sofern sie aufrichtig sind. Zweitens: Nehmt den Menschen dort, wo er steht, und lasst ihn von dort aus aufsteigen. Wenn es wahr ist, dass Gott das Zentrum aller Religionen ist und dass jeder von uns sich auf einem Radiusvektor auf Ihn zubewegt, dann ist es sicher, dass wir alle dieses Zentrum erreichen müssen. Und im Zentrum, wo sich alle Radiusvektoren treffen, werden alle unsere Unterschiede aufhören; aber bis wir dorthin gelangen, muss es Unterschiede geben.

All diese Radien laufen auf dasselbe Zentrum zu. Der eine von uns reist gemäß seiner Natur entlang einer Linie, der andere entlang einer anderen; und wenn wir alle entlang unserer eigenen Linien vorwärtsstreben, werden wir sicher zum Zentrum kommen, denn „alle Wege führen nach Rom". Jeder von uns wächst und entwickelt sich auf seine Weise gemäß seiner eigenen Natur. Jeder wird mit der Zeit die höchste Wahrheit erkennen, denn schließlich lehrt der Mensch sich selbst. Was können Sie und ich tun? Glauben Sie, dass Sie auch nur ein Kind lehren können? Das können Sie nicht. Das Kind bringt sich alles selbst bei. Ihre Aufgabe ist es, Möglichkeiten zu bieten und Hindernisse zu beseitigen. Eine Pflanze wächst. Sind Sie es, die die Pflanze wachsen lässt? Ihre Aufgabe ist es, eine Hecke um sie herum zu ziehen und dafür zu sorgen, dass kein Tier die Pflanze auffrisst, und damit endet Ihre Aufgabe. Die Pflanze wächst von selbst. So ist es auch mit dem spirituellen Wachstum eines jeden Menschen. Niemand kann Sie lehren; niemand kann einen spirituellen Menschen aus Ihnen machen. Sie müssen sich selbst lehren; Ihr Wachstum muss von innen kommen. Was kann eine externe Lehrerin tun? Sie kann die Hindernisse ein wenig beseitigen, und damit endet ihre Aufgabe. Helfen Sie also, wenn Sie können; aber zerstören Sie nicht. Geben Sie alle Ideen auf, dass Sie die Menschen spirituell machen können. Es gibt keinen anderen Lehrer als die eigene Seele. Erkennen Sie das an.

Was ergibt sich daraus? In der Gesellschaft sehen wir so viele verschiedene menschliche Naturen. Es gibt Tausende und Abertausende von verschiedenen Gemütern und Neigungen. Eine vollständige Verallgemeinerung ist unmöglich, aber für unseren praktischen Zweck genügt es, sie in vier Kategorien einzuteilen. Erstens gibt es den aktiven Menschen, den Arbeiter: Er will arbeiten, und in seinen Muskeln und Nerven steckt eine ungeheure Energie. Sein Ziel ist es, aktiv zu sein: Krankenhäuser zu bauen, wohltätige Taten zu vollbringen, Straßen zu errichten, zu planen und zu organisieren. Dann gibt es den emotionalen Menschen, der das Erhabene und Schöne übermäßig liebt. Er genießt es, an das Schöne zu denken, sich an der ästhetischen Seite der Natur zu erfreuen und die Liebe und den Gott der Liebe anzubeten. Er liebt von ganzem Herzen die großen Seelen aller Zeiten, die Propheten der Religionen und die Inkarnationen Gottes auf Erden. Es kümmert ihn nicht, ob die Vernunft beweisen kann oder nicht, dass Christus oder Buddha existiert haben; er kümmert sich nicht um das genaue Datum, an dem die Bergpredigt gehalten wurde, oder um den genauen Zeitpunkt der Geburt Krishnas. Was ihn interessiert, sind ihre Persönlichkeiten, ihre liebenswerten Gestalten. Das ist sein Ideal. Das ist die Natur des Liebhabers, des emotionalen Menschen. Dann gibt es den Mystiker, dessen Geist sich selbst analysieren will, der die Funktionsweise des menschlichen Geistes und die Kräfte, die in ihm wirken, verstehen will und wie man sie erkennen, beeinflussen und unter Kontrolle bringen kann. Das ist der mystische Geist. Dann gibt es den Philosophen, der alles abwägen will, der versucht, seinen Verstand sogar dort einsetzen, wo die Möglichkeiten der menschlichen Philosophie nicht mehr reichen.

Nun muss eine Religion in der Lage sein, all diese verschiedenen Arten von Gemütern mit Nahrung zu versorgen, um den größten Teil der Menschheit zu befriedigen. Wo diese Fähigkeit fehlt, werden die bestehenden Glaubensgemeinschaften alle einseitig. Nehmen wir an, Sie gehen zu einer Glaubensgemeinschaft, die Liebe und Rührung predigt. Die Leute dort singen und weinen und lehren die Liebe. Aber sobald du sagst: „Mein Freund, das ist in Ordnung, aber ich möchte etwas Härteres als das: ein wenig Vernunft und Philosophie. Ich möchte die Dinge Schritt für Schritt und rationaler verstehen", sagen sie: „Verschwinde"; und sie bitten dich nicht nur, zu verschwinden, sondern würden dich an einen anderen Ort schicken, wenn sie könnten. Das Ergebnis ist, dass diese Glaubensgemeinschaft nur Menschen helfen kann, die emotional veranlagt sind. Sie helfen anderen nicht nur nicht, sondern versuchen, sie zu zerstören, und das Schlimmste an der ganzen Sache ist, dass sie nicht nur anderen nicht helfen, sondern auch nicht an deren Aufrichtigkeit glauben. Auch hierzulande gibt es Philosophen, die von der Weisheit Indiens und des Ostens sprechen und große psychologische Begriffe verwenden, die fünfzig Silben lang sind, aber wenn ein gewöhnlicher Mensch wie ich zu ihnen geht und sagt: „Können Sie mir irgendetwas sagen, das mich spirituell macht?", dann lächeln sie und sagen: „Oh, Sie sind mit Ihrem Verstand zu weit unter uns. Was können Sie schon von Spiritualität verstehen?" Das sind die hohen Philosophen. Sie zeigen Ihnen einfach die Tür. Dann gibt es die Mystiker, die alles Mögliche über verschiedene Daseinsebenen, verschiedene Geisteszustände und darüber sagen, was die Kraft des Geistes alles bewirken kann. Wenn aber ein gewöhnlicher Mensch sagt: „Zeigen Sie mir irgendetwas Gutes, das ich tun kann. Ich habe nicht viel für Spekulationen übrig. Können Sie mir irgendetwas geben, das für mich geeignet ist?", werden sie lächeln und sagen: „Hört euch diesen Narren an; er weiß nichts, sein Leben ist umsonst." Und so geht es überall auf der Welt zu. Ich würde gerne extreme Vertreter all dieser verschiedenen Sekten in einen Raum sperren und ihr spöttisches Lächeln fotografieren! Dies ist der bestehende Zustand der Religion, der bestehende Stand der Dinge.

Was ich propagieren möchte, ist eine Religion, die für alle Gemüter gleichermaßen akzeptabel ist: Sie muss gleichermaßen philosophisch, emotional, mystisch und zum Handeln anregend sein. Wenn Professoren von den Hochschulen kommen, Wissenschaftler und Physiker, werden sie um die Ratio bitten. Geben Sie ihnen so viel davon, wie sie wollen. Es wird einen Punkt geben, an dem sie glauben werden, dass sie nicht weitergehen können, ohne mit der Vernunft zu brechen. Sie werden sagen: „Diese Vorstellungen von Gott und Erlösung sind abergläubisch, gebt sie auf!" Ich sage dann: „Herr Philosoph, Ihr Körper ist ein größerer Aberglaube. Geben Sie ihn auf. Gehen Sie nicht nach Hause zum Abendessen oder zu Ihrem Lehrstuhl. Geben Sie den Körper auf, und wenn Sie das nicht können, weinen Sie eine Viertelstunde und setzen sich hin." Denn die Religion muss auch zeigen können, wie man diese Philosophie verwirklicht, die uns lehrt, dass diese Welt eins ist, dass es nur eine Existenz im Universum gibt. Ebenso müssen wir, wenn ein Mystiker kommt, ihn willkommen heißen und bereit sein, ihm die Wissenschaft der mentalen Analyse zu vermitteln und sie ihm praktisch vorzuführen.

Und wenn emotionale Menschen kommen, müssen wir mit ihnen im Namen des Herrn zusammensitzen, lachen und weinen; wir müssen „den Kelch der Liebe trinken und verrückt werden". Wenn aber der tatkräftige Arbeiter kommt, müssen wir mit ihm zusammenarbeiten, mit all der Energie, die wir haben. Erst diese Kombination wird das Ideal sein, das einer universellen Religion am nächsten kommt. Ich wünschte, alle Menschen wären so beschaffen, dass in ihrem Geist all diese Elemente der Philosophie, der Mystik, der Emotionen und der Arbeit gleichermaßen in vollem Umfang vorhanden wären! Das ist das Ideal, mein Ideal eines vollkommenen Menschen. Jeden, der nur eines oder zwei dieser Elemente des Charakters hat, betrachte ich als „einseitig"; und diese Welt ist voll von solchen „einseitigen" Menschen, die nur diesen einen Weg kennen, auf dem sie sich bewegen, und für die alles andere gefährlich und schrecklich ist.

Mein Ideal von Religion ist es, in all diesen vier Richtungen harmonisch ausgeglichen zu sein. Und diese Religion wird durch das erreicht, was wir in Indien Yoga nennen: Vereinigung. Für den Arbeiter ist er die Vereinigung von den Menschen und der gesamten Menschheit; für den Mystiker die Vereinigung von seinem niederen und seinem höheren Selbst; für den Liebenden die Vereinigung von ihm und dem liebenden Gott; und für den Philosophen ist er die Einheit von allem, was existiert. Das ist es, was mit Yoga gemeint ist. Es ist ein Begriff aus dem Sanskrit, und diese vier Bereiche des Yogas haben im Sanskrit verschiedene Namen. Der Mensch, der nach dieser Art von Vereinigung strebt, wird Yogi genannt. Der Arbeiter wird Karma-Yogi genannt. Derjenige, der die Vereinigung durch Liebe sucht, wird Bhakti-Yogi genannt. Derjenige, der sie durch Mystik anstrebt, wird Raja-Yogi genannt. Und derjenige, der sie durch Philosophie sucht, wird Jnana-Yogi genannt. Das Wort Yogi umfasst also sie alle.

Lassen Sie mich nun zunächst den Raja-Yoga aufgreifen. Was ist dieser Raja-Yoga, diese Beherrschung der Organe des Geistes? Ich muss leider feststellen, dass man in diesem Land mit dem Wort Yoga allen möglichen Unfug assoziiert. Deshalb muss ich Ihnen zunächst sagen, dass Yoga nichts mit solchen Dingen zu tun hat. Keiner der Yogas gibt die Vernunft auf, keiner von ihnen verlangt, dass Sie sich täuschen lassen oder Ihre Vernunft in die Hände von irgendwelchen

Menschen geben. Keiner von ihnen verlangt, dass Sie einem übermenschlichen Gesandten gehorchen. Alle diese Yogas sagen Ihnen, dass Sie sich an Ihre Vernunft klammern und an ihr festhalten sollen.

Wir finden in allen Lebewesen drei Arten von Instrumenten der Erkenntnis. Das erste Instrument ist der Instinkt, der bei den Tieren am stärksten ausgeprägt ist; das ist das niedrigste Instrument der Erkenntnis. Was ist das zweite? Die Vernunft. Sie ist beim Menschen am stärksten entwickelt. Der Instinkt ist ein unzureichendes Instrument. Bei Tieren ist der Aktionsradius sehr begrenzt, und der Instinkt handelt innerhalb dieses Radius. Beim Menschen ist er in hohem Maße zur Vernunft entwickelt. Der Handlungsspielraum des Menschen ist entsprechend vergrößert. Doch selbst die Vernunft ist noch sehr unzureichend. Sie kann nur einen bestimmten Weg gehen, und dann bleibt sie stehen. Sie kommt nicht weiter, und wenn man versucht, sie weiter zu drängen, ist das Ergebnis hilflose Verwirrung: Die Vernunft selbst wird unvernünftig. Die Logik wird zu einem Argument im Kreis.

Nehmen wir zum Beispiel die Grundlage unserer Wahrnehmung: Materie und Kraft. Was ist Materie? Das, worauf eine Kraft einwirkt. Und Kraft? Das, was auf die Materie einwirkt. Sie sehen die Schwierigkeit. Es ist das, was man „logischer Zirkel" nennt: eine Idee, die von einer anderen abhängt, und diese wiederum von der ersten. Vor der Vernunft steht eine mächtige Schranke, über die sie nicht hinausgehen kann. Und doch bleibt sie ungeduldig und versucht, jenseits dieser Schranke, in die Region des Unendlichen zu gelangen. Diese Welt – das Universum, das unsere Sinne empfinden oder unser Verstand denkt – ist sozusagen nur ein kleines Element des Unendlichen, das auf die Ebene unseres Bewusstseins projiziert wird. Unsere Vernunft arbeitet innerhalb dieser engen Grenzen gefangen im Netz des Bewusstseins, und nicht darüber hinaus. Daher muss es ein anderes Instrument geben, das uns darüber hinaus bringt, und dieses Instrument heißt Inspiration[79]. Instinkt, Vernunft und Inspiration

---

79 Das Wort muss im Kontext der vedischen Kultur und Philosophie aufgefasst werden. Es verweist auf das, was man in Sanskrit aparoksha anubhuti bezeichnet, direkte oder unmittelbare Erfahrung, direkte Erkenntnis. Swami Shriyukteshwar hat es in seinen Anmerkungen zu Bhagavad Gita („Gitar Tattva") beschrieben als „die Erkenntnis von Menschen, die sich über den Intellekt erhoben und die Wahrheit in ihrem eigenen Herzen erfahren

sind also die drei Instrumente der Erkenntnis. Der Instinkt gehört zu den Tieren, die Vernunft zu den Menschen und die Inspiration zu den Gottmenschen. Aber in allen Menschen finden sich, mehr oder weniger weit entwickelt, die Keime all dieser drei Erkenntnisinstrumente. Damit sich diese geistigen Instrumente entwickeln können, müssen die Keime vorhanden sein. Und man muss auch bedenken, dass das eine Instrument eine Entwicklung des anderen ist und daher nicht im Widerspruch zu ihm steht.

Es ist die Vernunft, die sich zur Inspiration entwickelt, und deshalb widerspricht die Inspiration nicht der Vernunft, sondern erfüllt sie. Dinge, die die Vernunft nicht erreichen kann, werden durch die Inspiration ans Licht gebracht – sie stehen nicht im Widerspruch zur Vernunft. Der erwachsene Mensch ist kein Widerspruch zum Kind, sondern erfüllt das Kind. Deshalb muss man sich immer die große Gefahr vor Augen halten, die darin besteht, die niedere Form des Instruments mit der höheren zu verwechseln. Oft wird der Instinkt vor der Welt als Inspiration dargestellt, und dann kommen all die falschen Behauptungen über die Gabe der Prophezeiung. Ein Narr oder ein Halblunatiker glaubt, dass die Verwirrung, die in seinem Gehirn herrscht, Inspiration ist, und er will, dass die Menschen ihm folgen. Der widersprüchlichste irrationale Unsinn, der in der Welt gepredigt wird, ist einfach der instinktive Jargon verwirrter Spinner, die versuchen, ihn als Sprache der Inspiration auszugeben. Der erste Test einer wahren Lehre muss sein, dass sie nicht der Vernunft widersprechen darf. Und Sie werden sehen, dass dies die Grundlage all dieser Yogas ist.

Wir nehmen den Raja-Yoga, den psychologischen Yoga, den psychologischen Weg zur Vereinigung. Das ist ein sehr umfangreiches Thema, und ich kann Ihnen jetzt nur die zentrale Idee dieses Yogas aufzeigen. Wir haben nur eine Methode, um Wissen zu erlangen. Vom einfachsten Menschen bis zum höchsten Yogi müssen alle dieselbe Methode anwenden, und diese Methode wird Konzentration genannt. Der Chemiker, der in seinem Labor arbeitet, konzentriert alle Kräfte seines Geistes, bringt sie in einen Brennpunkt und wirft sie auf die Elemente, analysiert sie, und so entsteht sein Wissen. Der Astronom konzentriert die Kräfte seines Geistes, bringt sie in einen

---

haben". (zitiert nach „The Essence of the Gita" von Swami Shriyukteshwar Giri, übersetzt ins Englische von Paramahamsa Prajnanananda).

Brennpunkt und wirft sie durch sein Teleskop auf die Objekte seiner Beobachtung; und Sterne und Sternsysteme kommen vorwärts und geben ihm ihre Geheimnisse preis. So ist es in allen Fällen: mit dem Professor in seinem Lehrstuhl, mit dem Studenten mit seinem Buch, mit jedem Menschen, der daran arbeitet, Wissen zu erlangen. Sie hören mir zu, und wenn Sie meine Worte interessieren, wird sich Ihr Geist auf sie konzentrieren. Wenn dann eine Uhr schlägt, werden Sie sie wegen dieser Konzentration nicht hören. Je mehr Sie Ihren Geist konzentrieren können, desto besser werden Sie mich verstehen. Je mehr ich meine Liebe und meine Kräfte konzentriere, desto besser werde ich in der Lage sein, das auszudrücken, was ich Ihnen vermitteln möchte. Je größer diese Konzentrationsfähigkeit ist, desto mehr wird der Mensch wissen, denn dies ist die einzige Methode, Wissen zu erwerben. Sogar der Schuhputzer wird, wenn er sich mehr konzentriert, die Schuhe besser putzen. Der konzentrierte Koch wird eine bessere Mahlzeit zubereiten. Beim Geldverdienen, bei der Verehrung Gottes oder bei jeder anderen Tätigkeit gilt: Je stärker die Kraft der Konzentration, desto besser wird die Sache gelingen. Dies ist der eine Ruf, das eine Klopfen, das die Tore der Natur öffnet und Fluten von Licht herauslässt. Dies, die Kraft der Konzentration, ist der einzige Schlüssel zum Schatzhaus des Wissens. Das System des Raja-Yogas befasst sich fast ausschließlich mit diesem Thema. Im gegenwärtigen Zustand unseres Körpers sind wir sehr abgelenkt, und der Geist vergeudet seine Energien mit hundert verschiedenen Dingen. Sobald wir versuchen, unsere Gedanken zu beruhigen und unseren Geist auf ein bestimmtes Objekt zu konzentrieren, strömen Tausende von unerwünschten Impulsen in das Gehirn, Tausende von Gedanken drängen sich in den Geist und stören ihn. Wie man sie kontrolliert und den Geist unter Kontrolle bringt, ist das Hauptthema des Studiums im Raja-Yoga.

Nehmen wir nun Karma-Yoga, die Erlangung Gottes durch Arbeit. Es ist offensichtlich, dass es in der Gesellschaft viele Menschen gibt, die für die eine oder andere Art von Tätigkeit geboren zu sein scheinen, deren Geist sich nicht auf die Ebene des Denkens allein konzentrieren kann. Sie verfolgen Gedanken, die sich in Arbeit konkretisieren, die ein sichtbares und greifbares Ergebnis bringen sollen. Auch für diese Art von Leben muss es eine Wissenschaft geben. Jede und jeder von uns ist mit irgendeiner Arbeit beschäftigt, aber die meisten von uns vergeuden den größten Teil ihrer Energien, weil sie das Geheimnis der Arbeit nicht kennen. Karma-Yoga erklärt dieses Geheimnis und lehrt uns, wo und wie wir arbeiten sollen und wie wir den größten Teil unserer Energien für die Arbeit, die vor uns liegt, mit dem größten Vorteil einsetzen können. Beim Lüften dieses Geheimnisses müssen wir den großen Einwand gegen die Arbeit berücksichtigen, nämlich dass sie Schmerz verursacht. Alles Elend und alle Schmerzen kommen von der Anhaftung. Ich will arbeiten, ich will einem Menschen Gutes tun; und es steht neunzig zu eins, dass dieser Mensch, dem ich geholfen habe, sich als undankbar erweisen und sich sogar gegen mich wenden wird. Das Ergebnis ist Schmerz. Solche Dinge schrecken die Menschheit vom Guttun ab. Diese Angst vor Schmerz und Elend verdirbt einen großen Teil der Arbeit und der Energie der Menschheit. Karma-Yoga lehrt uns, um der Arbeit willen zu arbeiten, ungebunden, ohne sich darum zu kümmern, wem geholfen wird und wozu. Der Karma-Yogi arbeitet, weil es seine Natur ist, weil er fühlt, dass es gut für ihn ist, dies zu tun, und er hat kein anderes Ziel als das. Seine Einstellung in dieser Welt ist die eines Gebenden, und er kümmert sich nie darum, etwas zu erhalten. Er weiß, dass er gibt, verlangt aber keine Gegenleistung, und deshalb trifft ihn kein Schmerz. Der Griff des Schmerzes, wann immer er kommt, ist stets das Ergebnis der Anhaftung.

Dann gibt es den *Bhakti-Yoga* für den emotionalen Menschen, den Liebenden. Er will Gott lieben. Er vertraut auf alle möglichen Rituale, Blumen, Räucherstäbchen, schöne Gebäude, Formen und all solche Dinge, und benutzt sie. Falls Sie meinen sollten, dass all dies unpassend ist, muss ich Sie auf eine Tatsache aufmerksam machen: Die spirituellen Giganten der Welt wurden nur von jenen religiösen Gruppen hervorgebracht, die über eine sehr reiche Mythologie und Rituale verfügten, besonders in diesem Land. Alle Konfessionen, die versucht haben, Gott ohne jede Form und Zeremonie zu verehren, haben alles Schöne und Erhabene in der Religion gnadenlos vernichtet. Ihre Religion ist bestenfalls Fanatismus, eine trockene Sache. Die Geschichte der Welt ist ein ständiger Zeuge dieser Tatsache. Verachten Sie daher diese Rituale und Mythologien nicht. Lassen Sie die Menschen sie haben, lassen Sie diejenigen, die das wünschen, sie ausleben. Und während Sie es tun, zeigen Sie nicht dieses unwürdige, spöttische Lächeln: „Das sind Narren; lasst sie es haben." Nein, die größten Menschen, die ich in meinem Leben gesehen habe, die am wunderbarsten in ihrer Spiritualität entwickelt waren, sind alle durch die Disziplin dieser Rituale gegangen. Ich halte mich nicht für würdig, ihnen zu Füßen zu sitzen, wie könnte ich sie kritisieren!

Woher soll ich wissen, wie diese Sachen auf den menschlichen Verstand wirken, welche ich annehmen und welche ich ablehnen soll? Wir neigen dazu, alles in der Welt zu kritisieren, ohne dass dies ausreichend begründet ist. Lassen Sie die Menschen alle Mythologie haben, die sie wollen. Sie bringt schöne Inspirationen mit sich. Sie müssen immer bedenken, dass emotionale Naturen sich nicht um abstrakte Definitionen der Wahrheit kümmern. Gott ist für sie etwas Greifbares, das Einzige, was wirklich ist. Sie fühlen, hören und sehen und lieben Ihn. Lassen Sie sie ihren Gott haben. Für sie ist Ihr Rationalist wie der Narr, der, als er eine schöne Statue sah, sie zerbrechen wollte, um herauszufinden, aus welchem Material sie gemacht war. Der Bhakti-Yoga lehrt, ohne Hintergedanken zu lieben. Er lehrt, Gott und das Gute zu lieben, weil es gut ist, dies zu tun, nicht um in den Himmel zu kommen oder um Kinder, Reichtum oder sonst etwas zu bekommen. Er lehrt, dass die Liebe selbst die höchste Belohnung der Liebe ist, dass Gott selbst die Liebe ist. Er lehrt, Gott als dem Schöpfer, dem allgegenwärtigen, allwissenden, allmächtigen Herrscher, dem Vater und der Mutter alle Arten von Ehrerbietung zu erweisen. Die höchste Bezeichnung, die Ihn beschreiben kann, die höchste Vorstellung, die der menschliche Geist von Ihm haben kann, ist, dass Er der Gott der Liebe ist. Wo immer es Liebe gibt, ist Er es. „Wo immer Liebe ist, ist Er, der Herr ist dort gegenwärtig."[80] Wo der Ehemann die Ehefrau küsst, ist Er im Kuss gegenwärtig. Wo die Mutter das Kind küsst, ist Er im Kuss da. Wo Freunde sich die Hände reichen, ist Er, der Herr, als der Gott der Liebe anwesend. Wo ein großer Mensch den anderen aus Liebe hilft, ist Er da und verteilt aus Liebe zu den Menschen großzügig Seine Gaben. Wo immer sich das Herz eines Menschen öffnet, manifestiert Er sich. Das ist es, was der Bhakti-Yoga lehrt.

Zuletzt kommen wir zum Jnana-Yogi, dem Philosophen, dem Denker, der über das Sichtbare hinausgehen will. Er ist der Mensch, der mit den kleinen Dingen dieser Welt nicht zufrieden ist. Seine Idee ist es, über die tägliche Routine des Essens, Trinkens und so weiter hinauszugehen. Nicht einmal die Lehren von Tausenden von Büchern werden ihn zufriedenstellen. Nicht einmal alle Wissenschaften wer-

---

80 Vgl. 1. Brief des Johannes 4:8 und 4:16.

den ihn befriedigen; bestenfalls bringen sie ihm diese kleinen Dinge der Welt vor Augen. Was würde ihm genügen? Nicht einmal Myriaden von Weltensystemen werden ihn befriedigen; sie sind für ihn nur ein Tropfen im Ozean der Existenz. Seine Seele will über all das hinaus in das Herz des Seins gehen, indem sie die Wirklichkeit so sieht, wie sie ist. Seine Seele will sie verwirklichen, sie will zu dieser Wirklichkeit werden, indem sie eins wird mit dem universellen Sein. Das ist der Philosoph. Zu sagen, dass Gott der Vater oder die Mutter ist, der Schöpfer dieses Universums, sein Beschützer und Lenker, ist für ihn völlig unzureichend, um Gott auszudrücken. Für ihn ist Gott das Leben seines Lebens, die Seele seiner Seele. Gott ist sein eigenes Selbst. Es bleibt nichts anderes übrig, das anders ist als Gott. Alles Vergängliche in ihm wird von den gewichtigen Schlägen seiner Philosophie zertrümmert und weggefegt. Was am Ende wirklich bleibt, ist Gott selbst.

Auf einem Baum sitzen zwei Vögel, der eine oben, der andere unten.[81] Der eine auf der Spitze ist ruhig, still und majestätisch, versunken in seine eigene Herrlichkeit. Der andere auf den unteren Ästen hüpft von Zweig zu Zweig, isst mal süße, mal bittere Früchte und wird abwechselnd glücklich und unglücklich. Nach einiger Zeit isst der untere Vogel eine besonders bittere Frucht und ekelt sich, blickt auf und sieht den anderen, den wundersamen Vogel mit dem goldenen Gefieder, der weder süße noch bittere Früchte isst, der weder glücklich noch unglücklich, sondern ruhig, auf sich selbst zentriert ist und nichts außer seinem Selbst sieht. Der untere Vogel sehnt sich nach diesem Zustand, vergisst ihn aber bald und beginnt wieder die Früchte zu essen. Nach einer Weile isst er eine weitere besonders bittere Frucht, die ihn unglücklich macht, und blickt nochmals auf und versucht, dem oberen Vogel näher zu kommen. Dann aber vergisst er alles wieder und nach einiger Zeit schaut er erneut auf. Und so geht es immer weiter, bis er dem schönen Vogel sehr nahe kommt und den Lichtreflex seines Gefieders um seinen eigenen Körper spielen sieht, und er spürt eine Veränderung und scheint zu zerfließen. Er kommt noch näher, und alles um ihn herum schmilzt dahin, und endlich versteht er seine wunderbare Veränderung. Der untere Vo-

---

81 Diese Metapher stammt aus der Mundaka Upanishad 3.1.1-2 und der Svetasvatara Upanishad 4.6-7.

gel war sozusagen nur der materielle Schatten, das Abbild des höheren; er war im Grunde die ganze Zeit über der obere Vogel.

Dieses Essen von süßen und bitteren Früchten, dieser niedere, kleine Vogel, der abwechselnd weint und glücklich ist, war eine Schimäre, ein Traum: Der wirkliche Vogel war die ganze Zeit über da oben, ruhig und still, herrlich und majestätisch, jenseits von Trauer, jenseits von Kummer. Der obere Vogel ist Gott, der Herr dieses Universums, und der untere Vogel ist die menschliche Seele, die die süßen und bitteren Früchte dieser Welt isst. Ab und zu trifft die Seele ein schwerer Schlag: Eine Zeit lang hört sie auf zu essen und wendet sich dem unbekannten Gott zu, und eine Flut von Licht kommt. Sie denkt, dass diese Welt ein leeres Schauspiel ist. Doch wieder ziehen die Sinne sie hinab, und sie beginnt wie zuvor, die süßen und bitteren Früchte der Welt zu essen. Dann kommt erneut ein außergewöhnlich harter Schlag. Ihr Herz öffnet sich wieder für das göttliche Licht. So nähert sich der Mensch allmählich Gott, und je näher er Ihm kommt, desto mehr schmilzt sein altes Ich dahin. Wenn er nahe genug herankommt, sieht er, dass er kein anderer ist als Gott, und er ruft aus: „Er, den ich euch als das Leben dieses Universums beschrieben habe, als gegenwärtig im Atom und in den Sonnen und Monden, Er ist die Grundlage unseres eigenen Lebens, die Seele unserer Seele. Ja, du bist Das." Das ist es, was dieser *Jnana-Yoga* lehrt. Er sagt dem Menschen, dass er in seinem Wesen göttlich ist. Er zeigt der Menschheit die wahre Einheit des Seins und dass jeder von uns der Herrgott selbst ist, der sich auf der Erde manifestiert hat. Wir alle – vom niedrigsten Wurm, der unter unseren Füßen kriecht, bis zu den höchsten Wesen, zu denen wir mit Staunen und Ehrfurcht aufblicken –, wir alle sind Manifestationen desselben Gottes.

Zum Schluss muss noch erwähnt werden, dass es unerlässlich ist, alle diese verschiedenen Yogas praktisch anzuwenden; bloße Theorie über sie wird nichts nützen. Zuerst hören wir von ihnen, dann müssen wir über sie nachdenken. Wir müssen die Gedanken ergründen, sie unserem Geist einprägen, und wir müssen über sie meditieren, sie verwirklichen, bis sie schließlich zu unserem Lebensinhalt werden. Durch intellektuelle Zustimmung können wir heute vielen törichten Dingen zustimmen und morgen unsere Meinung ganz und gar ändern. Aber wahre Religion ändert sich nie. Religion ist Verwirklichung, nicht Gerede, nicht Doktrin, nicht Theorie, so schön sie auch sein mögen. Sie ist Sein und Werden, nicht Hören oder Bekennen. Sie ist die ganze Seele, wenn sie sich in das verwandelt, was sie, die Seele, glaubt. Das ist Religion.

Das Ringen um die Vollkommenheit

Von allen Kräften, die auf das Schicksal der Menschheit eingewirkt haben und immer noch einwirken, ist sicherlich keine mächtiger als diejenige, die wir Religion nennen. Alle sozialen Organisationen haben als Hintergrund irgendwo das Wirken dieser besonderen Kraft, und der größte zusammenhaltende Impuls, der jemals zwischen menschlichen Gemeinschaften zum Tragen kam, wurde von dieser Kraft abgeleitet. Es ist für uns alle offensichtlich, dass sich in sehr vielen Fällen die Bande der Religion als stärker erwiesen als die Bande der Rasse, der geografischen Region oder sogar der Abstammung. Es ist eine wohlbekannte Tatsache, dass Menschen, die denselben Gott verehrten und an dieselbe Religion glaubten, mit viel größerer Stärke und Beständigkeit zueinander standen als Menschen, die lediglich dieselbe Abstammung hatten oder sogar Brüder waren. Es wurden verschiedene Versuche unternommen, die Anfänge der Religion zurückzuverfolgen. In allen alten Religionen, die uns heute überliefert sind, findet sich die Behauptung, dass sie übernatürlich sind, dass ihr Ursprung nicht im menschlichen Gehirn liegt, sondern dass sie irgendwo außerhalb von ihm entstanden sind. Zwei Theorien haben sich unter modernen Gelehrten durchgesetzt. Die erste ist die spirituelle Theorie der Religion, die andere die Evolution der Idee des Unendlichen. Die Ersten behaupten, dass die Ahnenverehrung der Anfang der religiösen Ideen war, die anderen, dass die Religion ihren Ursprung in der Personifizierung der Naturkräfte hat.

Der Mensch wollte die Erinnerung an seine verstorbenen Verwandten aufrechterhalten und glaubte, sie seien lebendig, auch wenn der Körper aufgelöst war. Er wollte ihnen Nahrung geben und sie in gewissem Sinne verehren. Daraus wurde das, was wir Religion nennen. Wenn wir die alten Religionen der Ägypter, Babylonier, Chinesen und vieler anderer Völker in Amerika und anderswo studieren, finden wir sehr deutliche Spuren dieser Ahnenverehrung als Beginn der Religion. Bei den alten Ägyptern war die erste Vorstellung von der Seele die eines Doppelgängers. Jeder menschliche Körper enthielt ein anderes Wesen, das ihm sehr ähnlich war; und wenn ein Mensch starb, verließ dieser Doppelgänger den Körper und lebte weiter. Aber das Leben des Doppelgängers dauerte nur so lange, wie der tote Körper unversehrt blieb, daher waren die Ägypter so sehr darauf bedacht, den Körper unbeschädigt zu erhalten. Und deshalb bauten sie diese riesigen Pyramiden, in denen sie die Leichen aufbewahrten. Denn wenn ein Teil des äußeren Körpers verletzt würde, wäre das Pendant entsprechend verletzt. Das ist eindeutig Ahnenverehrung. Bei den alten Babyloniern finden wir die gleiche Vorstellung vom Doppelgänger, allerdings mit einer Abwandlung. Ihr Doppelgänger verlor jeden Sinn für Liebe: Er erschreckte die Lebenden, damit sie ihm zu essen und zu trinken gaben und ihm auf verschiedene Weise halfen. Er verlor sogar jede Zuneigung zu seinen eigenen Kindern und seiner eigenen Frau. Auch bei den frühen Hindus finden wir Spuren der Ahnenverehrung. Bei den Chinesen kann man sagen, dass die Grundlage ihrer Religion die Ahnenverehrung war, und sie durchdringt immer noch die Länge und Breite dieses riesigen Landes. Man kann sogar sagen, dass die Ahnenverehrung die einzige Religion ist, die in China wirklich floriert. Es scheint also, dass diejenigen, die die Theorie der Ahnenverehrung als Beginn der Religion halten, eine sehr starke Position einnehmen.

Andererseits gibt es Gelehrte, die anhand der alten arischen Literatur zeigen, dass die Religion ihren Ursprung in der Naturverehrung hat. Obwohl wir in Indien überall Beweise für die Ahnenverehrung finden, gibt es in den ältesten Aufzeichnungen keine Spur davon. In der Rig-Veda Samhita, der ältesten Aufzeichnung über die arischen Völker, finden wir nichts davon. Moderne Gelehrte meinen, dort die Anbetung der Natur gefunden zu haben. Der menschliche Geist scheint sich schon immer bemüht zu haben, einen Blick hinter die Kulissen zu werfen. Die Morgendämmerung, der Abend, der Wirbelsturm, die gewaltigen und gigantischen Kräfte der Natur, ihre Schönheiten, all das beschäftigte den menschlichen Geist, und er strebte danach, über diese Phänomene hinauszugehen und sie zu verstehen. In seinem Bestreben stattete er diese Phänomene mit persönlichen Eigenschaften aus, gab ihnen Seelen und Körper, manchmal idealisiert, manchmal transzendent. Alle derartigen Versuche endeten damit, dass diese Phänomene zu Abstraktionen wurden, ob sie nun personalisiert waren oder nicht. So findet man es auch bei den alten Griechen: Ihre ganze Mythologie ist nichts anderes als diese abstrahierte Naturverehrung. Etwas Ähnliches finden wir bei den alten Deutschen, den Skandinaviern und allen anderen Ariern.[82] Somit ist auch hier ein sehr starkes Argument dafür angeführt worden, dass die Religion ihren Ursprung in der Personifizierung der Naturkräfte hat.

Diese beiden Ansichten, auch wenn sie widersprüchlich zu sein scheinen, lassen sich auf einer dritten Grundlage versöhnen, die meiner Meinung nach der eigentliche Keim der Religion ist und die ich als Ringen um die Überwindung der Grenzen der Sinne bezeichne. Bei diesem Ringen geht der Mensch entweder auf die Suche nach den Seelen seiner Vorfahren, den Geistern der Toten, das heißt, er will einen Blick auf das werfen, was nach der Auflösung des Körpers kommt, oder er will die Kraft verstehen, die hinter den erstaunlichen Erscheinungen der Natur wirkt.

Was auch immer der Fall ist, eines ist sicher: Er versucht, die Grenzen seiner Sinneswahrnehmung zu überschreiten. Er kann sich nicht mit dem, was ihm seine Sinne ermöglichen, zufriedengeben, er will über sie hinausgehen. Die Erklärung dafür muss nicht wundersam sein. Mir scheint es ganz natürlich, dass der erste Blick auf die Religion durch Träume entstanden sein könnte. Die erste Vorstellung von der Unsterblichkeit kann der Mensch durchaus durch Träume bekommen haben. Sind die Träume nicht ein höchst erstaunlicher Zustand? Und wir wissen, dass Kinder und ungeschulte Gemüter kaum den Unterschied zwischen dem Träumen und dem Wachzustand bemerken. Im Schlafzustand, wenn der Körper scheinbar tot ist, arbeitet der Geist mit all seinen komplizierten Abläufen weiter – die autonome Existenz des Geistes ist damit eine naheliegende, natürliche Schlussfolgerung. Kein Wunder, dass die Menschen schnell zu dem Schluss kommen, dass die gleiche Arbeit weitergehen wird, wenn dieser Körper für immer aufgelöst ist. Dies wäre meiner Meinung nach eine natürlichere Erklärung für das Übernatürliche, und durch diese Traumbilder stieg der menschliche Geist zu immer höheren Vorstellungen auf. Natürlich hat die überwiegende Mehrheit der Menschheit im Laufe der Zeit herausgefunden, dass diese Träu-

---

82 Die Zuordnung der deutschen und skandinavischen Völker zu den Ariern spiegelt die Meinung der westlichen Intellektuellen am Ende des 19. Jahrhunderts wider.

me nicht durch den Wachzustand bestätigt werden und dass der Mensch während des Traumzustands keine neue Existenz hat, sondern einfach die Erfahrungen des Wachzustands rekapituliert. Aber zu diesem Zeitpunkt hatte die Suche bereits begonnen, und sie ging nach innen. So fuhr der Mensch damit fort, die verschiedenen Stufen des Geistes tiefer zu erforschen, und entdeckte höhere Zustände als den Wachzustand und den Traumzustand.

Diese Zustände finden wir in allen organisierten Religionen der Welt, und sie werden entweder Ekstase oder Inspiration genannt. In allen organisierten Religionen wird erklärt, dass ihre Gründer, Propheten und Verkünder sich in Geisteszustände begeben haben, die man weder als wach noch schlafend bezeichnen kann und in denen sie mit einer Reihe von neuen Tatsachen konfrontiert wurden, die sich auf das beziehen, was man das spirituelle Reich nennt. Sie erkannten die Dinge dort viel intensiver, als wir die Tatsachen um uns herum in unserem Wachzustand erkennen. Nehmen wir zum Beispiel die Religionen der Brahmanen. Es heißt, die Veden seien von Rishis geschrieben worden. Diese Rishis waren Weise, die bestimmte Tatsachen erkannten. Die genaue Definition des Sanskrit-Wortes Rishi ist „ein Seher von Mantras", also von den Gedanken, die in den vedischen Hymnen vermittelt werden. Diese Menschen erklärten, dass sie bestimmte Tatsachen erkannt (gespürt, wenn dieses Wort in Bezug auf das Übersinnliche verwendet werden kann) hätten, und diese Tatsachen hielten sie dann auch fest. Wir finden dieselbe Wahrheit sowohl bei den Juden als auch bei den Christen.

Bei den Buddhisten der südlichen Glaubensrichtung können einige Ausnahmen ausgemacht werden. Man könnte deswegen fragen: Wenn die Buddhisten nicht an einen Gott oder eine Seele glauben, wie kann dann ihre Religion aus dem übersinnlichen Zustand der Existenz abgeleitet werden? Die Antwort darauf ist, dass sogar die Buddhisten ein ewiges moralisches Gesetz erkennen, und dieses moralische Gesetz wurde nicht ausgedacht, sondern Buddha fand, entdeckte es in einem übersinnlichen Zustand. Diejenigen unter Ihnen, die das Leben des Buddha studiert haben, wenn auch nur in der Form der schönen Dichtung „Die Leuchte Asiens", werden sich vielleicht daran erinnern, dass Buddha unter dem Bodhi-Baum sitzend dargestellt wird, bis er diesen übersinnlichen Zustand des Geistes erreicht. Alle seine Lehren entstanden so und nicht durch intellektuelle Überlegungen.

So machen alle Religionen die folgenreiche Aussage, dass der menschliche Geist in bestimmten Augenblicken nicht nur die Grenzen der Sinne, sondern auch die des Verstandes überschreitet. Er wird dann mit Tatsachen konfrontiert, die er niemals hätte wahrnehmen, niemals hätte ergründen können. Diese Tatsachen sind die Grundlage aller Religionen der Welt. Natürlich haben wir das Recht, diese Tatsachen infrage zu stellen, sie auf den Prüfstand der Vernunft zu stellen. Dennoch beanspruchen alle bestehenden Weltreligionen für den menschlichen Geist diese besondere Fähigkeit, die Grenzen der Sinne und die Grenzen der Vernunft zu überschreiten; und diese Fähigkeit stellen sie als eine Tatsache dar.

Abgesehen von der Betrachtung der Frage, inwieweit diese von den Religionen behaupteten Tatsachen wahr sind, finden wir ein Merkmal, das ihnen allen gemeinsam ist. Sie sind alle Abstraktionen im Gegensatz zu den konkreten Entdeckungen der Physik zum Beispiel; und in allen hoch organisierten Religionen nehmen sie die reinste Form der einzelnen Entität an, entweder in Form einer abstrakten Gegenwart, eines allgegenwärtigen Wesens, einer abstrakten Persönlichkeit namens Gott, eines moralischen Gesetzes oder in Form einer abstrakten Essenz, die jeder Existenz zugrunde liegt. Auch in der Neuzeit musste man bei den Versuchen, Religionen zu predigen, ohne an den übersinnlichen Zustand des Geistes zu appellieren, die alten Abstraktionen der Antike aufgreifen und ihnen andere Namen wie „Moralisches Gesetz", „Ideale Einheit" usw. geben und gab damit zu erkennen, dass diese Abstraktionen nicht in der Sphäre der Sinne sind. Keiner von uns hat bisher einen „idealen Menschen" gesehen, und doch wird uns gesagt, dass wir an ihn glauben sollen. Niemand ist bisher dem perfekten Menschen begegnet, und doch können wir ohne dieses Ideal in unserer Menschlichkeit nicht vorankommen. Aus all diesen verschiedenen Religionen sticht die Tatsache hervor, dass es eine ideale abstrakte Einheit gibt, die uns entweder in Form einer Person oder eines unpersönlichen Wesens oder eines Gesetzes oder einer Gegenwart oder einer Essenz vorgestellt wird. Wir ringen immer darum, uns zu diesem Ideal zu erheben.

Jeder Mensch, wer auch immer und wo auch immer er sein mag, hat ein Ideal von unendlicher Macht. Jeder Mensch hat ein Ideal der unendlichen Freude. Die meisten Werke, die vollbracht werden, die meisten Aktivitäten, die überall stattfinden, sind auf das Streben nach dieser unendlichen Macht oder diesem unendlichen Vergnügen zurückzuführen. Doch einige wenige entdecken schnell, dass sie zwar um die unendliche Macht kämpfen, diese aber nicht mittels der Sinne erreicht werden kann. Sie finden sehr bald heraus, dass dieses unendliche Vergnügen nicht durch die Sinnesempfindungen erreicht werden kann oder, mit anderen Worten, dass die Sinne zu sehr limitiert sind und der Körper zu begrenzt ist, um das Unendliche auszudrücken. Es ist unmöglich, das Unendliche durch das Endliche zu manifestieren, und früher oder später lernt der Mensch, den Versuch aufzugeben, das Unendliche durch das Endliche auszudrücken. Dieses Aufgeben, dieser Verzicht auf den Versuch ist der Hintergrund der Ethik. Es wurde noch nie ein ethischer Kodex gepredigt, der nicht auf Verzicht beruhte.

Die Ethik sagt immer: „Nicht ich, sondern du." Ihr Leitsatz lautet: „Nicht das Selbst, sondern das Nichtselbst." Die eitlen Ideen des Individualismus, an die sich der Mensch in seinem Versuch, die Unendliche Macht oder das Unendliche Vergnügen durch die Sinne zu finden, klammert, müssen aufgegeben werden, sagen die Gebote der Ethik. Wir müssen uns selbst an die letzte Stelle setzen und andere vor uns. Die Sinne sagen uns: „Ich selbst zuerst." Die Ethik lehrt uns aber: „Du sollst dich an die letzte Stelle setzen." Daher beruhen alle Ethikgesetze auf diesem Verzicht – auf der Zerstörung, nicht auf dem Aufbau des Individuums in seiner materiellen Dimension. Das Unendliche wird in der materiellen Welt niemals einen Ausdruck finden, noch ist es möglich oder denkbar.

Der Mensch muss also die Ebene der Materie aufgeben und sich in andere Sphären erheben, um einen tieferen Ausdruck des Unendlichen zu suchen. Auf diese Weise werden die verschiedenen ethischen Gesetze geschaffen, und alle haben die eine zentrale Idee: die immerwährende Selbstlosigkeit. Vollkommene Auflösung des Selbst ist das Ideal der Ethik. Die Menschen sind erschrocken, wenn man sie auffordert, ihre Individualität aufzugeben. Sie scheinen große Angst davor zu haben, das zu verlieren, was sie ihre Individualität nennen. Gleichzeitig würden dieselben Menschen die höchsten

Ideale der Ethik für richtig erklären, ohne auch nur einen Augenblick daran zu denken, dass der Rahmen, das Ziel, die Idee aller Ethik die Zerstörung und nicht der Aufbau des Individuellen ist.

Utilitaristische Maßstäbe können die ethischen Beziehungen der Menschen nicht erklären, denn aus Nutzenerwägungen lassen sich keine ethischen Gesetze ableiten. Ohne die sogenannte übernatürliche Sanktion oder die Wahrnehmung des Überbewusstseins, wie ich sie lieber nenne, kann es keine Ethik geben. Ohne das Streben nach dem Unendlichen kann es kein Ideal geben. Kein System, das die Menschen auf ihre gesellschaftliche Rolle beschränken will, ist in der Lage, eine Erklärung für die ethischen Gesetze der Menschheit zu finden. Der Utilitarist will, dass wir das Ringen nach dem Unendlichen, das Streben nach dem Übersinnlichen, als undurchführbar und absurd aufgeben, und fordert uns im gleichen Atemzug auf, die Ethik anzunehmen und der Gesellschaft Gutes zu tun. Warum sollten wir Gutes tun? Das Gute zu tun ist eine nachrangige Überlegung. Wir müssen zuerst ein Ideal haben. Die Ethik selbst ist nicht der Zweck, sondern das Mittel zum Zweck. Wenn der Zweck nicht da ist, warum sollten wir dann ethisch sein? Warum sollte ich anderen Menschen Gutes tun und sie nicht verletzen? Wenn das Glück das Ziel der Menschheit ist, warum sollte ich dann nicht mich selbst glücklich und andere unglücklich machen? Was hindert mich daran?

Außerdem ist die Grundlage des Nutzenkonzepts zu eng gefasst. Alle gegenwärtigen sozialen Formen und Methoden leiten sich von der Gesellschaft ab, wie sie heute existiert, aber welches Recht hat der Utilitarist anzunehmen, dass diese Gesellschaft ewig ist? Diese Gesellschaft gab es vor langer Zeit nicht und wird es möglicherweise auch in Zukunft nicht geben. Höchstwahrscheinlich ist sie eines der Übergangsstadien, die wir auf dem Weg zu einer höheren Evolution durchlaufen, und jedes Gesetz, das allein aus der Gesellschaft abgeleitet wird, kann nicht ewig sein, kann nicht den gesamten Bereich der menschlichen Natur abdecken. Die utilitaristischen Theorien können daher bestenfalls unter den gegenwärtigen gesellschaftlichen Bedingungen funktionieren. Darüber hinaus haben sie keinen Wert. Dagegen hat eine Moral, ein ethischer Kodex, der aus Religion und Spiritualität abgeleitet ist, den ganzen unendlichen Menschen zum Gegenstand. Sie betrifft das Individuum, aber sie bezieht sich auf das Unendliche. Gleichzeitig betrifft sie auch die Gesellschaft, denn die Gesellschaft ist nichts anderes als eine Vielzahl von Individuen, die in Gruppen zusammengefasst sind, und da die Moral für das Individuum und seine ewigen Beziehungen gilt, muss sie notwendigerweise für die gesamte Gesellschaft gelten, unabhängig davon, in welchem Zustand sich diese gerade befinden mag. Wir sehen also, dass es für die Menschheit immer die Notwendigkeit einer spirituellen Religion geben wird. Der Mensch kann nicht nur an die Materie denken, so angenehm sie auch sein mag.

Es wurde gesagt, dass zu viel Aufmerksamkeit für spirituelle Dinge unsere praktischen Beziehungen in dieser Welt stört. Schon zu Zeiten des chinesischen Weisen Konfuzius hieß es: „Kümmern wir uns um diese Welt, und wenn wir mit dieser Welt fertig sind, werden wir uns um die andere Welt kümmern." Es ist sehr gut, dass wir uns um diese Welt kümmern sollten. Aber wenn eine zu große Aufmerksamkeit für das Spirituelle unsere praktischen Beziehungen ein wenig beeinflussen kann, so schadet eine zu große Aufmerksamkeit für das sogenannte Praktische uns hier und im Jenseits. Sie macht uns materialistisch. Denn der Mensch soll nicht die natürliche Welt als sein Ziel betrachten, sondern etwas Höheres.

Der Mensch ist ein Mensch, solange er darum kämpft, sich über die Natur zu erheben. Diese Natur ist beides: innerlich und äußerlich. Sie besteht nicht nur aus den Gesetzen, die die Teilchen der Materie außerhalb von uns und in unserem Körper regieren. Es gibt auch die subtilere Natur im Inneren, die in der Tat die treibende Kraft ist und auch die äußere Natur regiert. Es ist gut, es ist großartig, die äußere Natur zu erobern, aber noch großartiger ist es, wenn wir der Herr und die Herrin unserer inneren Natur werden. Es ist großartig und gut, die Gesetze zu kennen, die über die Sterne und Planeten bestimmen. Es ist unendlich viel großartiger und besser, die Gesetze zu kennen, die über die Leidenschaften, die Gefühle, den Willen des Menschen bestimmen. Diese Eroberung des inneren Menschen, das Verstehen der Geheimnisse der subtilen Vorgänge im menschlichen Geist und das Wissen um seine wunderbaren Geheimnisse gehören vollständig zur Religion.

Das Wesen des Menschen – ich meine die gewöhnlichen Menschen – sucht grobe materielle Fakten. Der gewöhnliche Mensch kann nichts verstehen, was subtil ist. Jemand sagte zu Recht, dass die Massen den Löwen bewundern, der tausend Lämmer tötet, ohne auch nur einen Augenblick daran zu denken, dass es für die Lämmer den Tod bedeutet. Sie bestaunen den Moment des Triumphs des Löwen, denn sie finden Gefallen an der Demonstration physischer Stärke. Im Allgemeinen verstehen die Menschen, was äußerlich ist, und erfreuen sich daran. Aber in jeder Gesellschaft gibt es einen Teil, dessen Vergnügen nicht in den Sinnen liegt, sondern jenseits davon, und der hin und wieder einen Blick auf etwas Höheres als die Materie erhascht und sich bemüht, es zu erreichen. Und wenn wir die Geschichte der Nationen zwischen den Zeilen lesen, werden wir immer feststellen, dass der Aufstieg einer Nation mit einer Zunahme der Zahl solcher Menschen einhergeht; und der Fall beginnt, wenn dieses Streben nach dem Unendlichen, wie nichtig es die Utilitaristen auch nennen mögen, aufgehört hat. Mit anderen Worten: Die Triebfeder der Stärke einer jeden Nation liegt in ihrer Spiritualität, und der Tod dieser Nation beginnt an dem Tag, an dem die Spiritualität schwindet und der Materialismus an Boden gewinnt.

Abgesehen von den soliden Fakten und Wahrheiten, die wir von der Religion lernen können, abgesehen von den Tröstungen, die wir aus ihr gewinnen können, ist die Religion als Wissenschaft, als Studium die größte und heilsamste Übung, die der menschliche Geist haben kann. Dieses Streben nach dem Unendlichen, dieses Ringen um das Ergreifen des Unendlichen, dieses Bemühen, über die Begrenzungen der Sinne hinauszugehen – sozusagen aus der Materie heraus – und den spirituellen Menschen zu entwickeln, dieses unaufhörliche Trachten nach dem Verschmelzen unseres Wesens mit dem Unendlichen ist das Großartigste, das Herrlichste, das der Mensch tun kann. Manche Menschen finden das größte Vergnügen im Essen. Wir haben kein Recht zu sagen, dass sie es nicht tun sollten. Andere finden das größte Vergnügen darin, bestimmte Dinge zu besitzen. Wir haben kein Recht zu sagen, dass sie es nicht tun sollten. Aber sie haben auch kein Recht, Nein zu demjenigen zu sagen, der sein höchstes Vergnügen im spirituellen Denken findet. Je niedriger die Natur ist, desto größer ist die Freude an den Sinnen. Nur sehr wenige Menschen können eine Mahlzeit mit demselben Genuss verzehren wie ein Hund oder ein Wolf. Die Genüsse des Hundes oder des Wolfes sind im Zuge der Entwicklung in die Sinne eingegangen. Die einfachen Gemüter aller Nationen finden Vergnügen in den Sinnen, während die kultivierten und gebildeten es im Nachdenken, in der Philosophie, in den Künsten und Wissenschaften finden. Spiritualität ist eine noch höhere Ebene. Da das Objekt unendlich ist, ist diese Ebene die höchste, und das Vergnügen ist dort für diejenigen, die es schätzen können, am größten. Selbst auf der Grundlage des utilitaristischen Prinzips sollte man also das religiöse Denken kultivieren, denn es ist das höchste Vergnügen, das es gibt. Daher scheint mir die Religion als Studium absolut notwendig zu sein.

Die Ergebnisse dieser religiösen Beschäftigung sprechen für sich. Sie ist die größte Motivation, die den menschlichen Geist vorantreibt. Kein anderes Ideal kann in uns die gleiche Energie freisetzen wie das Spirituelle. Wir lernen aus der Geschichte der Menschheit, dass dies immer der Fall war und dass die Religion weiterhin lebendig ist. Ich bestreite nicht, dass die Menschen aus rein utilitaristischen Gründen sehr gut und moralisch sein können. Es hat viele große Persönlichkeiten auf dieser Welt gegeben, die aus rein utilitaristischen Gründen vollkommen rechtschaffen, moralisch und gut waren. Aber die Menschen, die die Welt bewegten, Menschen, die sozusagen einen Magnetismus in die Welt brachten, deren Geist in Hunderten und Tausenden wirkte, deren Leben andere mit einem spirituellen Feuer entflammte – solche Menschen, so stellen wir fest, hatten immer diesen spirituellen Hintergrund. Ihre treibende Kraft kam aus der Religion. Die Religion ist die größte Motivation für die Verwirklichung jener unendlichen Energie, die das Geburtsrecht und die Natur eines jeden Menschen ist. Bei der Bildung des Charakters, bei der Schaffung von allem, was gut und bedeutend ist, beim Erreichen von Frieden für andere und für sich selbst ist die Religion die höchste Antriebskraft und sollte daher von diesem Standpunkt aus studiert werden. Sie muss daher breiter als bisher betrachtet werden. Alle engen, kämpferischen Vorstellungen von ihr müssen verschwinden. Alle sektiererischen und stammesbezogenen oder nationalen Vorstellungen von Religion müssen aufgegeben werden. Der Aberglaube, dass jeder Stamm oder jede Nation ihren eigenen Gott haben und alle anderen für falsch halten sollte, muss der Vergangenheit angehören. Alle derartigen Vorstellungen müssen aufgegeben werden.

In dem Maße, in dem sich der menschliche Geist erweitert, erweitern sich auch seine spirituellen Wege. Die Zeit ist bereits gekommen, in der ein Mensch keinen Gedanken aufzeichnen kann, ohne dass er alle Ecken der Erde erreicht. Durch rein physische Mittel sind wir mit der ganzen Welt in Berührung gekommen. Daher müssen die zukünftigen Weltreligionen ebenso universell, ebenso umfassend sein. Die religiösen Ideale der Zukunft müssen alles umfassen, was es Gutes und Großes in der Welt gibt, und gleichzeitig unendlich viel Raum für künftige Entwicklungen freihalten. Alles, was in der Vergangenheit gut war, muss bewahrt werden, und die Türen müssen offen gehalten werden für künftige Ergänzungen des bereits Vorhandenen. Die Religionen müssen auch integrativ werden und dürfen nicht mit Verachtung auf die anderen herabblicken, wenn ihre jeweiligen Gottesvorstellungen unterschiedlich sind. In meinem Leben habe ich viele spirituelle Menschen gesehen, viele kluge Menschen, die überhaupt nicht an Gott geglaubt haben, jedenfalls nicht im üblichen Sinn des Wortes. Wahrscheinlich haben sie trotzdem Gott besser verstanden, als wir es je können. Die Religion muss so umdefiniert werden, dass dort die Vorstellung von Gott als Person, als das Unpersönliche, Unendliche, als moralisches Gesetz oder als der ideale Mensch gleichermaßen hineinpassen. Und wenn die Religionen auf diese Weise erweitert worden sind, wird ihre Kraft für das Gute um das Hundertfache steigen. Sie tragen eine enorme Energie in sich. Sie haben der Welt oft mehr Schaden als Nutzen gebracht lediglich aufgrund ihrer Einengung und Beschränkung.

Selbst in der heutigen Zeit gibt es viele Konfessionen und Gesellschaften, die fast die gleichen Ideen haben und sich trotzdem gegenseitig bekämpfen, weil die einen diese Ideen nicht genauso darstellen wollen wie die anderen. Deshalb müssen sich die Religionen breiter aufstellen. Religiöse Ideen müssen universell, weit und unbegrenzt werden; und nur dann werden wir das volle Potenzial der Religion ausschöpfen können, denn die Kraft der Religion hat gerade erst begonnen, sich in der Welt zu manifestieren. Es wird manchmal behauptet, dass die Religionen aussterben, dass die spirituellen Ideen in der Welt verschwinden. Mir scheint, dass sie gerade erst zu wachsen begonnen haben. Die Energie aus der erweiterten und geläuterten Religion wird jeden Bereich des menschlichen Lebens durchdringen. Solange die Religion in den Händen einiger weniger Auserwählter oder einer Priesterschaft lag, war sie in Tempeln, Kirchen, Büchern, Dogmen, Zeremonien, Formen und Ritualen. Aber erst wenn wir dieses wahre, spirituelle, universelle Konzept entwickeln, dann, und nur dann, wird die Religion wirklich und lebendig werden. Sie wird in unser eigenes Wesen eindringen, in jeder unserer Bewegungen leben, jede Faser unserer Gesellschaft durchdringen und eine unendlich größere Kraft für das Gute sein, als sie es je zuvor war.

Was wir brauchen, ist ein Zusammengehörigkeitsgefühl zwischen den verschiedenen Arten von Religion, da sie alle zusammen stehen oder fallen – ein Zusammengehörigkeitsgefühl, das aus gegenseitiger Wertschätzung und gegenseitigem Respekt entspringt und nicht aus der herablassenden, gönnerhaften, geizigen Äußerung des Wohlwollens, wie sie derzeit leider bei vielen in Mode ist.

Und vor allem ist dies notwendig zwischen den religiösen Ausdrucksformen, die aus der Erforschung der geistigen Phänomene stammen, ihre Herkunft in den sogenannten materialistischen und wissenschaftlichen Ausdrucksformen haben, deren Füße sozusagen auf dem Boden bleiben, die Köpfe aber in die Geheimnisse des Geistigen eindringen wollen. Um diese Harmonie herbeizuführen, werden alle Seiten Zugeständnisse machen müssen, manchmal sehr große, ja mehr noch, manchmal schmerzhafte, aber jede von ihnen wird durch das Opfer besser und der Wahrheit näher kommen werden. Und am Ende wird das Wissen, das auf die Domäne von Zeit und Raum beschränkt ist, sich mit dem treffen, was jenseits von beiden ist, was jenseits des bloßen Verstands und der Sinne existiert: mit dem Absoluten, dem Unendlichen, dem Einen ohne ein Zweites.

Die vollendete Liebe

Die Philosophen, die über *Bhakti* geschrieben haben, definierten sie als extreme Liebe zu Gott. Warum ein Mensch Gott lieben sollte, ist die Frage, die es zu lösen gilt; und solange wir das nicht verstehen, werden wir nicht in der Lage sein, das Thema zu erfassen. Es gibt zwei sehr unterschiedliche Ideale vom Leben. Alle religiösen Menschen, unabhängig aus welchem Land, wissen, dass sie ein Körper und auch eine Seele sind. Aber es gibt einen großen Unterschied, was das Ziel des menschlichen Lebens angeht.

In den westlichen Ländern legt man in der Regel mehr Wert auf den körperlichen Aspekt des Menschen. Die Philosophen, die in Indien über Bhakti schrieben, betonten die spirituelle Seite des Menschen. Dieser Unterschied scheint typisch für die orientalischen und abendländischen Nationen zu sein. Sogar in der Umgangssprache ist das so. In England sagt man, wenn man vom Tod spricht, dass ein Mensch seinen Geist aufgegeben hat; in Indien sagt man, dass ein Mensch seinen Körper aufgegeben hat. Die eine Vorstellung ist, dass der Mensch ein Körper ist und eine Seele hat; die andere, dass der Mensch eine Seele ist und einen Körper hat.

Daraus ergeben sich noch andere Probleme, die komplexer sind. Das Menschenbild, das davon ausgeht, dass der Mensch ein Körper ist und eine Seele hat, legt natürlich die ganze Betonung auf den Körper. Wenn Sie fragen, warum der Mensch lebt, wird man Ihnen antworten, dass er sich an den Sinneseindrücken, am Besitz und am Reichtum erfreuen soll. Er kommt nicht auf die Idee, von etwas, was darüber hinaus geht, zu träumen, selbst wenn man ihm davon erzählt. Wenn er sich ein zukünftiges Leben vorstellt, ist das eine Fortsetzung dieses Genusses. Es tut ihm sehr leid, dass er hier nicht die ganze Zeit weiterleben kann, sondern weggehen muss. Er hofft, dass er auf die eine oder andere Weise an einen Ort gehen wird, an dem das Gleiche fortgesetzt wird. Er wird die gleichen Genüsse haben, die gleichen Sinneseindrücke, nur gesteigert und verstärkt. Wenn er Gott verehren will, dann als Mittel, um dieses Ziel zu erreichen. Der Zweck seines Lebens ist der Genuss von Sinnesobjekten, und weil er erfährt, dass es ein Wesen gibt, das ihm eine sehr lange Pacht für diese Genüsse geben kann, betet er Gott an.

Die indische Vorstellung ist, dass Gott das Ziel des Lebens ist: Es gibt nichts jenseits von Gott, und die Sinnesfreuden sind einfach etwas, durch das wir jetzt hindurchgehen, in der Hoffnung, bessere Dinge zu bekommen. Nicht nur das; es wäre verhängnisvoll und furchtbar, wenn der Mensch nichts als Sinnesfreuden hätte. Schauen Sie sich in Ihrer Alltagswelt um: Sie werden feststellen, dass die Menschen, die ein höheres Leben führen, weniger auf die Sinnesfreuden achten. Schauen Sie sich auf der anderen Seite den Hund an, wenn er frisst. Kein Mensch hat je mit der gleichen Befriedigung gegessen. Beobachten Sie das Schwein, das beim Fressen ein zufriedenes Grunzen von sich gibt: Es ist sein Himmel, und wenn der größte Erzengel käme und zusähe, würde das Schwein ihn nicht einmal bemerken. Seine ganze Existenz dreht sich um sein Essen. Es wurde nie ein Mensch geboren, der so essen konnte. Denken Sie an das Hörvermögen oder das Sehvermögen der Tiere – ihre Sinne können hoch entwickelt sein. Ihr Sinnesgenuss ist extrem: Sie werden einfach ganz verrückt vor Freude und Vergnügen. Und je weniger entwickelt der Mensch ist, desto mehr Freude findet er an den Sinnen. Je höher er kommt, desto mehr werden Vernunft und Liebe zum Ziel. In dem Maße, wie sich diese Fähigkeiten entwickeln, verliert er die Neigung, sich an den Sinnen zu erfreuen.

Zur Veranschaulichung: Wenn wir davon ausgehen, dass dem Menschen eine bestimmte Menge an Energie gegeben ist, die entweder für den Körper, den Geist oder die Seele aufgewendet werden kann, dann verbleibt von all seinen Kräften, die für einen dieser Bereiche aufgewendet werden, für die anderen Bereiche umso weniger übrig. Die unwissenden Völker haben viel stärkere sinnliche Fähigkeiten als die zivilisierten Völker. Das ist in der Tat eine der Lektionen, die wir aus der Geschichte lernen: Wird ein Volk zivilisiert, werden die Psychen seiner Mitglieder feiner und sie körperlich schwächer. Wird ein Volk zivilisiert, kommt ein anderes barbarisches Volk und erobert es. Es sind fast immer die Barbaren, die siegen. Wir sehen daher, dass wir uns degradieren, wenn wir die ganze Zeit nur Sinnesfreuden haben wollen. Der Mensch weiß nicht, worum er bittet, wenn er sagt, er wolle an einen Ort gehen, an dem seine Sinnesfreuden intensiviert werden. Das kann er nur haben, wenn er zu einem Primitiven hinabsteigt. So ist es mit den Menschen, die einen Himmel voller Sinnesfreuden suchen. Sie sind wie Schweine, die sich im Sumpf der Sinne wälzen und nicht in der Lage sind, etwas darüber hinaus zu sehen. Dieser Sinnesgenuss ist es, was sie wollen, und der Verlust desselben ist für sie der verlorene Himmel. Diese Menschen können niemals Bhaktas im höchsten Sinne des Wortes werden; sie können niemals wahre Gottesliebhaber sein.

Gleichzeitig wird sich dieses niedere Ideal, auch wenn es zunächst befolgt wird, im Laufe der Zeit ändern. Jeder Mensch wird feststellen, dass es etwas Höheres gibt, von dem er nichts wusste, und so wird dieses Festhalten am Leben und an den Dingen der Sinne in ihm allmählich absterben. Als ich ein kleiner Junge in der Schule war, stritt ich mich mit einem anderen Schulkameraden um einige Süßigkeiten, und er, der Stärkere, riss sie mir aus der Hand. Ich erinnere mich an das Gefühl, das ich hatte: Ich dachte, dieser Junge ist der böseste Junge, der je geboren wurde, und dass ich ihn bestrafen werde, sobald ich stark genug geworden bin – es gab keine Strafe, die für seine Bösartigkeit ausreichte. Jetzt sind wir beide erwachsen geworden, und wir sind gute Freunde. Diese Welt ist voll von Babys, für die Essen und Trinken und all diese kleinen Süßigkeiten alles sind. Sie träumen von Törtchen, und sie stellen sich ein zukünftiges Leben vor, in dem es diese Törtchen im Überfluss gibt. Das ist doch gemeint, wenn Sie über den amerikanischen Indianer erzählen, der glaubt, dass sein zukünftiges Leben in einem sehr guten Jagdgebiet sein wird. Jeder von uns hat eine Idee von einem Himmel, so wie er sich ihn wünscht. Aber im Laufe der Zeit, wenn wir älter werden und höhere Dinge sehen, bekommen wir höhere Vorstellungen, die jenseits davon liegen. Allerdings sollten wir unsere Vorstellungen vom zukünftigen Leben nicht auf die gewöhnliche Weise der modernen Zeit aufgeben, indem wir an nichts glauben – das ist Zerstörung. Der Agnostiker, der alles zerstört, irrt. Der Bhakta sieht höher. Der Agnostiker will nicht in den Himmel gehen, weil er keinen hat, während der Bhakta nicht in den Himmel gehen will, weil er ihn für ein Kinderspiel hält. Was er will, ist Gott. Was kann ein höheres Ziel sein als Gott? Gott ist das höchste Ziel des Menschen, also sehen Sie Ihn, genießen Sie Ihn. Etwas Höheres können wir uns nicht vorstellen, denn Gott ist Vollkommenheit.

Wir können uns kein höheres Vergnügen vorstellen als das der Liebe. Allerdings wird dieses Wort auf verschiedene Weise verstanden. Es bedeutet nicht die gewöhnliche selbstsüchtige Liebe der Welt; es ist Blasphemie, dies Liebe zu nennen. Die Liebe zu unseren Kindern und unseren Frauen ist nur eine tierische Liebe. Die vollkommen selbstlose Liebe ist die einzige wahre Liebe und kommt von Gott. Es ist sehr schwierig, sie zu erlangen. Wir gehen in unserem Leben durch all diese verschiedenen Lieben: die Liebe zum Vater, zur Mutter, zu den Kindern und so weiter. Langsam üben wir die Fähigkeit der Liebe, aber in den meisten Fällen lernen wir nie etwas daraus – wir binden uns an eine Stufe, an eine Person. In manchen Fällen kommen die Menschen aber aus diesen Bindungen heraus. Männer rennen in dieser Welt beispielsweise immer hinter Frauen und Reichtum und Ruhm her. Manchmal werden sie gleichwohl sehr hart am Kopf getroffen und finden heraus, was diese Welt wirklich ist. Niemand in dieser Welt kann wahrhaftig etwas anderes lieben als Gott. Der Mensch findet irgendwann heraus, dass die menschliche Liebe hohl ist. Menschen können nicht lieben, auch wenn sie ständig davon reden. Eine Frau sagt, dass sie ihren Mann liebt, und sie küsst ihn; aber sobald er stirbt, denkt sie zuerst an ihr Bankkonto und daran, was sie am nächsten Tag tun wird. Ein Ehemann liebt seine Frau; aber wenn sie krank wird und ihre Schönheit verliert oder abmagert oder einen Fehler macht, hört er auf, sich um sie zu kümmern. Die ganze gewöhnliche Liebe dieser Welt ist Heuchelei und Verlogenheit.

Ein endliches Subjekt kann nicht lieben, noch kann ein endliches Objekt geliebt werden. Wenn das Objekt der Liebe eines Menschen jeden Augenblick stirbt und auch sein Geist sich ständig verändert, während er wächst, welche ewige Liebe kann man dann in der Welt erwarten? Es kann keine wahre Liebe geben außer in Gott. Wozu dann all diese Lieben? Das sind doch nur Stationen. Es gibt eine Kraft dahinter, die uns vorwärtstreibt. Wir wissen nicht, wo wir das wahre Objekt suchen sollen, aber diese Liebe führt uns auf der Suche danach weiter. Auf dem Weg stellen wir immer wieder unseren Fehler fest. Wir greifen nach etwas und bemerken, dass es uns durch die Finger gleitet, und dann greifen wir nach etwas anderem. So gehen wir weiter und weiter, bis endlich Licht kommt: Wir kommen zu Gott, dem Einzigen, der liebt. Seine Liebe kennt keine Veränderung und ist immer bereit, uns aufzunehmen. Wie lange hielten Sie es mit mir aus, wenn ich Sie verletzen würde? Gott kennt aber keinen Zorn, keinen Hass und keinen Neid, verliert niemals das Gleichgewicht, stirbt nicht noch wird Er geboren.

Der Weg zu Gott ist lang und schwierig, und nur sehr wenige Menschen erreichen Ihn. Wir alle sind nur Babys, die sich abmühen. Millionen von Menschen machen aus Religion einen Handel. Nur einige wenige in einem Jahrhundert erlangen diese Liebe zu Gott, und das ganze Land wird dann gesegnet und geheiligt. Wenn ein Sohn Gottes erscheint, wird ein ganzes Land geheiligt. Zwar werden in jedem Land auf der ganzen Welt in jedem Jahrhundert nur wenige solche Menschen geboren, aber alle sollten danach streben, diese Liebe zu Gott zu erlangen. Wer weiß, ob nicht Sie oder ich die oder der Nächste sein werden? Lasst uns also darum ringen.

Eine Frau liebt ihren Mann. Sie denkt, dass ihre ganze Seele in ihm aufgeht. Dann kommt ein Baby, und die Hälfte davon oder mehr geht an das Baby. Sie selbst spürt, dass die Liebe zum Ehemann nicht mehr die gleiche ist. Das Gleiche gilt für den Mann. Wir stellen immer wieder fest, dass, wenn intensivere Objekte der Liebe zu uns kommen, die vorherige Liebe langsam verblasst. Kinder im Schulalter denken, dass einige ihrer Schulkameraden die liebsten Wesen sind, die sie im Leben haben können, oder dass ihre Väter oder Mütter es sind; dann kommt der Ehemann oder die Ehefrau, und sofort verschwindet das alte Gefühl, und die neue Liebe steht an erster Stelle. Ein Stern geht auf, dann kommt ein anderer, größerer, dann ein noch größerer, und schließlich kommt die Sonne, und alle geringeren Lichter verschwinden. Diese Sonne ist Gott. Die Sterne sind die kleineren Lieben. Wenn diese Sonne über ihn hereinbricht, wird der Mensch verrückt, was Emerson[83] einen „gottberauschten Menschen" nennt. Er wird Gott ähnlich und verschmilzt im Ozean der Liebe. Gewöhnliche Liebe ist nur eine Anziehung animalischen Ursprungs. Wozu gibt es sonst den Unterschied zwischen den Geschlechtern?

Wenn man vor einem Bildnis kniet, ist das schrecklicher Götzenkult. Aber wenn man vor dem Ehemann oder der Ehefrau kniet, ist das durchaus in Ordnung! Die Welt bietet uns verschiedene Stufen der Liebe. Unsere Sicht auf die Liebe hängt gänzlich davon ab, wie

---

83 Gemeint ist der US-amerikanische Essayist und Philosoph Ralph Waldo Emerson.

wir die Welt begreifen und was wir als Zweck des Lebens betrachten. Zu denken, dass diese Welt das Ziel ist, ist grob und degenerierend. Jeder Mensch, der mit dieser Vorstellung ins Leben geht, degeneriert sich selbst. Er wird niemals emporsteigen, er wird niemals einen Blick hinter den äußeren Anschein erhaschen, er wird immer ein Sklave der Sinne sein. Er wird um den zusätzlichen Dollar kämpfen, der ihm ein paar Törtchen mehr verschafft. Besser sterben als so leben! Sklaven dieser Welt, Sklaven der Sinne, lasst uns emporsteigen – es gibt etwas Höheres als dieses sinnliche Leben! Glauben Sie wirklich, dass der Mensch, die unendliche Seele, geboren wurde, um ein Sklave seiner Augen, seiner Nase und seiner Ohren zu sein? Dahinter steht ein unendliches, allwissendes Bewusstsein, das alles tun kann und alle Fesseln sprengt. Und dieses Bewusstsein sind wir; und diese Kraft erhalten wir durch Liebe.

Das ist das Ideal, das wir uns immer vor Augen halten müssen. Wir können es natürlich nicht an einem Tag erlangen. Wir mögen uns einbilden, dass wir es schon erreicht haben, aber es ist doch nur eine Einbildung. Dies ist ein langer, langer Weg. Dabei muss der Mensch dort abgeholt werden, wo er steht, und dann kann man ihm nach oben helfen. Der Mensch steht im Materialismus. Wir alle sind Materialisten. Unser Reden über Gott und Seele ist gut, aber es ist einfach die Mode in unserer Gesellschaft, so zu reden: Wir haben es wie ein Papagei gelernt und wiederholen es. Wir müssen uns also selbst da abholen, wo wir als Materialisten stehen, und wir müssen die Hilfe der Materie in Anspruch nehmen und langsam vorankommen, bis wir wirklich spirituell werden und uns als Seelen fühlen, die Seele verstehen und feststellen, dass diese Welt der Materie, die wir unendlich nennen, nur eine grobe äußere Form einer Welt ist, die dahinterliegt.

Aber es ist noch etwas anderes notwendig. Jesus sagte: „Bittet, und es wird euch gegeben werden; sucht, und ihr werdet finden; klopft an, und es wird euch geöffnet werden!"[84] Das Problem ist: Wer sucht? Wer will? Wir alle sagen, wir kennen Gott. Der eine schreibt ein Buch, um Gott zu widerlegen, der andere, um ihn zu beweisen. Der eine hält es für seine Pflicht, Ihn zu widerlegen, und er geht

---

84 Matthäus 7:7

umher, um die Menschen zu lehren, dass es keinen Gott gibt. Der andere versucht Ihn sein ganzes Leben lang zu beweisen. Was nützt es, ein Buch zu schreiben, um Gott zu beweisen oder zu widerlegen? Was kümmert es die meisten Menschen, ob es einen Gott gibt oder nicht? Die meisten arbeiten wie eine Maschine, ohne an Gott zu denken und ohne das Gefühl zu haben, Ihn zu brauchen. Dann kommt eines Tages der Tod und sagt: „Komm." Der Mensch erwidert: „Warte noch ein wenig, ich brauche noch Zeit. Ich will sehen, wie mein Sohn ein bisschen größer wird." Aber der Tod ruft: „Komm sofort." So ist doch der Lauf der Dinge. So geht es dem armen Hans. Was sollen wir dem armen Hans sagen? Er hat nie etwas entdeckt, wo Gott das Höchste war. Nun ja, vielleicht war er früher ein Schwein, und jetzt als Mensch ist er viel besser dran! Zum Glück erleben aber einige ein kleines Erwachen. Ein Unglück kommt: Jemand, den wir sehr lieben, stirbt; das, worauf wir unsere ganze Seele gerichtet hatten und wofür wir die ganze Welt und vielleicht unseren eigenen Bruder betrogen hatten, verschwindet. Und das trifft uns wie ein Schlag. Vielleicht ertönt dann eine Stimme in unserer Seele und fragt: „Was kommt danach?" Manchmal kommt der Tod aber auch ohne einen solchen Schlag, auch wenn diese Fälle selten sind. Die meisten von uns fragen doch, wenn uns etwas durch die Finger gleitet: „Was kommt danach?" Doch wie sehr klammern wir uns an unsere Sinne! Wir sind Ertrinkende, die sich an einen Strohhalm klammern. Wir klammern uns zuerst an einen Strohhalm und wenn wir damit scheitern, sagen wir, jemand müsse uns helfen. Und so müssen wohl die Menschen, wie es in der Redewendung heißt, „sich die Hörner abstoßen", bevor sie zu Höherem aufsteigen können.

Bhakti ist eine Religion. Wahre Religion ist nicht für die Massen – so etwas gibt es gar nicht. Knieübung, aufstehen und sich hinsetzen, mag für viele geeignet sein, aber wahre Religion ist für einige wenige. Es gibt in jedem Land nur ein paar Hundert, die religiös sein können und wollen. Die anderen können nicht religiös sein, weil sie nicht erwachen und es auch nicht wollen. Das Allerwichtigste ist, dass wir Gott wollen. Wir wollen aber alles außer Gott. Unsere gewöhnlichen Bedürfnisse werden von der äußeren Welt befriedigt. Erst wenn unsere Bedürfnisse über die äußere Welt hinausgehen, wollen wir eine Befriedigung aus dem Inneren, von Gott. Solange sich unsere Bedürfnisse auf die engen Grenzen dieses physischen Universums beschränken, können wir kein Verlangen nach Gott haben. Erst wenn wir von allem hier gesättigt sind, suchen wir jenseits davon nach der Erfüllung. Erst muss das Verlangen kommen. Hören Sie so bald wie möglich mit diesem Kinderspiel der Welt auf, und dann werden Sie dieses Verlangen nach etwas jenseits der Welt spüren: Das ist der erste Schritt zur Religion.

Da gibt es die Form der Religion, die jetzt in Mode ist. Eine Dame hat viele Möbel in ihrem Wohnzimmer. Es ist in Mode, eine japanische Vase zu haben, also muss sie eine haben, auch wenn sie tausend Dollar kostet. Genauso wird sie ein wenig Religion haben und einer Kirche beitreten. Bhakti ist nichts für solche Menschen. Das ist kein Verlangen. Verlangen ist etwas, ohne das wir nicht leben können. Wenn ein Mann eine Frau in dieser Welt liebt, hat er manchmal das Gefühl, dass er ohne sie nicht leben kann, obwohl das natürlich nicht stimmt. Wenn der Ehemann stirbt, denkt die Ehefrau, dass sie ohne ihn nicht leben kann; aber sie lebt trotzdem. Wahres Verlangen ist etwas anderes. Es ist etwas, ohne das wir nicht leben können: Entweder bekommen wir es oder wir sterben. Wenn die Zeit kommt, in der wir das für Gott empfinden, oder mit anderen Worten: Wenn wir etwas jenseits dieser Welt wollen, etwas, das über allen materiellen Dingen steht, dann können wir Bhaktas werden. Wenn auch nur für einen Moment die Wolke vergeht und wir einen Blick jenseits davon erhaschen, was sind unsere kleinen Leben dann? Für diesen Moment erscheinen alle unsere niederen Wünsche wie ein Tropfen im Ozean. Und dann kann die Seele wachsen, und sie spürt das Verlangen nach Gott und muss Ihn haben.

Der erste Schritt besteht also darin, zu fragen: Was wollen wir? Stellen wir uns jeden Tag diese Frage: Wollen wir Gott? Sie können alle Bücher des Universums lesen, aber diese Liebe ist nicht durch die Macht der Sprache zu bekommen, nicht durch den höchsten Intellekt, nicht durch das Studium verschiedener Wissenschaften. Wer Gott wirklich begehrt, wird die Liebe bekommen – Gott gibt sich ihm selbst. Liebe ist immer gegenseitig, wie ein Spiegelbild. Sie mögen mich hassen, und wenn ich Sie lieben möchte, weisen Sie mich zurück. Aber wenn ich beharrlich bin, werden Sie mich in einem Monat oder einem Jahr lieben. Das ist ein wohlbekanntes psychologisches Phänomen. Wie die liebende Ehefrau an ihren verstorbenen Mann denkt, so müssen wir mit der gleichen Liebe den Herrn begehren, und dann werden wir Gott finden, und alle Bücher und die verschiedenen Theologen können uns nichts mehr lehren. Durch das Lesen von Büchern werden wir zu Papageien; niemand lernt durch das Lesen von Büchern. Wenn ein Mensch nur ein einziges Wort der Liebe entziffern kann, lernt er tatsächlich. Wir brauchen daher zuerst dieses Verlangen.

Wir sollten uns jeden Tag fragen: „Wollen wir Gott?" Wenn wir anfangen, über Religion zu sprechen, und vor allem, wenn wir eine hohe Position einnehmen und beginnen, andere zu lehren, müssen wir uns immer wieder die gleiche Frage stellen. Ich stelle oft fest, dass ich nicht Gott will, sondern eher das Brot. Ich fühle, dass ich wahnsinnig werde, wenn ich kein Stück Brot bekomme. Viele Frauen werden wahnsinnig, wenn sie keine Diamantnadel bekommen, aber sie haben nicht das gleiche Verlangen nach Gott. Über die einzige Wirklichkeit, die es im Universum gibt, wollen sie nichts erfahren. In meiner Sprache gibt es ein Sprichwort: Wenn ich ein Jäger sein will, jage ich das Nashorn; wenn ich ein Räuber sein will, raube ich die Schatzkammer des Königs aus. Was nützt es, Bettler auszurauben oder Ameisen zu jagen? Wenn Sie also lieben wollen, dann lieben Sie Gott. Was kümmern mich die Dinge der Welt? Diese Welt ist völlig abwegig; alle großen Lehrer der Menschheit haben das herausgefunden. Es gibt aus ihr keinen anderen Weg heraus als durch Gott. Gott ist das Ziel unseres Lebens; alle Ideen, dass die Welt das Ziel des Lebens ist, sind gefährlich.

Diese Welt und dieser Körper haben ihren eigenen Wert, einen sekundären Wert, als Mittel zum Zweck; aber die Welt sollte nicht das Ziel sein. Leider machen wir allzu oft die Welt zum Ziel und Gott zum Mittel. Menschen gehen in die Kirche und sagen: „Gott, gib mir dies und das. Gott, heile meine Krankheit." Sie wünschen sich schöne, gesunde Körper, und weil sie hören, dass jemand diese Sache für sie erledigen kann, gehen sie und beten zu Ihm. Es ist besser, ein Atheist zu sein, als eine solche Vorstellung von Religion zu haben. Wie ich schon sagte, ist Bhakti das höchste Ideal. Ich weiß nicht, ob wir es in Millionen von Jahren erreichen werden, aber ich weiß, dass wir sie zu unserem höchsten Ideal machen müssen. Wir müssen unsere Sinne auf das Höchste richten. Selbst wenn wir das Ziel nicht erreichen sollten, werden wir ihm zumindest näher kommen.

Wir müssen uns langsam durch die Welt und die Sinnesfreuden hindurcharbeiten – am Ende dieses Weges steht Gott.

Die Religion der Zukunft

Diejenigen von Ihnen, die in den letzten Monaten meine Vorträge besucht haben, sollten inzwischen mit den Ideen der Vedanta-Philosophie vertraut sein. Vedanta ist die älteste Religion der Welt, aber man kann nicht sagen, dass er jemals populär geworden ist. Daher ist die Frage „Wird er die Religion der Zukunft sein?" sehr schwer zu beantworten.

Deswegen schicke ich voraus, dass ich nicht weiß, ob Vedanta jemals die Religion der großen Mehrheit der Menschen sein wird. Wird er zum Beispiel jemals in der Lage sein, eine ganze Nation wie die Vereinigten Staaten von Amerika zu überzeugen? Möglicherweise schon. Genau das ist die Frage, die wir heute Nachmittag diskutieren wollen.

Zu Beginn werde ich Ihnen erklären, was der Vedanta nicht ist, und dann werde ich Ihnen sagen, was er ist. Sie müssen wissen, dass der Vedanta bei aller Betonung der unpersönlichen Prinzipien nicht gegen irgendetwas ist und dabei trotzdem keine Kompromisse eingeht oder die Wahrheiten aufgibt, die er für grundlegend hält.

Es ist Ihnen allen bekannt, dass bestimmte Dinge notwendig sind, um eine Religion zu begründen. Zuallererst ist da das Buch. Die Macht des Buches ist einfach großartig! Wovon sie auch immer herrühren mag, das Buch ist das Zentrum, um das herum die Hingabe der Menschen wächst. Es gibt heute keine einzige Religion, die nicht ein Buch hat. Bei allem Rationalismus und allen großen Sprüchen klammert sich die Menschheit immer noch an die Bücher. In Ihrem Land ist jeder Versuch, eine Religion ohne Buch zu gründen, gescheitert. In Indien entstehen immer wieder Sekten und werden erfolgreich, aber innerhalb weniger Jahre verschwinden sie wieder, weil es kein Buch hinter ihnen gibt. So ist es in jedem anderen Land.

Studieren Sie den Aufstieg und Fall der unitarischen Bewegung. Sie repräsentiert das beste Denken Ihrer Nation. Warum hat sie sich nicht wie die Methodisten, Baptisten und andere christliche Konfessionen verbreitet? Weil es kein Buch gab. Denken Sie andererseits an die Juden. Eine Handvoll Menschen, von einem Land ins andere vertrieben, hält immer noch zusammen, weil sie ein Buch haben. Denken Sie an die Parsen – nur hunderttausend auf der ganzen Welt. Von den Jains in Indien sind nur etwa eine Million übrig geblieben. Diese Handvoll Parsen und Jains hält noch nur wegen ihrer Bücher zusammen. Jede der heute lebenden Religionen hat ein Buch.

Die zweite Voraussetzung für die Entstehung einer Religion ist die Verehrung einer bestimmten Person. Sie wird entweder als der Herr der Welt oder als der große Lehrer verehrt. Die Menschen müssen einen verkörperten Menschen verehren! Sie brauchen eine Inkarnation oder einen Propheten oder einen großen Anführer. Das findet man heute in jeder Religion. Hindus und Christen haben Inkarnationen. Buddhisten, Mohammedaner und Juden haben Propheten. Aber es ist alles das Gleiche – all ihre Verehrung dreht sich um eine Person oder einige Personen.

Das dritte Erfordernis scheint zu sein, dass eine Religion, um stark und ihrer selbst sicher zu sein, glauben muss, dass sie allein wahr ist; andernfalls könnte sie die Menschen nicht beeinflussen. Liberale Religionen sterben, weil sie trocken sind, weil sie keinen Fanatismus im menschlichen Geist wecken können, weil sie keinen Hass auf andere Religionen hervorbringen. Deshalb wird der Liberalismus zwangsläufig immer wieder untergehen. Er kann nur eine kleine Anzahl Menschen erreichen. Der Grund dafür ist nicht schwer zu erkennen. Der Liberalismus versucht, uns uneigennützig zu machen. Aber wir wollen nicht uneigennützig sein. Wir sehen keinen unmittelbaren Gewinn in der Uneigennützigkeit; wir gewinnen mehr, wenn wir egoistisch sind. Wir akzeptieren den Liberalismus, solange wir arm sind, nichts haben. In dem Moment, in dem wir Geld und Macht erlangen, werden wir äußerst konservativ. Der arme Mensch ist ein Demokrat. Wenn er reich wird, wird er zum Aristokraten. Auch in der Religion funktioniert die menschliche Natur auf dieselbe Weise.

Ein Prophet tritt auf und verspricht denjenigen, die ihm folgen, alle möglichen Belohnungen und denjenigen, die ihm nicht folgen, das ewige Verderben. So sorgt er für die Verbreitung seiner Ideen. Alle existierenden Religionen, die sich ausbreiten, sind ungeheuer fanatisch. Je mehr eine religiöse Gruppierung andere Gruppierungen hasst, desto größer ist ihr Erfolg und desto mehr Menschen zieht sie in ihre Reihen. Nachdem ich einen großen Teil der Welt bereist und mit vielen Völkern gelebt habe, komme ich angesichts der in der Welt vorherrschenden Bedingungen zu dem Schluss, dass der gegenwärtige Zustand der Dinge fortbestehen wird, trotz des vielen Geredes über universelle Brüderlichkeit.

Vedanta glaubt an keine dieser Lehren. Erstens glaubt er nicht an ein Buch – das ist die Schwierigkeit, mit der man beginnen muss. Er lehnt die Autorität eines Buches über jedes andere Buch ab. Er bestreitet nachdrücklich, dass ein einziges Buch alle Wahrheiten über Gott, die Seele, die ultimative Realität enthalten kann. Diejenigen unter Ihnen, die die Upanishaden gelesen haben, erinnern sich, dass dort immer wieder gesagt wird: Nicht durch das Lesen von Büchern wird das Selbst verwirklicht.

Zweitens findet er es noch schwieriger, die Verehrung für eine bestimmte Person zu rechtfertigen. Diejenigen unter Ihnen, die Vedanta studiert haben (mit Vedanta sind immer die Lehren der Upanishaden gemeint) wissen, dass dies die einzige Religion ist, die sich nicht an eine Person klammert. Nicht ein Mann oder eine Frau ist jemals zum Objekt der Verehrung unter den Vedantins geworden. Das konnte auch nicht sein. Ein Mensch ist nicht verehrenswürdiger als ein Vogel oder ein Wurm. Wir sind alle Brüder. Der Unterschied besteht nur im Grad. Ich bin genau dasselbe wie der niedrigste Wurm. Sie sehen, wie wenig Platz im Vedanta dafür ist, dass ein Mensch über uns steht und wir ihn anbeten, dass er uns führt und wir von ihm gerettet werden. Das bietet Ihnen Vedanta nicht. Kein Buch, kein Mensch zum Anbeten, nichts.

Eine noch größere Schwierigkeit ist die Frage nach Gott. Sie wollen in diesem Land demokratisch sein? Gott des Vedanta ist demokratisch. Sie haben in Ihrem Land zwar eine Regierung, aber die Regierung ist unpersönlich. Sie ist nicht autokratisch, und doch ist sie mächtiger als jede Monarchie in der Welt. Menschen scheinen nicht zu verstehen, dass die wahre Macht, das wahre Leben, die wahre Stärke im Unsichtbaren, im Unpersönlichen, im „Niemand" liegt. Als bloße Person, getrennt von anderen, sind Sie nichts, aber als unpersönliche Einheit der Nation, die sich selbst regiert, sind Sie gewaltig. Sie sind alle eins in der Regierung, und Sie sind eine gewaltige Macht. Aber wo genau liegt diese Macht? Jeder Mensch ist die Macht. Es gibt keinen König. Ich nehme alle Bürger als gleich wahr. Ich muss vor niemandem meinen Hut ziehen und mich verbeugen. Diese ungeheure Macht steckt in allen Menschen. Vedanta ist genau das. Sein Gott ist nicht der Monarch, der getrennt von uns auf seinem Thron sitzt. Es gibt Menschen, die ihren Gott derart sehen – als einen Gott, der gefürchtet und besänftigt werden muss. Sie zünden Kerzen an und kriechen vor ihm im Staub. Sie wollen einen König, der sie regiert, und glauben an einen König im Himmel, der die Macht über sie hat. Der König ist zumindest aus diesem Land verschwunden. Wo ist nun der König des Himmels? Genau dort, wo jetzt der irdische König ist: In diesem Land hat der König in jeden von Ihnen Einzug gehalten. Sie alle sind Könige in diesem Land. So ist es auch mit der Religion des Vedanta. Sie sind alle Götter. Ein Gott ist nicht genug. Sie sind alle Götter, sagt Vedanta.

Das macht Vedanta sehr schwierig. Er lehrt etwas völlig anderes als die traditionelle Vorstellung von Gott. Anstelle des Gottes, der über den Wolken saß und die Angelegenheiten der Welt regelte, ohne uns um Erlaubnis zu fragen, anstelle des Gottes, der uns aus dem Nichts erschuf, nur weil es ihm gefiel, und uns all dieses Elend durchmachen ließ, nur weil er es wollte, lehrt Vedanta einen Gott, der in jedem ist, der zu jedem und allem geworden ist. So wie seine Majestät, der König, dieses Land verlassen hat, ist das Himmelreich vor Tausenden von Jahren aus dem Vedanta verschwunden.

Indien kann aber seine Majestät, den König der Erde, nicht aufgeben. Deshalb kann Vedanta nicht die Religion Indiens werden. Es gibt aber vielleicht eine Chance, dass er wegen seiner Demokratie zur Religion Ihres Landes wird. Aber das kann er nur, wenn Sie ihn klar verstehen und ihn wollen, wenn Sie echte Männer und Frauen werden, nicht Menschen mit vagen Ideen und Aberglauben in den Köpfen, und wenn Sie wirklich spirituell sein wollen, denn Vedanta befasst sich mit nichts als mit Spiritualität.

Was ist die Vorstellung von Gott im Himmel? Materialismus! Die vedantische Idee ist das unendliche göttliche Prinzip, das in jedem von uns verkörpert ist. Gott auf einer Wolke sitzend! Denken Sie an die unglaubliche Blasphemie dieser Vorstellung! Das ist Materialismus, regelrechter Materialismus. Wenn Babys so denken, mag es in Ordnung sein, aber wenn erwachsene Menschen versuchen, solche Dinge zu lehren, ist es geradezu widerlich – genau das ist es! Es ist Materie, eine grobe, körperliche Vorstellung, eine Vorstellung der

Sinne. Es ist alles Materie, Lehm und nichts als Lehm. Ist das Religion? Es ist nicht mehr Religion als irgendein Mumbo Jumbo im Dschungel in Afrika. Gott ist *Reines Bewusstsein*, Seele, und er sollte in der Seele und in der Wahrheit angebetet werden. Lebt das Bewusstsein nur im Himmel? Was ist Bewusstsein? Wir alle sind Bewusstsein. Warum ist uns das nicht bewusst? Was unterscheidet Sie von mir? Der Körper und nichts anderes. Wenn Sie den Körper weglassen, dann ist alles Bewusstsein.

Das sind die Dinge, die Vedanta zu bieten hat: Kein Buch. Keinen Menschen, der vom Rest der Menschheit ausgesondert wird („Ihr seid Würmer, und wir sind der Herrgott"). Nichts von alledem. Wenn du der Herrgott bist, bin ich auch der Herrgott. Vedanta kennt außerdem keine Sünde. Es gibt Fehler, aber keine Sünde; und auf lange Sicht wird alles in Ordnung sein. Keinen Satan – nichts von diesem Unsinn. Vedanta glaubt an nur eine Sünde, nur eine einzige in der Welt, und das ist diese: In dem Moment, in dem Sie denken, dass Sie ein Sünder sind oder dass jemand ein Sünder ist, ist das Sünde. Daraus resultiert jeder andere Fehler oder das, was man gewöhnlich Sünde nennt. Wir haben viele Fehler in unserem Leben gemacht. Aber wir kommen weiter. Gott sei Dank haben wir Fehler gemacht! Schauen Sie sich Ihr bisheriges Leben einmal genau an. Wenn Ihr gegenwärtiger Zustand gut ist, dann durch all die vergangenen Fehler, genauso wie durch die Erfolge. Lob sei dem Erfolg! Lob sei den Fehlern! Schauen Sie nicht zurück auf das, was gewesen ist. Gehen Sie voran!

Sie sehen, Vedanta schlägt weder Sünde noch Sünder vor. Kein Gott, vor dem man Angst haben muss. Gott ist das einzige Wesen, vor dem wir uns niemals fürchten müssen, weil Er unser eigenes Selbst ist. Es gibt nur ein Wesen, vor dem man unmöglich Angst haben kann, und das ist Gott. Ist dann nicht derjenige der abergläubischste Mensch, der Angst vor Gott hat? Es mag jemanden geben, der sich vor seinem Schatten fürchtet; aber auch er hat keine Angst vor sich selbst. Gott ist das eigentliche Selbst des Menschen. Er ist das einzige Wesen, das man niemals fürchten kann. Was ist das für ein Unsinn: die Furcht vor dem Herrn, die im Menschen aufkommt und ihn zittern lässt und so weiter? Gott segne uns, dass wir nicht alle in der Irrenanstalt landen! Aber wenn die meisten von uns keine

Verrückten sind, warum sollten wir dann solche Ideen wie Gottesfurcht erfinden? Buddha sagte, dass die gesamte menschliche Rasse mehr oder weniger wahnsinnig ist. Das ist vollkommen richtig, wie es scheint. Kein Buch, keine Person, kein persönlicher Gott. All dies muss verschwinden.

Auch die Sinne müssen weichen. Wir können nicht an die Sinne gebunden bleiben! Zurzeit sind wir gefesselt. Wir sind wie jemand, der in den Gletschern vor Kälte stirbt. Er verspürt ein starkes Verlangen zu schlafen, und wenn seine Freunde versuchen, ihn zu wecken und ihn vor dem Tod zu warnen, sagt er: „Lass mich sterben, ich will schlafen." Wir klammern uns an die kleinen Dinge der Sinneserfahrung, auch wenn wir dadurch zugrunde gehen. Wir vergessen, dass es viel größere Dinge gibt.

Es gibt eine hinduistische Legende, nach der der Herr einst als Schwein auf der Erde inkarniert war. Er hatte eine Schweinegefährtin, und im Laufe der Zeit wurden Ihm mehrere kleine Schweine geboren. Er war sehr glücklich mit Seiner Familie, lebte im Dreck, quiekte vor Freude und vergaß dabei Seine göttliche Herrlichkeit und Herrschaft. Die Gottheiten machten sich große Sorgen und kamen auf die Erde, um Ihn zu bitten, den Schweinekörper aufzugeben und in den Himmel zurückzukehren. Aber der Herr wollte nichts davon wissen, Er vertrieb sie. Er sagte, Er sei sehr glücklich und wolle nicht gestört werden. Da die Götter keinen anderen Ausweg sahen, zerstörten sie den Schweinekörper des Herrn. Sofort erlangte Er Seine göttliche Majestät wieder und war erstaunt, dass Er Freude daran finden konnte, ein Schwein zu sein.

Die Menschen verhalten sich auf dieselbe Weise. Wann immer sie von dem unpersönlichen Gott hören, sagen sie: „Was wird aus meiner Individualität werden? Meine Individualität wird verschwinden!" Das nächste Mal, wenn dieser Gedanke aufkommt, denken Sie an das Schwein, und dann denken Sie daran, wie unendlich glücklich Sie sich fühlen, jeder von Ihnen. Wie zufrieden sind Sie doch mit Ihrem jetzigen Zustand! Aber wenn Sie erkennen, was Sie wirklich sind, werden Sie erstaunt sein, dass Sie nicht bereit waren, Ihr Sinnesleben aufzugeben. Was ist an Ihrer Persönlichkeit schon dran? Ist sie etwa besser als das Schweineleben? Und das wollen Sie nicht aufgeben? Herr, beschütze uns alle!

Was lehrt uns Vedanta? In erster Linie lehrt er, dass man nicht einmal aus sich selbst herausgehen muss, um die Wahrheit zu erkennen. Die ganze Vergangenheit und die ganze Zukunft sind hier in der Gegenwart. Kein Mensch hat jemals die Vergangenheit gesehen. Hat irgendjemand von Ihnen die Vergangenheit gesehen? Wenn Sie glauben, die Vergangenheit zu kennen, malen Sie sich die Vergangenheit nur im gegenwärtigen Moment aus. Um die Zukunft zu sehen, müssten Sie sie in die Gegenwart holen, die die einzige Realität ist – der Rest ist Einbildung. Diese Gegenwart ist alles, was ist. Es gibt nur das Eine. Alles ist hier und jetzt. Ein Moment in unendlicher Zeit ist genauso vollständig und allumfassend wie jeder andere Moment. Alles, was ist, war und sein wird, ist auch hier in der Gegenwart. Sie können versuchen, sich etwas außerhalb vom Jetzt vorzustellen – es wird Ihnen nicht gelingen.

Welche Religion kann einen Himmel malen, der nicht dieser Erde ähnelt? Es ist alles Kunst – nur sie wird uns präsentiert. Mit unseren fünf Sinnen schauen wir auf diese Welt und nehmen sie grob, mit Farbe, Form, Klang und dergleichen wahr. Angenommen, ich würde einen elektrischen Sinn entwickeln – alles würde sich ändern. Angenommen, meine Sinne würden feiner werden – Sie alle würden mir verändert erscheinen. Wenn ich mich verändere, verändern Sie sich. Wenn ich über die Macht der Sinne hinausgehe, erscheinen Sie als Reines Bewusstsein und Gott. Die Dinge sind nicht das, was sie zu sein scheinen.

Wir werden das nach und nach verstehen und schließlich auch sehen: Alle Himmel – einfach alles – sind hier und jetzt, und sie sind in Wirklichkeit nichts als Erscheinungen der göttlichen Gegenwart. Diese Gegenwart ist viel mehr als alle Erden und Himmel. Die Menschen denken, dass diese Welt schlecht ist, und stellen sich vor, dass der Himmel irgendwo außerhalb ist. Diese Welt ist nicht schlecht. Sie ist Gott selbst – wenn man sie kennt. Dieser Fakt ist schwer zu begreifen, schwerer als zu glauben. Der Mörder, der morgen gehängt werden soll, ist ganz Gott, der vollkommene Gott. Es ist sicherlich sehr schwer zu verstehen, aber es ist möglich.

Deshalb formuliert Vedanta nicht universelle Brüderlichkeit, sondern universelles Einssein: Ich bin derselbe wie jeder andere Mensch, wie jedes Tier; gut, schlecht; alles. Es ist alles ein Körper, ein Geist, eine Seele – überall. Die Seele stirbt nie. Es gibt nirgendwo einen

Tod, im gewissen Sinne nicht einmal für den Körper. Nicht einmal der Geist stirbt. Wie kann selbst der Körper sterben? Ein Blatt mag fallen – stirbt dann der Baum? Das Universum ist mein Körper. Sieh, wie er sich fortsetzt. Alle Geister sind mein. Mit allen Füßen gehe ich. Durch alle Münder spreche ich. In jedem wohne ich.

Warum fühlen wir es nicht? Wegen dieser Individualität, diesem Schweinsein. Wir sind an diesen Geist gefesselt und können nur hier sein, nicht dort. Was ist Unsterblichkeit? Die wenigsten antworten: „Es ist diese unsere Existenz!" Die meisten Menschen denken, dass dies alles sterblich und tot ist, dass Gott nicht hier ist, dass sie unsterblich werden, wenn sie in den Himmel kommen. Sie stellen sich vor, dass sie Gott nach dem Tod sehen werden. Aber wenn sie Ihn hier und jetzt nicht sehen, werden sie Ihn auch nach dem Tod nicht sehen. Obwohl sie alle an die Unsterblichkeit glauben, wissen sie nicht, dass man Unsterblichkeit nicht dadurch erlangt, dass man stirbt und in den Himmel geht, sondern dadurch, dass man diese schweinische Individualität aufgibt, dass man sich nicht an einen kleinen Körper bindet. Unsterblichkeit bedeutet, uns als eins mit allen zu wissen, in allen Körpern zu leben, durch alle Geister wahrzunehmen. Wir können gar nicht anders, als auch in anderen Körpern zu fühlen. Wir sind dazu bestimmt, in anderen Körpern zu fühlen. Was sonst ist Mitgefühl? Gibt es eine Grenze für diese Empathie, dieses Gefühl, das wir jetzt nur in unseren Körpern fühlen? Es ist durchaus möglich, dass die Zeit kommen wird, in der ich durch das ganze Universum fühle.

Wofür ist das gut? Es ist schwer, den Schweinekörper aufzugeben. Es tut uns leid, die Freude an unserem kleinen Schweinekörper zu verlieren! Der Vedanta sagt aber nicht: „Gib ihn auf", sondern: „Transzendiere ihn". Du musst keine Askese betreiben – besser wäre der Genuss in zwei Körpern, noch besser in drei; besser ist in mehreren Körpern zu leben als in einem! Wenn ich mich am ganzen Universum erfreuen kann, ist das ganze Universum mein Körper.

Es gibt viele, die entsetzt sind, wenn sie diese Lehren hören. Sie mögen es nicht, wenn man ihnen sagt, dass sie nicht nur kleine Schweinekörper sind, die von einem tyrannischen Gott geschaffen wurden. Ich sage ihnen: „Steh auf!" Sie sagen, sie seien in Sünde geboren – sie könnten nur durch die Gnade eines anderen auferstehen. Ich sage: „Ihr seid göttlich!" Sie antworten: „Du Gotteslästerer, wie kannst du es wagen, so zu sprechen? Wie kann ein erbärmliches Geschöpf Gott sein? Wir sind Sünder!" Ich bin manchmal sehr entmutigt, wissen Sie. Hunderte von Männern und Frauen sagen mir: „Wenn es keine Hölle gibt, wie kann es dann eine Religion geben?" Wenn diese Menschen aus eigenem Willen in die Hölle gehen wollen, wer kann sie daran hindern? Was immer der Mensch träumt oder denkt, das erschafft er. Wenn es die Hölle ist, sieht er die Hölle, wenn er stirbt. Wenn es das Böse und Satan ist, bekommt er einen Satan. Wenn es Gespenster sind, bekommt er Gespenster. Was immer du denkst, das wirst du.

Wenn Sie denken müssen, denken Sie gute Gedanken, großartige Gedanken. Wir nehmen an, dass wir schwache, kleine Würmer sind! Wenn wir uns für schwach erklären, werden wir schwach – wir werden nicht besser. Nehmen wir an, wir machen hier das Licht aus, schließen die Fenster und erklären, dass alles dunkel ist. Was für ein Schwachsinn! Was nützt es mir, wenn ich sage, ich sei ein Sünder? Wenn ich im Dunkeln sitze, zünde ich eine Lampe an, und die ganze Sache ist vorbei. Doch wie seltsam ist die Natur des Menschen! Obwohl er sich eigentlich immer bewusst ist, dass hinter seinem Leben die universelle Intelligenz steht, denkt er an Satan, an Dunkelheit und an Lügen. Du sagst ihm die Wahrheit, er will sie nicht hören; die Dunkelheit gefällt ihm besser. Dies ist eine der Fragen, die Vedanta stellt: Warum haben die Menschen so viel Angst? Die Antwort ist, dass sie sich selbst hilflos und abhängig von anderen gemacht haben. Wir sind so faul, wir wollen nichts tun, auch wenn es für uns selbst ist. Wir wollen einen persönlichen Gott, einen Retter oder einen Propheten, der alles für uns erledigt.

Wenn ein reicher Mann nie zu Fuß geht, sondern immer mit der Kutsche fährt, wird er eines Tages gelähmt aufwachen. Dann wird er merken, dass die Art und Weise, wie er gelebt hat, doch nicht gut war. Kein Mensch kann für ihn gehen. Wenn er nicht geht, ist es zu seinem Schaden. Wenn alles für einen Menschen von anderen getan wird, verliert er die Fähigkeiten seiner eigenen Glieder. Was wir selbst tun, ist das Einzige, was wir tun. Was ein anderer für uns tut, kann niemals unser sein. Sie können keine spirituellen Wahrheiten aus meinen Vorträgen lernen. Wenn Sie etwas gelernt haben, dann war ich nur der Funke, der sie zum Vorschein brachte, der sie auf-blitzen ließ. Das ist alles, was die Lehrer und Propheten tun können. All diese Suche nach Hilfe ist eine Torheit.

Sie wissen, dass es in Indien Ochsenwagen gibt. In der Regel sind zwei Ochsen vor einen Wagen gespannt, und manchmal baumelt eine Strohgarbe, an die Spitze der Deichsel befestigt, direkt vor den Tieren, aber außerhalb ihrer Reichweite. Die Ochsen versuchen stän-dig, das Stroh zu fressen, aber es gelingt ihnen nie. Genauso wird uns geholfen! Wir denken, dass wir Sicherheit, Kraft, Weisheit und Glück von außen bekommen. Wir hoffen, aber unsere Hoffnung er-füllt sich nie. Niemals kommt irgendeine Hilfe von außen. Es gibt keine Hilfe für den Menschen. Es gab nie eine, und es wird sie nie geben. Warum sollte es? Sind Sie nicht Männer und Frauen? Sollen die Herren der Welt sich von anderen helfen lassen? Schämen Sie sich nicht? Ihnen soll geholfen werden, wenn Sie zu Staub zerfal-len sind. Aber Sie sind doch Seele. Ziehen Sie sich aus eigener Kraft aus den Schwierigkeiten! Retten Sie sich aus eigener Kraft! Es gibt niemanden, der Ihnen helfen kann; es gab nie einen. Zu glauben, es gäbe einen, ist eine süße Illusion. Es bringt nichts Gutes.

Einmal kam ein Christ zu mir und sagte: „Du bist ein schreckli-cher Sünder." Ich antwortete: „Ja, das bin ich. Geh weiter." Er ist ein christlicher Missionar. (Dieser Mann ließ mir keine Ruhe. Wenn ich ihn sehe, fliehe ich.) Er sagte: „Ich kann dir helfen, ich habe sehr gute Dinge für dich. Du bist ein Sünder und kommst in die Hölle." Ich erwiderte: „Sehr gut, noch etwas?" Ich fragte ihn: „Und wohin gehst du?" „Ich gehe in den Himmel", antwortete er. Ich sagte: „Dann gehe ich lieber in die Hölle." An diesem Tag gab er mich auf.

Ein Christ kommt und sagt: „Ihr seid alle verdammt; aber wenn ihr an diese Lehre glaubt, wird Christus euch helfen." Es ist nichts als Aberglaube – wenn das wahr wäre, gäbe es in den christlichen Län-dern keine Bosheit. Glauben Sie daran, wenn Sie wollen – der Glaube kostet nichts –, aber warum ändert sich nichts? Wenn ich frage: „Wie kommt es, dass es unter Christen so viele böse Menschen gibt?", höre ich: „Wir müssen uns mehr anstrengen." Vertraue auf Gott, aber halte dein Pulver trocken! Bete zu Gott, und lass Gott kommen und dir helfen! Du bist es aber doch, der kämpft, betet und anbetet; du bist es, der deine Probleme löst. Und Gott erntet die Lorbeeren. Das ist nicht in Ordnung. Ich mache das nie.

Einmal war ich zu einem Abendessen eingeladen. Die Gastgeberin bat mich, das Tischgebet zu sprechen. Ich sagte: „Ich richte das Tischgebet an Sie, Madam. Mein Gebet und mein Dank gelten Ihnen." Wenn ich arbeite, spreche ich das Dankeswort zu mir selbst. Gelobt sei, der hart gearbeitet und das erreicht hat, was er erreicht hat! Die ganze Zeit, in der Sie hart arbeiten und jemand anderen segnen, sind Sie abergläubisch und haben Angst. Schluss mit diesem Aberglauben, der über Tausende von Jahren entstanden ist! Es braucht ein wenig harte Arbeit, um spirituell zu werden. Aberglaube ist reiner Materialismus, denn er basiert auf dem Bewusstsein von Körper, Körper, Körper. Es fehlt die Seele. Die Seele hat keinen Aberglauben – sie ist jenseits der eitlen Begierden des Körpers. Aber von manchen werden diese eitlen Wünsche sogar in den Bereich des „Spirituellen" projiziert.

Ich wurde zu mehreren spiritistischen Treffen eingeladen. Eines leitete eine Frau. Sie sagte zu mir: „Deine Mutter und dein Großvater sind zu mir gekommen." Sie sagte, dass sie sie begrüßten und mit ihr sprachen. Aber meine Mutter lebt noch! Die Menschen glauben gerne, dass ihre Verwandten auch nach dem Tod noch in denselben Körpern weiterleben, und die Spiritualisten spielen mit ihrem Aberglauben. Es würde mir sehr leid tun, wenn ich wüsste, dass mein toter Vater immer noch seinen schäbigen Körper trägt. Die Leute trösten sich damit, dass ihre Väter alle in Materie gehüllt sind. Bei einem anderen Treffen brachten sie mir Jesus Christus. Ich sagte: „Herr, wie geht es dir?" Das alles gibt mir ein Gefühl der Hoffnungslosigkeit. Wenn dieser große Heilige noch den Körper trägt, was soll dann aus uns armen Geschöpfen werden? Die Spiritualisten erlaubten mir nicht, einen dieser Herren zu berühren. Aber selbst wenn sie echt wären, würde ich sie nicht haben wollen. Ich denke: „Göttliche Mutter, was für Atheisten." Das ist es, was die Menschen wirklich sind! Überall das Verlangen nach diesen fünf Sinnen! Nicht befriedigt von dem, was sie hier haben, wollen sie mehr davon, wenn sie sterben!

Was ist also der Gott des Vedanta? Er ist ein Prinzip, keine Person. Sie alle und ich sind Gottesgestalten. Der absolute Gott des Universums, der Schöpfer, Erhalter und Zerstörer des Universums, ist ein Prinzip und keine Person. Sie und ich, die Katze, die Ratte, der Teufel und das Gespenst, all das sind Seine Personen – sie alle sind Gottesgestalten. Wenn Sie Gott als Person verehren, ist das Verehrung Ihres eigenen Selbst. Wenn Sie meinen Rat befolgen, werden Sie niemals eine Kirche betreten. Kommen Sie heraus, gehen Sie und waschen Sie sich. Waschen Sie sich immer wieder, bis Sie von all dem Aberglauben gereinigt sind, der Ihnen im Laufe der Jahrhunderte anhaftete. (Vielleicht mögen Sie das aber auch nicht, weil Sie sich in diesem Land nicht so oft reinigen – das ständige Reinigen ist ein indischer Brauch, kein Brauch in Ihrer Gesellschaft.)

Ich bin schon oft gefragt worden: „Warum lachen Sie so viel und machen so viele Witze?" Ich werde schon manchmal ernst – wenn ich Bauchschmerzen habe! Der Herr ist pure Glückseligkeit. Er ist die Realität hinter allem, was existiert, Er ist das Gute, die Wahrheit in allem. Sie sind Seine Verkörperungen. Das ist es, was wirklich herrlich ist. Je näher wir Ihm sind, desto weniger werden wir Anlass zum Weinen und Heulen haben. Je weiter wir von Ihm entfernt sind, desto mehr werden wir lange Gesichter machen. Je mehr wir von Ihm wissen, desto mehr verschwindet das Elend. Wenn jemand, der im Herrn lebt, unglücklich wäre, was nützte es dann, in Ihm zu leben? Welchen Nutzen hat ein solcher Gott? Werfen Sie ihn über Bord in den Pazifischen Ozean! Wir wollen ihn nicht!

Gott ist das unendliche, unpersönliche Wesen – ewig existierend, unveränderlich, unsterblich, furchtlos; und Sie alle sind Seine Inkarnationen, Seine Verkörperungen. Dies ist der Gott des Vedanta, und Sein Himmel ist überall. In diesem Himmel wohnen alle personifizierten Götter, die es gibt – nämlich Sie selbst. Hören Sie auf zu beten und Blumen in den Tempeln niederzulegen!

Wofür beten Sie? Um in den Himmel zu kommen. Um etwas zu bekommen, was ein anderer nicht bekommen kann. „Herr, ich will mehr Essen! Lass jemand anderen hungern!" Was ist das für eine Vorstellung von Gott, der ja die Wirklichkeit ist, die unendliche, immer gesegnete Existenz, in dem es weder Teil noch Makel gibt, der immer frei, immer rein, immer vollkommen ist?! Wir schreiben Ihm alle unsere menschlichen Merkmale, Eigenschaften und Begrenzungen zu. Er soll uns Essen bringen und uns Kleidung geben. In Wirklichkeit müssen wir all diese Dinge selbst tun, und niemand sonst hat sie je für uns getan. Das ist die schlichte Wahrheit.

Aber daran denken Sie selten. Sie stellen sich vor, dass es einen Gott gibt, von dem Sie besonders begünstigt werden, der Dinge für Sie tut, wenn Sie Ihn darum bitten; und Sie bitten Ihn nicht um Gunst für alle Menschen, für alle Wesen, sondern nur für sich selbst, für Ihre eigene Familie, für Ihr eigenes Volk. Wenn ein Hindu hungert, kümmert es Sie nicht; zu diesem Zeitpunkt denken Sie nicht, dass der Gott der Christen auch der Gott der Hindus ist. Unsere ganze Vorstellung von Gott, unser Beten, unsere Gottesdienste, all das wird durch unsere Unwissenheit und unsere törichte Vorstellung von uns selbst als Körper verdorben. Es mag Ihnen nicht gefallen, was ich sage. Sie mögen mich heute verfluchen, aber irgendwann werden Sie mich segnen.

Wir müssen Denker werden. Jede Geburt ist schmerzhaft. Wir müssen aus dem Materialismus herauswachsen. Die Mutter[85] möchte nicht, dass wir uns aus ihren Fängen befreien. Dennoch müssen wir es versuchen. Dieser Kampf ist die einzige Gottesverehrung, die es gibt; alles andere ist belanglos. Sie sind der personifizierte Gott. Ich bete Sie alle in diesem Augenblick an. Dies ist das größte Gebet. Beten Sie auch die ganze Welt in diesem Sinne an, indem Sie ihr dienen. Ich weiß, dieses Auf-einer-Bühne-Stehen sieht nicht wie Anbetung aus. Aber wenn es ein Dienst ist, dann ist es Anbetung.

Die unendliche Wahrheit muss nicht erworben werden. Sie ist die ganze Zeit da, unsterblich, ungeboren. Er, der Herr des Universums, ist in jedem von uns. Es gibt nur einen Tempel – den Körper. Er ist der einzige Tempel, der jemals existiert hat. In diesem Körper wohnt Er, der Herr aller Seelen und der König der Könige. Wir sehen das nicht, also fertigen wir steinerne Bilder an und bauen Tempel darüber. Vedanta hat es in Indien schon immer gegeben, aber Indien ist voll von diesen Tempeln, und nicht nur von Tempeln, sondern auch von Höhlen, die eingemeißelte Bilder enthalten. „Der Narr, der am Ufer des Ganges wohnt, gräbt einen Brunnen für Wasser!" So sind wir! Wir leben inmitten von Gott und müssen uns Bildnisse machen. Wir projizieren Ihn in eine Skulptur, während Er die ganze Zeit im Tempel unseres Körpers ist. Wir sind Wahnsinnige, und das ist unsere große Täuschung.

---

85 Gemeint ist Maya, Prakriti.

Verehre alles als Gott – jede Form ist Sein Tempel. Alles andere ist Täuschung. Schaue immer nach innen, niemals nach außen. Das ist der Gott, den Vedanta predigt, und dies ist Seine Verehrung. Es gibt im Vedanta naturgemäß keine Sekten, kein Glaubensbekenntnis, keine Kasten. Wie kann diese Religion die nationale Religion Indiens werden? Hunderte von Kasten! Wenn ein Mensch das Essen eines anderen Menschen berührt, schreit dieser: „Herr, hilf mir, ich bin verunreinigt!" Als ich nach meinem Besuch im Westen nach Indien zurückkehrte, stießen einige orthodoxe Hindus einen Aufschrei aus wegen meines Umgangs mit den Menschen im Westen und meines Verstoßes gegen die Regeln der Orthodoxie. Es gefiel ihnen nicht, dass ich die Menschen im Westen die Wahrheiten der Veden lehrte.

Wieso diese Unterschiede und Differenzen? Wie kann der Reiche seine Nase über den Armen rümpfen und der Gelehrte über den Unwissenden, wenn wir alle Seele und alle gleich sind? Wie kann sich eine Religion wie Vedanta durchsetzen, wenn sich die Gesellschaft nicht ändert? Es wird Tausende von Jahren dauern, bis es eine große Anzahl von wirklich rationalen Menschen gibt. Es ist sehr schwer, den Menschen neue Dinge zu erklären, ihnen große Ideen zu vermitteln. Noch schwieriger ist es, den alten Aberglauben abzuschütteln, sehr schwierig; er stirbt nicht so leicht. Trotz aller Bildung erschreckt selbst der Gelehrte im Dunkeln – die Kindermärchen kommen ihm in den Sinn, und er sieht Gespenster.

Die Bedeutung des Wortes „Veda", von dem das Wort „Vedanta" stammt, ist Wissen. Alles Wissen ist Veda, unendlich, wie Gott unendlich ist. Niemand erschafft jemals Wissen. Haben Sie jemals gesehen, dass Wissen geschaffen wurde? Es wird nur entdeckt – was verdeckt war, wird aufgedeckt. Es ist immer da, denn es ist Gott selbst. Vergangenes, gegenwärtiges und zukünftiges Wissen ist in jedem von uns vorhanden. Wir entdecken es, das ist alles. All dieses Wissen ist Gott selbst. In meinem Land fallen Menschen vor demjenigen auf die Knie, der die Veden liest, und kümmern sich nicht um denjenigen, der Physik studiert. Dies ist Aberglaube! Und es ist überhaupt kein Vedanta. Es ist reiner Materialismus. Mit Gott ist jedes Wissen heilig. Wissen ist Gott. Unendliches Wissen wohnt in jedem Menschen in vollstem Ausmaß. Sie sind nicht wirklich unwissend, auch wenn Sie so erscheinen mögen. Sie alle sind Inkarnationen von Gott. Sie sind Verkörperungen des Allmächtigen, Allgegenwärtigen, göttlichen Prinzips. Sie mögen mich jetzt auslachen, aber die Zeit wird kommen, in der Sie es verstehen werden. Sie werden es verstehen müssen. Niemand wird zurückgelassen werden.

Was ist das Ziel? Das, wovon ich gesprochen habe, Vedanta, ist keine neue Religion. Sie ist alt – so alt wie Gott selbst. Sie ist nicht auf eine Zeit und einen Ort beschränkt, sie ist überall. Jeder kennt diese Wahrheit. Wir alle arbeiten sie nur aus. Das ist das Ziel des Universums. Das gilt sogar für die äußere Natur: jedes Atom eilt auf dieses Ziel zu. Oder glauben Sie, dass es irgendeine der unendlichen, reinen Seelen gibt, die die höchste Wahrheit nicht kennt? Alle haben sie, alle gehen auf dasselbe Ziel zu: die Entdeckung ihrer angeborenen Göttlichkeit. Der Wahnsinnige, der Mörder, der abergläubische Mensch, der Mann, der in diesem Land gelyncht wird – alle sind auf dem Weg zum selben Ziel. Nur das, was wir bisher unwissend tun, sollten wir wissend tun, und besser.

Die Einheit aller Existenz – Sie alle haben sie bereits in sich selbst. Niemand wurde jemals ohne sie geboren. Wie sehr Sie sie auch leugnen mögen, sie setzt sich immer wieder durch. Was ist die menschliche Liebe? Sie ist mehr oder weniger ein Bekenntnis zu dieser Einheit: „Ich bin eins mit dir, meine Frau, mein Kind, mein Freund!" Nur bejahen Sie diese Einheit unwissend. „Niemand hat je den Mann um des Mannes willen geliebt, sondern um des Selbst willen, das im Manne ist."[86] Die Frau findet dort die Einheit. Der Mann sieht sich selbst in der Frau. Sie tun es aber instinktiv, sie tun es nicht bewusst.

Das ganze Universum ist eine einzige Existenz. Es kann nichts anderes geben. Aus der Verschiedenheit heraus gehen wir alle auf diese universelle Existenz zu. Familien werden zu Stämmen, Stämme zu Rassen, Rassen zu Nationen, Nationen zur Menschheit – wie viele Willensrichtungen gehen auf das Eine zu! Diese Erkenntnis der Einheit ist Wissen, Wissenschaft. Einheit ist Wissen, Vielfalt ist Unwissenheit. Dieses Wissen ist Ihr angeborenes Recht. Ich muss es Sie nicht lehren.

---

86 Anspielung auf das zweite Kapitel der Brihadaranyaka Upanishad, das das Gespräch zwischen dem Weisen Yajnavalkya und seiner Frau Maitreyi enthält.

Es hat nie verschiedene Religionen auf der Welt gegeben. Wir sind alle dazu bestimmt, das Seelenheil zu erlangen, ob wir es wollen oder nicht. Auch Sie müssen es auf lange Sicht erlangen und frei werden, denn es ist Ihre Natur, frei zu sein. Wir sind bereits frei, nur wissen wir es nicht, und wir wissen nicht, was wir tun. Durch alle religiösen Systeme und Ideale zieht sich dieselbe Moral. Es wird nur eines gepredigt: „Sei selbstlos, liebe andere." Einer sagt: „Weil Jehova es befohlen hat." „Allah", ruft der Muslim. Ein anderer ruft: „Jesus." Wenn es nur das Gebot Jehovas war, wie konnte es dann zu denen kommen, die Jehova nicht kannten? Wenn es nur Jesus war, der diesen Befehl gegeben hat, wie konnte jemand, der Jesus nicht kennt, ihn erhalten? Wenn es nur Vishnu war, wie konnten die Juden es bekommen, die diesen Gentleman nie kennengelernt haben? Es gibt eine andere Quelle, die größer ist als sie alle. Wo ist sie? Im ewigen Tempel Gottes, in den Seelen aller Wesen, vom niedrigsten bis zum höchsten. Dort ist sie – diese unendliche Selbstlosigkeit, das grenzenlose Opfer, der ewige Drang, zu der Einheit zurückzukehren.

Aufgrund unserer Unwissenheit sehen wir uns voneinander getrennt und begrenzt und werden so zu einer kleinen Frau Soundso und einem kleinen Herrn Soundso. Aber die ganze Natur widerlegt in jedem Augenblick diese Täuschung. Ich bin nicht dieser kleine Mann oder diese kleine Frau, die von allem anderen abgeschnitten ist; ich bin die eine universelle Existenz. Die Seele in ihrer eigenen Majestät erhebt sich jeden Augenblick und verkündet ihre eigene, ihr innewohnende Göttlichkeit.

Vedanta ist überall, man muss sich seiner nur bewusst werden. Unsere törichten Überzeugungen und der Aberglaube behindern uns in unserer Entwicklung. Wenn wir können, sollten wir sie abwerfen und verstehen, dass Gott Seele ist und in der Seele und in der Wahrheit verehrt werden muss. Versuchen Sie, keine Materialisten mehr zu sein! Werfen Sie alle Materie weg! Die Vorstellung von Gott muss wirklich spirituell sein. All die verschiedenen Vorstellungen von Gott, die mehr oder weniger materialistisch sind, müssen weichen. Während der Mensch mehr und mehr spirituell wird, muss er all diese Ideen abwerfen, sie hinter sich lassen. In der Tat hat es in jedem Land immer einige wenige gegeben, die stark genug waren, alles Materielle abzuwerfen und im strahlenden Licht zu stehen, indem sie die Seele in der Seele verehrten.

Wenn sich Vedanta – dieses Wissen, dieses Bewusstsein, dass alles Seele ist – ausbreitet, wird die gesamte Menschheit spirituell werden. Aber ist das möglich? Ich weiß es nicht. Nicht innerhalb von Tausenden von Jahren. Der alte Aberglaube muss zuerst aussterben. Menschen sind sehr daran interessiert, ihren Aberglauben aufrechtzuerhalten. Dann gibt es noch die Vorstellungen vom Familienbruder, vom Kastenbruder, vom Volksbruder. All das sind Hindernisse für die Verwirklichung von Vedanta. All diese Religionen in der Welt sind für nur sehr wenige wirklich eine Religion.

Die meisten, die auf der ganzen Welt im Bereich der Religion gearbeitet haben, waren eigentlich politische Arbeiter. Das ist die Geschichte der Menschheit. Sie haben selten versucht, kompromisslos nach der Wahrheit zu leben. Sie haben immer den Gott angebetet, den man Gesellschaft nennt; sie haben sich hauptsächlich darum bemüht, das aufrechtzuerhalten, was die Massen glauben: ihren Aberglauben, ihre Schwäche. Sie haben nicht versucht, die Natur zu bezwingen, sondern sich in die Natur einzufügen – nichts anderes. Gehen Sie nach Indien und predigen Sie ein neues Glaubensbekenntnis – die Menschen werden nicht darauf hören. Aber wenn Sie ihnen erklären, es stamme aus den Veden, sagen sie: „Das ist richtig." Hier predige ich diese Lehre, aber wie viele von Ihnen nehmen mich ernst? Nun, die Wahrheit ist, wie sie ist, und ich muss Ihnen die Wahrheit sagen!

Es gibt noch eine andere Seite dieser Frage. Jeder sagt, dass die höchste, die reine Wahrheit nicht auf einmal von allen verwirklicht werden kann, dass die Menschen allmählich durch Gebet, Anbetung und andere Arten von gängigen religiösen Praktiken zu ihr geführt werden müssen. Ich bin mir nicht sicher, ob das wirklich die richtige Methode ist. In Indien arbeite ich in beide Richtungen. In Kalkutta gibt es all diese Bilder und Tempel: im Namen Gottes, im Namen der Veden, der Bibel, im Namen Christi oder Buddhas. Man kann dort also auch diese Methode versuchen. Aber auf den Höhen des Himalaya habe ich einen Ort, an dem nichts außer der reinen Wahrheit eindringen soll – dazu bin ich fest entschlossen. Dort will ich die Idee umsetzen, über die ich heute zu Ihnen gesprochen habe. Der Ort wird von einem Engländer und einer Engländerin geleitet. Der Zweck ist, Wahrheitssuchende auszubilden und Kinder ohne

Angst und ohne Aberglauben zu erziehen. Sie sollen nichts über Christus, Buddha, Shiva und Vishnu hören – nichts davon. Sie sollen von Anfang an lernen, auf ihren eigenen Beinen zu stehen. Sie sollen von Kindheit an lernen, dass Gott Seele ist und in der Seele und in der Wahrheit verehrt werden sollte. Jeder soll als Seele angesehen werden. Das ist das Ideal. Ich weiß nicht, welchen Erfolg das haben wird. Ich predige heute einfach, was ich heute für richtig halte. Ich wünschte, ich wäre ganz in diesem Sinne erzogen worden, ohne all den dualistischen Aberglauben.

Manchmal stimme ich aber auch zu, dass die dualistische Methode etwas Gutes hat: Sie hilft denjenigen, die schwach sind. Wenn jemand möchte, dass Sie ihm den Polarstern zeigen, zeigen Sie ihm zuerst einen hellen Stern in der Nähe, dann einen weniger hellen Stern, dann einen schwachen, der noch näher ist, und so führen Sie ihn zum Polarstern. Dieses Vorgehen macht es ihm leicht, den Stern zu entdecken. All die verschiedenen Praktiken und Lehren, Bibeln und Götter sind aber nur die Anfänge der Religion, die Kindergärten der Religion.

Aber dann denke ich an die Kehrseite dieser Methode. Wie lange wird die Welt warten müssen, um zur Wahrheit zu gelangen, wenn sie dem langsamen, schrittweisen Prozess folgt? Wie lange? Und wo ist die Gewissheit, dass sie jemals in nennenswertem Umfang Erfolg haben wird? Bisher hat sie es nicht. Ist die dualistische Methode, ob sie nun allmählich oder nicht allmählich, leicht oder nicht leicht für die Schwachen ist, nicht auf Unwahrheit gegründet? Schwächen die vorherrschenden religiösen Praktiken die Menschen nicht oft? Sind sie daher nicht falsch? Sie beruhen auf einer falschen Idee, auf einem falschen Menschenbild. Würde das Falsche das Richtige erzeugen? Wird die Lüge zur Wahrheit werden? Wird Dunkelheit zu Licht?

Ich bin nur ein Diener eines Mannes[87], der bereits von uns gegangen ist. Ich bin nur der Bote. Und doch möchte ich das Experiment machen. Mit den Lehren des Vedanta, von denen ich Ihnen erzählt habe, wurde noch nie wirklich dieses Experiment gemacht. Obwohl Vedanta die älteste Philosophie der Welt ist, wurde sie bisher in der Praxis immer mit Aberglauben und allem anderen vermengt.

---

87   Gemeint ist Sri Ramakrishna Paramahamsa.

Christus sagte: „Ich und mein Vater sind eins", und Sie wiederholen es. Doch es hat der Menschheit nicht geholfen. Neunzehnhundert Jahre lang haben die Menschen seine Worte nicht verstanden. Sie machten Christus zum Retter. Er ist Gott, und wir sind Würmer! Ähnlich in Indien. In jedem Land ist diese Art von Glauben das Rückgrat jeder Glaubensgemeinschaft. Seit Tausenden von Jahren hat man Millionen und Abermillionen auf der ganzen Welt gelehrt, den Herrn dieser Welt, die Inkarnationen, die Erlöser, die Propheten zu verehren. Man hat sie gelehrt, sich als hilflose, elende Geschöpfe zu betrachten und für ihre Rettung auf die Barmherzigkeit einer oder mehrerer Personen zu vertrauen. Zweifellos gibt es in solchen Überzeugungen viele wunderbare Dinge. Aber selbst in ihrer besten Form sind sie nur Kindergärten der Religion, und sie haben bisher nur wenig geholfen. Die Menschen werden immer noch in eine elende Erniedrigung hypnotisiert.

Es gibt jedoch einige starke Seelen, die diese Illusion überwinden. Die Stunde kommt, in der sich große Menschen erheben und diese Kindergärten der Religion abwerfen und die wahre Religion, die Anbetung des Reinen Bewusstseins durch das Reine Bewusstsein, lebendig und kraftvoll machen werden.

Über Swami Vivekananda

„Schwestern und Brüder von Amerika", wandte sich in perfektem Englisch und mit eindringlicher Stimme der Mönch aus Indien an die versammelte geistige Elite der USA, und sie antwortete mit einem zwei Minuten andauernden tosenden Beifall. Es war bereits der Nachmittag des ersten Tages des Parlaments der Religionen in Chicago am 11. September 1893, und das Publikum war bereits etwas müde, nachdem es zuvor zig Reden von Vertretern der verschiedenen Religionen der Welt wohlwollend und interessiert zugehört hatte. Aber dieser junge Mann mit aristokratischem Erscheinungsbild und durchdringenden dunklen Augen wirkte wie ein Donnerschlag.

Swami Vivekananda verschob an diesem Tag mehrmals seinen Auftritt in Erwartung der richtigen Worte. Und sie kamen in dem Augenblick, in dem er an das Rednerpult vortrat. Er sagte weiter: „Ich möchte euch, liebe Brüder, einige Zeilen aus einem Lied zitieren, das ich seit meiner frühesten Kindheit wiederholt habe und das jeden Tag von Millionen von Menschen wiederholt wird: ‚Wie die verschiedenen Ströme, die an verschiedenen Orten entspringen, alle ihr Wasser im Meer vermischen, so, o Herr, führen die verschiedenen Wege, die die Menschen aufgrund unterschiedlicher Neigungen gehen, so verschieden sie auch erscheinen mögen, krumm oder gerade, alle zu Dir.'" Das war die Botschaft, auf die Amerika zu warten schien: Die verschiedenen Religionen der Welt sind einfach verschiedene Wege, die durch mannigfaltige Landschaften der Erde zum selben Ziel führen.

Seine Rede dauerte nur vier Minuten, aber danach war nichts wie davor. Die Zeitschriften überall im Land übertrafen sich mit Lobworten. Der zuvor völlig unbekannte Yogi, ein Bettelmönch aus einem exotischen Land, wurde zum begehrten Redner, Lehrer und Gast der angesehensten Familien des Landes. Etliche Intellektuelle und Wissenschaftler modifizierten ihre Ansichten, Advaita Vedanta hielt Einzug in das Weltbild der modernen Eliten, der Yoga wurde sogar zu weltweitem Mainstream – die große alte Kultur des indischen Subkontinents wurde zum Bestandteil des westlichen Denkens.

Swami Vivekananda ist im Jahr 1863 in Bengalen geboren[88], und man gab ihm den Namen Naren. Sein Vater war ein Rechtsanwalt am Obersten Gericht in Kalkutta, ein Agnostiker und unter dem Einfluss der westlichen Kultur. Seine Mutter war eine fromme Hindufrau, tief verwurzelt in der Tradition des Landes. Das Kind war seit seiner frühesten Kindheit sehr besonders. Wenn ein Bettelmönch an die Tür des Elternhauses kam, gab Naren dem Asketen alles, was ihm in die Hände kam, sodass die Eltern anfingen, ihn einzusperren, wenn sie Almosen gaben. Kurz vor dem Einschlafen erlebte der Junge täglich eine eigenartige Vision. Wenn er die Augen schloss, sah er zwischen seinen Augenbrauen einen Lichtball in wechselnden Farben, der sich langsam ausdehnte und schließlich zersprang und seinen ganzen Körper in einen weißen Glanz hüllte. Da diese Erscheinung täglich auftrat, hielt er sie jahrelang für ein Phänomen, das allen Menschen gemeinsam war. Er fing bereits in seiner frühen Kindheit an zu meditieren. Außerdem hatte er, wenn er bestimmte Menschen oder Orte zum ersten Mal sah, das Gefühl, sie schon einmal gekannt zu haben, und war in der Lage, die kleinsten Details über sie zu beschreiben.

Als Naren mit sechs Jahren zur Schule geschickt wurde, lernte er ungewöhnlich leicht. In der Oberschule hatte er bereits unzählige Bücher in Englisch und Bengali gelesen. Er fand heraus, dass er den Inhalt einer Buchseite verstehen konnte, wenn er nur die erste und die letzte Zeile gelesen hatte. Er konnte der gesamten Argumentation eines Autors folgen, indem er nur ein paar Zeilen las, obwohl der Autor selbst das Thema auf mehreren Seiten erklärte. Viel später berichtete ein amerikanischer Gastgeber, ein Professor, über eine Episode in seiner Hausbibliothek, die diese erstaunliche Fähigkeit von Swami Vivekananda illustriert. Der Professor zeigte dem Swami seine Bücher. Der Gast nahm eins davon in die Hand, blätterte kurz darin und stellte es zurück ins Regal. Der Professor empfahl seinem Gast, das Buch zu lesen. „Nicht nötig, ich kenne den Inhalt bereits", war die Antwort. „Wann haben Sie das Buch gelesen?", fragte der

---

88 Diese Skizze über Swami Vivekanandas Leben wurde vom Herausgeber nach dem Buch „Vivekananda, A Biography" von Swami Nikhilananda (dem Gründer des Ramakrishna-Vivekananda Center New York und einem direkten Schüler von Sri Sarada Devi) und nach Briefen des Autors sowie Menschen, die ihn gekannt haben, erstellt.

Gastgeber. „Gerade eben." Es folgten Fragen des verblüfften Professors zum Inhalt des Buches und präzise Antworten des Swamis.

Während seiner Schul- und College-Zeit eignete sich Naren ein umfangreiches Wissen über die westliche Geschichte, Philosophie und Logik an. Er besaß einen unbefangenen Geist und verlangte rationale Beweise, bevor er eine Schlussfolgerung als gültig akzeptierte. Er war die Verkörperung des modernen Geistes: wissbegierig, wachsam, intellektuell kompromisslos und integer. Seine religiöse Einstellung verdeutlicht der Fakt, dass er der Brahmo Samaj beitrat, einer religiösen Organisation, die den orthodoxen, von Ritualen beherrschten Hinduismus ablehnte, den westlichen Rationalismus übernahm und sich für den Ausbau englischer Bildung in Indien einsetzte. Auf der anderen Seite jedoch blieb er fest in der indischen Kultur verwurzelt und ließ bei seiner Suche nach Gott nicht nach. Seine Person bot damit eine seltene Brücke zwischen der modernen westlichen und der alten spirituellen Kultur Indiens.

Naren begegnete seinem späteren *Meister* mit 18 Jahren. Dieser erkannte sofort seinen späteren Botschafter. Der junge Mann blieb aber über lange Zeit seinem späteren Guru gegenüber skeptisch. Nicht verwunderlich, wenn man sich den krassen Unterschied zwischen den beiden vor Augen führt. Der spätere Swami Vivekananda war ein Intellektueller aus bestem Hause, mit exzellenter, westlich geprägter Bildung, der die Göttliche Mutter und das nichtduale Brahman des Sri Ramakrishna strikt ablehnte. Was sie aber verband, erwies sich als ungleich stärker: die Tiefe der Seele und die Reinheit der Liebe zu Gott und den Menschen.

Als Naren in den Vorbereitungen für seine B. A.-Prüfung stand, verstarb unerwartet sein Vater und hinterließ der Familie Schulden. Von einem Tag auf den anderen war sie mittellos. Naren fing an, nach einem Job zu suchen, seine Bemühungen blieben aber erfolglos. Hungrig, durchnässt und verzweifelt verbrachte er eine ganze Nacht sitzend auf der Schwelle eines fremden Hauses. Gedanken huschten ihm durch den Kopf. Plötzlich hatte er eine seltsame Vision, die fast die ganze Nacht andauerte. Er erkannte – wie, hat er niemals verraten –, dass das Elend in der Schöpfung eines barmherzigen Gottes existieren konnte, ohne Seine souveräne Macht zu beeinträchtigen oder das wahre Selbst des Menschen zu berühren. Er verstand den Sinn des Ganzen und war in Frieden. Am Morgen danach beschloss er, der Welt bald zu entsagen.

Kurz darauf verschaffte er sich endlich eine befristete Stelle, die ausreichte, um die Familie von der Hand in den Mund leben zu lassen. Bald hinterließ ein anderes Ereignis einen tiefen Eindruck auf ihn. Er bat seinen Meister, zur Göttlichen Mutter zu beten, um seine Armut zu lindern. Sri Ramakrishna antwortete ihm: „Warum bittest du Sie nicht selbst? Geh zu Ihrem Altar, wirf dich vor dem Bild nieder und bitte Sie um einen Segen, und er wird dir gewährt werden." Naren ging zum Tempel und betete mit klopfendem Herz um den Segen der Weisheit, der Fähigkeit, zwischen richtig und falsch zu unterscheiden, und der Entsagung, vergaß aber, die Gottheit um Geld zu bitten. Mit großem innerem Frieden kehrte er in das Zimmer des Meisters zurück, und als er gefragt wurde, ob er um Geld gebeten habe, verneinte er es verwundert. Der Meister sagte ihm daraufhin, er solle wieder in den Tempel gehen. Naren tat, wie ihm befohlen wurde, vergaß aber wieder seine Mission. Das Gleiche geschah auch ein drittes Mal. Diesmal erklärte ihm Sri Ramakrishna, dass es nicht seine Bestimmung sei, ein weltliches Leben zu führen, und versicherte ihm, dass die Familie in der Lage sein würde, eine einfache Existenz auch ohne seine Unterstützung zu bestreiten.

Naren verbrachte insgesamt sechs Jahre in der Nähe von Sri Ramakrishna. Während dieser Zeit vollzog sich in ihm eine tiefgehende Umwandlung, die im Detail nur dem Schüler und dem Guru bekannt war. Er war buchstäblich von der Leidenschaft für Gott besessen und verbrachte Nacht für Nacht in Meditation in demselben Hain, in dem lange zuvor Sri Ramakrishna um die Erfahrung des Göttlichen rang. Den Nirvikalpa Samadhi, den Gipfel des spirituellen Weges, erreichte er aber in dem Haus, in dem Sri Ramakrishna zusammen mit seinen Schülern seine letzten Tage verbrachte. Als Naren danach das Zimmer seines Gurus betrat, sagte dieser: „Jetzt hat dir die Göttliche Mutter alles gezeigt. Aber diese Erkenntnis wird, wie ein Juwel in einer Schatulle, vor dir verborgen und in meiner Obhut bleiben. Ich werde den Schlüssel bei mir behalten. Erst wenn du deine Aufgabe auf dieser Erde erfüllt hast, wird die Schatulle wieder geöffnet, und du wirst alles so wissen, wie du es jetzt gewusst hast."

Nach dem Ableben des Meisters zogen seine Schüler in ein Haus in der Nähe von Kalkutta. Swami Vivekananda widmete sich ihrer Ausbildung in Vedanta, in Philosophie im Allgemeinen, in Geschichte sowie in den Lehren von Christus. Irgendwann entschloss er sich, das Leben des Bettelmönches zu erfahren. Er durchwanderte das riesige Land von Osten nach Westen und vom Himalaya bis zur Südspitze. Er war Gast in den Palästen der Könige genauso oft wie in den Hütten der Parias. Auf diesen Wanderungen sah er die unbeschreibliche Armut und Ausbeutung der einfachen Menschen in seinem Land und machte es sich zum Ziel, sie aus der Armut und dem Unwissen zu befreien. Zunehmend verspürte er außerdem den Auftrag, die Erkenntnisse der Upanishaden über die wahre Natur des Menschen und das Ideal der Freiheit durch inneres Loslassen und Entsagung in die weite Welt zu tragen. Als er auf dem Felsen des südlichsten Zipfels des Subkontinents saß, fasste er den Entschluss, sein restliches Leben im Dienste Gottes und der Menschen zu verbringen. Vor seinem geistigen Auge tauchte Amerika auf, ein Land des Optimismus. Er würde den aufgeschlossenen Amerikanern die alte Weisheit Indiens vermitteln und seinem Heimatland das Wissen von Wissenschaft und Technik zurückbringen. Wenn ihm diese Mission in Amerika gelänge, würde er nicht nur Indiens Ansehen im Westen verbessern, sondern auch bei seinem eigenen Volk ein neues Vertrauen schaffen.

Im Jahr 1893 fand in Chicago eine Weltausstellung statt und in ihrem Rahmen zum ersten Mal auch ein Parlament der Religionen. Swami Vivekananda wurde bereits von verschiedenen Intellektuellen und Königen darauf angesprochen, ob er dort nicht den Hinduismus vertreten würde. Einige von ihnen boten auch an, die Kosten der Reise zu tragen. Nun stimmte er zu und bestieg am 31. Mai 1893 einen Dampfer. Seine Reise führte über Colombo, Singapur, Hongkong und verschiedene Städte Japans. In Chicago angekommen, erfuhr er, dass der Kongress auf den September verschoben wurde. Da sein mitgebrachtes Geld schnell zur Neige ging, fuhr er nach Boston, wo die Kosten niedriger waren. Im Zug sprach ihn eine Dame an und erklärte sich bereit, ihn als Gast aufzunehmen. Das war der Erste einer Reihe von glücklichen Zufällen, die den mittellosen Mönch bis zu der Eröffnung des Parlaments der Religionen eineinhalb Monate später begleiteten.

Seine Auftritte in Chicago machten ihn auf einen Schlag zu einer Berühmtheit und einem gefragten Redner, und das, obwohl er seinen amerikanischen Gastgebern alles andere als gefällig war. Er scheute nicht davor zurück, die religiöse Realität des Westens, die im krassen Gegensatz zur Lehre Christus stand, oder die Grundzüge der materialistischen, utilitären Kultur zu kritisieren. „Alles, was Egoismus zur Grundlage, Konkurrenz zur rechten Hand und Genuss zum Ziel hat, muss früher oder später sterben", sagte er beispielsweise in Detroit. Die orthodoxen Christen, ganz besonders die Missionäre in seinem Heimatland, ließen nichts aus, um ihn zu leugnen und zu beschmutzen. Aber die intellektuelle und gesellschaftliche Elite der USA hörte ihm aufmerksam zu. Viele kamen zu ihm, um Privatunterricht zu erhalten, und sein unerschrockener Geist, seine angeborene Reinheit und sein makelloser Charakter zogen eine Schar aufrichtiger amerikanischer Schüler an, die er als zukünftige Vedanta-Arbeiter in Amerika auszubilden begann.

Swami Vivekananda reiste unermüdlich und hielt im Durchschnitt zwölf bis vierzehn Vorträge pro Woche. Anfang 1895 lud ihn die Brooklyn Ethical Association ein, eine Reihe von Vorträgen über den Hinduismus zu halten, die laut Zeitungsberichten das begeisterte Publikum, bestehend aus Ärzten, Anwälten und Lehrern, fesselten. Bald darauf mieteten einige arme, aber engagierte Studenten dem Swami einige unmöblierte Zimmer in New York, wo er für sie Vorträge und Unterricht abhielt. Im selben Jahr diktierte er sein Buch „Raja Yoga". Unter der Last all dieser Arbeit litt seine Gesundheit, sodass seine amerikanischen Freunde ihn in ein Sommerhaus im Thousand Island Park zur Erholung einluden. Einige seiner Schüler (die meisten von ihnen übrigens älter als ihr zweiunddreißigjähriger Lehrer) folgten ihm dorthin. Er unterrichtete sie, und diese Arbeit führte einige Zeit später zur Gründung der ersten Vedanta-Gesellschaft in den USA.

Noch im selben Jahr reiste Swami Vivekananda auf Einladung seiner Freunde und Schüler aus London und Paris nach Europa. Nach einem kurzen Aufenthalt in der französischen Hauptstadt traf er in London ein. Innerhalb von drei Wochen nach seiner Ankunft wurde eine Klasse gegründet, die Zeitungen interviewten ihn und mehrere Intellektuelle und Mitglieder des Adels fühlten sich von seinen Lehren angezogen. Zu dieser Zeit traf er Margaret E. Noble, die seine Schülerin wurde und ihm später als Schwester Nivedita nach Indien folgte, wo sie durch ihre Arbeit als Sozialreformerin zu einer der einflussreichsten Frauengestalten des Landes wurde.

In Dezember 1895 kehrte er nach New York zurück. Er stürzte sich sofort in die Arbeit und hielt eine Reihe von Vorträgen über Aktivität als spirituelle Disziplin, die später als „Karma Yoga" veröffentlicht wurden. Anschließend hielt er in Boston Vorträge über den spirituellen Weg der Liebe, die als Buch unter dem Titel „Bhakti Yoga" herauskamen. Im März hielt er eine Vorlesung über die Philosophie des Vedanta vor den Studenten der Fakultät für Philosophie der Harvard-Universität. Dieser Vortrag hinterließ einen solchen Eindruck, dass ihm der Lehrstuhl für östliche Philosophie angeboten wurde. Später kam ein ähnliches Angebot von der Columbia University. Aber er lehnte beide Angebote mit der Begründung ab, dass er Sannyasin sei.

In April 1896 fuhr Swami Vivekananda erneut nach London, wo er wieder öffentliche Vorträge und Unterricht für seine Schüler hielt. Ende Mai lernte er Max Müller kennen, den berühmten deutschen Sprach- und Religionswissenschaftler, der an der Universität Oxford unterrichtete. Seine englischen Freunde baten den überarbeiteten Swami, einen Urlaub in der Schweiz zu machen, was er auch tat. In den Alpen entstand die Idee eines Klosters im Himalaya, in dem seine indischen und westlichen Schüler gemeinsam leben, arbeiten und meditieren könnten, das später auch tatsächlich als „Advaita Ashrama" Realität wurde. In den Alpen erhielt der Swami eine Einladung von Professor Paul Deussen nach Kiel, die er annahm. Unterwegs besuchte er Heidelberg, Koblenz, Köln und Berlin und war von der deutschen Kultur beeindruckt. Im Laufe des Gesprächs mit Professor Deussen meinte dieser, dass eine Bewegung zurück zur Quelle der Spiritualität im Gange sei, eine Bewegung, die Indien in der Zukunft wahrscheinlich zum geistigen Führer der Nationen, zum höchsten und größten geistigen Einfluss auf der Erde machen würde. Zwischen den beiden Philosophen entstand eine Freundschaft, und sie reisten gemeinsam über Hamburg nach London. Während des folgenden zweimonatigen Aufenthaltes in England vertiefte sich auch die Freundschaft von Swami Vivekananda mit Professor Müller, der ihn u. a. einlud, Vorträge an der Oxford-Universität zu halten.

Swami Vivekananda war zu dieser Zeit bereits dreieinhalb Jahre nicht in Indien gewesen und spürte zunehmend, dass seine Heimat ihn rief. Er entschloss sich kurzerhand, nach Indien zu fahren, und ging im Dezember 1896 in Neapel an Bord eines Schiffes, das nach Ceylon fuhr. Während seines Aufenthalts im Westen berichteten die indischen Zeitschriften ausführlich über ihn und er war dort bei seiner Ankunft eine Berühmtheit. Der Empfang auf allen seinen Stationen unterwegs nach Kalkutta war überwältigend. In seinen Reden rief er seine Landsleute auf, sich zu ihrer großen kulturellen, philosophischen und religiösen Vergangenheit zu bekennen und das Schicksal des Landes in eigene Hände zu nehmen. Er mahnte soziale Reformen an und entwarf Pläne, den Vedanta zusammen mit dem Wissen über die westlichen Technologien den ungebildeten Massen Indiens zu vermitteln. Diese Reden machten ihn zum Begründer des indischen Nationalbewusstseins.

Sein Werk in Indien war enorm. Die Ramakrishna-Mission wurde gegründet, um die Lehren des Meisters im In- und Ausland zu propagieren. In Kalkutta wurde eine Schule für Mädchen eröffnet und der Schwester Nivedita übergeben. 1899 entstand Belur Math, der Hauptsitz des Ramakrishna-Mönchordens. Die während seiner Abwesenheit gegründete Zeitschrift „Prabuddha Bharata" wurde auf eine solide Basis gestellt. Außerdem unterrichtete er seine Ordensbrüder, widmete sich der Ausbildung seiner westlichen und indischen Schüler und flüchtete ab und an in die Einsamkeit. Zu dieser Zeit verschlechterte sich seine Gesundheit. Er wusste schon seit Jahren, und hat es wiederholt geschrieben und gesagt, dass seine Zeit bald zu Ende gehen und er den Körper noch vor dem Erreichen des 40. Lebensjahr verlassen würde.

Im Jahr 1899 unternahm Swami Vivekananda eine zweite Reise in den Westen, um die Arbeit seiner Schüler dort zu unterstützen. Er fuhr begleitet von einem seiner Ordensbrüder und Schwester Nivedita zuerst nach London und später nach New York. In den USA reiste er bis nach Kalifornien. Seine Vorträge in San Francisco bewegten einige Teilnehmer dazu, dort ein Vedanta-Zentrum ins Leben zu rufen. In Nordkalifornien bekam er ein großes Stück Land und bat daraufhin seinen Ordensbruder, der die Vedanta-Gesellschaft in New York führte, dort einen *Ashram* aufzubauen. Im Juli desselben Jahres fuhr er nach Frankreich, wo er über ein Jahr verbrachte. Im Oktober

1900 trat er seine Rückreise nach Indien an, die zunächst über Wien, Griechenland und Ägypten nach Konstantinopel führte, wo er an Bord eines Schiffes ging.

In den letzten Jahren seines Lebens zog er sich zunehmend aus dem öffentlichen Leben und in die Meditation zurück. In Indien übergab er die gesamte Verantwortung an seine Ordensbrüder, und nach einigen Reisen blieb er im Belur Math, wo er sich der Unterweisung seiner Schüler und Ordensbrüder widmete. Seine wichtigste Botschaft war sein Leben lang dieselbe: Diene den Bedürftigen. „Brahman ist in allen Menschen, in allen Wesen. Wer einen anderen Menschen, ob nah oder fern, ausnutzt, beleidigt Gott und wird früher oder später dafür bezahlen."

Anfang des Jahres 1902 schrieb er alle Mönche des Ramakrishna-Ordens an mit der Bitte, ihn in Belur Math zu besuchen, und sie taten es, auch diejenigen aus den USA und England. Im Mai 1902 verbesserte sich überraschend seine Gesundheit. An seinem letzten Tag stand er sehr früh auf und schloss sich für mehrere Stunden in der Kapelle des Klosters ein. Er aß mit viel Freude zu Mittag zusammen mit allen anderen Mönchen. Am Nachmittag gab er den Novizen Unterricht in Sanskrit. Während der Vesper schloss er sich in seinem Zimmer ein und meditierte eine Stunde lang. Danach legte er sich hin, und nach einigen tiefen Atemzügen verließ er den Körper. Seine trauernden Ordensbrüder und Schüler trösteten sich mit der Zusicherung, die er Jahre früher gemacht hatte: „Es mag sein, dass ich es für richtig halten werde, diesen abgenutzten Körper abzulegen, aber ich werde nicht aufhören zu arbeiten. Ich werde die Menschen überall inspirieren, bis die Welt weiß, dass sie eins mit Gott ist."

Swami Vivekananda war in vielerlei Hinsicht besonders und passt wahrlich in keine Schublade. Er war ein Yogi, seine Art und sein Verhalten entsprachen aber oft gar nicht dem yogischen Ideal. Er verbrachte zwar oft Tage und Nächte in tiefer Meditation und lebte lange Zeit als Bettelmönch und Asket, aber auf der anderen Seite war sein Geist voller Unruhe und Emotionen. Auch seine Leidenschaft, mit der er für eine bessere, humanere Welt in sozialer, kultureller und religiöser Hinsicht eintrat, unterschied ihn von den anderen Yogis. Er war ein inbrünstiger Kämpfer, ein Idealist, ein Visionär einer besseren Welt, wobei er stets fest auf dem Boden der Fakten und Logik stand.

Diese scheinbare Imperfektion macht ihn für die abseits der Askese und der spirituellen Rigidität aufgewachsenen westlichen Menschen zugänglicher. Außerdem verband er einen messerscharfen Intellekt und eine kompromisslose Logik im Denken mit einem überfließenden Herz. Mit all dem ist er ein perfekter Botschafter der Göttlichkeit des Menschen, der Welt und einer in dieser Göttlichkeit begründeten Ethik. Sein Lehrer, Sri Ramakrishna Paramahamsa, hatte diese Wahrheit in einer perfekten Form erforscht, verkörpert und seinen Landsleuten präsentiert. Swami Vivekananda brachte diese Wahrheit in den Westen und präsentierte sie der ganzen Welt. Was die beiden verband, war ihre vollkommene Selbstlosigkeit. Sie haben ihre Leben vorbehaltlos der Menschheit hingegeben. Nun steht es uns frei, ihre Botschaft in unsere Kultur einzubauen, sie zum Teil unseres Verständnisses der Welt und des Menschen zu machen.

Sri Ramakrishna – die Verkörperung der Religion

(Swami Vivekananda spricht über seinen Guru – eine Auswahl aus dem Vortrag unter dem Titel „My Master".)

„Wann immer die Tugend nachlässt und die Untugend überwiegt, komme ich herab, um der Menschheit zu helfen"[89], erklärt Krishna in der Bhagavad Gita. Wann immer unsere Welt einer Korrektur bedarf, sei es wegen Wachstum, sei es wegen geänderter Umstände, eine Kraftwelle kommt. So wie der Mensch auf zwei Ebenen aktiv ist, der spirituellen und der materiellen, wirkt diese Kraft auf beiden. Auf der materiellen Ebene dieser Korrektur nimmt gegenwärtig Europa den vordersten Platz ein. Auf der spirituellen hat und hatte ihn schon immer Asien. Gerade heute, wenn der Materialismus auf dem Höhepunkt seines Ruhms und seiner Macht steht, wenn Menschen sich aufgemacht haben, ihr göttliches Wesen durch die wachsende Abhängigkeit von der Materie zu vergessen und sich in geldmachende Maschinen zu verwandeln, ist eine Korrektur notwendig. Und tatsächlich ist eine Stimme erklungen. Eine Kraft steigt auf, um die Wolken des Materialismus zu vertreiben; eine Kraft, die, einmal in Bewegung gesetzt, die Erinnerung der Menschheit an ihr wahres Wesen zurückbringen wird. Auch diesmal hat sie in Asien ihren Ursprung.

Unsere Welt ist durch Aufgabenteilung gekennzeichnet. Ein Einziger kann nicht alles kennen. Dennoch, wie kindisch wir sind! Ein Kind denkt in seiner Ignoranz, dass eine Puppe der einzige begehrenswerte Besitz in diesem Universum ist. So wie auch eine Nation, die reich an materiellem Besitz ist, denkt, dass sie alles Begehrenswerte erreicht hat, dass sie alles verkörpert, was man unter Fortschritt und Zivilisation versteht. Diese Nation sieht vielleicht eine andere Nation, die sich nicht für den materiellen Besitz interessiert, als nicht überlebensfähig und nutzlos. Diese andere Nation kann wiederum denken, dass die materiell orientierte Nation völlig nutzlos ist. Aus

---

89   Vgl. Bhagavad Gita 4-7 und 4-8.

dem Orient kam einmal die Stimme, dass, wenn der Mensch alles unter der Sonne besitze, aber die Spiritualität nicht habe, er davon keinen Nutzen ziehen wird.[90] Das ist die orientalische Sicht. Die erste ist die okzidentale Sicht.

Jede dieser Sichten hat ihre Größe und ihre Würde. Die gegenwärtige Korrektur wird eine Harmonisierung, eine Vermengung dieser beiden Ideale bringen. Für den Orientalen ist die Welt der Seele genauso real wie die Welt der Sinne für den Okzidentalen. Der Erste findet in der Spiritualität alles, was er sich erhofft. Für den Okzidentalen ist er ein Träumer. Für den Orientalen ist der Westler ein Träumer, der mit vergänglichem Spielzeug spielt: Er lacht darüber, dass erwachsene Männer und Frauen sich so viel aus einer Handvoll Materie machen, die sie früher oder später zurücklassen müssen. Jeder nennt den anderen einen Träumer. Das Ideal des Orientalen ist für den Fortschritt der menschlichen Rasse genauso wichtig wie das des Okzidentalen; ich denke sogar, dass es wichtiger ist. Geräte haben den Menschen noch nie glücklich gemacht und werden es auch nie. Diejenigen, die uns das glauben lassen, sehen das Glück in den Geräten. Das Glück wohnt in unserem Geist. Nur derjenige kann glücklich sein, der Herr über seine Organe des Geistes ist, sonst niemand.

Welche Macht soll in den Geräten stecken? Warum soll man jemanden, der Elektrizität durch ein Kabel senden kann, als einen großen und besonders intelligenten Menschen bezeichnen? Macht die Natur das nicht in jedem Augenblick Millionen Male? Warum also nicht auf die Knie niederlassen und die Natur anbeten? Was nutzt es, wenn wir die Macht über die ganze Welt, über jedes seiner Atome erlangen? Es wird uns nicht glücklich machen, wenn wir die Kraft des Glücks nicht in uns haben, wenn wir uns selbst nicht bezwungen haben. Es ist wahr, dass der Mensch dafür geboren ist, die Natur zu bezwingen. Der Westler meint damit die externe, physische Natur. Ja, sie ist majestätisch, mit ihren Bergen, Ozeanen und Flüssen, mit ihrer unendlichen Energie und Mannigfaltigkeit. Dennoch gibt es eine noch majestätischere innere Natur im Menschen, größer als die Sonne, der Mond und die Sterne, größer als unsere Erde, als das physische Universum. Sie übersteigt dieses unseres kleine Leben und bietet ein andersartiges Forschungsfeld. Auf diesem Feld tun sich die Orientalen hervor, so wie die Westler auf dem materiellen

---

90   Vgl. Markus 8:36 und Matthäus 16:26.

Feld hervortreten. Deswegen ist es verständlich, dass eine spirituelle Korrektur, wenn sie gebraucht wird, aus dem Orient kommt. Ebenso ist es verständlich, dass der Orientale, möchte er etwas über Geräte erfahren, sich dem Westler zu Füßen setzt und von ihm lernt. Wenn der Westler aber etwas über das Reine Bewusstsein, über Gott, über die Seele erfahren will, muss er sich zu Füßen des Orientalen setzen und von ihm lernen.

Ich werde Ihnen das Leben eines Mannes vorstellen, der eine solche Welle in Indien in Gang gesetzt hat. Aber bevor ich auf das Leben dieses Mannes eingehe, werde ich versuchen, Ihnen das Geheimnis Indiens zu enthüllen, was Indien bedeutet. Wenn diejenigen, deren Augen vom Glanz der materiellen Dinge geblendet sind, deren ganze Hingabe im Leben dem Essen und Trinken und Genießen gilt, deren Ideal das des Besitzes von Land und Gold ist, deren höchstes Vergnügen das der Sinne ist, deren Gott das Geld ist und deren Ziel ein Leben in Bequemlichkeit und Komfort in dieser Welt und der Tod danach ist, deren Geist nie vorausblickt und die selten an etwas Höheres denken als an die sie umgebenden Sinnesobjekte – wenn solche Menschen nach Indien gehen, was sehen sie dann? Armut, Elend, Aberglaube, Dunkelheit, Abscheulichkeit überall. Warum? Weil in ihrer Vorstellung Aufklärung gleichbedeutend mit Kleidung, Bildung, sozialer Höflichkeit ist. Während die abendländischen Nationen alle Anstrengungen unternommen haben, um ihre materielle Lage zu verbessern, ist Indien anders vorgegangen. Dort lebt das einzige Volk der Welt, das nie über seine Grenzen hinausgegangen ist, um andere zu erobern, das nie etwas begehrte, was anderen gehörte. Der einzige Fehler dieses Volkes bestand darin, dass sein Land so fruchtbar war und dass seine Menschen durch harte Arbeit Reichtümer anhäuften und so andere Nationen dazu verleiteten, zu kommen und sie auszurauben. Sie begnügen sich damit, ausgeplündert und als Barbaren bezeichnet zu werden, und im Gegenzug wollen sie dieser Welt eine Vision des Höchsten übermitteln. Sie wollen dieser Welt die Geheimnisse der menschlichen Natur enthüllen, den Schleier zerreißen, der den wahren Menschen verbirgt, weil sie erkannt haben, dass dieser Schleier bloßes Traumbild ist, weil sie wissen, dass hinter dem Materialismus die wahre, göttliche Natur des Menschen lebt, die Natur, die keine Sünde trüben, kein Verbrechen verderben, keine Begierde beflecken kann, die das Feuer nicht verbrennen, das Wasser nicht benetzen, die Hitze nicht austrocknen und der Tod nicht töten kann.[91] Und für sie ist diese wahre Natur des Menschen so real wie jeder materielle Gegenstand für die Sinne eines Abendländers.

Viele von Ihnen haben vielleicht den Artikel von Professor Max Müller in einer kürzlich erschienenen Ausgabe des „Nineteenth Century" mit der Überschrift „Der wahre Mahatman[92]" gelesen. Das Leben von Shri Ramakrishna ist interessant, denn es war eine lebendige Illustration der Ideen, die er lehrte. Möglicherweise wird es für Sie, die Sie im Westen in einer völlig anderen Atmosphäre als in Indien leben, ein wenig romantisch erscheinen. Denn die Methoden und Umgangsformen in der geschäftigen Hektik des Lebens im Westen unterscheiden sich völlig von denen in Indien. Aber vielleicht wird sein Leben deshalb umso interessanter sein, weil es Dinge, von denen viele schon gehört haben, in einem neuen Licht erscheinen lässt.

Es war eine Zeit, zu der in Indien verschiedene Reformen eingeleitet wurden, als am 18. Februar 1836 in einem der abgelegenen Dörfer Bengalens ein Kind von armen brahmanischen Eltern geboren wurde. Der Vater und die Mutter waren sehr orthodoxe Menschen. Das Leben eines wirklich orthodoxen Brahmanen ist ein Leben des ständigen Verzichts. Es gibt nur wenige Dinge, die er tun kann, und darüber hinaus darf sich der orthodoxe Brahmane nicht mit weltlichen Dingen beschäftigen. Gleichzeitig darf er nicht von jedem Geschenke annehmen. Sie können sich vorstellen, wie rigoros dieses Leben ist. Sie haben schon oft von den Brahmanen und ihrem Priesterhandwerk gehört, aber nur wenige von Ihnen haben sich je gefragt, was diese außergewöhnliche Gruppe von Menschen zu den Herrschern ihrer Mitmenschen macht. Sie sind die ärmste aller Klassen im Lande; das Geheimnis ihrer Macht rührt von ihrem Verzicht her. Sie begehren niemals Reichtum. Sie sind die ärmste Priesterschaft der Welt und deshalb die mächtigste. Selbst in dieser Armut wird die Frau eines Brahmanen niemals einen armen Menschen durch das Dorf ziehen lassen, ohne ihm etwas zu essen zu geben. Das wird in Indien als die höchste Pflicht der Mutter angesehen, und weil sie

---

91 Vgl. Bhagavad Gita 2-20 bis 24 und Katha Upanishad 1.2.18.

92 [mahātman], in Sanskrit: eine Person mit edler Seele

die Mutter ist, ist es ihre Pflicht, als Letzte bedient zu werden: Sie muss dafür sorgen, dass jeder bedient wird, bevor sie an der Reihe ist. Aus diesem Grund wird die Mutter in Indien als Gott angesehen. Diese besondere Frau, die Mutter unseres Protagonisten, war der Inbegriff einer Hindu-Mutter. Je höher die Kaste, desto größer die Beschränkungen. Die Menschen der untersten Kaste können essen und trinken, was sie wollen. Aber je höher die Menschen in der sozialen Skala aufsteigen, desto mehr Einschränkungen kommen hinzu. Und wenn sie die höchste Kaste erreichen, die Brahmanen, die erbliche Priesterschaft Indiens, ist ihr Leben, wie ich schon sagte, sehr eingeschränkt. Verglichen mit den westlichen Sitten bedeutet es ständige Askese.

Der Charakter des Vaters und der Mutter meines Meisters entsprach genau diesem Bild. Sie waren sehr arm, und doch würde die Mutter oft einen ganzen Tag hungern, um einem armen Mann zu helfen. Von ihnen wurde dieses Kind geboren, und es war von klein auf ein besonderes Kind. Es erinnerte sich von Geburt an an seine Vergangenheit und war sich bewusst, zu welchem Zweck es auf die Welt gekommen war, und es setzte alle seine Kräfte ein, um diesen Zweck zu erfüllen.

Als mein Meister noch sehr jung war, starb sein Vater, und der Junge wurde zur Schule geschickt. Ein Brahmanenjunge muss zur Schule gehen; die Kaste beschränkt ihn auf einen Gelehrtenberuf. Das alte Bildungssystem in Indien, das in vielen Teilen des Landes immer noch vorherrscht, besonders in Verbindung mit Sannyasins, unterscheidet sich sehr von dem modernen System. Die Schüler mussten nicht bezahlen. Man war der Meinung, dass Wissen so heilig ist, dass niemand es verkaufen sollte. Wissen muss frei und ohne Entgelt weitergegeben werden. Die Lehrer nahmen die Schüler unentgeltlich auf, und nicht nur das, die meisten von ihnen gaben ihren Schülern Essen und Kleidung. Um diese Lehrer zu unterstützen, machten die wohlhabenden Familien ihnen zu bestimmten Anlässen, wie zum Beispiel bei einem Hochzeitsfest oder bei den Totenfeiern, Geschenke. Diese Lehrer galten als die ersten und wichtigsten Anwärter auf bestimmte Geschenke; und sie mussten ihrerseits ihre Schüler unterhalten. Bei jeder Hochzeit, vor allem in einer reichen Familie, wurden diese Professoren eingeladen, und sie nahmen teil und diskutierten über verschiedene Themen. Dieser Junge ging zu

einer dieser Versammlungen von Professoren, die über verschiedene Themen diskutierten, wie Logik oder Astronomie, Themen, die
weit über sein Alter hinausgingen. Und er zog aus dieser Debatte
seine Schlussfolgerungen: „Das ist also das Ergebnis ihres ganzen
Wissens. Warum streiten sie so hart? Es geht doch nur ums Geld:
Derjenige, der hier die höchste Bildung vorweisen kann, bekommt
das beste Kleidungsstück, und das ist alles, wofür diese Leute sich
abmühen. Ich werde nicht mehr zur Schule gehen." Und das war das
Ende seines Schulbesuchs. Aber dieser Junge hatte einen älteren Bruder, einen gelehrten Professor, der ihn nach Kalkutta mitnahm, um
bei ihm zu studieren. Jedoch kam der Junge nach kurzer Zeit auch
dort zu der Überzeugung, dass das Ziel allen weltlichen Lernens nur
materieller Fortschritt ist und nichts anderes, und er beschloss, das
Lernen aufzugeben und sich allein dem Streben nach spirituellem
Wissen zu widmen. Da der Vater tot war, war die Familie sehr arm,
und der Junge musste seinen Lebensunterhalt selbst verdienen. Er
ging an einen Ort in der Nähe von Kalkutta und wurde Tempelpriester. Ein Tempelpriester zu werden gilt für einen Brahmanen als sehr
erniedrigend. Unsere Tempel sind keine Kirchen in Ihrem Sinne, sie
sind keine Orte für öffentliche Anbetung, denn so etwas wie öffentliche Anbetung gibt es in Indien eigentlich nicht. Tempel werden
meist von reichen Menschen als verdienstvolle religiöse Handlung
errichtet.

In dem Tempel befand sich ein Bild der „Glückseligen Mutter".
Dieser Junge musste dort die Anbetung morgens und abends durch-
führen, und nach und nach erfüllte dieser eine Gedanke seinen
Geist: „Gibt es etwas hinter diesen Bildern? Ist es wahr, dass es im
Universum eine Mutter der Glückseligkeit gibt? Ist es wahr, dass sie
lebt und das Universum leitet, oder sind das alles nur Traumbilder?
Gibt es irgendeine Realität in der Religion?"

Diese Skepsis kommt bei einem Hindu-Kind auf. Es ist die Skepsis
unseres Landes: Ist das, was wir tun, real? Und Theorien können
uns nicht befriedigen, obwohl fast alle Theorien, die jemals über
Gott und die Seele aufgestellt wurden, verfügbar sind. Weder Bücher noch Theorien können uns befriedigen. Die eine Idee, die Tausende meiner Landsleute ergreift, ist die Idee der Verwirklichung.
Ist es wahr, dass es einen Gott gibt? Wenn es wahr ist, kann ich Ihn
dann sehen? Kann ich die Wahrheit erfahren? Der westliche Geist

mag dies alles für sehr unpraktisch halten, aber für uns ist es äußerst praktisch. Dafür leben wir.

Diese Frage ergriff von dem Jungen Besitz, und sein ganzes Leben konzentrierte sich darauf. Tag für Tag weinte er und fragte: „Mutter, ist es wahr, dass Du existierst, oder ist das alles nur Poesie? Ist die Glückselige Mutter eine Einbildung von Dichtern und irregeleiteten Menschen, oder gibt es eine solche Wirklichkeit?" Wir haben gesehen, dass er keine Bücher, keine Bildung in unserem Sinne des Wortes hatte, und umso natürlicher, umso gesünder war sein Geist, umso reiner seine Gedanken, die nicht durch das Trinken der Gedanken anderer verwässert wurden. Weil er nicht auf die Universität ging, dachte er für sich selbst. Weil wir unser halbes Leben in der Universität verbracht haben, sind wir mit einer Ansammlung von Gedanken anderer Leute angefüllt. Professor Max Müller hat in dem Artikel, auf den ich gerade verwiesen habe, treffend gesagt, dass dies ein reiner, origineller Mensch war; und das Geheimnis dieser Originalität war, dass er nicht in den Räumen einer Universität aufgewachsen ist.

Nun wurde der Gedanke, ob man Gott sehen kann, in seinem Geist von Tag zu Tag stärker, bis er an nichts anderes mehr denken konnte. Er war nicht mehr in der Lage, den Gottesdienst ordnungsgemäß abzuhalten, konnte sich nicht mehr um die verschiedenen Details in all ihrer Ausführlichkeit kümmern. Oft vergaß er, das Speiseopfer vor das Bild zu legen, manchmal vergaß er, das Licht zu schwenken, manchmal schwenkte er es stundenlang und vergaß alles andere. Dieser eine Gedanke war jeden Tag in seinem Kopf: „Ist es wahr, dass Du existierst, o Mutter? Warum sprichst Du nicht? Bist Du tot?" Vielleicht erinnern sich einige von uns daran, dass es Momente in unserem Leben gibt, in denen wir müde sind von all diesen Argumentationen dumpfer, toter Logik, müde davon, uns durch Bücher zu quälen, die uns schließlich nichts lehren, nichts als eine Art intellektuelles Opium sind. Müde von all dem müssen wir es unbedingt wissen, sonst sterben wir. Und das Herz unseres Herzens stößt einen Schrei aus: „Gibt es niemanden in diesem Universum, der mir das Licht zeigen kann? Wenn es Dich gibt, dann zeige mir das Licht. Warum sprichst Du nicht? Warum machst Du Dich so rar, warum schickst Du so viele Boten und kommst nicht selbst zu mir? Wem soll ich in dieser Welt der Kämpfe und Fraktionen folgen und glauben?

Wenn Du der Gott eines jeden Mannes und einer jeden Frau bist, warum kommst Du nicht, um zu Deinem Kind zu sprechen und zu sehen, ob es nicht bereit ist?"

Nun, solche Gedanken kommen zu uns in Momenten großer Niedergeschlagenheit; aber die Versuchungen, die uns umgeben, sind so groß, dass wir sie im nächsten Moment vergessen. Für einen Moment schien es, als würden sich die Türen des Himmels öffnen, für einen Moment schien es, als würden wir in das strahlende Licht eintauchen; aber der tierische Mensch schüttelt all diese engelhaften Visionen ab. Wir gehen wieder hinunter: Der animalische Mensch isst und trinkt und stirbt, und stirbt und trinkt und isst wieder und wieder. Aber es gibt außergewöhnliche Gemüter, die sich nicht so leicht ablenken lassen, die, wenn sie einmal von diesen Fragen angezogen wurden, nie wieder zurückkehren können, was auch immer die Versuchung auf dem Weg sein mag. Sie wollen die Wahrheit sehen wohl wissend, dass das Leben sonst vorbei sein wird. Sie sagen: Lasst mich das Leben mit einer edlen Bezwingung verbringen, und welche Bezwingung ist edler als die Bezwingung des niederen Menschen und als die Lösung der Frage von Leben und Tod, von Gut und Böse?

Schließlich wurde es für ihn unmöglich, im Tempel zu dienen. Er ging in einen kleinen Wald in der Nähe und lebte dort. Über diesen Teil seines Lebens erzählte er mir mehrmals, dass er nicht mehr wusste, wann die Sonne auf- oder unterging und wie er lebte. Er verlor jeden Gedanken an sich selbst und vergaß zu essen. Während dieser Zeit wurde er liebevoll von einem Verwandten versorgt, der ihm Essen in den Mund steckte, das er mechanisch herunterschluckte.

So vergingen Tage und Nächte dieses Jungen. Wenn ein ganzer Tag verstrich und gegen Abend das Läuten der Glocken in den Tempeln und die singenden Stimmen den Wald erreichten, wurde er sehr traurig und weinte: „Ein weiterer Tag ist vergebens vergangen, Mutter, und Du bist nicht gekommen. Ein weiterer Tag dieses kurzen Lebens ist vergangen, und ich habe die Wahrheit nicht erkannt." In seinem Seelenschmerz rieb er manchmal sein Gesicht am Boden und weinte, und dann brach dieses eine Gebet hervor: „Offenbare Dich in mir, Du Mutter des Universums! Erkenne, dass ich Dich brauche und nichts anderes!" Wahrlich, er wollte seinem eigenen Ideal treu sein. Er hatte gehört, dass die Mutter erst kommen wird, wenn man alles für Sie aufgegeben hat. Er hatte auch gehört, dass die Mutter zwar zu allen kommen wollte, aber die Menschen wollten Sie nicht haben, dass sie alle möglichen törichten kleinen Götzen bevorzugten, um zu ihnen zu beten, dass sie ihre eigenen Vergnügungen wollten und nicht die Mutter und dass Sie in dem Augenblick, in dem sie wirklich mit ihrer ganzen Seele Sie wollten und nichts anderes, kommen würde.

So begann er, sich in diesen Gedanken zu vertiefen. Er wollte genau sein, sogar auf der Ebene der Materie. Er warf alles weg, was er besaß, und legte ein Gelübde ab, dass er niemals Geld anrühren würde, und dieser eine Gedanke, „Ich werde kein Geld anrühren", wurde ein Teil von ihm. Es mag Ihnen vielleicht als etwas Okkultes erscheinen, aber selbst in seinem späteren Leben verkrümmte sich seine Hand, wenn er schlief und ich ihn mit einem Geldstück berührte, und sein ganzer Körper war wie gelähmt. Die andere Idee, die ihm in den Sinn kam, war, dass die Lust der andere Feind sei. Der Mensch ist eine Seele, und die Seele ist geschlechtslos, weder Mann noch Frau. Der Gedanke an Geschlecht und der Gedanke an Geld waren die beiden Dinge, dachte er, die ihn daran hinderten, die Mutter zu sehen. Das ganze Universum ist die Manifestation der Mutter, und sie lebt im Körper einer jeden Frau. „Jede Frau repräsentiert die Mutter; wie kann ich die Frauen nur in Bezug auf Geschlecht betrachten?" Das war der Gedanke: Jede Frau war für ihn die Göttliche Mutter, und er wollte sich selbst dazu bringen, in jeder Frau nichts anderes als die Göttliche Mutter zu sehen. Und er setzte dies in seinem Leben um.

Das ist der ungeheure Durst, der das menschliche Herz ergreifen kann. Später sagte dieser Mann zu mir: „Mein Kind, stell dir vor, in einem Zimmer ist ein Beutel mit Gold und im Nebenzimmer ein Räuber. Glaubst du, der Räuber kann schlafen? Er kann nicht. Er wird die ganze Zeit darüber nachdenken, wie er in dieses Zimmer eindringen und das Gold an sich nehmen kann. Glaubst du, dass ein Mensch, der fest davon überzeugt ist, dass es hinter all diesen Erscheinungen eine Wirklichkeit gibt, dass es Gott gibt, dass es Einen gibt, der niemals stirbt, Einen, der unendliche Glückseligkeit ist, eine

Glückseligkeit, im Vergleich zu der diese Sinnesfreuden nur Spielzeuge sind, glaubst du, dass dieser Mensch zufrieden ruhen kann, ohne darum zu kämpfen, diese Wirklichkeit zu erreichen? Kann er seine Bemühungen auch nur für einen Moment aufgeben? Nein. Er wird vor Sehnsucht verrückt werden." Dieser göttliche Wahnsinn ergriff den Jungen. Zu dieser Zeit hatte er keinen Lehrer, niemanden, der ihm Ratschläge geben könnte, und alle dachten, er sei verrückt geworden. Dies ist der übliche Vorgang. Wenn ein Mensch die Eitelkeiten der Welt über Bord wirft, wird er für verrückt erklärt. Aber solche Menschen sind das Salz der Erde. Aus solchem Wahnsinn sind die Kräfte hervorgegangen, die diese unsere Welt bewegt haben, und aus solchem Wahnsinn allein werden die Kräfte der Zukunft kommen, die die Welt noch bewegen werden.

So vergingen Tage, Wochen, Monate im ständigen Ringen der Seele um die Wahrheit. Der Junge begann, Erscheinungen zu sehen, wunderbare Dinge zu erleben; die Geheimnisse seiner Natur begannen sich ihm zu offenbaren. Ein Schleier nach dem anderen wurde entfernt. Die Mutter selbst wurde zur Lehrerin und weihte den Jungen in die Wahrheiten ein, die er suchte. Zu dieser Zeit kam eine Frau von schöner Erscheinung und unvergleichlicher Gelehrsamkeit an diesen Ort. Später pflegte dieser Heilige über sie zu sagen, dass sie nicht gelehrt war, sondern die Verkörperung des Lernens; sie war das Lernen selbst in menschlicher Gestalt. Auch hier zeigt sich die Besonderheit des indischen Volkes. Inmitten der Unwissenheit, in der die durchschnittliche Hindu-Frau lebt, inmitten dessen, was man in westlichen Ländern ihre Unfreiheit nennt, konnte eine Frau von höchster Spiritualität heranwachsen. Sie war eine Sannyasini; denn auch Frauen geben die Welt auf, werfen ihren Besitz weg, heiraten nicht und widmen sich der Verehrung Gottes. Sie kam, und als sie von dem Jungen im Hain hörte, ging sie zu ihm, und ihre Hilfe war die erste, die er erhielt. Sie erkannte sofort, worum es ihm ging, und sagte zu ihm: „Mein Sohn, gesegnet ist der Mensch, den ein solcher Wahnsinn befällt. Das ganze Universum ist verrückt – manche nach Reichtum, manche nach Vergnügen, manche nach Ruhm, andere nach hundert anderen Dingen. Sie sind verrückt nach Gold oder Ehemännern oder Ehefrauen, nach Belanglosigkeiten, verrückt danach, jemanden zu tyrannisieren, verrückt danach, reich zu werden, verrückt nach jeder Torheit außer Gott. Und sie sind nur imstande, ihre eigene Verrücktheit zu erstehen. Wenn ein anderer Mensch auch nach Gold verrückt ist, haben sie Mitgefühl und Sympathie für ihn, und sie sagen, er tut das Richtige, so wie Verrückte denken, dass nur Verrückte geistig gesund sind. Wie sollten sie verstehen, wenn jemand nach dem Geliebten, nach dem Herrn, verrückt ist? Sie denken, er sei verrückt geworden, und sie sagen: ‚Lasst euch nicht mit ihm ein.' Deshalb nennen sie dich verrückt, aber es ist die richtige Art von Verrücktheit. Gesegnet ist der Mensch, der nach Gott verrückt ist. Solche Menschen gibt es nur wenige." Diese Frau blieb jahrelang in der Nähe des Jungen, lehrte ihn die Formen der indischen Religionen, weihte ihn in die verschiedenen Praktiken des Yogas ein und führte diesen gewaltigen Fluss der Spiritualität sozusagen in Harmonie.

Später kam in denselben Hain ein Sannyasin, einer der Bettelmönche Indiens, ein gelehrter Mann, ein Philosoph. Er war ein eigenartiger Mann, ein Idealist. Er glaubte nicht, dass diese Welt in Wirklichkeit existierte, und um das zu unterstreichen, ging er nie unter ein Dach, sondern lebte immer im Freien, bei Sturm und Sonnenschein gleichermaßen. Dieser Mann begann, den Jungen in der Philosophie der Veden zu unterrichten, und zu seinem Erstaunen stellte er sehr bald fest, dass der Schüler in mancher Hinsicht weiser war als sein Meister. Er verbrachte mehrere Monate mit dem jungen Mann, weihte ihn dann in den Orden der Sannyasins ein und reiste ab.

Während der junge Tempelpriester wegen seiner außergewöhnlichen Verehrung von den Leuten für geistesgestört gehalten wurde, nahmen ihn seine Verwandten mit nach Hause und verheirateten ihn mit einem kleinen Mädchen, weil sie dachten, das würde seine Gedanken umkehren und sein Gleichgewicht wiederherstellen. Aber er kam nach der Vermählung zurück und versank, wie wir gesehen haben, immer tiefer in seinem göttlichen Wahnsinn. Manchmal werden in unserem Land Kinder verheiratet und haben kein Mitspracherecht; ihre Eltern verheiraten sie. Natürlich ist eine solche Ehe kaum mehr als ein Verlöbnis. Nach der Hochzeit leben sie noch bei ihren Eltern, und die eigentliche Heirat findet statt, wenn die Frau älter wird. Erst dann ist es üblich, dass der Ehemann geht und seine Braut in sein eigenes Haus nimmt. In diesem Fall hatte der Mann jedoch völlig vergessen, dass er eine Frau hatte. In ihrem fernen Heimatort hatte das Fräulein gehört, dass ihr Mann ein religiöser Enthusiast geworden war und dass er von vielen sogar für verrückt gehalten wurde. Sie beschloss, die Wahrheit selbst herauszufinden, und machte sich auf den Weg zu dem Ort, an dem sich ihr Mann aufhielt. Als sie schließlich vor ihrem Mann stand, erkannte er sofort ihr Recht auf sein Leben an, obwohl in Indien jeder Mensch, ob Mann oder Frau, der ein religiöses Leben führt, dadurch von allen anderen Verpflichtungen befreit ist. Der junge Mann fiel seiner Frau zu Füßen und sagte: „Was mich betrifft, so hat mir die Mutter gezeigt, dass Sie in jeder Frau wohnt, und so habe ich gelernt, jede Frau als Göttliche Mutter zu betrachten. Das ist die einzige Vorstellung, die ich von dir haben kann. Aber wenn du mich in die Welt zerren willst, da ich mit dir verheiratet bin, bin ich dir zu Diensten."

Das Fräulein war eine reine und edle Seele und konnte die Bestrebungen ihres Mannes verstehen und mitfühlen. Sie sagte ihm kurzerhand, dass sie ihn nicht zu einem weltlichen Leben zwingen wolle, sondern dass alles, was sie wünsche, sei, in seiner Nähe zu bleiben, ihm zu dienen und von ihm zu lernen. Sie wurde eine seiner treuesten Jüngerinnen und verehrte ihn stets als ein göttliches Wesen. So wurde durch die Zustimmung seiner Frau das letzte Hindernis beseitigt, und er war frei, das Leben zu führen, das er gewählt hatte.

Der nächste Wunsch, der die Seele dieses Mannes ergriff, war, die Wahrheit über die verschiedenen Religionen zu erfahren. Bis zu diesem Zeitpunkt hatte er keine andere Religion als seine eigene gekannt. Er wollte verstehen, wie andere Religionen sind. Also suchte er Lehrer anderer Religionen. Bei Lehrern muss man immer daran denken, was wir in Indien meinen: keinen Bücherwurm, sondern einen Mann der Verwirklichung, der die Wahrheit aus erster Hand kennt und nicht durch einen Mittelsmann. Er fand einen mohammedanischen Heiligen und unterwarf sich ihm. Er unterzog sich den von ihm vorgeschriebenen Praktiken und stellte zu seinem Erstaunen fest, dass diese Methoden der Hingabe, wenn sie treu ausgeführt wurden, ihn zu demselben Ziel führten, das er bereits erreicht hatte. Ähnliche Erfahrungen machte er, als er der wahren Lehre von Jesus Christus folgte. Er ging zu allen Glaubensgemeinschaften, die er finden konnte, und was auch immer er aufgriff, er ging mit ganzem Herzen hinein. Er tat genau das, was man ihm sagte, und in jedem Fall kam er zum gleichen Ergebnis. So erfuhr er aus eigener

Erfahrung, dass das Ziel jeder Religion dasselbe ist, dass jede versucht, dasselbe zu lehren, wobei der Unterschied hauptsächlich in der Methode und noch mehr in der Sprache liegt. Im Kern haben alle Glaubensrichtungen und alle Religionen das gleiche Ziel, und sie stritten sich nur für ihre eigenen egoistischen Zwecke – sie waren nicht um die Wahrheit besorgt, sondern um „meinen Namen" und „deinen Namen". Sie predigten zwar dieselbe Wahrheit, aber sie sagten: „Das andere kann nicht wahr sein, denn wir haben es nicht mit dem Siegel unseres Namens versehen. Darum hört nicht auf sie." Und die anderen sagten das Gleiche: „Hört nicht auf sie. Obwohl sie genau dasselbe predigen, ist es doch nicht wahr, weil sie es nicht in unserem Namen verkünden." Das ist es, was mein Meister fand.

Als Nächstes machte er sich daran, Demut zu lernen. Denn er hatte herausgefunden, dass der eine Gedanke in allen Religionen „nicht ich, sondern du" ist, und wer „nicht ich" sagt, dessen Herz wird vom Herrn erfüllt. Je weniger von diesem kleinen „Ich", desto mehr von Gott. Das fand er als Wahrheit in jeder Religion der Welt, und er machte sich daran, dies umzusetzen. Wie ich schon sagte, beschränkte er sich, wenn er etwas tun wollte, nie auf schöne Theorien, sondern ging sofort in die Praxis über. Wir sehen viele Menschen, die die wunderbarsten Dinge über Nächstenliebe und über Gleichheit und die Rechte anderer Menschen und all das reden, aber das ist nur Theorie. Ich hatte das Glück, einen Menschen zu finden, der in der Lage war, die Theorie in die Praxis umzusetzen. Er hatte die wunderbare Fähigkeit, alles in die Praxis umzusetzen, was er für richtig hielt.

In der Nähe des Ortes lebte eine Familie von Parias. Die Parias (es gibt in Indien einige Millionen von ihnen) sind eine Bevölkerungsgruppe, die so niedrig ist, dass in einigen unserer Bücher steht, dass ein Brahmane, der aus seinem Haus kommt und das Gesicht eines Parias sieht, an diesem Tag fasten und bestimmte Gebete aufsagen muss, bevor er wieder geheiligt ist. In einigen Hindu-Städten muss ein Paria eine Krähenfeder auf seinen Kopf setzen, wenn er die Stadt betritt, als Zeichen, dass er ein Paria ist, und er muss laut rufen: „Rettet euch, ein Paria geht durch die Straße", und die Leute werden wie von Zauberhand vor ihm fliehen, denn wenn sie ihn zufällig berühren, müssen sie ihre Kleidung wechseln, baden und andere Dinge tun. Und die Parias glauben seit Tausenden von Jahren, dass das vollkommen richtig ist; dass ihre Berührung jeden unheilig macht. Nun ging mein Meister zu diesem Paria und bat darum, sein Haus reinigen zu dürfen. Die Aufgabe des Parias ist es, die Straßen der Städte zu reinigen und die Häuser sauber zu halten. Er kann das Haus nicht durch die Vordertür betreten; er geht durch die Hintertür hinein, und sobald er gegangen ist, wird der gesamte Bereich, an dem er sich aufgehalten hat, mit ein wenig Gangeswasser besprengt und wieder heilig gemacht. Von Geburt an steht der Brahmane für Heiligkeit und der Paria für das genaue Gegenteil. Und dieser Brahmane bat darum, die niederen Dienste im Haus des Parias verrichten zu dürfen. Der Paria konnte das natürlich nicht zulassen, denn sie alle denken, dass es eine schreckliche Sünde wäre, wenn sie einem Brahmanen erlauben würden, solche niederen Arbeiten zu verrichten, und dass sie dann sterben würden. Der Paria wollte es also nicht zulassen, und so betrat Ramakrishna mitten in der Nacht, als alle schliefen, das Haus. Er hatte lange Haare, und mit seinen Haaren wischte er die Wohnung und sagte: „Oh, meine Mutter, mach mich zum Diener der Parias, lass mich spüren, dass ich niedriger bin als sie." „Diejenigen beten Mich am besten an, die Meine Anbeter verehren. Das sind alles Meine Kinder, und es ist ein Privileg, ihnen zu dienen"[93] – so lehren die Hindu-Schriften.

Er ging noch durch verschiedene andere Vorbereitungen, deren Aufzählung zu viel Zeit in Anspruch nehmen würde, und ich möchte Ihnen nur einen kurzen Überblick über sein Leben geben. Jahrelang bildete er sich auf diese Weise. Ein Teil der *Sadhana* war es beispielsweise, die Idee des Geschlechts auszurotten. Die Seele hat kein Geschlecht, sie ist weder männlich noch weiblich. Das Geschlecht existiert nur im Körper, und derjenige, der zur Seele gelangen will, kann nicht gleichzeitig an den Geschlechtsunterschieden festhalten. Da er in einem männlichen Körper geboren wurde, wollte er die weibliche Idee in alles einbringen. Er begann zu denken, dass er eine Frau sei: Er kleidete sich wie eine Frau, sprach wie eine Frau, gab die männlichen Beschäftigungen auf und lebte im Haushalt unter den Frauen einer guten Familie, bis sich nach Jahren dieser Disziplin sein Geist veränderte und er die Idee des Geschlechts völlig vergaß. Auf diese Weise änderte sich auch seine Sicht aufs Leben.

---

93 Vgl. *Srimad Bhagavatam* 11.19.21.

Im Westen hört man von der Verehrung der Frau, aber das bezieht sich gewöhnlich auf ihre Jugend und Schönheit. Was dieser Mann mit der Verehrung der Frau meinte, war, dass für ihn das Gesicht jeder Frau das der Glückseligen Mutter war und nichts anderes. Ich habe selbst gesehen, wie dieser Mann vor den Frauen stand, die die Gesellschaft ausgestoßen hatte, ihnen weinend zu Füßen fiel und sagte: „Mutter, in einer Form bist Du auf der Straße, in einer anderen Form bist Du das Universum. Ich grüße Dich, Mutter, ich grüße Dich." Denken Sie an die Seligkeit jenes Lebens, aus dem alle Fleischlichkeit verschwunden war. Er betrachtete jede Frau mit dieser Liebe und Ehrfurcht. Das Antlitz jeder Frau verwandelte sich für ihn, und nur das Antlitz der Göttlichen Mutter, der Glückseligen, der Beschützerin des Menschengeschlechts leuchtete! Das ist es, was wir wollen. Oder denken Sie, dass die Göttlichkeit einer Frau jemals betrogen werden kann? Das kann sie nicht, das konnte sie nie. Sie behauptet sich immer. Untrüglich erkennt sie Betrug, sie erkennt Heuchelei, unfehlbar spürt sie die Wärme der Wahrheit, das Licht der Spiritualität, die Heiligkeit der Reinheit. Diese Reinheit ist absolut notwendig, wenn man wirkliche Spiritualität erlangen will.

Diese strenge, unbefleckte Reinheit kam in das Leben dieses Mannes. Alle Konflikte, die wir in unserem Leben haben, waren überwunden. Seine hart erarbeiteten Juwelen der Spiritualität, für die er drei Viertel seines Lebens geopfert hatte, waren nun bereit, der Menschheit geschenkt zu werden, und damit begann seine Mission. Sein Lehren und Predigten waren etwas Besonderes. In meinem Land ist ein Lehrer[94] eine höchst verehrte Person, er wird als Gott selbst angesehen. Der Respekt vor ihm ist sogar größer als vor dem Vater und der Mutter. Vater und Mutter geben uns unseren Körper, aber der Lehrer zeigt uns den Weg zur Erlösung. Wir sind seine Kinder, wir werden als die spirituellen Nachkommen des Lehrers geboren. Alle Hindus kommen, um einem außergewöhnlichen Lehrer Respekt zu zollen, sie scharen sich um ihn. Und hier war ein solcher Lehrer. Aber der Lehrer achtete nicht darauf, ob er respektiert wurde oder nicht, er hatte nicht die geringste Vorstellung davon, dass er ein großer Lehrer war. Er dachte, dass es die Mutter war, die alles

---

94 Gemeint ist der Guru, dessen Rolle in den spirituellen Schulen Indiens eine besondere ist.

tat, und nicht er. Er sagte immer: „Wenn etwas Gutes von meinen Lippen kommt, ist es die Mutter, die spricht. Was habe ich damit zu tun?" Das war seine Auffassung von seiner Arbeit, und bis zu seinem Tod gab er sie nie auf.

Dieser Mann suchte niemanden. Sein Grundsatz lautete: erst den Charakter formen, dann die Spiritualität erarbeiten, und die Ergebnisse werden von selbst kommen. Seine beliebteste Metapher war: „Wenn sich der Lotus öffnet, kommen die Bienen von selbst, um den Honig zu suchen. So lasse den Lotus deines Charakters voll erblühen, und die Ergebnisse werden folgen." Dies ist eine großartige Lektion, die wir lernen sollten.

Mein Meister hat mich diese Lektion Hunderte Male gelehrt, aber ich vergesse sie trotzdem immer wieder. Nur wenige verstehen die Macht der Gedanken. Wenn ein Mensch in eine Höhle geht, sich dort einschließt, einen wirklich großen Gedanken denkt und stirbt, wird dieser Gedanke die Wände der Höhle durchdringen, durch den Raum schwingen und schließlich die ganze Menschheit erreichen. Das ist die Macht des Gedankens. Haben Sie es also nicht eilig, anderen Ihre Gedanken mitzuteilen. Zuerst müssen Sie etwas zu geben haben. Nur derjenige lehrt, der etwas zu geben hat, denn Lehren ist nicht Reden, Lehren ist nicht das Vermitteln von Lehrsätzen, es ist Weitergeben. Spiritualität kann genauso konkret weitergegeben werden, wie ich Ihnen eine Blume geben kann. Das ist im wahrsten Sinne des Wortes wahr. Dieser Gedanke ist in Indien sehr alt und findet im Westen in der Idee der apostolischen Sukzession seine Entsprechung. Bilden Sie also zuerst Ihren Charakter – das ist die höchste Pflicht, die Sie erfüllen können. Finden Sie die Wahrheit für sich selbst, und es wird viele geben, denen Sie sie später vermitteln können; sie werden alle von selbst kommen. Das war die Haltung meines Meisters.

Er kritisierte niemanden. Jahrelang lebte ich mit diesem Mann zusammen, aber nie hörte ich von seinen Lippen ein Wort der Verurteilung irgendeiner Konfession. Er hatte für alle Glaubensrichtungen die gleiche Sympathie – er hatte die Harmonie zwischen ihnen gefunden. Ein Mensch kann intellektuell, hingebungsvoll, mystisch oder aktiv sein; die verschiedenen Religionen repräsentieren den einen oder anderen dieser Typen. Doch es ist möglich, alle vier in einem Menschen zu vereinen, und das ist es, was die zukünftige

Menschheit tun wird. Das war seine Idee. Er verdammte niemanden, sondern sah das Gute in allen.

Die Menschen kamen zu Tausenden, um diesen wunderbaren Mann zu sehen und zu hören. Er sprach in einer Mundart, und jedes seiner Worte war eindringlich und durchdrungen von Licht. Denn es ist nicht das, was gesprochen wird, und schon gar nicht die Sprache, in der es gesprochen wird, sondern es ist die Persönlichkeit des Sprechers, die in allem, was er sagt, wirkt und Gewicht hat. Jeder von uns spürt dies zuweilen. Wir hören die großartigsten Reden, die am besten durchdachten Reden, und wir gehen nach Hause und vergessen sie alle. Ein anderes Mal hören wir ein paar Worte in der einfachsten Sprache, und sie gehen in unser Leben ein und erzeugen bleibende Wirkung, werden ein Teil von uns selbst. Die Worte eines Menschen, der seine Persönlichkeit in sie hineinlegen kann, wirken, aber er muss eine enorme Persönlichkeit haben. Alles Lehren bedeutet Geben und Nehmen: Der Lehrer gibt, und der Schüler empfängt, aber der eine muss etwas zu geben haben, und der andere muss zu empfangen bereit sein.

Dieser Mann lebte in der Nähe von Kalkutta, der Hauptstadt Indiens, der wichtigsten Universitätsstadt unseres Landes, die jedes Jahr Hunderte von Skeptikern und Materialisten hervorbringt. Doch viele dieser Akademiker – Skeptiker und Agnostiker – kamen zu ihm und hörten ihm zu. Ich hörte von diesem Mann und ging hin, um ihn zu hören. Er sah aus wie ein ganz normaler Mann, der nichts Besonderes an sich hatte. Er benutzte die einfachste Sprache, und ich dachte: „Kann dieser Mann ein großer Lehrer sein?" Ich schlich mich an ihn heran und stellte ihm die Frage, die ich schon mein ganzes Leben lang anderen gestellt hatte: „Glauben Sie an Gott, Sir?" „Ja", antwortete er. „Können Sie das beweisen?" „Ja." „Wie?" „Weil ich Ihn genau so sehe, wie ich dich hier sehe, nur in einem viel intensiveren Sinn." Das beeindruckte mich schlagartig. Zum ersten Mal fand ich einen Mann, der es zu sagen wagte, dass er Gott sah, dass Religion eine Realität ist, die man fühlen kann, die man auf eine unendlich intensivere Weise wahrnehmen kann, als wir die Welt wahrnehmen können. Ich begann, zu diesem Mann zu gehen, Tag für Tag, und ich sah, dass Religion tatsächlich gegeben werden kann. Eine Berührung, ein Blick kann ein ganzes Leben verändern. Ich habe über Buddha und Christus und Mohammed gelesen, über all diese verschiedenen Lichtgestalten des Altertums, wie sie aufstanden und sagten: „Sei du heil", und der Mensch wurde geheilt. Ich fand nun heraus, dass es wahr ist, und als ich selbst diesen Mann sah, war all meine Skepsis weggewischt. Es war möglich, und mein Meister pflegte zu sagen: „Religion kann greifbarer und realer gegeben und angenommen werden als alles andere auf der Welt."

Seien Sie also zuerst spirituell, haben Sie etwas zu geben und treten Sie dann vor die Welt und geben Sie es. Religion ist kein Gerede, keine Doktrinen oder Theorien. Und sie ist auch kein Sektierertum. Religion lebt nicht in Kirchen und Vereinen. Sie ist die Beziehung zwischen der Seele und Gott; wie kann sie in einen Verein überführt werden? Sie würde dann zu einem Geschäft verkommen, und wo immer es in der Religion Geschäft gibt, stirbt die Spiritualität. Religion besteht nicht darin, Tempel zu errichten, Kirchen zu bauen oder an öffentlichen Gottesdiensten teilzunehmen. Sie ist nicht in Büchern zu finden, nicht in Worten, nicht in Vorträgen, nicht in Organisationen. Religion besteht in der Verwirklichung. Wir alle wissen, dass uns nichts befriedigen kann, solange wir die Wahrheit nicht selbst erkennen. Wie viel wir auch argumentieren und zuhören mögen, nur eines wird uns befriedigen, und das ist unsere eigene Verwirklichung; und eine solche Erfahrung ist für jeden von uns möglich, wenn wir es nur ernsthaft versuchen.

Das erste Ideal bei diesem Versuch, die Religion zu verwirklichen, ist das der Entsagung. Soweit wir können, müssen wir entsagen. Dunkelheit und Licht, Freude an der Welt und Freude an Gott werden niemals zusammengehören. „Ihr könnt nicht Gott dienen und dem Mammon."[95] Mögen die Menschen es versuchen, wenn sie wollen – und ich habe in jedem Land Millionen gesehen, die es versucht haben; aber es führt schließlich zu nichts. Wenn es in der Religion nur ein wahres Wort geben sollte, dann wäre es: Gib alles auf um des Herrn willen. Das ist eine harte und langwierige Aufgabe, aber Sie können hier und jetzt damit beginnen. Nach und nach müssen wir uns diesem Ziel nähern.

Die zweite Sache, die ich von meinem Meister gelernt habe, und die vielleicht die wichtigste ist, ist die wunderbare Wahrheit, dass

---

95 Matthäus 6:24

die Religionen der Welt nicht widersprüchlich oder antagonistisch sind. Sie sind nur verschiedene Phasen der einen ewigen Religion. Diese eine ewige Religion wird auf verschiedenen Ebenen angewandt, auf die Meinungen verschiedener Gemüter und verschiedener Völker angepasst. Es gab nie meine oder deine Religion, meine nationale Religion oder deine nationale Religion. Es gab nie viele Religionen. Es gibt nur die eine. Eine einzige grenzenlose Religion existierte die ganze Ewigkeit hindurch und wird immer existieren – diese Religion drückt sich nur in verschiedenen Ländern auf verschiedene Weise aus. Deshalb müssen wir alle Religionen respektieren und versuchen, sie alle zu akzeptieren, soweit wir das können. Religionen manifestieren sich nicht nur je nach Herkunft und Ort, sondern auch je nach den individuellen Fähigkeiten. Bei einem Menschen manifestiert sich die Religion als intensive Aktivität, als Arbeit. Bei einem anderen manifestiert sie sich als intensive Hingabe, bei einem weiteren als Mystik, bei wieder einem anderen als Philosophie und so weiter. Es ist falsch, wenn wir zu anderen sagen: „Deine Methoden sind nicht richtig." Vielleicht denkt ein Mensch, dessen Natur die der Liebe ist, dass derjenige, der anderen Gutes tut, nicht auf dem richtigen Weg zur Religion ist, weil es nicht sein eigener Weg ist und daher falsch sein muss. Wenn der Philosoph denkt: „Oh, die armen unwissenden Menschen, was wissen sie von einem Gott der Liebe und der Liebe zu Ihm? Sie wissen nicht, was gemeint ist", so irrt er, denn sie mögen recht haben, genauso wie auch er recht haben kann.

Dieses zentrale Geheimnis zu lernen, dass die Wahrheit eine und doch gleichzeitig viele sein kann, dass wir von verschiedenen Standpunkten aus verschiedene Blicke auf dieselbe Wahrheit haben können, ist genau das, was getan werden muss. Dann werden wir anstelle von Antagonismus unendliche Sympathie mit allen haben. Wenn wir akzeptieren, dass dieselbe religiöse Wahrheit unterschiedliche Anpassungen erfordert, weil es unterschiedliche menschliche Naturen gibt, die in diese Welt geboren werden, werden wir verstehen, dass wir verpflichtet sind, Nachsicht miteinander zu üben. So wie die Natur eine Einheit in der Vielfalt ist, so wie in und durch all diese Variationen des Phänomenalen das Unendliche, das Unveränderliche, die absolute Einheit hindurchgeht, so ist es auch mit jedem Menschen: Der Mikrokosmos ist nur eine Miniaturwiederholung des Makrokosmos. Trotz all dieser Variationen geht in und durch sie alle diese ewige Harmonie, und wir müssen dies erkennen. Diese Idee ist für mich vor allen anderen Ideen die schreiende Notwendigkeit unserer Zeit.

Wir müssen erkennen, dass jede Religion die gleiche rettende Kraft hat wie die anderen. Was Sie über die Unterschiede zwischen ihnen gehört haben, sei es im Tempel oder in der Kirche, ist ein Haufen Aberglaube. Derselbe Gott antwortet allen, und nicht Sie oder ich oder irgendeine Gruppe von Menschen ist für die Sicherheit und das Heil sogar des kleinsten Teilchens der Seele zuständig; derselbe allmächtige Gott ist für alles verantwortlich. Ich verstehe nicht, wie Menschen sich als gottgläubig bezeichnen und gleichzeitig meinen, dass Gott einer kleinen Gruppe von Menschen die ganze Wahrheit übergeben hat und dass sie die Hüter dieser Wahrheit für die übrige Menschheit sind. Wie kann man das Religion nennen? Religion ist Verwirklichung. Aber bloßes Gerede, bloßer Versuch zu glauben, bloßes Tappen in der Dunkelheit, bloßes Nachplappern der Worte der Vorfahren, die man für Religion hält, bloßes Herstellen eines politischen Etwas aus den Wahrheiten der Religion – das ist überhaupt keine Religion. In jeder Religion, selbst bei den Mohammedanern, die wir als sich abgrenzend betrachten, finden wir, dass überall dort, wo ein Mann versucht hat, Religion zu verwirklichen, die feurigen Worte von seinen Lippen kamen: „Du bist der Herr von allem, Du bist im Herzen von allen, Du führst alle, Du lehrst alle und Du sorgst unendlich mehr für diese Welt Deiner Kinder, als wir es je tun können." Versuchen Sie niemals, den Glauben eines Menschen zu stören. Wenn Sie können, geben Sie ihm etwas Besseres. Wenn Sie können, nehmen Sie einen Menschen dort, wo er steht, an die Hand und geben Sie ihm einen Stoß nach oben; tun Sie das, aber zerstören Sie nicht, was er bereits hat. Der einzig wahre Lehrer ist derjenige, der sich je nach Situation in Sekundenschnelle sozusagen in tausend Personen verwandeln kann. Der einzig wahre Lehrer ist derjenige, der sich augenblicklich auf die Ebene des Schülers herabbegeben und seine Seele auf die Seele des Schülers übersetzen kann und der durch die Augen des Schülers sehen, durch seine Ohren hören und durch seinen Verstand verstehen kann. Ein solcher Lehrer kann wirklich lehren und kein anderer. All diese negativen, zersetzenden, zerstörerischen Lehrer, die es in der Welt gibt, können niemals etwas Gutes bewirken.

In der Gegenwart meines Meisters fand ich heraus, dass der Mensch vollkommen sein kann – sogar in diesem Körper. Diese Lippen haben nie jemanden verflucht, nicht einmal kritisiert. Diese Augen konnten nichts Böses mehr sehen, dieser Geist hatte die Fähigkeit verloren, Böses zu denken. Er sah nichts als das Gute. Diese enorme Reinheit, diese enorme Entsagung ist das ganze Geheimnis der Spiritualität. „Weder durch Reichtum noch durch Nachkommenschaft, sondern allein durch Entsagung ist die Unsterblichkeit zu erreichen", sagen die Veden.[96] „Verkaufe alles, was du hast, und gib den Armen, und folge mir nach", sagt Christus.[97] So haben es alle großen Heiligen und Propheten ausgedrückt und in ihrem Leben verwirklicht. Wie kann große Spiritualität ohne diese Entsagung entstehen? Entsagung ist die Basis allen religiösen Denkens, überall, und Sie werden immer feststellen, dass sich die Sinne umso mehr in den Bereich der Religion einschleichen werden, je weniger diese Idee der Entsagung vorhanden ist, und die Spiritualität wird in demselben Verhältnis abnehmen.

Dieser Mann war die Verkörperung der Entsagung. In unserem Land ist es notwendig, dass ein Mann, der zum Sannyasin wird, allen weltlichen Reichtum und jede Stellung aufgibt, und das hat mein Meister buchstäblich umgesetzt. Es gab viele, die sich gesegnet gefühlt hätten, wenn er nur ein Geschenk aus ihren Händen angenommen hätte, die ihm gerne Tausende von Rupien gegeben hätten, wenn er sie genommen hätte, aber das waren die einzigen Menschen, von denen er sich abwandte. Er war ein triumphales Beispiel, eine lebendige Verwirklichung der völligen Überwindung der Lust und des Verlangens nach Geld. Er war jenseits aller Vorstellungen von beidem, und solche Menschen sind für dieses Jahrhundert notwendig. Ein solcher Verzicht ist notwendig in diesen Tagen, in denen die Menschen zu glauben beginnen, dass sie keinen Monat ohne das leben können, was sie ihre „Notwendigkeiten" nennen, und in denen sich diese „Notwendigkeiten" über alle Maßen vermehren. In einer Zeit wie dieser ist es notwendig, dass jemand aufsteht, um den Skeptikern der Welt zu zeigen, dass es doch Menschen geben kann, die sich keinen Deut um alles Gold oder allen Ruhm der Welt scheren.

---

96 Vgl. Kaivalya Upanishad 1.3 und Mahanarayana Upanishad 12.14.

97 Vgl. Markus 10:21 und Matthäus 19:21.

Die andere Grundidee seines Lebens war die intensive Liebe für andere. Den ersten Teil seines Lebens verbrachte mein Meister damit, Spiritualität zu erlangen, und die restlichen Jahre damit, sie weiterzugeben. Die Menschen in unserem Land haben nicht die gleichen Gewohnheiten wie Sie, wenn sie einen religiösen Lehrer oder einen Sannyasin besuchen. Viele von ihnen kommen, um ihn etwas zu fragen; manche laufen vielleicht Hunderte von Kilometern, nur um eine Frage zu stellen, um ein Wort von ihm zu hören: „Sag mir ein Wort für meine Erlösung." Das ist die Art, wie sie kommen. Sie kommen in Scharen und ohne Umschweife an den Ort, an dem er am häufigsten anzutreffen ist. Vielleicht finden sie ihn unter einem Baum und befragen ihn, und bevor eine Gruppe von Menschen gegangen ist, sind schon die nächsten angekommen. Wenn also ein Mann sehr verehrt wird, hat er manchmal weder Tag noch Nacht Ruhe. Er wird ständig reden müssen. Stundenlang strömen die Leute herbei, und dieser Mann lehrt sie.

So kamen die Menschen in Scharen, um ihn zu hören, und er redete zwanzig Stunden am Tag, und das nicht nur einen Tag lang, sondern monatelang, bis schließlich der Körper unter dem Druck dieser ungeheuren Belastung zusammenbrach. Seine große Liebe zu den Menschen ließ es nicht zu, dass er es ablehnte, auch den Bescheidensten unter den Tausenden, die seine Hilfe suchten, zu helfen. Allmählich entwickelte sich eine lebensbedrohliche Kehlkopferkrankung, und dennoch ließ er sich nicht dazu bewegen, von diesen Anstrengungen abzulassen. Sobald er hörte, dass Menschen ihn zu sehen wünschten, bestand er darauf, dass sie eingelassen wurden, und beantwortete alle ihre Fragen. Wenn man ihn ermahnte, antwortete er: „Es ist mir egal. Ich würde zwanzigtausend solcher Körper aufgeben, um einem einzigen Menschen zu helfen. Es ist eine Ehre, auch nur einem einzigen Menschen zu helfen." Es gab keine Rast für ihn. Einmal fragte ihn ein Mann: „Sir, Sie sind ein großer Yogi. Warum konzentrieren Sie Ihren Geist nicht ein wenig auf Ihren Körper und heilen Ihre Krankheit?" Zuerst antwortete er nicht, aber als die Frage wiederholt wurde, sagte er sanft: „Mein Freund, ich dachte, du wärst ein Weiser, aber du redest wie andere Menschen der Welt. Dieser Geist gehört dem Herrn. Willst du sagen, dass ich ihn zurücknehmen und mich auf einen Körper konzentrieren soll, der doch nur ein Käfig für die Seele ist?"

So predigte er weiter zu den Menschen, und es verbreitete sich die Nachricht, dass sein Körper bald vergehen würde, und die Menschen strömten in noch größeren Scharen zu ihm. Sie können sich nicht vorstellen, wie die Inder zu diesen großen religiösen Lehrern kommen, wie sie sich um sie scharen und sie zu Göttern machen, solange sie noch leben. Tausende warten nur darauf, den Saum ihres Gewandes zu berühren. Es ist die Wertschätzung der Spiritualität in anderen, die Spiritualität hervorbringt. Was immer sich der Mensch wünscht und zu schätzen weiß, wird er bekommen; und so ist es auch mit den Nationen. Wenn Sie nach Indien gehen und einen politischen Vortrag halten, wie großartig er auch sein mag, werden Sie kaum Menschen finden, die Ihnen zuhören. Aber gehen Sie hin und lehren Sie Religion, reden Sie nicht nur darüber, sondern leben Sie sie, und Hunderte werden sich drängen, nur um Sie anzusehen, um Ihre Füße zu berühren. Als die Leute hörten, dass dieser heilige Mann bald von ihnen gehen würde, begannen sie, sich mehr denn je um ihn zu scharen, und mein Meister fuhr fort, sie zu lehren, ohne die geringste Rücksicht auf seine Gesundheit zu nehmen. Wir konnten dies nicht verhindern. Viele der Menschen kamen von weit her, und er wollte nicht eher ruhen, bis er ihre Fragen beantwortet hatte. „Solange ich sprechen kann, muss ich sie lehren", sagte er, und er hielt sein Wort. Eines Tages sagte er uns, dass er seinen Körper an diesem Tag niederlegen würde. Indem er das heiligste Wort der Veden wiederholte, trat er in Samadhi ein und verschied.

Seine Gedanken und seine Botschaft waren nur einigen wenigen bekannt. Unter anderem hinterließ er einige junge Burschen, die der Welt entsagt hatten und bereit waren, sein Werk fortzuführen. Es wurden Versuche unternommen, sie zu vernichten. Aber sie blieben standhaft, weil sie die Inspiration dieses großen Lebens vor Augen hatten. Nachdem sie jahrelang mit diesem gesegneten Leben in Berührung gekommen waren, blieben sie unbeirrt. Diese jungen Männer, die als Sannyasins lebten, erbettelten ihr Essen in den Straßen der Stadt, in der sie geboren waren, obwohl einige von ihnen aus hohen Familien stammten. Anfangs stießen sie auf große Ablehnung, aber sie blieben standhaft und verbreiteten jeden Tag aufs Neue die Botschaft dieses großen Mannes in ganz Indien, bis das ganze Land von den Ideen, die er gepredigt hatte, erfüllt war. Dieser Mann aus einem abgelegenen Dorf in Bengalen, der keine Ausbildung genossen hatte, erkannte durch die Kraft seiner eigenen Entschlossenheit die Wahrheit und gab sie an andere weiter und hinterließ ein paar junge Männer, um die Wahrheit am Leben zu erhalten.

Heute ist der Name von Sri Ramakrishna Paramahamsa in ganz Indien bei Millionen von Menschen bekannt. Nein, die Macht dieses Mannes hat sich über Indien hinaus verbreitet; und wenn ich jemals irgendwo in der Welt ein Wort der Wahrheit, ein Wort der Spiritualität gesprochen habe, dann verdanke ich das meinem Meister; nur die Fehler sind meine.

Dies ist die Botschaft Shri Ramakrishnas an die moderne Welt: „Kümmert euch nicht um Doktrinen, kümmert euch nicht um Dogmen oder Sekten oder Kirchen oder Tempel. Sie zählen wenig im Vergleich zu der existenziellen Essenz in jedem Menschen, die Spiritualität ist. Und je mehr diese in einem Menschen entwickelt ist, desto machtvoller ist das Gute, das er tut. Erarbeitet sie euch zuerst, erwerbt sie, und kritisiert niemanden, denn alle Lehren und Glaubensbekenntnisse haben etwas Gutes in sich. Zeigt durch euer Leben, dass Religion nicht Worte, Namen oder Konfessionen bedeutet, sondern dass sie spirituelle Verwirklichung ist. Nur diejenigen können verstehen, die gefühlt haben. Nur diejenigen, die zur Spiritualität gelangt sind, können sie anderen vermitteln, können große Lehrer der Menschheit sein. Sie allein sind die Träger des Lichts."

Je mehr solcher Menschen ein Land hervorbringt, desto mehr wird es sich erheben; und das Land, in dem es solche Menschen absolut nicht gibt, ist einfach dem Untergang geweiht – nichts kann es retten. Deshalb lautet die Botschaft meines Meisters an die Menschheit: „Seid spirituell und erkennt die Wahrheit für euch selbst." Er möchte, dass wir um unserer Mitmenschen willen auf etwas verzichten. Er möchte, dass wir aufhören, über die Liebe zu unseren Brüdern und Schwestern zu reden, und uns an die Arbeit machen, um unsere Worte zu beweisen. Die Zeit der Entsagung, der Verwirklichung ist gekommen, und dann werden wir die Harmonie in allen Religionen der Welt erkennen. Wir werden feststellen, dass es keinen Grund gibt, uns zu streiten. Und dann erst werden wir bereit sein, der Menschheit zu helfen.

Die fundamentale Einheit, die allen Religionen zugrunde liegt, zu verkünden und deutlich zu machen, war die Mission meines Meisters. Andere Lehrer haben spezielle Religionen gelehrt, die ihren Namen tragen, aber dieser große Lehrer des neunzehnten Jahrhunderts erhob keinen Anspruch für sich selbst. Er stellte keine Religion infrage, weil er erkannt hatte, dass sie in Wirklichkeit alle ein Teil der einen ewigen Religion sind.

Erläuterungen

Abhyasa (der) [abhāysa]: wiederholte, kontinuierliche Praxis (Übung, anhaltende Bemühung). In den beiden wichtigsten Schriften über Yoga, *Yoga Sutra* und Bhagavad Gita, werden Abhyasa und *Vairagya* als die zwei wichtigsten Techniken, die zur menschlichen Perfektion führen, beschrieben.

Aditya (der) [āditya]: Bezeichnung für einige herausragende Gottheiten in den Veden, die dort zuweilen auch für das absolute göttliche Prinzip stehen.

Advaita (das) [advaita]: Nichtdualität. Advaita Vedanta ist ein philosophisches System, nach dem Brahman (das Reine Bewusstsein) allein wirklich existiert. Was der Mensch als die Welt wahrnimmt, existiert nicht aus sich selbst heraus: Das Universum ist sozusagen das Erscheinungsbild des Brahmans, zugänglich in der Zeit und im Raum über die Sinnesorgane und den Geist als Formen. Philosophisch ausgedrückt ist es mithyā, das heißt, es existiert nicht unabhängig vom Bewusstsein, so wie eine Welle nicht unabhängig vom Wasser des Ozeans existiert und wie das, was in einem Ring oder einem Armband wirklich real ist, Gold ist. Metaphorisch ausgedrückt ist die Welt ein Schleier der Täuschung (Maya) – ihr Sein ist nur relativ. Auch die individuelle Seele ist nicht verschieden von Brahman – das zu erfahren, ist das Ziel des menschlichen Lebens. Und was wir als Gott bezeichnen, ist Brahman, gesehen sozusagen durch den Filter der Maya; es ist Reines Bewusstsein, auf das wir die Eigenschaften der Maya projiziert haben.

Advaita Vedanta widerspricht nicht der Existenz des Universums aus Energie, Materie, Zeit, Raum und Kausalität. Er sagt lediglich, dass dahinter eine tiefere Ebene der Realität existiert: das Reine Bewusstsein. Dieses Reine Bewusstsein ist die absolute Existenz, in der die relative Existenz des Universums stattfindet (oder erscheint).

Akasha (das) [ākāśa]: Raum (so wie das Wort in der Physik genutzt wird), Himmel. In der Kosmologie bezeichnet Akasha das, aus dem die Materie im Universum entstanden ist.

Ananda (der) [ānanda]: Glück, Freude. Als absolute Glückseligkeit – eins der Attribute Brahmans.

Asana (das) [āsana]: Körperhaltung, Körperstellung, Position des Körpers, das dritte Glied des Yoga, beschrieben von dem Weisen Patanjali in Yoga Sutra. Gemeint ist eine stabile Position des Körpers bei Meditation. Asanas heißen auch die einzelnen Körperstellungen im Hatha-Yoga, und so wird das Wort bisher vorwiegend im Westen benutzt.

Ashram, Ashrama (der) [āśrama]: Kloster, das allerdings meistens offen für alle ernsthaft Suchenden ist; ein Ort der Meditation und spiritueller Unterweisung.

Atma-bhava (der) [ātmabhāva]: ein Zustand, in dem man sich dessen bewusst ist, dass man Atman ist.

Atman (der) [ātman]: die Seele, das Selbst. Damit ist allerdings nicht die Seele der christlichen Religion und nicht das Selbst der westlichen Philosophie gemeint. Atman bezeichnet das individuelle Reine Bewusstsein, das in seiner Essenz mit dem universalen Bewusstsein eins ist. Die Upanishaden definieren den Atman als das Göttliche, das in allen Wesen verborgen ist, das alles durchdringt, das das innere Selbst aller Geschöpfe und die Ursache aller Handlungen ist und in dem alle Wesen beheimatet sind, das der Zeuge und das Reine Bewusstsein ist. (Shvetashvara Upanishad 6.11)

Die präzisierende Definition des Advaita Vedanta wäre: der Zeuge des Ichs, das Subjekt, in dessen Präsenz das Ich und das Universum stattfinden. Dieser Atman ist nicht different von Brahman.

Der Philosoph findet den Atman, wenn er versucht, die Frage „Wer bin ich?" zu beantworten. Das Sein des eigenen Selbst, das „Ich bin", ist das Einzige in unserer Erfahrung, was außer Zweifel, beständig und nicht objektivierbar ist. Und alles offenbart sich in diesem „Ich bin". Deswegen wird es als Bewusstsein bezeichnet. Dieses Bewusstsein hat keinen Plural.

Basis des Geistes: verweist auf eins der vier Organe des Geistes. In Sanskrit: chitta, im englischen Original auch: mind stuff. Das Chitta hat vor allem die Funktion, alle Gedanken, Eindrücke, Emotionen usw. zu speichern. Ins Deutsche wird es deswegen meistens mit „Gedächtnis" übersetzt. Das Chitta erfüllt aber darüber hinaus die unbewusste Arbeit des Geistes und enthält damit auch das, was wir im Westen als Unterbewusstsein bezeichnen. Das Chitta ist eng mit dem Denk- und Empfindungsorgan (Sanskrit: manas) verbunden, weil vom Chitta ununterbrochen Gedanken in das Manas aufsteigen. Manas ist sozusagen Chitta im Zustand der Vibration. Und so kommt es, dass der Autor die Bezeichnung mind stuff auch für sie beide zusammengenommen benutzt. In beiden Fällen handelt es sich um die Basis aller gewöhnlichen geistigen Aktivitäten des Menschen: Die Gedanken im Denk- und Empfindungsorgan haben dort ihren Ursprung und sind ihrerseits die Basis für die Entscheidungen des Verstandes. Das Ich-Bewusstsein arbeitet ebenfalls auf dieser Grundlage. Das ist der Grund, warum wir uns für diese Übersetzung entschieden haben.

Bewusstsein: Der Vedanta versteht Bewusstsein anders als unsere moderne Wissenschaft, die mit diesem Wort die Fähigkeit zum Wahrnehmen über die Sinnesorgane und des Denkens und Fühlens versteht und diese Fähigkeit auf bestimmte chemische und elektrische Vorgänge im Gehirn zurückführt. Für den Vedanta ist Bewusstsein das, was diese Vorgänge und ihr Resultat (Gedanken, Gefühle, Wahrnehmungen) ermöglicht. Es ist das Subjekt, für das der Geist, der Körper und das gesamte Universum Objekte seiner Erfahrung sind. Diesen Fakt versuchen wir mit der Bezeichnung Reines Bewusstsein zu verdeutlichen. Der Vedanta nennt dieses Reine Bewusstsein Brahman.

Bhakta (der) [bhakta]: ein Adept des Bhakti-Yogas. Jemand, der Gott aus seinem ganzen Herzen liebt und versucht, seinen Geliebten (oder seine Geliebte, falls er Gott als Göttliche Mutter betrachtet) stets in seinen Gedanken zu behalten.

Bhakti (die) [bhakti]: Hingabe an Gott, inbrünstige Liebe zu Gott. Sie ist die eigentliche Essenz aller spirituellen Pfade und jeder Religion. In Sanskrit gibt es verschiedene Wörter für verschiedene Arten von Liebe. Bhakti bezeichnet nur die Liebe zu Gott oder zum Guru.

Bhakti Sutra (das) (auch Bhakti-Sutras, Aphorismen über die göttliche Liebe): eine wichtige spirituelle Schrift Indiens, verfasst von dem Weisen Narada.

Bhakti-Yoga: der Yoga der Hingabe an Gott, einer der vier Pfade des Yogas (Bhakti, Jnana, Karma, Raja). Er erweitert das Herz und führt zur Vereinigung mit Gott durch reine Liebe.

Brahmacharya (das) [brahmacarya]: Enthaltsamkeit, Mäßigung, Zölibat, Kontrolle über die Sinne; die yogische Praxis, um die vitale Energie zu bewahren. Es ist eins der yogischen Prinzipien, beschrieben von dem Weisen Patanjali in Yoga Sutra.

Brahman (das) [brahman]: wörtlich „unbegrenzte Ausdehnung". Das Absolute; pures, alles durchdringendes, ewiges Bewusstsein; alles durchdringendes göttliches Prinzip; die Einheit hinter allem, was existiert; die eigentliche Realität. Seine Essenz wird mit den Worten Sat-Chit-Ananda beschrieben: absolutes Sein, absolutes Bewusstsein und absolute Glückseligkeit.

Philosophisch ausgedrückt ist Brahman das Subjekt des Universums: Das Subjekt existiert ohne die Objekte, aber die Existenz der Objekte unabhängig vom Subjekt kann nicht bewiesen werden. Daher ist Brahman außerhalb der Zeit, des Raums und der Kausalität des Universums. Das Unbegrenzte entzieht sich allem Begrenzten. Deswegen auch kann Brahman vom menschlichen Geist nicht ergründet werden, weil dieser unauflösbar in der Zeit, dem Raum und der Kausalität und im Objektiven verankert ist – dafür muss der Mensch die Perspektive des Subjekts, also des Reinen Bewusstseins, annehmen. Poetisch bezeichnet die Mandukya Upanishad Brahman als die „Stille des Universums".

Es ist wichtig zu verstehen, dass Brahman und das, was alle Religionen Gott nennen, nicht das Gleiche sind. Brahman wird erst durch die Einschränkung der Maya zum Gott; Es ist sozusagen das Göttliche aus unserer begrenzten Perspektive. Und trotzdem ist es dem Menschen möglich, die Verschmelzung mit dem Absoluten zu erfahren.

Diese Abgrenzung zwischen Gott und Brahman ist wichtig, um die Kernaussage des Advaita Vedanta zu verstehen: Das individuelle Bewusstsein und das absolute Bewusstsein sind ein und dasselbe. Diese Aussage ergibt natürlich keinen Sinn, wenn man das Absolute als den Gott der Religionen versteht.

Brahma Sutra (das) (auch Brahma-Sutras): eine der drei wichtigsten spirituellen Schriften Indiens (Upanishaden, Bhagavad Gita, Brahma Sutra), verfasst von dem Weisen Vyasa. Es ist ein philosophisches Traktat über Brahman, das auf systematische Weise die wichtigsten Konzepte des Vedanta erörtert.

Chitta (das) [citta]: Gedächtnis, eins der vier Organe des Geistes. Dort wird alles, womit der menschliche Geist je in Berührung kam, gespeichert. Es ist die Quelle aller Gedanken und Emotionen. Es enthält auch den Teil des Geistes, der dem Menschen unbewusst bleibt. Siehe auch: Basis des Geistes. Mit demselben Wort wird manchmal auch die Summe von Manas und Chitta bezeichnet. Das kommt daher, dass das Manas als eine Fähigkeit des Chittas gesehen werden kann. Chitta wird mit dem Ozean und Manas mit seinen Wellen verglichen.

Cit, Cid (die) [cit]: Bewusstsein, das universelle Bewusstseinsprinzip, das absolute (durch nichts bedingte) Wissen über das Selbst, das nur aus eigener direkter Erfahrung stammen kann.

Dama (der) [dama]: einer der sechsfachen Schätze oder Tugenden im Jnana-Yoga, die zusammen eine der vierfachen Qualifikation des spirituellen Adepten im Jnana-Yoga bilden. Dama bedeutet Kontrolle über die (äußeren) Instrumente der Sinnesempfindung.

Das bist Du (engl.: That Thou art; Sanskrit: tat tvam asi): siehe Tat tvam asi.

Denk- und Empfindungsorgan (engl.: mind, Sanskrit: manas): eins der vier Organe des Geistes. Das Denk- und Empfindungsorgan ist die Fähigkeit, zu erkennen und zu verstehen, zu antworten und zu reagieren, die Sinnesreize zu verarbeiten und zu empfinden. Aber vor allem ist es ein ununterbrochener Gedankenfluss und voll von Wünschen. Es liegt in seiner Natur, Zweifel, Angst und Verwirrung zu erzeugen. Es ist ruhelos und unentschieden. Es ist die Bühne für Gefühle, Emotionen und Impulse. Es besitzt Vorstellungskraft und die Fähigkeit zur Kreativität.

Dharma (der) [dharma]: wörtlich „Rechtschaffenheit" und „Religion". Etymologisch bedeutet Dharma: „das, was den Menschen, die Gesellschaft und die Schöpfung hält (oder zusammenhält)". Er bezieht sich nicht nur auf das Handeln des Menschen in der Außenwelt, sondern auch auf seine Gedanken und seine Bemühung, in seiner Menschlichkeit zu wachsen und dadurch den göttlichen Plan zu erfüllen. In seinem Kern bedeutet Dharma Verantwortung für sein eigenes Leben, für die Familie, die Gemeinde und die Gesellschaft, für die Lebensumgebung und die Natur. Aus dieser Verantwortung resultieren moralisch richtiges Handeln, Selbstdisziplin und Pflichtbewusstsein. Weil der Mensch freien Willen besitzt, erwachsen aus seinen Entscheidungen Pflichten. Dharma bedeutet, diese Pflichten anzuerkennen. Dharma ist eine Einstellung zum eigenen Leben und zum Zusammenleben in der Gesellschaft, aus der ein zielgerichtetes Leben resultiert, das auf Prinzipien aufbaut. Diese Einstellung erwächst nicht aus Verboten oder äußeren Regeln, sondern aus einer autonomen Entscheidung des Menschen, der ein gutes, ein fruchtbares Leben zu führen versucht. In der Gesellschaft ist Dharma das, was vereinigt und die Brüderlichkeit entwickelt.

Dvaita (das) [dvaita]: eine der sechs alten auf dem Vedanta basierenden philosophischen Schulen Indiens, auch Nichtqualifizierter Dualismus genannt. Dvaita vertritt die Position, dass das Universum aus zwei grundsätzlich unterschiedlichen Entitäten, dem Brahman und allen belebten und unbelebten Objekten, besteht. Diese Objekte besitzen zwar keine von Brahman unabhängige Existenz, die im Universum beobachtbaren Unterschiede und damit die materielle Welt sind aber trotzdem real.

Ego: siehe Ich-Bewusstsein

Ekam Sad Vipra Bahudha Vadanti [ekaṃ sad viprā bahudhā vadanti]: Das, was existiert, ist Eins; die Weisen nennen Es bei verschiedenen Namen. (Zitat aus dem ältesten der Veden, dem Rigveda Samhita, 1.164.46)

Erleuchtung: die höchste Errungenschaft des Menschen, das endgültige Ziel der Sadhana. Nach traditionellem hinduistischem Verständnis hat die menschliche Existenz vier Ziele: tugendhaftes Leben, materielle Sicherheit, Erfüllung von berechtigten Wünschen und Freiheit, also Erleuchtung. Unzählige indische Schriften behandeln dieses Thema. Der Weg zu Erleuchtung wurde u. a. detailliert in Yoga Sutra beschrieben, der Zustand der Befreiung in Bhagavad Gita genau besprochen. Sie ist völlige Verschmelzung mit dem göttlichen Reinen Bewusstsein, die mit Worten nicht wiedergegeben werden kann. Der Fluss erreicht nach einem unendlich langen Weg den Ozean und verschmilzt mit ihm. Es gibt zwei Arten der Erleuchtung: Befreiung im Augenblick des Todes und Befreiung, während man weiterhin im Körper verbleibt. Ein erleuchteter Mensch hat keinerlei Ego, sein angesammeltes Karma ist vernichtet, und wenn er weiterlebt, tut er es nur, um den anderen den Weg zu zeigen.

Fünf Elemente (Sanskrit: pañca mahābhūta): die fünf Elemente, aus denen die Welt besteht: Erde, Wasser, Feuer, Luft und Raum. Sie sind extrem fein und nicht mit der groben Materie zu verwechseln. Das Konzept kann man am besten verstehen, wenn man an die fünf Elemente als etwas Abstraktes denkt. Erst aus ihrer Vermischung untereinander und unter Einbeziehung anderer (ebenfalls ideeller) Qualitäten entsteht in der vedischen Kosmologie die grobe Materie. Sie entsteht in letzter Konsequenz aus Reinem Bewusstsein, und das Konzept der fünf Elemente ist sozusagen der Algorithmus dafür.

Gedächtnis (Sanskrit: citta): eins der vier Organe des Geistes. Das Gedächtnis ist die Gesamtheit aller Eindrücke. Diese sind nicht neutral, sondern subjektiv. Es ist die Quelle aller Gedanken, die im Denk- und Empfindungsorgan erscheinen. Weil der menschliche Geist immer wiedergeboren wird (Reinkarnation), umfasst das Gedächtnis auch die Essenz der über unzählige Leben angesammelten Erlebnisse, Neigungen, Wünsche, Emotionen usw.

Geist (im Original: mind): Wir nutzen das Wort, um die Gesamtheit der geistigen Fähigkeiten des Menschen zu bezeichnen. Er besteht aus vier Funktionen oder Organen (siehe Organe des Geistes).

Gita (die) [gītā]: kurz für Bhagavad Gita. Bhagavad Gita ist ein Teil des großen Epos Mahabharata. Sie ist eine Schrift, deren Ursprung nach Meinung der Hindus in vorgeschichtlichen Zeiten liegt. Es ist ein Gespräch zwischen Sri Krishna, der das ewige, omnipräsente, allwissende göttliche Bewusstsein repräsentiert, und Arjuna, der für jeden ernsthaften Wahrheitssuchenden steht. Die wirkliche Bedeutung des Schauplatzes der Gita ist allegorisch: Es ist ein Kampf zwischen den guten und den schlechten Eigenschaften des Menschen, den er in seinem Inneren austragen muss.

Bhagavad Gita ist ein universelles spirituelles Handbuch, das von jedem unabhängig von der religiösen Auffassung befolgt werden kann. Sie lehrt, wie man im Leben zu Perfektion gelangt.

Gott: Es gab etwas, das das sich entwickelnde Bewusstsein des Menschen verspürte oder als logisch erachtete, das jedoch außerhalb seiner gewöhnlichen Erfahrung lag. Der Mensch nannte es Gott. Aus dieser Idee entstanden Religionen, die den Gott auf eine bestimmte Weise darstellten und erklärten. Im Vedanta sind alle Bezeichnungen, Beschreibungen und Darstellungen Gottes nur verschiedene Verweise auf das eine Absolute – Brahman.

In dem deutschen Text folgen wir dem Original und schreiben alle Personal- und Possessivpronomen aller Genera, die Gott oder Brahman bedeuten, groß.

Guna (der) [guṇa]: Guna bedeutet die Natur von etwas, Qualität oder Attribut. Gemeint sind die drei „Qualitäten der Natur": *Tamas* (Trägheit, Dumpfheit), *Rajas* (übermäßige Aktivität, Rastlosigkeit), *Sattva* (Spiritualität, Ruhe, Reinheit). Gunas sind Attribute der Prakriti. Präziser ausgedrückt verleihen die Gunas der Materie bestimmte Qualitäten und werden deswegen im Vedanta als etwas Konkretes, als Material des Universums und des menschlichen Körpers verstanden – natürlich jenseits der groben Materie. Das Wachsen in Menschlichkeit verläuft von Tamas über Rajas zu Sattva.

Guru (der) [guru]: Guru bedeutet Lehrer, vor allem aber der spirituelle Unterweiser. Er führt den Wahrheitssuchenden zur Wahrheit und inspiriert ihn oder sie auf dem Weg. In der vedantischen Philosophie und in der dazugehörenden spirituellen Praxis wird Guru eher als ein Prinzip als ein konkreter Mensch betrachtet. Das resultiert aus dem Verständnis der Schöpfung als ein Weg des individuellen Bewusstseins zum universellen Bewusstsein. Guru ist in diesem Zusammenhang ein notwendiges Glied im göttlichen Plan für den Menschen, in Liebe und Weisheit zu wachsen. Ein wirklicher Guru ist diesen Weg bereits erfolgreich bis zum Ende gegangen und kann deswegen einen geeigneten Schüler auf seinem Weg begleiten. Er ist Liebe und Weisheit. Er ist ein demütiger, bedingungslos uneigennütziger Diener im Dienste Gottes.

Gurudev (der) [gurudev]: deva bedeutet Gott. Man könnte das Wort also mit „mein göttlicher Guru" übersetzen. Es ist die mit höchster Achtung und tiefster Liebe ausgesprochene Bezeichnung für seinen eigenen Guru, der im Idealfall ein erleuchteter Meister ist und damit eins mit dem Göttlichen.

Hatha-Yoga (der) [haṭha yoga]: ein Yoga-System zur Erlangung der Kontrolle über den physischen Körper und den Prana.

Hingabe: Wir benutzen das Wort für das englische Wort devotion (Sanskrit: bhakti) – notgedrungen, weil es überraschenderweise im Deutschen kein adäquates Wort gibt. Siehe auch Bhakti.

Ich-Bewusstsein (engl.: Ego, Sanskrit: ahaṃkāra): auch Ego genannt; eins der vier Organe des Geistes; das Ich-Gefühl, das Empfinden der Identität als ein bestimmtes Individuum. Das Ich-Bewusstsein sagt uns: Ich bin der und der oder die und die. Es denkt auch „das ist meins" in Bezug auf Sachen, Menschen und den eigenen Körper. Es vereinigt verschiedene Funktionen des Geistes zu dem, was wir im Westen Persönlichkeit nennen. Es ist der Antrieb hinter allem, was wir tun. Es erzeugt im Individuum das Gefühl der Überlegenheit. Das Ich-Bewusstsein ist das größte Hindernis beim spirituellen Wachsen des Menschen.

Ishwara oder Isvara (der) [īśvara]: Gott der Herrscher des Universums, sein Schöpfer, Erhalter und Auflöser; Gott in allen theistischen Religionen. Ishwara ist sozusagen Brahman, das in Prakriti (Maya) beobachtet werden kann. Oder anders gesagt: Ishwara ist Brahman mit Eigenschaften. Wenn aber der Mensch in der Lage ist, über die Prakriti hinauszugehen, wird für ihn Ishwara zur ultimativen transzendentalen Realität.

Aus der Sicht der Advaita Vedanta könnte man auch sagen, dass Brahman, wenn Es mit dem Geist und den Sinnen verstanden und erfahren wird, als Ishwara zum Gott der Religionen wird.

Jaina (der) [jaina]: Anhänger des Jainismu, einer indischen Religion, die etwas älter als der Buddhismus ist.

Jiva (der) [jīva]: Individuum. Bewusstsein, das sich mit einem Körper und Geist identifiziert, wird Jiva genannt, also „das, was lebt". Oder philosophisch ausgedrückt: Solange sich der Mensch als eine unabhängige Entität, ein Individuum versteht (und wahrnimmt), ist er Jiva. In Wirklichkeit ist der Mensch Reines Bewusstsein, aber seine Ignoranz begrenzt ihn auf den Körper-Geist-Komplex und macht ihn damit zum Jiva. Eine ähnliche Idee wird in der Bibel mit dem Satz „Und Gott schuf den Menschen als sein Bild, als Bild Gottes schuf er ihn" zum Ausdruck gebracht. Jiva ist sozusagen an das Leben gebundene Seele, die Reflexion des Göttlichen im Mentalen und Materiellen, die durch das Ich-Bewusstsein scheinbar eine unabhängige Existenz erhält. Solange der Mensch diese Dualität zwischen dem Ich und dem Göttlichen verspürt, muss er wiedergeboren werden.

Jivanmukti (die) [jīvanmukti]: Befreiung zu Lebzeiten. Jivanmukta (die, der) ist eine Person, die die Einheit mit dem Reinen Bewusstsein erfahren hat und danach weiter im Körper geblieben ist. Diese Erfahrung wird oft als Erleuchtung bezeichnet. Durch das Erreichen des Zustandes wird sie oder er von der Last des Karmas befreit und muss nicht wiedergeboren werden. Die oder der Jivanmukta ist jemand, der nach seiner Erleuchtung fest im Reinen Bewusstsein verankert ist.

Jnana (das) [jñāna]: Wissen, Weisheit, das Wissen über die absolute Realität.

Jnana-Yoga: der Pfad des Wissens; einer der vier traditionellen Yogas. Der Jnana-Yoga ist der Weg des Philosophen, der durch Logik und Verständnis erkennt, dass sein Selbst und Brahman eins sind.

Jnani, Jnanin (der) [jñānin]: ein Weiser; ein Adept des Jnana-Yogas.

Karma (das) [karma]: das, was Menschen tun, die Handlung. Aufgrund des kosmischen Gesetzes der Ursache und Wirkung ist alles, was dem Menschen begegnet, das Ergebnis seiner früheren Taten, ob er sie mit seinem Körper oder mit seinem Geist ausgeführt hat (also auch Gedanken und Wünsche). Damit ist Karma beides: die Handlung und ihr Resultat. In seiner Bedeutung als Resultat unterteilt sich Karma in drei Arten: erstens die Ergebnisse des Handelns in früheren Leben, die nicht in dem aktuellen Leben geerntet werden, also ins nächste mitkommen; zweitens das vergangene Karma, das in diesem besonderen Leben Früchte trägt; drittens alles, was der Mensch in diesem Leben tut, wovon ein Teil noch in diesem Leben Früchte bringt und ein anderer Teil als neue Samen in die nächsten Leben mitgeht.

Das Karma ist kein abstraktes Konzept: Es wird im astralen und im kausalen Körper gespeichert und geht damit ganz konkret mit dem Menschen von einem Leben ins nächste mit.

Das Individuum (jīva) macht Erfahrungen und diese wirken sich auf seinen Geist aus. Sie hinterlassen angenehme oder unangenehme Eindrücke. Die ersten üben eine Anziehungskraft aus, die anderen wirken abstoßend. Das Individuum wünscht sich mehr vom Angenehmen und versucht, das Unangenehme zu meiden – es agiert und reagiert in der Welt. Sein Handeln kann gut, tugendhaft (dharma) oder schlecht (adharma) sein und ergibt in der Summe sein Karma. Dieses Karma führt zur erneuten Geburt seines Geistes, der all diese

Eindrücke, Vorlieben, Wünsche usw. enthält. In seinem neuen Körper erfährt das Individuum die Folgen seiner früheren Taten, macht weiterhin Erfahrungen, hat Wünsche und Abneigungen und erzeugt neues Karma. Der Kreislauf der Reinkarnation dreht sich so weiter und weiter.

Karma-Yoga: der Yoga des selbstlosen Handelns. Es ist Arbeit als Dienen ohne Bindung an das Ergebnis. Dieses Dienen reinigt den Menschen und macht ihn stark. Ein Karma-Yogi erwartet keine Belohnung oder Gegenleistung. Alles, was er tut, tut er aus Liebe zu Gott und zu Gottes Schöpfung. Nicht derjenige, dem gedient wird, sondern derjenige, der dient, wird durch den Akt wirklich gesegnet.

Mahat (der) [mahat]: der kosmische Intellekt. In der indischen Kosmologie ist Mahat die allererste Modifikation der Prakriti, die ihrerseits der Ursprung des Universums ist.

Mantra (der) [mantra]: ein heiliger Vers (oder eine heilige Silbe oder ein heiliges Wort). Das Wort bedeutet „das, was unser Denk und Empfindungsorgan (manas) befreit". Die Hindus glauben, dass man durch seine Wiederholung und die Durchdringung der in ihm enthaltenen Wahrheit die Befreiung von Samsara erlangen kann.

Maya (die) [māyā]: Gemeint ist die Ignoranz im Menschen und in allem Leben. Ohne diese Ignoranz wäre die Fortsetzung der Schöpfung nicht möglich. Auch die gesamte Schöpfung wird als Maya bezeichnet, weil sie das Reine Bewusstsein (Brahman) mit einem „Schleier" aus Materie und Geist sowie aus Raum, Zeit und Kausalität bedeckt und Es als das Universum erscheinen lässt. Es ist wie mit dem Licht in einem Raum: Maya sind die Glühbirnen, und das Reine Bewusstsein ist die unsichtbare Elektrizität, die eigentliche Quelle des Lichts. Damit ist Maya der notwendige Bestandteil des Universums und die kreative Kraft Brahmans.

Wenn der Vedanta über die Schöpfung spricht, meint er nicht, dass etwas entsteht, sondern dass etwas „projiziert" wird (sṛṣṭi). In diesem Sinne ist Maya nur eine Erscheinungsform Brahmans. Brahman existiert unabhängig von Maya, aber Maya existiert nur in Brahman. Maya muss (und in Advaita Vedanta soll) deswegen nicht als etwas absolut Existierendes verstanden werden. Da die Natur des Bewusstseins Erfahrung ist, aber außer dem Bewusstsein nichts exis tiert, projiziert Es Objekte, die Erfahrung bringen, was wir Universum nennen.

Mit Maya bezeichnet man auch das Trugbild des Menschen, der das Ergebnis seiner Sinnesorgane und Organe des Geistes für die eigentliche Realität hält. Man könnte sich Maya auch als eine Art Defekt oder „Blindheit" des im menschlichen Geist reflektierten Bewusstseins vorstellen. Diese Blindheit verhindert, dass wir die wahre, die makellose Natur des Bewusstseins sehen. Der 15. Mantra der Isha Upanishad beschreibt Maya als eine goldene Bedeckung der eigentlichen Realität: Sie ist wie eine glitzernde Schatulle, die uns so verblendet und fasziniert, dass wir nicht prüfen, was für einen Schatz sie verbirgt.

Eine moderne Metapher wäre das Spiel des Lichtes auf der Leinwand im Kino. Wir schauen uns fasziniert das bunte Spiel unseres Ichs und des Universums auf der Leinwand an und vergessen, dass es in Wirklichkeit nichts anderes als Licht ist. Der Film im Projektor repräsentiert in dieser Metapher die Maya. Aus der Sicht des Bewusstseins auf dieser Seite des Projektors existiert diese Welt ohne jeden Zweifel. Aus der Perspektive des Lichts hinter dem Film der Maya gibt es jedoch nichts als Licht. Vedanta sagt nicht, dass die Welt nicht existiert – sie hat jedoch keine unabhängige, keine absolute Existenz. Der Film des Universums aus Zeit, Raum, Kausalität, Materie, Energie, Sinneseindrücken und Gedanken existiert, aber nur für diejenigen Zuschauer im Saal, die vergessen haben, dass er eigentlich Licht und nur Licht ist.

Meister: siehe Guru. Die gesamte spirituelle Tradition, alle heiligen Schriften und alles überlieferte Wissen wurden in Indien seit prähistorischen Zeiten vom Meister auf den Schüler mündlich weitergereicht. Die Beziehung zwischen einem wahren Meister und einem würdigen Schüler ist in Yoga einzigartig und durch nichts zu ersetzen. Man sagt, dass, wenn der oder die Wahrheitssuchende reif genug, also bereit ist, der Meister auf seinem oder ihrem Weg erscheint.

Mumukshutva (das) [mumukṣutva]: eine der vierfachen Qualifikation des spirituellen Adepten im Jnana-Yoga. Es ist der intensive Wunsch zur Befreiung.

Nichtanhaftung (engl.: detachment, Sanskrit: vairāgya): Wir versuchen die Bedeutung des Wortes detachment (im Sinne von Vairagya) durch Nichtanhaftung oder durch inneres Loslassen wiederzugeben und sein Gegenteil (attachment in Englisch) entsprechend durch Anhaftung oder Bindung. Siehe auch Vairagya.

Nitya-Anitya-Viveka (der) [nityānityaviveka]: nitya bedeutet ewig, anitya (die Verneinung von nitya) bedeutet vergänglich; viveka ist Unterscheidungsvermögen, wahres Wissen. Nitya-Anitya-Viveka bedeutet also die Fähigkeit, zwischen dem Ewigen und dem Vergänglichen zu unterscheiden. Viveka ist eine der vierfachen Qualifikationen des spirituellen Adepten im Jnana-Yoga.

Nyaya (der) [nyāya]: eine der sechs alten auf dem Vedanta basierenden philosophischen Schulen Indiens und ein System der Logik und Analyse. Ihre Methode ist die kritische Prüfung der Objekte des Wissens mithilfe der Regeln des logischen Beweises.

Organe des Geistes (engl.: mind, Sanskrit: antaḥkaraṇa): wörtlich „innere Instrumente". Der Mensch hat vier Organe des Geistes: Gedächtnis, Denk- und Empfindungsorgan, Verstand und Ich-Bewusstsein.

Praktische Spiritualität (s. auch dort) hat das Ziel, die Organe des Geistes zu reinigen und sie stets einer bewussten Kontrolle zu unterziehen. Der Prozess der Reinigung öffnet für den menschlichen Geist den Zugang zu seinen subtilen Ebenen und dadurch den Weg des Menschen zu Reinem Bewusstsein. Er ist eine Reise von der Grobheit des egoistischen Ich-Bewusstseins zum eigentlichen Selbst, dem Atman, der hinter den Organen des Geistes ist.

Diese Unterteilung der geistigen Aktivität des Menschen ist keine Theorie: Sie kann durch die Übung in Introspektion beobachtet werden. Eine sehr fortgeschrittene Yogini (oder Yogi) kann sogar den Ablauf der Prozesse des Geistes beobachten, während sie stattfinden. Trotzdem sind die Organe des Geistes letztendlich keine voneinander unabhängigen Instrumente, eher verschiedene Aspekte derselben geistigen Fähigkeit des Menschen, die sich abhängig von der Situation und Funktion auf eine besondere Weise manifestieren.

Parabrahman (das) [parabrahman]: para- bedeutet höchster. Parabrahman und Brahman bedeuten dasselbe.

Praktische Spiritualität: So wie sich im Westen ein verkehrtes Bild von Yoga etabliert hat, so wird oft auch die indische Spiritualität falsch verstanden. Die im Vedanta beschriebene Spiritualität ist eine Wissenschaft, allerdings eine, die man nicht nur mit, sondern auch ohne die Benutzung seiner Sinnesorgane betreiben muss. Sie ist etwas sehr Bodenständiges und hat mit Esoterik nichts zu tun. Sie bedeutet Suche des Menschen nach seinem eigentlichen Selbst. Sie baut auf Erfahrung auf. Sie ist harte Arbeit des Menschen an sich selbst, an seinem Charakter, an seiner Moral.

Praktische Spiritualität äußert sich deswegen nicht in Ritualen – sie ist konkrete innere Erfahrung. Sie setzt Demut, Sanftmut, Tugend und Verantwortungsbewusstsein voraus. Die praktische Spiritualität fängt damit an, dass der Mensch ernsthaft versucht, eine Beziehung mit seinem eigenen Selbst aufzubauen. Ihr letztendliches Ziel ist das Einswerden mit Gott, die völlige Verschmelzung des eigenen Bewusstseins mit dem kosmischen Bewusstsein.

Prakriti (die) [prakṛti]: die Natur, die Schöpfung, die schöpferische Potenz Gottes, die Mutter Natur, das Spiel der Maya. In der Sankhya-Philosophie (eine der sechs alten auf dem Vedanta basierenden philosophischen Schulen Indiens) ist Prakriti das Urprinzip der Welt, aus dem alles im Universum, was nicht Reines Bewusstsein ist, entstanden ist. Die Schöpfung ist die ewige Dualität des Purushas und der Prakriti, des Reinen, in sich ruhenden Bewusstseins und der dynamischen, kreativen Prakriti, des Subjekts und der Objekte.

Im Vedanta ist Prakriti Materie, bar des Bewusstseins, und kann ohne Brahman weder existieren noch aktiv sein. Und weil alles letztendlich Eins ist, ist sie nur ein Aspekt des Brahmans: Sie ist die Projektion des ewigen Reinen Bewusstseins als Name (nāma), Form (rūpa) und Funktion oder Prozess (vyavahāra).

Man kann sie als die materielle Ursache des Universums betrachten.

Prana (der) [prāṇa]: Atem, Lebensenergie, das Prinzip hinter allem Leben, ein Bestandteil des Astralkörpers.

In der in den Veden beschriebenen Genesis entsteht das Universum aus der Interaktion zwischen Prana (Vibration, eine Art Urenergie) und Akasha (Raum), das als eine subtile Vorstufe der Materie verstanden wird.

Pranayama (der) [prāṇāyāma]: die yogische Technik der Regulierung und Zurückhaltung des Atems. Das vierte Glied des achtgliedrigen Yogas nach Patanjali. Durch wiederholtes Üben von Pranayama erlangt man die Kraft der Konzentration. Er ist der Schlüssel zur Kontrolle über das Denk- und Empfindungsorgan. Er soll von einem qualifizierten Guru gelernt werden.

Pratyaksha (das) [pratyakṣa]: direkte Wahrnehmung.

Purusha (der) [puruṣa]: das innewohnende Selbst, Bewusstsein, Seele. In der Sankhya-Philosophie (eine der sechs alten auf dem Vedanta basierenden philosophischen Schulen Indiens) ist Purusha das Unveränderliche im Menschen, ein in sich ruhender Beobachter des Spiels der Prakriti, also des Geistes und der äußeren Welt, die der Mensch über seine Sinne wahrnimmt.

Raga (der) [rāga]: Verliebtheit, Vorliebe, Zuneigung. Das Wort Raga stammt vom Verb rañj, das färben bedeutet. Wir färben alles um uns herum mit unseren Vorlieben und Abneigungen (Dvesha [dveṣa]). Wir teilen die Welt in Gegensätze auf: Freund und Feind, schön und hässlich, meins und nicht meins. Diese Dualität der Welt existiert in Wirklichkeit nicht – sie ist eine Schöpfung unserer Organe des Geistes. Raga und Dvesha sind die Ursache all unserer Unzufriedenheit und unseres Leids.

Rajas (das) [rajas]: Rastlosigkeit, Aktivität; eins der Gunas; das Prinzip der Dynamik in der Natur.

Raja-Yoga [rājayoga]: (wörtlich) königlicher Yoga; achtgliedriger Yoga. So wird der Yoga bezeichnet, der von Patanjali in Yoga Sutra beschrieben wurde. Er vereint weitgehend alle drei Yogas (Bhakti, Jnana, Karma), wobei er der Meditation eine besondere Bedeutung beimisst.

Reines Bewusstsein: s. Brahman. Die Bezeichnung des Brahmans als Reines Bewusstsein wird irreführen, wenn man sich Es als eine Art „Superbewusstsein" vorstellt und das Bewusstsein als Prozesse im Gehirn definiert. Das ist in Vedanta nicht gemeint. Reines Bewusstsein meint das Bewusstsein, in dem das Universum erscheint. Es meint Sat-Cit-Ananda. Es meint das Sein an sich.

Rishi (der) [ṛṣi]: Mit diesem Titel werden die Autoren oder vielmehr Seher der vedischen Hymnen bezeichnet.

Sadhana (die) [sādhanā]: aufrichtiges spirituelles Bestreben. Sie ist ein Prozess der inneren Transformation, der Reinigung des Geistes durch Selbstanstrengung und Selbstkontrolle, durch moralisch integres Leben und Meditation. Sie beseitigt die Hindernisse auf dem Weg zu Perfektion und Erleuchtung. Sadhana ist die Umkehrung aller Bemühungen des Menschen nach innen und eine harte Arbeit an sich selbst. Sie ist das, was Jesus als „die enge Pforte" und „den schmalen Weg" bezeichnet hat.

Samadhi (der) [samādhi]: Zustand der transzendentalen Existenz, spirituelle Verwirklichung, der höchste Zustand des Bewusstseins, zu dem der Mensch fähig ist, das achte Glied des Yoga, beschrieben von dem Weisen Patanjali in Yoga Sutra. Samadhi hat mehrere Stufen. Im höchsten Samadhi verschmilzt das individuelle menschliche Bewusstsein mit dem Reinen, absoluten, kosmischen Bewusstsein, also mit dem Göttlichen. Es ist ein transzendenter Zustand, der (wie Brahman) außerhalb der Sprache liegt, die lediglich Hinweise geben kann, wie „unberührbare Leere". Der Mensch erreicht dann das Wissen über die eigentliche Realität hinter den Namen und Formen des Materiellen und empfindet eine unbeschreibliche Glückseligkeit.

Samadhana (das) [samādhāna]: einer der sechsfachen Schätze oder Tugenden im Jnana-Yoga, die zusammen eine der vierfachen Qualifikationen des spirituellen Adepten im Jnana-Yoga bilden. Samadhana beschreibt den Zustand der perfekten Konzentration, in der das Denk- und Empfindungsorgan über lange Zeit nur einen Gedanken hält.

Samhita (die) [saṃhitā]: die älteste Textschicht der Veden, bestehend aus Mantras, Hymnen, Gebeten, Litaneien und Segenssprüchen.

Samsara (der) [saṃsāra]: das, was sich ständig verändert und uns aus der Hand gleitet: die Welt, der Prozess des irdischen Lebens, der andauernde Kreislauf von Geburt und Tod.

Samskara (der) [saṃskāra]: der Eindruck von vergangener Handlung gespeichert im Chitta. Samskaras sind die latenten Neigungen, Tendenzen, die unbewusst unser Verhalten steuern. Sie akkumulieren sich im Geist und werden von einem Leben ins nächste mitgenommen. Bei jemandem, der seinen Geist nicht aufmerksam beobachtet und kontrolliert, der kein Yogi ist, begründen sie zusammen mit dem Karma das, was man im Westen Schicksal nennt.

Sankhya (das) [sāṇkhya] (auch Sankya oder Samkhya): eine der sechs alten (und die älteste, weil wahrscheinlich fünftausend Jahre alt) auf dem Vedanta basierenden philosophischen Schulen Indiens. Das Wort selbst bedeutet „Zahl". Der Grund für die Namensgebung ist, dass dieses System der Philosophie eine Aufzählung der Prinzipien des Universums gibt, fünfundzwanzig an der Zahl. Die grundsätzliche Dualität des Universums besteht aus Purusha (das erkennende Subjekt, das wissende, unveränderliche Selbst) und Prakriti (die zu erkennenden und vergänglichen Objekte). Prakriti besteht aus vierundzwanzig Grundbausteinen, aus denen alles Materielle und Geistige besteht. Beide existieren ewig, denn etwas kann nicht aus nichts entstehen; der Effekt existiert bereits in seiner Ursache. Anders als Advaita postuliert Sankhya eine Vielzahl von Purushas. Diese Philosophie ist atheistisch: Gott kommt in ihr nicht vor.

Sannyasin (der) [sannyāsin oder saṃnyāsin]: Wörtlich bedeutet es „jemand, der alles Weltliche aufgegeben hat". Mönch.

Sat (das) [sat]: das (unveränderliche, ewige) Sein; Existenz, Realität, Wahrheit.

Satchidananda, **Sat-Cit-Ananda** [sat-cit-ānanda]: Sein-Wissen-Glückseligkeit, die vedische Beschreibung des Reinen Bewusstseins, des Göttlichen.

Sattva (das) [sattva]: Gelassenheit, Reinheit, Ruhe, Spiritualität; eins der Gunas; das Prinzip der Reinheit in der Welt; Nähe zum Reinen Bewusstsein.

Sekte: Die vom deutschen Leser empfundene pejorative Bedeutung des Wortes entspricht nicht dem Empfinden eines Englischsprachigen und schon gar nicht des Autors, der es am Ende des 19. Jahrhunderts benutzte. Sekte bedeutet Lehre, Schule, Richtung. Und weil dieses Wort für die Bezeichnung von verschiedenen religiösen Schulen im Deutschen keinen adäquaten Ersatz hat, haben wir es bei der Übersetzung hin und wieder beibehalten, da wir es uns von den christlichen Religionen nicht stehlen lassen wollen.

Shama (der) [śama]: einer der sechsfachen Schätze oder Tugenden im Jnana-Yoga, die zusammen eine der vierfachen Qualifikationen des spirituellen Adepten im Jnana-Yoga bilden. Shama ist Meisterschaft, Beherrschung oder Kontrolle über den Geist.

Shankaracharya [śaṅkarācārya] oder Adi Shankara [ādi śaṅkara]: ein Philosoph und Sannyasin, der wahrscheinlich im 8. Jahrhundert lebte. Zu den von ihm verfassten Werken gehören Kommentare zu Brahma Sutra, zu Bhagavad Gita und zu den wichtigsten Upanishaden, außerdem Vivekacudamani, Aparokshanubhuti und zahlreiche andere Texte. In seinem kurzen Leben (er lebte nur 32 Jahre) legte er Grundlagen für eine Reformation des Hinduismus (wenigstens ist das die überlieferte Meinung) und begründete vier Klöster in verschiedenen Teilen Indiens, die bis heute als wichtige Zentren des Sanatana Dharma (des „ewigen Gesetzes", der Religion, Ethik und Lebensweise Indiens) und Advaita Vedanta gelten. Er gilt als der Begründer des Advaita Vedanta als Philosophieschule, weil er die in den Upanishaden vorhandenen Ideen der Einheit der Schöpfung und der Gleichheit zwischen der Seele und Gott zum Ausgangspunkt eines zusammenhängenden philosophischen Systems machte. Da er wie alle indischen Meister und Philosophen ein Glied einer sehr alten Guru-Tradition war, ist sein Werk eher als eine geniale Zusammenfassung und systematische Ausformulierung als eine Neuschöpfung zu sehen.

Shraddha (die) [śraddhā]: einer der sechsfachen Schätze oder Tugenden im Jnana-Yoga, die zusammen eine der vierfachen Qualifikationen des spirituellen Adepten im Jnana-Yoga bilden. Shraddha bezeichnet den unerschütterlichen Glauben an die Lehren des Meisters, des Vedanta und Gottes.

Sri [śrī]: Vor einem Namen hinzugefügt, drückt Sri Achtung aus.

Srimad Bhagavatam (das) [śrīmad bhāgavatam]: eine heilige Schrift in Indien; ein Epos, dessen Kernthema die Liebe zu Gott ist, repräsentiert durch die Reinkarnationen von Vishnu, vor allem Rama und Krishna.

Sutra (das) [sūtra]: Aphorismus, ein Vers oder ein kurzer Satz in poetischer Form mit verdichteter Bedeutung; auch ein ganzes Werk, das aus solchen Sätzen besteht.

Swami (der, die) [svāmī]: Mönch oder Nonne im Hinduismus.

Tamas (das) [tamas]: Trägheit, Faulheit, Unreinheit, Dumpfheit, Dunkelheit und Ignoranz; eins der Gunas; das Prinzip der Trägheit in der Welt; Nähe zur Materie.

Tanmatra (das) [tanmātra]: in der vedantischen Kosmologie eines der fünf subtilen (oder grundlegenden) Elemente, aus denen die fünf gröberen Elemente, Prana und die Fähigkeit zu fühlen und denken entstanden, aus denen wiederum die Materie hervorging.

Tat tvam asi [tattvamasi]: Es ist eins der vier Mahāvākyas (großen Sätze) der Upanishaden. Der Satz bedeutet „Du bist Das" oder „Das bist du", wobei „Das" für das Göttliche, das Reine Bewusstsein, den ewig währenden Ursprung des Universums steht. Der Unterschied zwischen Individuum und Gott beruht auf einer Art optischen Täuschung des Menschen, der die Welt durch das Prisma seines Geistes betrachtet. In ihrer Essenz sind der Mensch und sein Ursprung eins und dasselbe – dasselbe Reine Bewusstsein. Die Erfahrung dieser Einheit ist das Ziel des Yogas. Der Mensch ist nicht der Körper, nicht der Geist – er ist Das.

Titiksha (die) [titikṣā]: einer der sechsfachen Schätze oder Tugenden im Jnana-Yoga, die zusammen eine der vierfachen Qualifikationen des spirituellen Adepten im Jnana-Yoga bilden. Titiksha bedeutet Duldsamkeit und ein Zustand des Gleichmuts.

Upanishad (die) [upaniṣad]: siehe auch Vedanta. Upanishaden sind philosophische Schriften, die den letzten Teil der Veden bilden. Es sind mehr als hundert von ihnen erhalten geblieben. Die ältesten, die auch am bedeutendsten sind, und die meisten anderen sind in der Zeit vor Buddha gedichtet worden. Wie alle Schriften im antiken Indien, wurden sie mündlich vom Meister an die Schüler weitergegeben und auswendig gelernt, bevor sie – viel später – aufgeschrieben wurden.

Uparati (die) [uparati]: einer der sechsfachen Schätze oder Tugenden im Jnana-Yoga, die zusammen eine der vierfachen Qualifikationen des spirituellen Adepten im Jnana-Yoga bilden. Uparati erlegt dem spirituellen Adepten die Verpflichtung auf, mit seinem Geist oben, also über den Sinnesempfindungen, zu bleiben.

Vairagya (das) [vairāgya]: inneres mitfühlendes Loslassen der äußeren Welt, das zu innerer Unabhängigkeit und Stärke führt; Sachlichkeit verbunden mit Loslösung von eigenen Wünschen und den verlockenden Objekten der Welt; Nichtanhaftung an äußeren Objekten und Personen. In Yoga Sutra und in Bhagavad Gita werden Abhyasa (anhaltende spirituelle Praxis) und Vairagya als die wichtigsten Mittel für die Kontrolle über das Denk- und Empfindungsorgan genannt. Auch Vedanta beschreibt es als eine der wichtigsten Fähigkeiten, die ein spiritueller Adept besitzen muss. Durch Vairagya überwindet der Yogi seine rajasische Qualität (siehe Rajas). Es entbindet den Handelnden vom Karma.

Vairagya darf nicht mit Kälte und Gleichgültigkeit verwechselt werden. Es erwächst aus dem Herzen, während der Verstand schonungslose Sachlichkeit bei der Betrachtung eigener Persönlichkeit und der Welt der äußeren Objekte praktiziert. Es ist die Kunst, inmitten der Reize der materiellen Welt zu leben, ohne von ihnen in Gefangenschaft genommen zu werden. Vairagya ist der Ausdruck menschlicher Reife.

Vairagya ist eine der vierfachen Qualifikationen des spirituellen Adepten im Jnana-Yoga.

Vaisheshika (das) [vaiśeṣika]: eine der sechs alten auf dem Vedanta basierenden philosophischen Schulen Indiens. Sie kann als eine Ergänzung des Nyaya betrachtet werden. Sie betrachtet (wie auch der Nyaya) Gott als die wirkende Ursache und Atome als die materielle Ursache des Universums. Die Seelen sind ewig und voneinander sowie von den geistigen Fähigkeiten des Menschen getrennt.

Vedanta (der) [vedānta]: die Sammelbezeichnung für die Upanishaden, die heiligen philosophischen Schriften Indiens, die zum Teil bis zu fünftausend Jahre alt sind. Er enthält die Essenz des gesamten Wissens in den Veden. So wird auch eine der sechs Hauptschulen der traditionellen indischen Philosophie und die Wissenschaft der Spiritualität bezeichnet, die hauptsächlich auf den Lehren der Upanishaden, der Bhagavad Gita und der Brahma-Sutras basiert. Der Autor nutzt das Wort auch als Synonym für Jnana-Yoga.

Philosophie heißt in Sanskrit Darshana, was Wahrnehmung, Sichtbarmachung und Verwirklichung bedeutet (darśana bedeutet wörtlich Sehen). Sie war immer, anders als im Westen, mit spiritueller Praxis verbunden, weil ihr Ziel nicht nur das Nachdenken, sondern auch die praktische Erfahrung der absoluten Wahrheit war. Auf der

Basis des Vedanta entstanden sechs philosophische Schulen: Nyaya, Vaisheshika, Mimamsa, Sankhya, Yoga und Vedanta.

Verstand (Sanskrit: buddhi): eins der vier Organe des Geistes. Er ist das Vermögen, Entscheidungen zu treffen, zu urteilen und zu verstehen. Er ist der unterscheidende Intellekt und dem Denk- und Empfindungsorgan übergeordnet. Er kann logisch, abstrakt und konzeptionell denken. Er ist das Feld der Rationalität und des Verstehens.

Vishishtadvaita [viśiṣṭādvaita]: eine der alten auf dem Vedanta basierenden philosophischen Schulen Indiens. Sie ist zwar nichtdualistisch, betrachtet aber Brahman als ein zusammengesetztes Ganzes, schreibt Ihm bestimmte Eigenschaften zu und wird deswegen im Englischen als Qualified Non-Dualism („modifizierter" Monismus) bezeichnet. Daraus folgt beispielsweise, dass Gott und die Seelen zwar eins sind, aber in unterschiedlichen Modi.

Vivarta-Vada (der) [vivartavāda]: wörtlich „die These vom Wechsel im Zustand". Er bezeichnet die vedantische Theorie der Kausalität als Abfolge von Veränderungen in Form und Zustand, die aber in Wirklichkeit nur scheinbar stattfinden.

Vyasa [vyāsa]: der wichtigste Autor der indischen Antike. Er sammelte, ordnete und überarbeitete die Schriften der Veden und teilte sie in die vier großen Bücher ein: Rik, Yajur, Sama und Atharva. Außerdem verfasste er viele der wichtigsten Bücher der indischen Kultur und Philosophie, darunter das Epos Mahabharata, die Bhagavad Gita und die Brahma Sutras.

Yoga (der) [yoga]: Das Wort hat sehr viele Bedeutungen, die hier relevante ist Vereinigung. Danach bedeutet Yoga, dauerhaft Verbindung und letztendlich auch Einheit mit dem Göttlichen wahrzunehmen. Yoga ist eine der sechs Hauptschulen der traditionellen indischen Philosophie. Er bezeichnet auch die spirituelle Praxis, die von dieser Philosophie vorgeschlagen wird.

Yoga impliziert Selbstdisziplin, Kontrolle über den eigenen Geist sowie das Leben in innerer und äußerer Harmonie. Praktisch betrachtet ist er die Philosophie und die Kunst des richtigen Lebens. In diesem Sinne ist er eine Haltung und eine Lebensweise, ein Weg der Vervollkommnung. Yoga verwandelt den Menschen und lässt ihn wachsen. Im engeren Sinne ist Yoga jede systematische Technik der Meditation.

Yoga Sutra (das) (auch Yoga-Sutras): eine der wichtigsten spirituellen Schriften Indiens, verfasst von dem Weisen Patanjali.

Yogi (der) [yogi], **Yogini** (die) [yoginī]: ein Adept, eine Adeptin des Yogas.

Vereinfachte Regeln der Aussprache in Sanskrit

Vokale

a – kurzes a (wie in Stadt), aber der Mund weiter offen

ā – langes a (wie in Zahl), aber der Mund weiter offen

i – kurzes i (wie in nicht)

ī – langes i (wie in sie)

u – kurzes u (wie in Nuss)

ū – langes u (wie in Stuhl)

ṛ – retroflexes kurzes r mit einem schwachen Nachklang von i oder u (wie in Kṛṣna)

ṝ – retroflexes kurzes r mit einem langen Nachklang von i (manchmal von u)

ḷ – l gefolgt von einem retroflexen kurzen r mit einem schwachen Nachklang von i

ḹ – l gefolgt von einem retroflexen kurzen r mit einem langen Nachklang von i

e – langes e mit einem schwachen Nachklang von i

ai – langer Doppellaut (die Betonung ist auf i)

o – langes o mit einem schwachen Nachklang von u

au – langer Doppellaut (die Betonung ist auf u)

Konsonanten

„Kehllaute":

k – wie in komm

kh – wie k mit einem Nachlaut von h (hörbarer Atemstoß zum Schluss)

g – wie in Gast

gh – wie g mit einem Nachlaut von h (hörbarer Atemstoß zum Schluss) ṅ – nasales n ähnlich wie in der englischen Endung -ing, aber aus der Kehle

„Vordergaumenlaute":

c – wie englisches ch (church) (ähnlich wie tsch, weich)

ch – wie c mit einem Nachlaut von h (hörbarer Atemstoß zum Schluss)

j – wie englisches j (just) (wie in Jeans, weich)

jh – wie j mit einem Nachlaut von h (hörbarer Atemstoß zum Schluss)

ñ – weiches, nasales n wie in nja

Retroflexe (die Zunge biegt sich zurück, Zungenspitze nach oben):

ṭ – keine Entsprechung im Deutschen; t mit der Zunge am vorderen Teil des harten Gaumens

ṭh – wie ṭ mit einem Nachlaut von h (hörbarer Atemstoß zum Schluss)

ḍ – keine Entsprechung im Deutschen; d mit der Zunge am vorderen Teil des harten Gaumens

ḍh – wie ḍ mit einem Nachlaut von h (hörbarer Atemstoß zum Schluss)

ṇ – keine Entsprechung im Deutschen; n mit der Zunge am vorderen Teil des harten Gaumens

Dentale (die Zungenspitze berührt die Zähne):

t – wie im Deutschen, aber die Zunge berührt die oberen Zähne

th – wie t mit einem Nachlaut von h (hörbarer Atemstoß zum Schluss)

d – wie im Deutschen, aber die Zunge berührt die oberen Zähne

dh – wie d mit einem Nachlaut von h (hörbarer Atemstoß zum Schluss)

n – wie in Nase

Lippenlaute:

p – wie in Post

ph – wie p mit einem Nachlaut von h (hörbarer Atemstoß zum Schluss)

b – wie in Ball

bh – wie b mit einem Nachlaut von h (hörbarer Atemstoß zum Schluss)

m – wie in Mund

Halbvokale:

y – wie j im Deutschen (wie in jung)

r – ähnlich wie im Deutschen, aber die Zungenspitze weiter zurück

l – ähnlich wie im Deutschen, aber die Zungenspitze berührt die oberen Zähne

v – wie in Visum; nach einem Konsonanten wird es meistens als u ausgesprochen

Sonstige Laute:

ś – ähnlich wie in mischen

ṣ – wie ś, aber die Zungenspitze am vorderen Teil des harten Gaumens

s – wie im Deutschen, aber die Zunge berührt die oberen Zähne

h – wie in holen

ḥ – schwach hörbares h mit hörbarem Atemstoß; am Satzende wird der Vokal direkt vor ḥ wiederholt (Beispiel: aḥ wird wie aḥa ausgesprochen)

ṃ – wie m beim geschlossenen Mund; es handelt sich allerdings um eine nasale Verlängerung eines Vokals

Folgende Texte aus der 9-bändigen Ausgabe „The Complete Works of Swami Vivekananda", 19ᵗʰ Edition (150ᵗʰ Birth Anniversary Edition), June 2016, Third Reprint January 2020, Advaita Ashrama (Publication House of Ramakrishna Math), 5 Dehi Entally Road, Kolkata 700 014 (https:// advaitaashrama.org/) wurden für die deutsche Übersetzung benutzt (Angaben in der Reihenfolge der Texte in diesem Buch):

Die wahre Natur des Menschen
The real nature of man (Band 2, S. 69 ff)
Das Universum
The real and the apparent man (Band 2, S. 257 ff)
The absolute and manifestation (Band 2, S. 128 ff)
Vedanta and privilege (Band 1, S. 407 ff)
Gott
Vedic religious ideals (Band 1, S. 334 ff)
The Vedanta Philosophy (Band 1, S. 347 ff)
God in everything (Band 2, S. 142 ff)
Steps to realisation (Band 1, p. 395 ff)
The great teachers of the world (Band 4, S. 118 ff)
Der mensch
Introductory (Band 1, S. 123 ff)
Hints on practical spirituality (Band 2, S. 24 ff), Dhyana and Samadhi (Band 1, S. 177 ff), Prana (Band 1, S. 145 ff)
Karma in its effect on character (Band 1, S.29 ff)
Realisation (Band 2, S. 153 ff)
Vision einer besseren Welt
The way to the realisation of a universal religion (Band 2, S. 351 ff)
The secret of work (Band 1, S. 52 ff)
The ideal of a universal religion (Band 2, S. 367 ff)
The necessity of religion (Band 2, S. 57 ff)
The first steps (Band 4, S. 12 ff)
Is Vedanta the future religion? (Band 8, S. 116 ff)
Sri Ramakrishna – die Verkörperung der Religion
My master (Band 4, S. 150 ff, in Auszügen)

Über die Buchreihe „Universum im Inneren"

Das vorliegende Buch setzt die Buchreihe fort, die dem deutschen Leser wichtige Bücher der fernöstlichen spirituellen Meister, Yogis und Philosophen präsentiert.

Spiritualität wird im Westen gänzlich anders verstanden als in Indien und den anderen asiatischen Zentren des alten Wissens über die Seele. Dort ist sie etwas Praktisches und Nüchternes. Sie ist die Kunst eines glücklichen und erfüllten Lebens und die Wissenschaft der Entwicklung des Individuums, die in seinem inneren Universum stattfindet.

Diese praktische Spiritualität bedeutet, zunächst bewusst eine Beziehung mit seinem eigenen Selbst aufzubauen. Dafür muss man seine Aufmerksamkeit – konzentriert und wiederholt – nach innen richten und nutzt dazu Methoden, die aus der systematisch aufgearbeiteten Erfahrung unzähliger Meister und Mystiker über Jahrtausende entwickelt und perfektioniert wurden. Die Methoden und Techniken der praktischen Spiritualität führen jeden ernsthaft nach innerer Reife suchenden Menschen unfehlbar zu Vollkommenheit und Erfüllung. Sie bringen ihm ein profundes Verständnis von sich selbst und der gesamten Schöpfung sowie Glück und Frieden.

Die praktische Spiritualität schließt das Verständnis der Natur als Gotteswerk und des Lebens als etwas Heiliges ein, ist also ein Gegenentwurf zum unreflektierten Egozentrismus. So verstandene Spiritualität nimmt das Ich aus dem Zentrum des Universums und stellt den Schöpfer auf den frei gewordenen Platz. Sie bedeutet also eine kopernikanische Revolution, eine grundsätzlich andere Einstellung zur Welt: das Anerkennen dessen, dass es etwas Wichtigeres, Heiligeres als uns selbst gibt, dass wir die Welt nicht besitzen, bestimmte Pflichten haben und uns an bestimmte Regeln halten müssen. Diese praktische Spiritualität kann also dazu beitragen, dass wir unsere selbst gemachten Probleme lösen: die Zerstörung der Natur, den Egoismus in der Gesellschaft, die Verflachung der Kultur.

Deswegen kann sie uns im Westen ganz konkret helfen, als Individuum ein sinnerfülltes, glückliches Leben zu führen und als Gesellschaft die wachsenden Bedrohungen abzuwenden. Das macht es notwendig, das Wissen über die praktische Spiritualität im Westen zu verbreiten. Und das tun wir mit großer Sorgfalt und auf höchstem Niveau mit der Buchreihe „Universum im Inneren".